U0799845

华南师范大学附属小学百年校庆系列

你的名字，我的故事

张锦庭 主编

南方日报出版社
NANFANG DAILY PRESS
中国·广州

图书在版编目（CIP）数据

你的名字，我的故事 / 张锦庭主编 .—广州 : 南方日报出版社 , 2022.5
（华南师范大学附属小学百年校庆系列 ; 2）
ISBN 978-7-5491-2495-4

Ⅰ . ①你… Ⅱ . ①张… Ⅲ . ①华南师范大学附属小学—校史 Ⅳ . ① G629.286.51

中国版本图书馆 CIP 数据核字（2021）第 273877 号

NI DE MINGZI WO DE GUSHI
你的名字，我的故事

主　　编：张锦庭
出版发行：南方日报出版社
地　　址：广州市广州大道中 289 号
出 版 人：周山丹　　责任编辑：方　明
特约编辑：吕晓霞　　责任校对：肖　颖
责任技编：王　兰　　装帧设计：谭向阳
经　　销：全国新华书店
印　　刷：广州市东盛彩印有限公司
开　　本：787 mm × 1092 mm　1/16
印　　张：10
字　　数：185 千字
版　　次：2022 年 5 月第 1 版
印　　次：2022 年 5 月第 1 次印刷
定　　价：128.00 元（全三册）

投稿热线：（020）87360640　读者热线：（020）87363865
发现印装质量问题，影响阅读，请与承印厂联系调换。

回首百年 阔步前行

2022年，是华南师范大学附属小学（简称“华师附小”）建校100周年。

作为广东省唯一一所直属广东省教育厅并受广东省教育厅和华南师范大学双重领导的小学，华师附小既是华南师范大学培养优秀中小学师资的重要实践基地，也是开展基础教育改革试验的实验基地，更是创办高水平小学教育的重要窗口。在总结优良的教育资源与优秀的办学经验基础上，学校于2003年形成了“让学生享受一流的基础教育，使学生奠定终生发展的基础”的办学理念。近年来，学校适应新时代教育节点与学校发展现实，倡导以“美好教育”引领华师附小达成一流教育愿景，成就师生美好发展，展现了新时代华师附小教育人在小学教育领域致力于引领者的教育担当。

我们在上级领导的指导和关怀下，在社会各界人士的支持和帮助下，在历届校领导、教职员工、校友、在读学生的共同努力下，出版了《百年印证》《你的名字，我的故事》《遇见美好，遇见你》《非遗润童心》和《非遗在附小》等图书。

这是百年附小办学思想最深厚的沉淀。

回首，是为了阔步前行。

华师附小名师云集，群贤毕至。他们团结进取，爱岗敬业，慈爱严谨，专业过人，深受社会和学生的欢迎。100 年以来，学校规模迅速扩大，教学质量不断提高，逐渐开创学校发展的辉煌时期。

我们倡导“美好教育”，努力让每一个孩子的人生因教育而美好。我们认为，美好教育扎根于素质教育的土壤，应体现出对个体生命高度关注的人文情怀；它旨在实现师生的共同成长和发展，使师生拥有美好生活，与幸福同行。

为推进实施美好教育，学校在三个方面着力：

一是构建“教师”“学生”“教材”“环境”四个因素动态交互作用的美好课程体系，着力培养学生的核心素养，为学生的未来发展奠基。

二是构建“智慧·生命·高效”的美好课堂，让师生在美好课堂上共同成长。美好课堂是美好教育的应有之义，也是美好教育的明艳之花。我们期待，教师在成就学生美好人生的过程中，也能实现自己对美好人生的追求。

三是构建“科学、规范、精细化”的管理制度，向教师合理授权，为教师营造宽松的成长环境。

一流之心，需要日新之行，在美好教育理念的引领下，我们创新性传承了学校发展理念、文化与经验，推动了学校、教师、学生三方面的共同成长。

历史从深处而来，历史传承着文化，文化负载着历史。

2018 年 2 月，华师附小被教育部评为全国中小学中华优秀文化艺术传承学校，传承项目为“传统民间艺术”。为了丰富华师附小的精神家园，沉淀华师附小的蕴涵与魅力，让民族自尊心、自信心、自豪感和文化自觉、文化自信植根于每一个华师附小人的心中，学校创造性地提出“一班一特色，一班一非遗”的课程方案，开始了 46 项非遗项目的传承。这一举措切实将中华优秀传统文化全方位融入学校美育过程，引领全体师生共同传承中华优秀传统文化艺术，汲取中国智慧，弘扬中国精神，传播中国价值。

根已深，叶正茂，春发花，秋收果。在“培养拥有家国情怀和国际视野的卓越人”的目标引领下，华师附小结合传统与未来，融通生活与实践，在学校建设的园地上，展现出“百花竞放，春色满园”的迷人风采。

礼赞百年，祝福附小！

华南师范大学附属小学校长

目录 CONTENTS

壹·附小启梦

贰·编织梦想

叁·寻梦有志

肆·梦想共筑

伍·圆梦有恒

陆·魂萦梦牵

壹

附小启梦

十年，再出发

2010 届毕业生　方子欣

尊敬的学校领导，亲爱的老师、同学们，大家好！我是华南师大附小 2010 届 3 班的毕业生方子欣。非常荣幸母校给了我一个再次站在这里的机会，在这里，我想向大家说说我心目中的附小。

还记得 2004 年 9 月 1 日的清晨，我第一次踏进附小的大门，开始了六年的学习生活。

附小给了我优秀的老师和同学，给了我兴趣与欢乐、拼搏与勇敢、情怀与热爱、感恩与感谢，给了我出发的力量。

感恩附小，丰富多样的文艺活动培养了我的兴趣。我在附小参加过游园会、书香节、艺术节、科技节。在缤纷的艺术氛围熏陶下，我爱上了美术，用牛仔裤制作挎包，创作生肖剪纸，参与水粉和素描课；我加入学校合唱团，给同学们的演唱配上钢琴伴奏。乘着艺术的翅膀，我在绘画方面获得了地球环境杯金奖，在音乐方面通过了钢琴十级，是附小给了我美术和音乐的启蒙，让我体会到美育的欢乐。

感恩附小，精彩纷呈的体育盛会教会了我拼搏与勇敢。激烈的三人篮球赛、好玩的跳大绳、趣味运动会等各式各样的体育活动和学军学农实践活动，强健了我们的体魄，也增强了我对集体荣誉感和凝聚力的理解。是附小告诉了我拼搏的意义，给了我坚持的勇气。

感恩附小，持之以恒的爱国主义教育赋予了我情怀与热爱。一年级，大队辅导员眼神坚定、铿锵有力地说："同学们，你们今天的幸福生活，是革命先辈抛头颅洒热血换来的。红领巾是红旗的一角，是烈士的鲜血染成的。"二年级的清明节，我们准备了雪白的纸花，静静地来到广州烈士陵园了解历史，缅怀先烈；2008 年 5 月的下午，全校师生静默三分钟，为汶川地震遇难同胞们垂泪默哀；2008 年奥运会，我们在课室里欢唱奥运歌曲，体会祖国的强大。几年前，在大学里，我怀着当年加入少先队的自豪感，光荣地成为一名中国共产党员。是附小给了我最初关于党和国家的感知和认识。

感恩附小，让我成为一个有温度、有深度、有态度的人。

附小扎实和创新的教育，也让我在青年时代受益匪浅。

2013 年中考，我考入广州市执信中学元培班。我身边的同学惊讶于我对文字细腻的感受、灵活的思维方式和流利的英文口音。这都来自附小老师曾经给我的启发：语文，我们有激情燃烧的课堂、全情投入的课文演读、精雕细琢的日记作文课，让我领略文字和写作的魅力；数学，从最基础的算术加减，到鸡兔同笼、几何问题、概率问题，螺旋式提升，在思维的体操中锻炼自己；英语，外教为我们创设了真实、生动的学习环境；还有科学、思品、信息和心理，丰富多彩的拓展课程，更培养了我良好的学习习惯。

作为华师英语师范专业的学生，我在大学期间多次给学生上课：在课堂上，我充分运用趣味性的英语游戏，启发式的提问，邀请同学们亲身体验课堂。这都来自附小老师曾经给我的启发：Miss Shen 总爱和我们玩贴鼻子、母鸡下蛋；Miss Yun 邀请我们共同用话剧形式表演故事。生动的课堂历历在目，历久弥新，潜移默化地培养了我的英语能力。

从开学到毕业，仿佛只在一瞬间。在那个栀子花开的季节，我们分道扬镳，各自奔赴未来；而在今天，一个茉莉花开的季节，我重新回到了母校。

十年后的今天，附小的变化让我惊喜，让我羡慕。刚刚走进校门，草地上大大的“美好”二字映入眼帘。非遗开放日、非遗小剧场、非遗博物馆……让宝贵的中国非物质文化遗产以生动活泼的形式进入附小现代化的教室。校园的每一个角落，都在无声地展示着广东省高水平实验学校的实力和担当。我相信，同学们走在附小的路上，一定越来越美好；而附小走向未来的路，也一定越来越美好。

毕业十年，当年的同窗，有的在顶尖学府深造，有的踏上创新创业之路，有的已经进入职场打拼。虽然身在五湖四海，但附小的栽培，一直激励着我们向未来出发，鞭策着我们成为有理想、有本领、有担当的青年人。十年前的 2010，我们成了崭新的少年，出发踏上求学之路；十年后的 2020，我们再出发，走向民族、国家、世界的未来。

在这里，我代表校友们祝福母校，让我们一起携手共进，一起见证母校的这个十年，下个十年，每个十年！出发、出发，再出发！

谢谢大家。

我眼中附小的新变化

2017 级（4）班 谢雨桐
指导老师：赵立研

在我眼中，今年的附小与四年前大大不同。“美好”石碑、风雨长廊、架空层的图书馆……都是附小的新变化。

先说“美好”石碑吧。今年春天，当我走进附小的大门，看到楼梯左边有一块写着“美好”的石碑，这可是个新鲜地儿啊！走近一看，石碑的前面还有一个小池塘呢！小池塘的水清澈见底，里面有五六条小鲤鱼欢乐地玩耍。我扭头一看，咦？刚才那一大片嫩绿色的小草怎么只长了这么点儿？真是“草色遥看近却无”啊！

风雨长廊出现在夏天。今年夏天，不知雨神怎么了，大雨不停地下，几乎每天都有倾盆大雨。有一天我没带伞，多亏了风雨长廊才没有把我变成“落汤鸡”。风雨长廊里大约有几十把蘑菇伞，“蘑菇伞”真是名不虚传，就像一个个大蘑菇“生根”在这里呢！蘑菇伞是纯白色的，虽然比不上真蘑菇的颜色艳丽，但却能体现出附小朴素、大方的风格！如果你仔细观察，会发现伞上有一个小洞，它是用来干什么的？原来是用来收集雨水浇花的呀！

今年秋天，学校在腾飞楼的架空层设置了图书角。图书架摆放整齐、错落有致，粗粗算来共有五十多个，每班负责管理一个。每次放学，我都会去一个班级的图书角，坐在那儿读会儿书。秋风习习，梳理着我的头发，抚摸着我的脸庞，很舒服。

我爱附小春、夏、秋的变化，我更期待附小冬天的新变化！

我在附小的“非遗体验”

2018 级（4）班　宋芊瑶
指导老师：陈　柳

自从 2018 年进入华南师大附小，我就和非遗文化结下了不解之缘。我们班一年级的主题是“皮影戏”，二年级的主题是“剪纸艺术”，我还通过“小手牵大手”等活动接触到了很多非遗文化。其中，印象最深的要算我在一年级下学期参加的“粤剧艺术”。

我每周四下午下课后都去参加“粤剧班”，在老师的指导下吊嗓子，进行形体训练。我不会说粤语，总感觉粤剧唱腔有点儿难，不过漂亮的粤剧戏服深深地吸引了我。经过一学期的学习，最后一节课，我们代表学校登上了粤剧博物馆的大舞台，表演了《彩云追月》。我们化好戏妆，穿着青绿色的表演服，踱着小碎步上场了。我站在队伍的第二排，在舞台灯光的照射下，紧张得心怦怦直跳。但是，我努力控制情绪，尽量让自己稳定发挥出排练的成果。我们在舞台上一边挥舞彩色丝带，一边唱出戏词。表演十分顺利，我们受到了观众和其他学校同学的好评，还上了电视！

通过一学期的粤剧文化体验，担当“小小非遗传承者”，我感受到了这项传统文化的魅力。我好期待三年级继续在丰富多彩的非遗文化海洋中尽情畅游啊！

卓越启航

2019级（5）班　宋卓航
指导老师：牛嘉鑫

我叫宋卓航，是一名刚上一年级的小学生。在读幼儿园时，我就时常听到附小哥哥、姐姐们的读书声，隔着围墙看他们在运动场上跑步、打球，幻想着有一天我也能像他们一样戴着鲜艳的红领巾，站在国旗下举行升旗仪式。

当刚开学的新鲜感过去之后，我感觉有很多的不适应：每天上课多了，玩儿的少了；读书多了，游戏少了；作业多了，看电视少了。有时上课走下神，想想家里的玩具，还会被老师批评。唉，还是幼儿园自在，想怎么玩儿就怎么玩儿，还不会挨批评。同学之间也不熟悉，不像幼儿园的玩伴儿，大家天天在一起跑跑、跳跳，多开心呀！渐渐地我对上学有些漫不经心，无精打采了。

有一天上课，班主任牛老师告诉大家：学校要举办运动会，鼓励全班同学积极参加。班上同学报名可积极了，体育是我的强项，我报了所有项目。

由于报名的人太多，先进行了班内选拔。两次选拔赛，我发现班上体育好的同学特别多：有跑步特别快的女生；有跳绳不间断的男生；还有扔小布球的高手。他们的水平绝不比我幼儿园里的几大高手差！我们时常在一起比试、交流，很快成了好朋友。

校运会上，在全班同学的共同努力下，我们取得了年级总分第一名的好成绩！我个人也取得了 60 米跑和立定跳远两项第一。当我代表班级从张校长手上接过奖状时，同学们给了我热烈的掌声。我非常激动，因为我知道手中的奖状代表着一年级（5）班四十三名同学的共同荣誉，代表着大家共同的努力，更代表着我们已经融入附小大家庭。

运动会后，班级中充满了团结友爱的氛围：学习上互帮互助，生活上相互关怀，我们都以一（5）班为荣！今天，你若来到我们教室，会看到桌椅整齐，窗明几净，而最显眼的就是黑板旁边的那张“运动会年级总分第一名”的奖状。

一年级结束了，即将搬离这间给我留下美好记忆的教室。我有一丝留恋，一丝感慨，一丝骄傲，一丝期待。二年级我必将再接再厉，为附小辉煌的明天，贡献自己的力量！

我是守护华师附小的一把伞

2015 级（3）班　郭　毓
指导老师：贺春芳

有人说：“伞是一面风帆，载沉载浮。伞也是一片片翅膀，迎风四处飘航。”我曾渴望去体验东北大地的直爽豪迈，去品味江南水乡的温婉柔情，但我却在华南师大附小撑开双臂，为学生们遮风挡雨。这样就够了。

夏末初秋时，我被带到了华师附小成为一把洁白的伞，与我 98 个兄弟姐妹矗立在风雨长廊，见证着华师附小学生们的成长，风雨无阻。

拼搏

初秋时节，树叶一片片地凋零飘落在操场边上的泥土里，等着孕育新的生命。操场上，一群六年级的学生和他们的数学老师正在打篮球。平时不苟言笑的数学老师今天却在操场上尽情地挥洒着汗水。抢球，转身，漂亮的三分球，那名投进篮的男生大声欢呼。他们队的人也都拍手叫好，另外一队的人却在摇头叹息。过了不久，斜阳渐渐下沉，紫红色的晚霞笼罩在天边，天空也渐渐变暗，正在打球的学生们这才依依不舍地放回篮球，呼朋唤友地和老师一起走出校门。老师与学生亦师亦友，我见证了这一份拼搏、友谊与师生情。

勇气

寒冬腊月，南国的校园却是“寒山已失翠，冻浦不闻潮”。北风呼啸，升旗仪式的进行变得尤为困难——所有人都不愿把冻僵的双手从口袋里拿出来，这也使掌声变得稀稀拉拉的。

国旗下讲话时，几位三年级小学生紧张地从后台走上来。看得出来，他们是第一次上台演讲。前半部分还算很顺利，但到中间一句时，一个小男孩突然忘词了。他的额头上布满了冷汗，紧锁着眉头，十分焦急。我也替他着急，但只能在心中默默地祈祷。台下的人都在议论纷纷，时不时地发出一声窃笑。就在这时，他旁边的一个小女孩急中生智，勇敢地在他已经说完的话后面补上了一个过渡句，巧妙地解决了小男孩的困境。我在心底暗暗地松了一口气，不能不从心底佩服华师附小学生的勇气与机智。

关爱

阳春三月，正是万物吐绿之时，丝丝的春雨将我拍醒，原来是春天来了。冬天的寒冷过去了，换来了春天的芬芳。中午放学时，一年级一个班级的学生走了出来。一名女老师撑着一把大伞，保护着几个没带伞的孩子，自己却有半边身子露在伞外。走到架空层，这位女老师还要将这群孩子送给焦急的家长们。忙完这些，女老师抹了一把头上的雨或是汗，看了看表，已经 12:30 了，这时她才慢慢地回到办公室。

我看着这名女老师的背影，不禁在心中感叹，这也许也是我们伞的精神吧，一种默默无闻的奉献。

离别

夏天，凤凰花开了，一年一次的毕业季也来了。我望着飘落的凤凰花，在心中感慨。一声“茄子”将他们定格在十二岁那年的夏天。六年的同学情，不知以后他们能否忆起彼此。

原以为场面会痛哭流涕，但实际上孩子们却彼此嬉笑打闹着，摆出各种造型，与老师或同学留影。或许是年少，他们并不会表达感情，或许他们并没有想那么多……

秋冬春夏，四季轮回，日夜交替，一年来，我不仅见证了学生们的努力与拼搏、同学间的友情、师生间的关爱，还与我九十八个兄弟姐妹一起永远守护着华师附小。没有风花雪月，不管是风吹雨打还是日晒雨淋，也无法动摇我的选择。

我，青春无悔！

我是伞

2015级（3）班　刘筱静
指导老师：贺春芳

我，是学校的一把大伞，屹立在风雨长廊下。每早醒来，我望着同学，看着校园里的一花一草，一树一木，心里超级满足。

我的外貌可奇特了。我有一件白色的风衣，有一个似荷叶向内凹的脑袋，还有如树木一般笔直的身躯，让我感到骄傲。

每当下大雨时，同学们都会躲在我和我98个兄弟姐妹的后面，而我们，来为他们遮风挡雨；每当出大太阳时，有些同学也会躲在我们后面来享受着难得的阴凉；每当寒风凛冽，同学们冷得打寒战，我就会将风挡住，不让这阵寒风冻坏同学们……

清晨·田径训练·拼搏

每天清晨，我是被喊口令的声音和口哨声吵醒的。我睡眼惺忪地一看，一下子就来了精神：几位男同学正在准备跑400米。

随着口哨声响起，五个小男孩如同脱缰的野马一般跑了出去，目前是白净的小男孩领先，那个个子矮的男孩因为起跑慢了，中间一直在追，一下子追过了两名小男孩。

最终的较量已经开始了，矮个子男孩已经追上来了，正仰着头用尽全身的力气跑，他放轻脚步，如同一只猎豹一般扑向自己的猎物。渐渐地，矮个子小男孩一点一点地超过白净的小男孩，拿到了最后的冠军。

我不禁感叹，同学们真努力啊！这种拼搏的精神，值得我们学习。

烈午·搬书·助人为乐

一个烈日炎炎的中午，有几个低年级小男孩搬着几箱书，顶着阳光吃力地走着。这时，几个高年级同学过来，帮低年级同学搬起了这几箱课本。低年级同学抬头一看，原来是有大哥哥帮他们，高兴极了，说道：“哥哥，谢谢你们。”高年级同学笑了笑，没说话。那几个小同学又叽叽喳喳地问了他们许多问题。高年级同学帮他们把书放到教室门口，小同学们道了谢，高年级同学就回去了。

中间这个小插曲真是美好。我们学校有那么多助人为乐的同学，让我和我的兄弟姐妹们又骄傲起来。“我们附小的同学多会乐于助人，我真高兴！”我的兄弟说话了。“是啊，我真为他们感到骄傲啊！”我自豪地说。

傍晚 · 欣赏非遗 · 传承美好

每天傍晚，看着太阳渐渐下沉，天空中的红晕，我的心情愈发好了起来。突然，平底鞋踏响地板的声音使我渐渐回过神来。我转头一看，原来是我们学校的一位小同学正站在非遗长廊中欣赏非遗文化呢！只见那位小同学正在观摩一面挂满面具的脸谱墙：有代表忠义、耿直的红色脸，有表现性格严肃的黑色脸，有表现奸诈多疑的白色脸，有勇猛暴躁的黄色脸……

小同学一边欣赏一边赞许地点头。这时，小同学慢慢地往下走。走下楼梯，来到小瀑布旁边。我听着小瀑布“哗哗”的水声，望着在池塘里自由自在的锦鲤，看着小瀑布上“美好”二字，心情格外舒畅。看着同学们放学在池边，在非遗长廊边徘徊的场景，我非常愉快。同学们在这非遗的城堡中长大，知道了许多有关非遗的知识。小同学碰到了另外一个同学，两人一边聊着非遗，一边高高兴兴地往校门口走，越走越远……

昼夜交替，四季轮回，在华师附小，哪里都是那么美好，哪里都是那么舒适，哪里都充满着欢声笑语，哪里都有同学们叽叽喳喳的声音……回想起在附小的点滴，我禁不住眼皮的沉重，睡着了……

我的精神家园

2015级（3）班　蒋宇翔

指导老师：贺春芳

我眼中的华南师大附小十分美丽，它到底美在哪里呢？让我们一起去揭晓吧！

华师附小坐落于华南师范大学石牌校区的东北部。一走进学校大门，就能闻到淡淡的书香。抬眼望去，便能看见我们学校的第一栋楼——腾飞楼，那是学校老师办公的地方。穿过腾飞楼的架空层往左看，能看到1—3年级上课的地方——日新楼；往右看，能看到操场、升旗台和行健楼，你再往升旗台上方望去，能发现国旗和校旗在高高的旗杆上飘扬。行健楼是我们4—6年级上课的地方。在操场的对面还有两栋楼，一栋是博学楼，另一栋是明德楼。校长办公室就在博学楼里，明德楼是我们上音乐课和美术课的地方。

星期一的时候，我们会在操场上举行升旗仪式。有的时候，我们还会在腾飞楼进行各种各样的比赛。我在那里参加的英语比赛和歌唱比赛还得过金奖呢！

附小还是个美丽的“植物园”！在附小里，有许多棵树，我最喜欢的是那棵大榕树。大榕树无比巨大，每每去上体育课的时候，只要站在树下，就再也不用忍受那烈日的煎熬，唯一能感觉到的只剩微风拂过时的清凉。大榕树枝叶茂密，时而有一缕阳光艰难地从繁茂的枝叶之间穿过，但只在一瞬之间，那一缕刚打在地面上的阳光便消失得无影无踪。此外，还有那些挂在围栏上的响炮花。响炮花多如竹林之中的竹子，它们就像一个个将要被摇响的铃铛，小巧玲珑，又像一个个穿着橙色裙子的仙女在微风中跳舞。学校内竟然有如此美丽的花朵！她们虽然小，但仍然天天做着自己该做的事——点缀我们的校园，让本来已是十分美丽的校园更加容光焕发。我真想把杜甫的《江畔独步寻花》改成“附小校园花满蹊，千朵万朵压枝低”！

放学后，走在附小门口湖中的小桥上就可以观赏湖中的美景了。春天，池塘边上的垂柳长出了一点点淡绿的新叶，它们好像正在冲洗自己的“秀发”，

柳条极为修长，长得已经伸进池塘里了。到了四、五月份，那一池的荷花简直太美了！有些花骨朵像一个个小包子，开了一半的好像小精灵们的家，全开的那些好像它们的小广场。突然一阵风吹来，荷花便开始翩翩起舞。

再看桥左边，能看见平静无比的湖面。即使有些波动，也只是湖底的小鱼或飘落下来的枝叶发出的动静，湖水十分的碧绿，就像翡翠一般在阳光下闪着亮光。

这时候会突然听到“嘎、嘎、嘎”的声音。循声望去，只见桥下有一群白、黑、绿相间的鸭子。这些鸭子，有些就在桥洞下面打盹儿；有些似乎要进行“环湖游泳比赛”，每只“选手鸭”都像在做准备运动；有几只小鸭子还看起来气呼呼的，用自己的小眼睛盯着对方，时不时迅速冲到对方面前，用自己的翅膀拍打对方，然后又快速退回原位，做好“格斗准备”。

湖中还有两座小岛，岛上长满了树木，树木将一大片绿荫撒在湖面上。有几只像大老爷一样的白鹅环绕在它的周围，它们就是岛的主人。有的白鹅在附近慢慢地游来游去，有的却在岛上睡觉。

站在桥上，真正感受到了湖中的宁静、美丽与生机勃勃。

华师附小是我们学习生活的地方，也是我的精神家园，在我童年的记忆中将留下浓墨重彩的一笔！

我的学校情

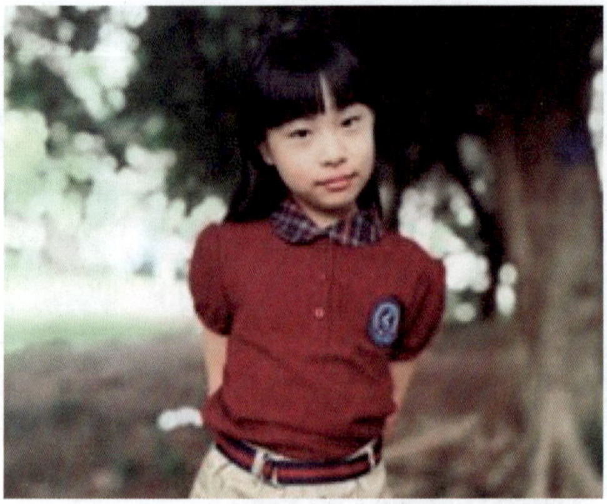

2020 届毕业生　陈致颖

华南师大附小，是我的母校，她传授知识于我，教我做一个品行端正的人，让我交了数不清的好友，给予我许多锻炼和展示自己的机会，使我从一个懵懂无知的小孩，慢慢成长为一名积极向上、健康阳光的学生。

母校从我入学前就已经开展了“十二个学会”的系列活动，这一系列活动让我们受益匪浅，学会安全让我们懂得了生命的可贵；学会运动让我们认识到了身体健康的重要性；学会爱国使我们发现祖国的富强之处；学会阅读使我们懂得了知识的重要性；学会交往让我交到了很多朋友……

学校早在 2010 年就开展了艺术团：管乐队、弦乐队、合唱团、舞蹈队及武术团等团队的队员们都实力不凡。这些艺术团队让我们有了更多展示与锻炼的机会，也为学校的风采添上了绚丽美妙的一笔。艺术团经常去往各地表演，也赢得了不少观众的好评与赞赏，每周的定期排练团员们丝毫不敢松懈。

我校经常组织参加各项赛事并且提供参赛的训练，比如：奥数比赛有奥数班，美术比赛有美术班，音乐比赛则会有初选与复选。现在学校更是开展了许多课程：形体礼仪、羽毛球训练、茶艺与古琴等，各种课程丰富多彩，因此我校培养出了数不清的优秀毕业生。

关于教学方面，我有几点意见想提：在英语教学中，多与学生互动，做些小游戏让学生在不知不觉中掌握课上内容；在音乐教学中，让学生多展示自己，多鼓励学生，让学生喜欢上音乐；在美术教学上，让学生大胆想象，天马行空，要及时表扬；在科学教学上，让学生多实践，才能更深刻地记住所学的内容。

每当别人问我在哪里读书时，我都会昂起头来，自豪、骄傲地回答：“我的母校，是华南师大附小！”

我喜欢我的新学校

2018级（4）班　涂知新
指导老师：陈　柳

2019年年底，我在东北师范大学附属小学结束二年级上学期的学习之后，就随家人搬到了广州，我也幸运地成为华南师范大学附属小学的一员。

但是，突发的疫情使得开学之后我没有到校上学，只能在家里上网课。在疫情期间，我很焦虑，不知道疫情会发展到什么程度，不能外出，要勤洗手、戴口罩，生怕病毒找到我们。幸运的是，钟南山爷爷就在我们的身边。钟爷爷说“武汉是一定能过关的”，我焦躁的心情顿时平静了下来，坚信病毒是一定会被消灭的。我们一家人认真听取钟爷爷的忠告“非特殊情况不要去武汉”，我也自觉在家里做好疫情防控。

在疫情没有得到控制期间，我们一直在家里上网课。我还没有见面的老师为我进行了细致的学习规划和认真的教学辅导。我每周都会准时收到老师发给我的详细的学习计划，每天都会在学习中体会到学校对我这个新来的学生的关注与关爱。网课学习中丰富的学习内容、特色的学习安排都让我感到特别新鲜。我总是期待着早日进入学校见到我的新老师和新同学。

进入五月份的时候，疫情得到了很好的控制，学校要开学了，这是我盼望已久的事情，我终于可以见到新班级、新老师和新同学了。学校为了继续做好疫情防控，保证学生们的安全，做了很多防控措施，比如分批上学放学，进入校门要洗手、测体温、戴口罩，同学之间保持一定距离。我刚来到新班级时不太熟悉，但在老师和同学们的热心帮助下，很快融入了新集体，有了新朋友。到校上学后，为了保证我们的学习质量，老师们都很辛苦地工作，还要关心我们，保证我们的心理健康。在学校、老师和同学们的共同努力下，我们顺利地完成了二年级的学习。

我很荣幸我成长在新时代，我很荣幸我来到了钟爷爷的身边，我很荣幸我来到了华南师范大学附属小学学习！

腹有诗书气自华　最是书香能致远

2017级（2）班　吴婧文
指导老师：周　婷

2017年9月，刚上完幼儿园的我，进入华南师范大学附属小学，开启了正式的小学阶段。当选择班级时，我毫不犹豫地填写了诗书国学班。最终，凭借吟诵了一首《声律启蒙》，我顺利入选诗书国学班，我的国学之旅也就这样开始了。

如今，我们班的同学已经长成了翩翩少年和亭亭淑女。回想过去的三年，我们跟周老师和姚老师学习了很多，例如《弟子规》《三字经》《百家姓》《千字文》《声律启蒙》《大学》等全本经典，《诗经》系列十余首、《岳阳楼记》《陋室铭》《木兰辞》、小学必背古诗等，你知道我背这些古诗词的秘诀是什么吗？就是把吟诵带入诗中，读着会非常有趣。除了这个方法之外，我还有另外一个，就是去参加吟诵表演，你们想知道吗？我给大家讲一讲吧！

让我印象最深刻的就是去华南师大附中表演《春夏交响》。2018年5月，周老师带来一个重要的邀请，华师附中将在5月底举办"经典咏流传"古诗文演绎大赛，将邀请我们诗书国学班的同学去表演节目。5月底那时刚好是春夏之交，于是周老师就编排了以春夏之交为主题的节目——《春夏交响》。

节目从《二十四节气歌》开场，春精灵和夏精灵串场，快板《闲赏篇·春》到《汉乐府·江南》《春夜喜雨》的舞蹈，再到《小池》，最后以街舞《千字文》收场。在排练的过程中，因为舞台的走位、队形的穿插、服装道具的变化，使得这次的吟诵表演排练非常艰难，再加上时间的不足，排练次数也不够，当时我们年龄还小，也不听老师的安排，直到彩排那天，整个节目还是不紧凑……当我第一次站在华师附中那么大的舞台上表演，看到周围还有那么多专业的设备时，我非常紧张，甚至把动作、台词、位置全忘记了！我的同学们和我也差不多一样的状态……当天晚上就要表演了，这可怎么办？周老师只能求助有丰富舞台经验的向老师，向老师可真厉害啊！只用了上午一节课排队形，下午一节课串节目，我们的节目就已经有模有样了。

当天晚上，同学们站在舞台上展示出诗书国学班最稳重最惊艳的一面，台下的大哥哥大姐姐掌声雷动，交相赞赏。这次全新的挑战，让我们更喜欢国学了，也更喜欢吟诵了！

回望这三年来的吟诵展示，无论是参加少儿图书馆的初展示《半半要上国学班》，还是参加古筝新魅力——《诗经·小雅·鹿鸣》，无论是参加暨大华文学院吟诵学堂还是参加附小非遗传统文化汇报表演，都流下了我们耕耘的汗水。付出总有回报，我要继续保持一颗对经典的热爱之心，腹有诗书气自华，最是书香能致远！

缘——我与附小的故事

2017 级（2）班　张予蘅
指导老师：周　婷

华南师大附小就在华南师范大学附属幼儿园旁边，曾经，每次经过附小时，我都会忍不住地往里面张望，那里的一切都令我向往。听着那里传来的琅琅书声，我多么希望我也能背上书包，快快走进那神秘的地方。去面试的时候是我第一次走进附小，别提有多高兴了。

第一天上学，走进教室，我看到的是两位穿着旗袍的老师，美丽温婉，很有古风的味道。老师带着我们开慧眼，还教我们拜孔子，从此我们就有了一个名字——诗书国学班，与诗书结下了不解之缘。

姚老师和周老师教我们读古诗，诵经典。为了让我们记住晦涩难懂的古诗，老师教给了我们一种很有节奏感的方法：歌诀乐读法，让我们知道了古诗词不仅有音韵之美，还有节奏之美。这三年来，老师带着我们读了长长短短的诗词，也上了大大小小的舞台，我们不仅是诗书小达人，还是舞台小明星呢！

第一次登上舞台是去少儿图书馆，那时候我们刚上一年级。因为是第一次，所以当时我特别紧张，心里不停地想：我会不会给全班丢脸呢，我会不会给全班拖后腿呢，我会不会出错呢？而且我是要表演《汉乐府·江南》的舞蹈的，如果我跳错了，那可就尴尬了。可是，音乐一响起，我就忘记了所有的担忧，投入到表演之中了。我们大家都很享受表演的过程，仿佛时间一下子就过去了，台下响起了热烈的掌声。表演结束后，我们都激动了很久，也都爱上了国学，爱上了舞台。

每次周老师带着我们精心排练节目，我们都会认真地配合。周老师带着我们学国学，带着我们走进了一个诗情画意的世界。我们不仅跟着诗人遥看“飞流直下三千尺”的瀑布，穿越“长河落日圆”的大漠，走在“日出江花红似火，春来江水绿如蓝”的江南……还了解了很多传统的节日习俗，比如：春节“总把新桃换旧符”；元宵节“凤箫声动，玉壶光转，一夜鱼龙舞”；“清明时节雨纷纷”；重阳“遍插茱萸少一人”……周老师不仅教我们学诗读史，还教我们做事做人：读书要专注，做到“心到、眼到、口到”；少年要有担当，“少年强，则国强”……

在华师附小诗书国学班，我有了四十多个好朋友。我们一起在课堂上专心听讲，一起在操场上挥汗如雨。我们之间也少不了矛盾，但是我们总能用“君子”的方法去解决，不会让老师多操心。我非常珍惜小学的时光，只是时光很短暂，转眼间，我们已经四年级了，离毕业只剩下三年了。我希望在这三年里，我会结识更多的好朋友。

缘分就像一座桥，指引我走进了华师附小，遇到了最美的老师，最可爱的同学。三年的精彩已经是满满的回忆。未来的三年我们要在这缘分的指引下，在更好的诗书国学班，成长为最棒的自己。

与校名同行

2016 级（1）班　林筱语

由于疫情得到了控制，我们终于开学了，回到附小妈妈的怀抱，我开心极了。

再次回到附小，发现了很多不一样的地方，校门口画上了“间隔一米线”，校门内两侧安上了洗手池，但最令我眼前一亮的是进入腾飞楼的石台阶中间平整的大理石，上面用中英文刻了很多字，我好奇地凑近一看，原来是各种不同的名字，她们是附小曾经用过的校名，我仔细查了一下，竟然有 8 个。

记得我一年级上附小的时候，只知道她叫“华南师范大学附属小学”，是广东省最好的小学。原来，她还有这么多名字呀。我想把这些校名都记下来，于是，我央求爸爸利用休息时间来到附小，亲身感受名字的变迁。

周末，我和爸爸带着相机，小心翼翼地沿着两边的台阶，拾级而上，把每个名字拍下来，保存起来。我想，等我以后毕业了，没有时间来附小，但每当我打开电脑，都会看到我的母校——华南师范大学附属小学，那是多么快乐的一件事情啊！ 8 个校名是分别刻在两段台阶上的，每段刻 4 个。我们先拍整体，再一个一个名字拍。通过拍摄，我了解了这些名字的名称和使用年代。

我和爸爸慢慢地走，仔细地拍，每一个名字都留在了我的记忆和相机里。我拍摄的不仅是校名，我走过的是附小 80 年的历史长卷。自 1937 年 8 月成立的勷勤大学教育学院附属小学起，历经 83 年风雨 7 次易名，而不变的是“十年树木，百年树人”的育人初心。

在我们拍摄的同时，台阶上面的荧光屏一直在显示着学校校训：博学于文，约之以礼；教风：学而不厌，诲人不倦；学风：明德 · 博学 · 行健 · 日新。

拍摄结束了，我们走出校门，我把回头望见的景物再次定格在相机里：华南师范大学附属小学欢迎您！愿附小越来越美好！

1937 年 8 月—1946 年 8 月，她叫“勷勤大学教育学院附属小学”

1947 年 9 月—1950 年 8 月，她叫“广东省立文理学院附属小学”

1950 年 9 月—1951 年 9 月，她叫“广东省文理学院附属小学”

1951 年 10 月—1952 年 9 月，她叫“华南师范学院广州附属小学”

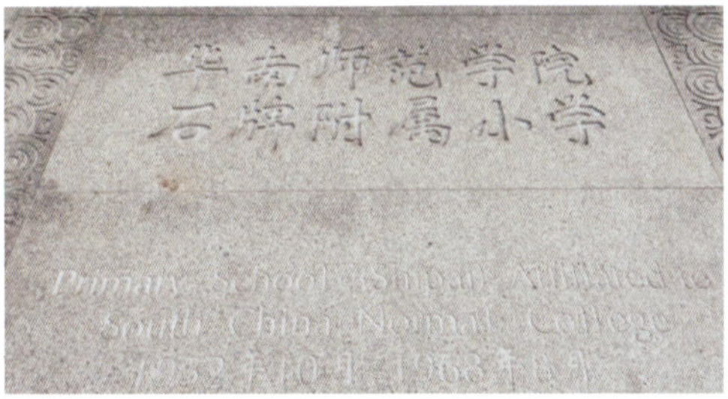

1952 年 10 月—1968 年 8 月，她叫“华南师范学院石牌附属小学”

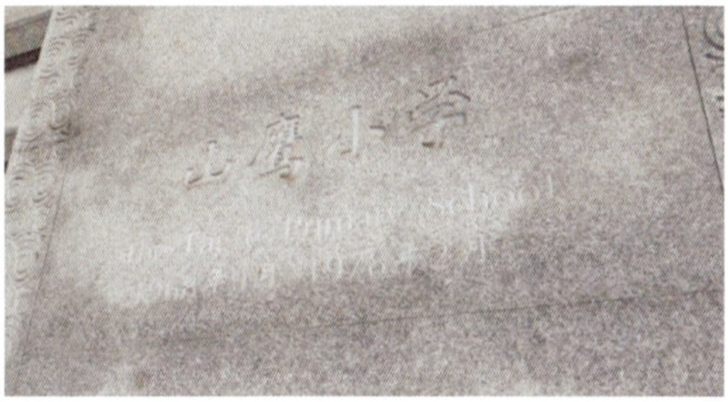

她被称为“山鹰小学”的时间为 1968 年 9 月—1978 年 2 月

1978 年 4 月—1982 年 9 月改名为“华南师范学院附属小学”

从 1982 年 10 月开始，“华南师范大学附属小学”这个名字一直沿用到现在

（补充说明：本文完成于 2020 年 9 月，当时还误以为 2022 年仅仅是附小 85 周年的校庆。后经深入考证，才明确建校日实为 1922 年 2 月。因此，现存的台阶是在 2021 年重新刻字重铺的。）

一封放在讲台上的信

撰稿 / 整理：钟艳娟（老师）

2015 年 7 月 10 日是散学典礼，那天我将送走我来到附小任教的第一届毕业生——2015 届（5）班可爱的孩子们！

记得 7 月 9 日那天，孩子们还在家里休息，我如常上班。进了校门，远远看见六楼的一抹红影，依然那么夺目，尽管知道再也不会像以前那样，孩子们凭栏远眺，见到我到楼下就挥手打招呼；尽管知道，再也听不到孩子们早读的书声琅琅。我的第一反应竟是回班。

爬上高高的楼梯，回到六（5）班教室，远远看到讲台上有纸张，走近一看竟是一封信。严格来说，这不算一封完整的信，没有信封，也不是标准的信纸——看得出是从我们班放在书柜里的一本作文本上撕下的两页纸。我看到抬头的“亲爱的附小和亲爱的你们……”忍不住一口气读完，心里久久不能平静。

这是一个 2008 届（5）班毕业生的留言，每一个字都戳中我的泪点，特别是“饮水机上桶装水还没喝完，外面的柜筒你们还挂着锁就走了”“附小接纳我、包容我、养育我，能忝列它的毕业生——如果它不介意我这么说的话，纵漂泊四海我都无上荣幸。”……看到落款“08 届 5 班”，想着第二天就要成为历史的“2009 级（5）班”，即将诞生的“2015 届（5）班”，我百感交集。

如花的日子流逝，美好的回忆永存！但愿每一个离开附小的孩子，都能感受到附小的温暖，漂泊四海，附小永远是你们的家，欢迎你们常回家看看！

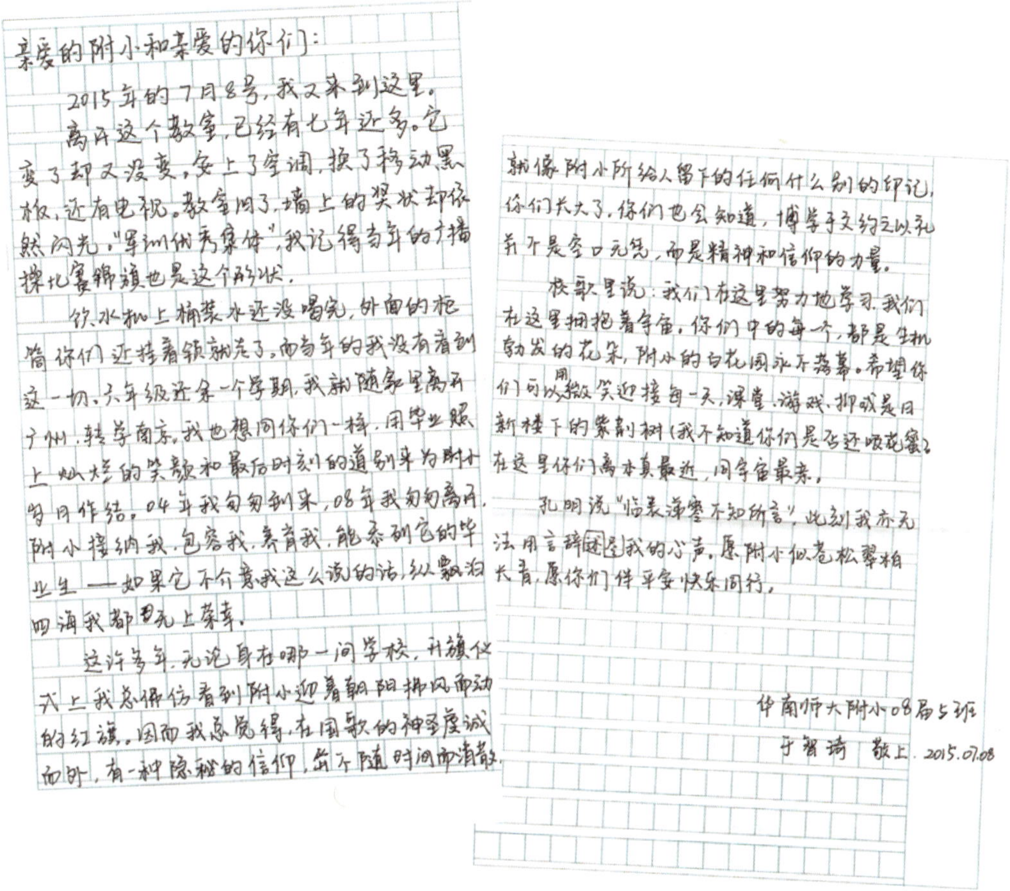

亲爱的附小和亲爱的你们：

2015年的7月8号，我又来到这里。

离开这个教室，已经有七年还多。它变了却又没变，安上了空调，换了移动黑板，还有电视。教室旧了，墙上的奖状却依然闪光。"军训优秀集体"，我记得当年的广播操比赛锦旗也是这个形状。

饮水机上桶装水还没喝完，外面的柜筒你们还挂着领就走了。而当年的我没有看到这一切，六年级还余一个学期，我就随家里离开广州，转学南京。我也想同你们一样，用毕业照上灿烂的笑颜和最后时刻的道别来为附小岁月作结。04年我匆匆到来，08年我匆匆离开。附小接纳我，包容我，养育我，能忝列它的毕业生——如果它不介意我这么说的话，纵飘泊四海我都无上荣幸。

这许多年，无论身在哪一间学校，升旗仪式上我总仿佛看到附小迎着朝阳拂风而动的红旗。因而我总觉得，在国歌的神圣虔诚而外，有一种隐秘的信仰，并不随时间而消散。就像附小所给人留下的任何什么别的印记，你们长大了，你们也会知道，博学于文约之以礼并不是空口无凭，而是精神和信仰的力量。

校歌里说：我们在这里努力地学习，我们在这里拥抱着宇宙，你们中的每一个，都是生机勃发的花朵，附小的白花园永不落幕。希望你们可以用微笑迎接每一天，课堂、游戏、抑或是日新楼下的紫荆树（我不知道你们是否还吸花蜜）。在这里你们离本真最近，同宇宙最亲。

孔明说"临表涕零不知所言"，此刻我亦无法用言辞[illegible]我的心声。愿附小似苍松翠柏长青，愿你们伴平安快乐同行。

华南师大附小08届5班

于智琦 敬上 2015.07.08

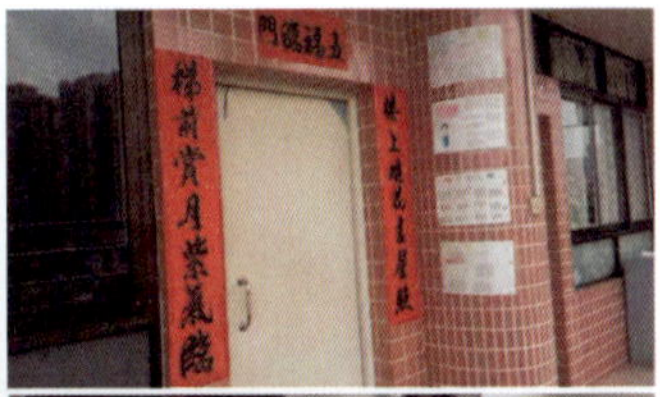

欢声笑语，美好童年

赵 欣（老师）

2019 年 12 月 18 日，“非遗小剧场”活动终于开始啦！一年（3）班的小朋友纷纷换上自己最喜欢的衣服，带上自己亲手绘制的京剧脸谱面具，欢天喜地地回到课室参加活动。

精心排练节目几个月的小朋友更是早早来到课室。热心家长们有条不紊地帮小朋友们仔细调整妆发，换好戏服。小朋友们你看看我，我看看你，开怀大笑。

负责摄影的老师就位后，小朋友们毫不松懈，抓紧时间确认动线，做最后的彩排。

小观众们跟随着《说唱脸谱》的美妙歌声，脚步轻快地走进课室。甫一进门，只见教室里桌椅已经摆成 U 形，黑板也布置一新。小朋友们赶紧回到自己的座位，有的互相分享自己的面具脸谱，有的这儿瞧瞧，那儿看看，新奇有趣。

小剧场活动正式开始啦！经过几个月的刻苦训练，小朋友们一招一式，有模有样；腾挪闪躲，大方自信。小观众们热情地送上掌声。

随后，大家和老师一起学习了京剧文化的小知识，了解京剧的起源和发展，不同的脸谱代表什么性格特征，对照自己绘制的脸谱更是生动有趣……大家听得津津有味。

接下来，全班小朋友一同登上舞台，戴好心爱的脸谱，兴味盎然地合唱《说唱脸谱》《我和我的祖国》，感受非遗传统文化，歌唱祖国壮美河山。

最后，小朋友们纷纷亮出自己的才艺，唱呀跳呀，舞台上的笑容自信耀眼，在欢声笑语中留下珍贵美好的童年回忆。

贰

编织梦想

春天的校园

2020 届毕业生　胡潼予

2018 年的春天，是我从北京转学到华南师大附小后的第一个春天。春天，北方还是万物复苏待鲜妍，而这里的校园已经像花园般美丽，“花城”的美誉名不虚传，你看——

校门口，一排排的树绿了，撒下浓荫，在小路上、小半岛上，带来无限绿意与凉爽的风。沿着台阶拾级而上，路两旁的花坛、草地，开满了姹紫嫣红的花儿，一眼望去，仿佛是片五彩的海洋。花儿也像是在比美，一朵比一朵娇艳。

穿过腾飞楼架空层，能望见几株英雄之花——木棉树。正当花期，树上望不见一片叶子，只有大片的红色。开在枝头的木棉花，仿佛是一支支火把，点亮了前方的路。

沿着风雨长廊向下走，这里有许多名人名言，让我们能学习到知识。走到尽头，右转，就是操场了。操场边，一棵小叶榕挺立在那里，仿佛是行健楼的卫兵。绿叶将枝条遮去了一部分，像一把绿色的伞；叶下藏着许多果子，有橙色，有绿色，还有红色，像是在玩捉迷藏。操场东面，也有几棵小叶榕，它们盘根错节，气根好似老人的胡须；翠绿的叶子彼此交错，为学生们提供了一个休息的好去处。有些同学喜欢在树下的球架打球，还有些在树下玩游戏，每个人都很开心。

虽然我的新学校可能不是最好的，可它在我和同学们的心中是无可替代的，因为春天的校园是最美丽的——盎然的春意，是青春年华的开始；满园的繁花，是少年芳华的记忆。

我在附小的一年级

2019 级（6）班　张梓萌
指导老师：池那尔·卡林别克

还在幼儿园的时候，每次经过附小的大门，看到大哥哥大姐姐背着书包、戴着校卡走进学校时，我心里就想："要是我能像他们一样去附小上学就好了！"

终于有一天，我兴高采烈地背上了书包，戴上了写着"一年（6）班"的校卡，走进附小的日新楼，成了一名光荣的小学生！

一年级的时光过得飞快！在这一年里，我收获满满！我遇到了温柔又美丽的好老师；结交了许多友好可爱的新朋友；学到了丰富精彩的各科知识。我在日新楼的课室里津津有味地上课；在宽广的操场上欢快地奔跑；在音乐课上放声歌唱；在美术课上发挥想象力自由地画画；在舞蹈室翩翩起舞。我特别喜欢腾飞楼的读书角，因为我在那里读到了许多我喜欢的书。

在附小的怀抱里，我飞速地成长。就像我们日新楼的名字一样，日日都有新变化。我是零基础上小学的，用妈妈的话说，幼儿园阶段是"自由放飞"的。刚入学的时候，我连拼音、字母和简单的计算都不会。经过在附小一年的学习，在附小浓浓的学习气氛里，在老师们的悉心教导下，我用心地学习，积极地汲取各种知识，现在的我，能自主地阅读和写作，能简单地和英语外教交谈，尤其爱做数学挑战题！校运会上，我参加了开幕式的舞蹈表演，参加扔小布球比赛还取得了不错的成绩呢！

我以圆满的成绩结束了我的一年级。我希望，未来在附小的日子里，继续加油，努力成为更好的自己！

伞下的温暖

2015级（2）班　刘梓琪
指导老师：邝蔚祺

在我们美丽的附小校园里，有一片由九十九把伞构成的“森林”。这片森林独特而奇丽，深受同学们的青睐。

清早，我来到校园，步入这片“森林”，此时，四周一片寂静。我凝视了“森林”片刻，过了好一会儿，我才意识到，我已长出了雪白而修长的身躯，雨伞般的体型，变得跟其他雨伞一样高挑、洁白。

阳光把静谧的校园唤醒，同学们沐浴着清晨的阳光，向学校奔来。他们一个个欢声笑语，朝气蓬勃。在这片欢乐的海洋中，不知谁“哎呀”地叫了一声。发生了什么情况？我急忙顺着声音望去。原来，是一位低年级同学上楼梯时太急，跌倒了。他神情痛苦，眼泪在眼眶里打转。说时迟，那时快，几位高年级同学飞奔过来，其中一个急切地说：“我去请老师来！”另外两人扶起低年级同学，一边轻声安慰着他，一边帮他用纸巾擦去眼泪。老师来了，把受伤的同学送去了医务室。这时，我不禁松了口气，同时，也为那几位高年级同学的行为感动。他们有一颗颗助人的心，多像一把把为有需要的人遮风挡雨的伞呀！一把“伞”的力量或许薄弱，但如果把千千万万颗助人之心汇集起来，这股力量，足以撑起一片天。

中午时分，原本明亮的天空突然被厚实的乌云裹得严严实实，周围的一切立刻变得暗淡无光。一道闪电划破天空，也带来了一场瓢泼大雨。雨，来得令人猝不及防，把原来放学的节奏打乱了。同学们都行色匆匆地往家里赶。不一会儿，校园里便只剩下零零星星几个人了。我看见有一位同学还在教室门口踱来踱去。一位老师见状，走过去关切地问：“同学，放学了，还不回家吗？”“唉，出门忘记带伞了，又联系不上爸爸。”那位同学无奈地叹了口气说。过了一会儿，家长到了。老师撑起伞，遮着同学，自己的大半边身子却露在伞外。水，浸湿了老师的裤腿；雨，打湿了老师的衣襟。我悄悄地把自己的“蘑菇帽”伸

过去，挡在了老师的身上。此时，我的心怦怦直跳；老师似乎发现了我的“小动作”，朝我微微一笑。到了校门口，孩子钻进了家长的伞下，老师也放了心。校园里每天都发生着这样一件件暖心的小事，老师的关爱就像一把把伞，在学生们成长的道路上遮风挡雨，呵护着小树苗茁壮成长。

作为校园中的一把伞，上课时，我听见教学楼传来一阵阵琅琅的读书声，声声入耳；下课时，我看见同学们在风雨长廊谈笑风生，意气风发；放学后，我感受到同学们在操场上奋力奔跑，活力四射。

不知是谁，轻轻拍了拍我的肩膀，问道：“你怎么在这里一直发愣呢？”我猛地惊醒过来，一回头，见到小伙伴正关切地望着我。哦，原来我已经“变身”回来，此刻正站在伞下呢！

变化小精灵

2018级（2）班　蔡依纯
指导老师：杨晓红

这个寒假异常的漫长而特别。我们与病毒进行斗争，在家里上网课，在全国人民努力下，疫情得到了一定的控制，我得以回到我心心念念的学校。

从我踏入校门的那一刻开始，我就感觉到，熟悉的校园给我一种焕然一新的感觉。到底哪里不一样呢？我带着期待和好奇的心，兴奋地跑到学校的每一个角落，去寻找变化小精灵，看看是哪些小精灵们把我们学校变美了。

首先映入眼帘的变化小精灵是阶梯前面，绿草如茵的草地中间宽敞的校道。左边整齐地摆放着一排桌子，桌子上放着免洗消毒液，右边是新建的洗手池子，洗手池子上方学校还很细心地贴上了如何洗手的图片，教我们怎样才能科学洗手，把可恶的病菌赶走。每天我们排队进入校门，先洗手再喷洗手液，再进入教室，宽敞的通道让我们能保持更好的秩序，不会拥挤。这个变化小精灵既周到又科学的安排，能让繁杂的事情变得井然有序，这也是一种美。

我走进绿油油的草地，发现在左边伫立着一个新的气势雄伟、别具一格的大石，上面题字“美好”。橙色的大石和鲜红的字体在绿树和草地的映衬下显得特别美丽和醒目。“美好”不正是我们学校的教育理念吗？我记得校长跟我们说过的话：“美好教育既是时代符号，也体现了教育改革发展的趋势。美好教育最终培养出须具备传统美德，有着儒雅行为，具有强壮而又健美的体魄、博学多才、有着创造美的能力和拥有伴随自己一生的高雅兴趣的新时代美好学生。”我现在每天在学校学习和生活，都会想起这个大石碑上面“美好”二字，它包含了学校对我们的殷切期望。老师们每天围绕着如何让我们更美好而努力教学。我觉得自己有了努力的方向，我要在学校和老师们的培育下，茁壮成长，成为新时代的美好学生。

拾级而上，我又发现了一个变化小精灵，腾飞楼架空层多了一面画着一棵大树的粤语墙。新学期每周四都是粤语日，也是我们非遗文化活动的一部分。

粤语是非遗文化之一，有着悠久的历史。我们学校在广州，可以把这个非遗的语言让更多小朋友去认识、去传承。每周四，老师会教我们粤语，鼓励小朋友们用粤语交谈。一开始我们闹了好多笑话，逐渐觉得这个语言好有趣，粤语歌曲还特别好听。在这个粤语墙下，留下了我们用粤语交谈的欢声笑语，留下了文化传承，留下了许许多多的美好。

说起变化，最让我留下深刻印象的是我们的“雨伞”连廊。我欣喜地发现每个大楼之间都出现了许多洁白的大“雨伞”。这一朵朵“伞花”巧妙地形成屏障，能遮挡住风雨，让我们在校园里无论是下雨天还是刮风天，都不需要打伞，可以在下面从容安全地行走。这些雨伞也让我想起动画片《蓝精灵》里精灵村的一个个大蘑菇建成的房子。连廊的一把把“雨伞”就像一个个大蘑菇，我们仿佛置身于一个童话世界，变成了一个个蓝精灵，在大蘑菇下面尽情地徜徉、奔跑、玩耍……

不同于一般的连廊，伞花连廊没有密封住顶部。一把把雨伞错落有致、高低不一地排列，既能完全遮挡住雨水，又能让阳光从顶部充分地照射下来，让连廊充满阳光和新鲜的空气。雨伞的杆子被设计成圆柱形而不是方形，去除了棱角，使我们完全不担心会碰到受伤。

在下雨时，雨水通过伞面收集系统，从柱子里的水管流到地下，再汇合到固定的地方储存起来，再通过自动浇灌系统为校园的花草提供水分，实现生态环保。

多么精巧美好的设计，处处体现了建筑的美感、有趣的童真、环保的理念和对我们学生的细心、贴心。我真的很欣赏很喜欢这个变化小精灵。

附小的变化小精灵们给校园每个角落都施加了魔法，发生变化的地方还有很多很多，不胜枚举。处处都能看到具有传统文化的元素：苏式的园林之窗、布满脸谱的文化墙、十二生肖设计墙、日新楼宽敞而新颖的活动区、腾飞楼下面充满童趣的阅读区、校友们捐赠的树木……

我们就是一棵棵小树苗，在华南师大附小这个大家庭里，在附小校长和老师们的爱的灌溉下成长。这个大家庭每天都在发生着变化，变得越来越好！而孕育这些变化小精灵们，给学校施加魔法，让学校越来越美的就是我们的校长和老师们。每一个变化都饱含着你们对我们无微不至的关心和爱护。沐浴在爱里长大的我们是无比幸福的，沐浴在爱中成长的我们也一定能长成心里充满真善美的祖国美好之花。

校园新变化

2017级（5）班　叶弋立

指导老师：张启未

因新冠疫情度过了一个漫长寒假和短暂暑假的我们，终于又坚强地回到了学校。一进校，新学期、老面孔，但是却有“新学校”。当然，这新学校是由旧学校“锦上添花”而成的，不过，还是那样“焕然一新”啊！

这所添之“花”是小花园、伞之连廊，还是古文化的展览场呢？都是。

那我们先去校园中的“公园”——小花园吧。你看那里，这时会有许多花儿、草儿在向你招手。它们那么热情，那么夸张，摇摇摆摆的身体好似在对你说：“快来啊，来玩呀，美丽的花园很好玩！”当你走进去，路面有点泥泞，但一块块灰白色的小石头可以做你的“垫脚石”，它们圆圆的、防滑的，虽然表面看起来有点不平，但是很安全。当你把自己的小脚放上去，那些石头便有些摇摇晃晃，而你的小脚再一抬，便发现鞋印已“烙”在了石面上。

踏着这些“热心”的小石头，可以来到校园的秘密基地——树下台阶。沿着台阶慢慢往下走，自然中的香味将会扑鼻而来，那味道很香、很甜哟！这是从花草里飘来的甜香，还是最近秋雨姑娘留下来的清香呢？或许都有。下午的小花园是柔和的，是静寂的，是梦幻的。你抬头，会看见郁郁葱葱的树叶，会听见它们在“沙沙”作响，那声音并不是嘈杂的噪声，而是欢快的歌声，既清脆利索，又悦耳动人，让人觉得很舒适！此情此景，如与三五小伙伴相约一起，再增添些欢声笑语，感觉就更好了！下到小瀑布，映入眼帘的将是上面流着溪水的大石头，这些“活泼”的溪水唱着、跳着。你仔细听，那“哗哗”声便好像在表达它们的快乐心情；你仔细瞧，会发现它们在欢快地跳跃。再专注看一看旁边那些水草，它们在轻轻飘摇，看的时间稍长点，你可能会觉得，你就是它们，微风一来，你就迎风起舞，自己的绿衣裳轻轻飘动，风一停，你便站在那儿，听听水儿们的话语，看看花儿们的嬉戏，品品天空白云组成的图案，无比惬意。

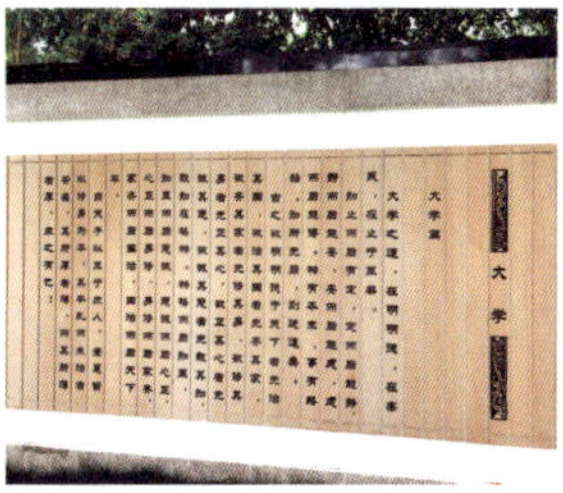

欣赏完迷人的小花园，可以来伞之连廊小憩一下。其实我更喜欢称这里为“百变伞”。为什么说这些伞是“百变”呢？当然是因为它们既能挡风遮雨，又能抵挡炎炎烈日；它们有些像玲珑可爱的蘑菇，有些像枝繁叶茂的大树，有些像盛丽绽放的花朵……不过，不管它们是谁，它们都像父亲一样守护我们，像防疫卫士一样守护我们，像祖国母亲一样守护我们，它们始终恪守着“伞”的职责。每当雨珠滚坠时，“百变伞”便帮我们挡住，然后用自己的“大嘴”吸进雨水，让雨水坐着“滑滑梯”一溜而下，顺着管子流到地下，这也是在执行习主席提出的建设“海绵城市”的指示吧。

最后让我们到丰富的古文化展览场去熏陶一下吧！那里面雕刻着老祖宗留下的《弟子规》《千字文》等，摆放着传统的文房四宝“笔墨纸砚”中的“砚”放大而成的桌子和椅子，耸立着写有“美好”二字的大石头……说到古文化，其实不仅于此，校园内还有很多地方都有其展览，如在校门口，也新添置了写有“博”“礼”二字的大石头，它们取之于《论语》中的“君子博学于文，约之以礼，亦可以弗畔矣夫”，这也正是我们校训的浓缩。校园内展示的那些中华传统文化结晶，时刻提醒着我们要肩负起振兴中华的重任，为了传承中华优良传统文化，为了中华民族的伟大复兴，好好学习、努力加油吧！

这就是我们校园里多彩的新变化，我特别喜爱，你呢？

美好的校园

2018级（3）班　何笑语
指导老师：管　宁

有一天，妈妈问我："听说你们学校最近发生了一些变化，你能给我介绍介绍吗？"

我说："哎呀，妈妈，变化可大啦！让我一点点告诉你吧！"

妈妈，你每次送我到校门口，都能看到一个大石头，刻着"礼"字，其实，走进校门，还有一个刻着"博"字的石头，和"礼"字相呼应。这就是我们的校训"博学于文，约之以礼"！

继续沿着左边一条弯弯曲曲的石头小路往前走，穿过刻有《弟子规》和《千字文》的石碑，就能抵达另一块刻着"美好"二字的石头。石头下面是一池水，有几尾小鱼游来游去，嬉戏玩耍。我想，学校建这条小路，就是想告诉我们，通过"博学于文，约之以礼"，我们就能感受到生活中真正意义上的美好，也能让自己的言行举止变得更加美好。

我们继续往前走，一步步踏上台阶，花圃里的花盛开，露出一张张灿烂的笑脸，引领我们穿过腾飞楼；通往教室的路上，增添了许多个小亭子，一个挨着一个，像是一把把白色的大伞。下雨的时候，雨打在伞上，仿佛跳跃的音符，从一把伞滑到另一把伞，却不会掉落在我们身上。我想，这些伞，就像我们的老师一样，时刻保护着我们，为我们遮风挡雨。学校是不是也希望我们，能像这些伞一样，无论烈日或者风暴来临，都能坚定地支撑起风骨，勇敢地面对困难。

妈妈，我们的学校变得真美好，你想来参观吗？

生机勃勃的校园

2016 级（2）班　卢可楠
指导老师：强丽雯

我的校园非常美丽，绿草如茵、繁花似锦，像个公园。绚烂的异木棉陪伴我们在游乐场玩耍，摇曳的大榕树为准备领奖的我们遮挡烈日，绿油油的草坪给我们的科学实验提供了素材。还有轻灵欢快的鸟儿们翱翔在其中，令喜爱观鸟的我兴奋不已。

一次，我和往常一样步入校园上学，在腾飞楼前的草坪上，有一只小鸟吸引了我的目光，它有着淡蓝色和白色的羽毛，走起路来脖子一伸一缩，像鸡一样。它是不太常见的丝光椋鸟。我又望了望周围，看见草坪上散布着几只它的同类。这里竟然有一群丝光椋鸟，真让我喜出望外！它们时而低头啄食，时而环顾四周，时而抬头吞食，就像在开美食大会，连同学们走近都没有被惊飞。回家后，我把这个发现告诉了爸爸妈妈，他们连连赞叹我们学校生态太好了。

校园里的鸟儿中，我最喜爱的是红耳鹎，它头部有着长长的冠子，红色的脸颊，小脑袋左摇右晃的样子别提有多可爱了。它们常会跳到行健楼楼道的栏杆、教室的窗台上，似乎想“偷听”我们上课，一点儿都不怕人。而数量最多的肯定是麻雀，我们在操场跑步时常会惊起一群麻雀，有一次一只麻雀竟飞进了我们的教室，正在大家想怎么处理时，它扑棱棱飞走了。

这就是我的小学校园，既是学习知识的殿堂，又是充满生机的公园。我非常喜欢这个优美、舒适的学习环境！

感恩有你
——六(3)中队国旗下的讲话

2015级（3）班　刘鉴玲　郑钰琳　林一诺　何楚涵
指导老师：贺春芳

各位老师，各位同学：

早上好！

我们是六（3）中队的学生代表。我是刘鉴玲，我是郑钰琳，我是林一诺，我是何楚涵。今天，我们国旗下讲话的题目是“感恩有你”。

（何楚涵）校园里，棉絮从高大的木棉树上飘落，只留下几个干枯的花托，在枝头寂寞地颤动着，仿佛即将随着同学们的泪水潸然落下……

（刘鉴玲）六年的时光啊，就这样匆匆溜去，我们就这样从懵懂的小娃娃变成了成熟的“准初中生”。

（郑钰琳）时间，它走得那样快，在六年的青葱岁月中又有太多值得我们感恩的人了。

（林一诺）时间，在零零碎碎的生活片段中穿梭，美好的回忆出现在我的眼前。

（刘鉴玲）于是——我想起，当我在清晨醒来时，时间从您叠被子的手边过去；当我在睡眼蒙眬地吃着您精心准备的早餐时，时间在您忙碌的身影旁过去；当我有不懂的题目时，时间便从您紧锁的眉梢路过；我瞧见了您渐渐变白的秀发和越发粗糙的双手，想尽一份孝心时，时间又从我们中间径直走去。天黑时，我闷闷不乐地回到家里，您急忙摆出刚做好的水果拼盘，时间又从您温柔的安慰声中溜去；我做错了事，您苦口婆心的叮咛和教导却令我厌烦，我奋力反驳，时间便光明正大地从我们身上跨过；深夜我打着哈欠，时间从那清脆的键盘声中钻过；当我又一次睁开眼睛时，仍看见您疲惫的身影正在工作，这算又过了一日…… 有多少次想拥入您的怀抱，又有多少次想对您说出那句“爸爸妈妈，我爱您。”感恩有你——我的父母！

（林一诺）于是——我想起，当我们在古色古香的园林中穿梭时，时间便从砖瓦缝中钻过去；在九十九支洁白的巨伞下玩耍时，时间便从鲜活的树叶上，随着晶莹的露水滑去；当我们在非遗博物馆中享受着文化的熏陶时，时间又从一只只精美的艺术品间穿过去；当我们站在那迎风招展的校旗之下时，时间从阵阵清风中逝去；当我们高唱着校歌时，时间又从令人感到熟悉而亲切的歌声中掠过去；飘飘悠悠去向了远方，有多少次想齐齐伸出手去挽留所剩不多的母校时光，又有多少次想说“母校，我舍不得你，是你培养了附小一代又一代的学生。”感恩有你——我的母校！

（何楚涵）于是——我想起我们和老师晨间问候时，时间从老师扬起的嘴角过去；黄昏的告别时，时间从老师摆动的衣服的闪影中过去。老师与我们侃侃而谈的时候，时间从老师的脸庞拂过；老师抬手握住粉笔的时候，时间从老师紧握的手中散去；老师用红笔写出一个又一个红色的勾与圈，时间随着红墨水从笔芯里边流出，然后我们发出由衷的感恩之情。在一次一次的问与答时，我们可敬的老师满心欢喜地点点头时，时间从话语传播的方向散去，但凝成了智慧，凝固了师生情。曾有多少想吐出又吞回肚里的感慨——您辛苦了。老师，我们离不开您！是您一直陪伴着我们，呵护着我们。感恩有你——我的老师！

（郑钰琳）毕业将近，友情不减，清晨灿烂的阳光穿过层层的梧桐叶，在明亮整洁的教室里洒下了点点光斑，跳跃着照亮了我们之间的友谊。于是——我想起在我们伴着朝露上学时，时间从脚边溜去；在嬉戏时，时间从欢声笑语中飞去；上课时，时间又在琅琅读书声中穿梭，最终又从玻璃窗之间的缝隙中钻了出去；运动时，时间在呐喊声中拨动着，又在窸窸窣窣的树影中婆娑消逝；放学时，时间又从一颠一颠的书包中掉出；争吵时，时间又迅速地随着怒气的消散而远走高飞了；我与你一起在校园之中奔跑着，那时间却又在飞扬的发丝之中飘去了。记得我与你倾心畅谈时，心中的感慨；记得我与你一起运动时流下的汗水。毕业季旖旎的微风拂过我与你的脸颊，吹散了年少时的懵懵懂懂，氤氲了你我的眼。你对我的帮助、鼓励，陪伴着我的一点一滴，我都将铭记于心。感恩有你——我的同学！

（刘鉴玲）感谢父母的精心呵护！

（林一诺）感谢母校的用心培育！

（何楚涵）感谢老师的悉心教导！

（郑钰琳）感谢同学的爱心互助！

（齐读）我们的相遇也许是偶然，但更是必然。感谢命运，感恩有你们！

（齐读）我们的发言到此结束。谢谢大家！

六（3）中队

2021 年 5 月 10 日

快乐阅读，从附小开始

2018 级（4）班　田又元

在我小的时候，妈妈常给我买绘本看，但不常跟我一起阅读，所以我随便翻翻就算了。和看书相比，我更喜欢听故事。

上幼儿园中班的那个暑假，我认识了附小的莉莉老师，她很漂亮，又很温和，总是笑眯眯的，我好喜欢她呀！那时，她会抽空带我们几个小朋友到附小里做游戏，讲故事。她把绘本的故事讲得那么生动，而且还让我们去扮演故事里的角色，太有趣啦！她让我感觉到，原来阅读书本也是这么快乐的呀！谢谢您，莉莉老师，是您带我发现了书本的魅力，也让那时小小的我，对附小充满了向往和期待！

今天，我已经成了一名附小的学生啦，敬爱的老师教我识字，指引我阅读。在腾飞楼下的书架上，我总能找到自己喜欢的书本。谢谢您，我亲爱的母校，是您用书本给我插上了想象的翅膀，让我的梦想飞翔！

珍贵的礼物

2019级（2）班　罗俊皓

我的语文老师是赵老师，长得又高又壮，梳着平头，戴着眼镜，总给我们一种既严格，又和蔼可亲的感觉。

一年级上学期期末考试结束后，公布语文成绩的那天，赵老师慢悠悠地走到讲台边，神神秘秘地抱着一个大纸箱。同学们都兴奋了起来，纷纷问老师这是什么？老师说这是期末语文考试100分的同学可以奖到的礼物！我顿时高兴了起来，因为我考了100分。这时老师让100分的同学上讲台选礼物，我一眼看中了一只可爱的考拉存钱罐，我开心极了。赵老师笑着对我说："罗俊皓同学很棒，要再接再厉哟！"我回答道："好的，谢谢老师。"听了老师对我的鼓励，我觉得像泡在蜜里一样甜。

赵老师的礼物是每个同学都想得到的，因为我的努力得到了老师的奖品，所以一直以来这只考拉都是我十分珍惜的礼物。

赵老师，谢谢您，温暖地照亮着我们一（2）班，老师，您辛苦了！

华师附小——我的成长乐园

2016级（1）班　刘俊汐
指导老师：李红梅

每个人都有自己的成长乐园。对我而言，我的成长乐园是我正在就读的小学——华南师范大学附属小学。在那里，我慢慢地从一个懵懵懂懂的无知小孩成长为一个知书达理的小小少年。在那里，我收获了知识，收获了关爱，收获了友谊，还收获了苦与乐。

这个乐园里有我敬重的老师们。记得一年级的语文课上，李老师给我们讲的第一首古诗《咏鹅》："鹅鹅鹅，曲项向天歌，白毛浮绿水，红掌拨清波。"我第一次惊喜地发现，语言居然可以这么美，居然可以被运用得如此精妙。慢慢地，我学会的古诗越来越多，对我们伟大祖国的语言的热爱也越来越深。如果我长大了，我也想像写出经典诗句的那些诗人一样，把汉字运用得如此出神入化。记得三年级的数学课上，我因为不听温老师的安排被批评。当时的我很有些不服气，还皱着眉头跟老师顶嘴。可是温老师仍然原谅了我，一如既往地关心我，耐心地帮我仔细批改作业。这件事让我学会了宽容。老师们都是很辛苦、很伟大的，要虚心听从老师的教诲，不要用言语顶撞老师。我以后一定会尊重在成长路上遇到的每一位老师，他们和她们都是在为学生成长无私奉献的默默的引路人。我永远会记得那位没有教过我的体育老师小邓老师，他在很年轻的时候就因病去世了。他生病的时候，我捐出了自己的零用钱，可惜还是没能把小邓老师留在这个世界上。这件事让我学会了关怀。有时你虽然无法改变结果，但是你可以用你的方式表达你诚挚的心意。

这个乐园里有我喜爱的同学们。一年级的时候，我们全班三十八个同学一起合唱《红星歌》。大家都很认真，一遍又一遍地辛苦排练。虽然最后没有得到第一名，但大家还是很有成就感，因为大家都付出了汗水。这件事让我感受到了集体的力量。一个人的力量是有限的，三十八个同学的力量抱在一起就大有不同了。从二年级开始，我就发现班上的玥玥同学有超越同龄人的写作天赋，便一直以她为目标，开始艰难的攀登。从此以后，我成了学校图书角的常客，经常去那里翻阅一些和写作有关的书籍及名著。慢慢地，我感觉自己对文字的感觉越来越好了，对文字的运用也越来越娴熟。这件事让我认识到了榜样的力量。有了榜样，有了追逐的目标，自己在追逐中能更快地成长。班上的小麦同学更让我感受到了责任的力量。他是四年级时学校运动会上的志愿者中最负责任的一个，我们班的后勤工作几乎都被他包揽了。他在看台上忙忙碌碌，跑前跑后，一边帮运动员们递水，一边打扫看台，收拾彩旗、彩带、吉祥物。人人都有属于自己的闪光点，有些在学业上极为出色，有些在劳动时勤勤恳恳，有些在体育上奋勇争先，还有人在艺术上表现优异。

这个乐园还让我感受到了冒险的苦与乐。校门口的那个池塘是我们放学后经常玩耍的地方，也给我留下了终生难忘的记忆。二年级的那个秋天，我和小凯同学到湖边探险。我想到湖边的草丛里去摘一颗红红的果子，一个不小心就失足滑到了湖里。好在岸边的水不深，经过一番折腾后我终于爬上了岸。吃一堑，长一智。我从此知道了远离危险，保护自己。如果我现在再看到其他淘气的小朋友在湖边玩耍，我一定会去制止他们，因为我长大了。学校办公楼的架空层有一堆废弃的铁皮箱，那里是我们的“秘密基地”。我们以前经常会去那里玩耍，偶然会撞到一两只蟑螂爬过。有一次，一只箱子里冲出了一只小老鼠，把我们吓得魂飞魄散，不过不久大家就哈哈大笑了。就算以后毕业了，我们还会想起这个装满了我们的快乐的“秘密基地”。

每个人的成长乐园都是不一样的，但是其中的快乐都是一样的。如果有机会，我希望请你来我的成长乐园逛逛，见见我的老师和同学们，我会把更多的故事告诉你。

《岳阳楼记》与我的美国游学

2017级（2）班　齐飞悦
指导老师：周　婷

2019年6月，周老师说我们要到星海音乐厅去诵读《岳阳楼记》。我拿到《岳阳楼记》后，看了一眼，立刻泄气了，对我来说，文章很长，感觉难以背诵。我读完《岳阳楼记》后，对《岳阳楼记》有了不同的观感。我并不是懂得每一句话，但是为文章中的气象万千所吸引，为范仲淹磅礴的爱国情怀所折服。于是我喜欢上了这篇文章，一遍一遍地背诵，加上周老师教我的歌诀技巧，我很快能朗朗上口了。我们在星海音乐厅的演出很成功，获得了很多的掌声。

2020年2月，我随爸爸到美国游学，没想到《岳阳楼记》给了我在这不平凡一年中莫大的勇气和帮助。这一年新冠肺炎疫情肆虐世界自不待言，我还遇到了洛杉矶地震、加州大火，一天清晨我甚至被火警惊醒，好在最后是虚惊一场。在美国的日子里，我能想到的、不能想到的，都经历了。有一次，我从旧金山回洛杉矶，走的是加州一号公路。在路上，爸爸告诉我，公路旁边是太平洋，太平洋的对面是中国。我从车窗向外望去，太平洋上雾蒙蒙的一片，无边无际，看不到哪里是头。此情此景，我心中突然升腾起《岳阳楼记》中“去国怀乡，感极而悲者”的情愫，心情久久不能平复。我在心中不断念叨《岳阳楼记》，想起岳阳楼春天里秀美迤逦的风景，我想天放晴的时候，太平洋也应该是极好看的，更重要的是我不能因为环境的变化而影响心情，要“不以物喜，不以己悲”。想到这里，我心里坦然了许多，我想我可以面对一切，希望早日回到祖国。

我在国学班的奇妙之旅

2017 级（2）班　尹梓越
指导老师：周　婷

2017 年我刚刚从幼儿园毕业。我要上小学了，准备在华南师大附小就读。学校要实行一班一特色教学。我参加了诗书国学班的面试，并背诵了王昌龄的《从军行》这首诗。于是，我幸运地被诗书国学班录取了。

在诗书国学班我遇到了两位老师，她们分别是充满活力、博学多才的周老师，经验丰富、会吟会唱的姚老师。在诗书国学班，我和我的同学们不仅要学习日常的主科和副科，还要在两位老师的带领下学习诗词歌赋、非遗、传统文化等国学经典，还要练习书法、太极。

在一年级，我学习了《弟子规》《三字经》《千字文》《百家姓》等经典佳作。在《弟子规》与《三字经》中，我知道了要勤奋好学、孝敬父母、团结友爱等传统美德。在《千字文》中，我了解到了天文地理、四季变化规律、人文道德等知识。《百家姓》让我体会到了中国姓氏的博大精深和源远流长。我们还学习了诗词的吟诵，让我领略到了诗词的魅力和美妙韵律。

在二年级，我学习了《岳阳楼记》《陋室铭》《长恨歌》《诫子书》等古文。这些传世名篇让我学习了诗人们的高尚品德。从范仲淹《岳阳楼记》中的“不以物喜，不以己悲”，看到了他谦逊、乐观的心态，从“先天下之忧而忧，后天下之乐而乐”，学习了他爱国爱民的情怀。从刘禹锡《陋室铭》中的“谈笑有鸿儒，往来无白丁”，看到了作者高雅、超凡脱俗的精神追求。在诸葛亮《诫子书》的引导下，我知道了静以修身、俭以养德，要拥有淡泊名利的高尚品格。还在白居易的《长恨歌》中，我了解了唐玄宗与杨贵妃的爱情悲剧。

在三年级，老师带我们读了《兰亭集序》和《大学》。《兰亭集序》让我欣赏到了崇山峻岭、茂林修竹、清流激湍等兰亭美景。《大学》告诉我们要修身养性、正心养德才能齐家、治国、平天下，干出一番大事业。

此外，我们还坚持练习书法、太极扇。练习书法磨炼了我们的意志与耐心，练习太极扇让我们强身健体。

在过去的三年中，周老师带我们走进了博大精深的国学世界，让我们领略了传统文化的魅力，并深深地爱上了它。希望在四年级能学到更多国学经典，使自己成为一个腹有诗书气自华的人。

爱是最美的语言

2016级（3）班　许恩澄
指导老师：李丽萍

诗人但丁说，“爱是美德的种子”；作家罗曼·罗兰说，“爱是生命的火焰”；我想对我的学校——华南师范大学附属小学说，“是您告诉了我什么是爱，爱是最美的语言。”时光如白驹过隙，转眼我就在华南师大附小度过了四个春夏秋冬。在这一千多个日日夜夜里，我深深感受到老师们的爱、同学们的爱，还有很多很多各种各样的爱。

四年来，在附小发生的感动我的故事很多很多，比如第一次参加幼儿园升入一年级的面试时，胆小紧张的我不敢看老师们的眼睛，也不敢回答老师们的问题，老师们慈爱的笑容，让我感受到她们鼓励的爱；比如时不时忘记带学习文具的我，总是能够得到同学们无私的帮助，让我感受到班集体的爱；比如放学回家遭遇倾盆大雨的我，会遇到热心的附小大哥哥、大姐姐们的帮助，让我感受到被照顾的温暖……但我印象最深刻的，是班主任李老师对我的宽容的爱。

那是四年级下学期的一个星期三中午。由于我是班级电管员，我来学校一般都比较早，要将班级电脑打开，为老师们下午上课做准备。正当我像平常一样按下电脑开机键时，电脑却一点反应都没有。我以为是我没按对，于是再次确认了一下，轻轻按下电脑启动键。这一次，电脑倒是可以开机了，但不知道为什么，过了几秒钟后，页面就停留在“WINDOWS正在启动”就一直不动了，我心里想，重新启动一下不就可以了吗？于是，我重新启动了电脑，但是电脑就是不配合，而且还发出了“嗡嗡嗡”的声音。我耐着性子再一次关机重启，结果电脑却蓝屏了，彻底“罢工”了。几次重新启动电脑之后，电脑虽然能够进入操作系统页面，但是却不能退出，彻底死机了……我一看有点着急了，马上就要上课了，没有电脑，老师不能上课怎么办？于是我决定将电脑系统重装一次。紧赶慢赶，我终于将电脑系统重新装好了。但是新问题来了，电脑可以

正常启动，却不能连接上网络。这下我可急坏了，满头大汗，都要哭出来了。正在这时，李老师走过来了，轻轻问我："怎么回事啊？"我一看到李老师过来了，心跳马上加速，怀里像揣了一只小兔子，"砰砰"跳个不停，心想，惨了，这下可完了，李老师看见我在玩电脑一定会生气，一定会狠狠地批评我的，怎么办怎么办……正当我忐忑不安地搓着手，不知道如何回答老师的问题时，李老师温和地对我说，"快上课了，赶紧回到座位上准备上课吧！"李老师的声音是那么温柔，而且一点儿责备的意思也没有。我抬起头，看见李老师温和的笑容，这才放心下来，赶紧回到座位上准备上课了。下课后，李老师再次来到我的座位旁，轻轻地提醒我："下次可不要再玩电脑了！"这时，一直压在我心里的大石头才算放下了，我羞愧地低下了头。李老师继续笑着对我说："要加油哦！"我点点头，决心以后一定要好好学习，不辜负老师的期望。那一刻，李老师温柔的话语，化解了我内心的恐惧和不安，让我无比温暖。正是老师们宽容的爱，给予了我信心和勇气，照亮了我未来努力的方向。

孔子说："爱人者，人恒爱之；敬人者，人恒敬之。"华师附小就是这样一所充满爱的学校。我喜欢附小的老师和同学们，喜欢在附小里度过的每一天，喜欢在这里学习和成长。因为，华师附小是一所充满爱的学校！

一节特别的课

2017 级（2）班　许靖旋

指导老师：周　婷

今天，我早早地起了床，穿上整齐的服装，郑重地戴上红领巾，端坐在桌前，打开平板电脑。现在是早上八点整，一切都准备好了！我回想起刚刚过完的寒假，因为一场突如其来的疫情，让 2020 年的春节没有年味，没有爸爸妈妈的陪伴，没有见到亲朋好友，也没有收到很多红包，没有外出旅行，只能在家里看书、跳绳、写作业，这个寒假好长。

"亲爱的老师，亲爱的同学们……"校长的发言把我的思路拉了回来。这一节课真特别，你知道吗？这次校长是在线上给我们讲课。我心想：好奇怪呀！镜头总是转来转去，一会儿切换到屏幕，一会儿切换到校长的脸上。在线上，校长给我们讲述了一个个感人的故事。

校长给我们介绍了新冠病毒疫情的来龙去脉，全国人民与病毒抗争所做出的努力。护士为了方便穿防护服，剪掉了美丽的长发，为了争分夺秒，为了武汉，她们只能这样；一个小女孩为了支持武汉打败病毒，把她的储钱罐里的钱都捐给了武汉；医生们为了不让自己被传染，戴着护目镜和口罩，脸上印出了深深的凹痕……"医院""疫情""病毒""中国加油"成了开学典礼的关键词。我觉得这些"白衣天使"真伟大！他们与时间赛跑，争分夺秒，为国家付出了许多努力。

除了感动，我还感受到了孤独。上课不能看见老师和同学们，下课也听不见下课铃。我再次感觉病毒很坏，它们不但危害我们的健康，还把健康的人困在家里，把医生护士和军人警察都留在工作岗位上。我的爸爸妈妈过年都没怎么在家，没时间陪我。但我没有浪费时间，我每天都读书打卡，看书、读绘本，我把曹文轩的《蜻蜓眼》《山羊不吃天堂草》《草房子》和《根鸟》都看完了。妈妈很晚回到家时，我都很开心地告诉她我一天做了什么，她总是笑眯眯地看着我。

我相信，等疫情结束后，我就能带着知识和健康的身体，回到学校继续学习。相信这一天很快就会到来！

花儿与孩子们

黄笑清（老师）

三月的春雨飘过，天空变得晴明清朗。腾飞楼西侧高大的木棉树伸展着它那遒劲的枝丫，直指苍穹，一股欲与天公试比高的气势 。一群孩子跑到树下，“哇，好大的花！”他们争先恐后地拣起红棉花，“这朵漂亮！”“这朵更漂亮！”…… 忽而，一朵红棉花从树上直愣愣地掉下来，砸到了孩子。

“谁打我了？”“花打你了！哈哈……”“我们摇一摇树，看花掉不掉下来？”“累死了，怎么动都不动一下！”“等我们长大点再来摇。”

上课铃声响了，孩子们捧着他们的红棉花跑回课室了。

当木棉飘絮，学校里的花儿次第开放。姜花最是惹人怜爱，它们密密挤挤地挨在一起，一串串花骨朵白里透着淡淡的黄，温润如玉，花尖儿挂着一滴小水珠，更胜晨星。孩子好奇地瞪了一会，用指尖接下小水滴，放在眼前仔细看，问：“老师，水珠是花自己长出来的，还是沾在花上的露水？”“爱动脑筋的小家伙，回去查查资料吧。”

“独占芳菲当夏景，不将颜色托春风”。通向行健楼的校道旁，大花紫薇和小花紫薇遥相呼应，迎着骄阳绽放，团团簇簇，深紫赤红，娇艳的花瓣细看却是透着光亮。小伙伴们说着学习的事，说着新奇的事，说着玩乐的事，说着将来的事，一起走过紫薇花树，仿佛有说不完的话，是一生的朋友。

紫薇渐渐隐去，非洲异木棉已悄悄在孕育花苞。终于，一朵、两朵、三朵……枝头伫立了些许粉嫩的小身影，大家淡淡地看了几眼：哦，美人树要开花了。过了几天，抬头一看，惊呆了：哇，天啊！太美了！繁花满树，喷火蒸霞。孩子们在树下读书、玩耍，时而触碰一下树身上的刺头。疑惑的眼神仿佛在问：这么美的花树为什么长刺？

一花一世界，孩子们是美的发现者，是世界的探索者。

花城是没有冬天的，转瞬间红棉花又发。阳光照在英雄树上，照在奔跑跳跃的孩子们身上。

叁

寻梦有志

给最美逆行者的一封信

2021 届毕业生　刘竞择

敬爱的最美逆行者们：

你们好！

最近网络上传遍了你们的名字，大家都说你们是英雄。的确，虽然在平日里你们和我们一样都是普普通通的人，但是只要一穿上白大褂，你们就变身成了我们心中敬爱的白衣天使。而在这个春节，你们为社会所做的贡献堪比大英雄！

今年的春节是一个不平凡的春节。腊月二十九，正是人们急切归家过年的日子，就在这一天武汉紧急封城。从那一天开始，我们学会了一个新词，那就是——新型冠状病毒性肺炎，它是一种由未知的冠状病毒引发的肺炎，可以通过患者说话、咳嗽、喷嚏时的飞沫传播，具有极强的传染性。新型冠状病毒性肺炎的爆发给我们的生活造成了极大的影响，毫无疑问给整个社会造成了巨大的恐慌。人们纷纷取消了春节探亲访友的计划，待在武汉和湖北其他城市的人们也都想方设法逃离。然而就在人们谈武汉色变，对湖北避之不及之时，你们却在大年三十夜，一个举国同庆、合家团圆的日子，放下手中热腾腾的年夜饭，离开最亲爱的家人，星夜兼程马不停蹄赶往武汉和湖北其他地区，前往医院救治患者。正因为有了你们的坚守，我们才能安然无恙地待在家里看看书、看看电影。当我们在家安全而舒适地休息的时候，可能你们正穿着厚重憋气的防护服救治重症患者；在我们休憩着看电影的时候，也许你们却因为过度疲劳不得不在医院冰冷的地板上席地而睡。

这个春节，你们没有可口的饭菜，却只有物资缺乏的病房；你们没有家人的陪伴，却只有感染病毒的风险。为了更多人的平安，你们甘愿冒险；为了整个国家的安全，你们迎难而上，赶往防疫最前线。就在此时此刻，也许你们正在夜以继日地救治着患者，也许你们正在争分夺秒地研究疫苗，也许你们正在驰援疫区的路上。总之，你们是这个春节最亮丽的风景，也是最美的逆行者。

医务工作者们奋斗在“战役”的前线，我们小学生不能上“战场”，我们能做些什么呢？我的建议是：首先，尽量不要外出，因为新型冠状病毒主要是靠空气中的唾沫传播，只要待在家基本就能避免。其次，要强身健体，强身健体能够增强抵抗力，病毒就斗不过你了。然后，不要恐慌。恐慌没有用，采取实际行动才能解决问题。最后，就是做好我们的本职工作，也就是在家好好学习，只有用知识武装我们的头脑，在祖国遇到困难的时候，我们才能为祖国贡献力量。我认为这样做才是对白衣天使们最大的支持和帮助。

最后，我想向所有美丽的白衣天使，向我们可爱的逆行者们道一声：感谢你们，你们辛苦了！也请你们好好珍重自己。我相信只要整个社会齐心协力，我们就一定能打赢这场没有硝烟的战争。

此致

敬礼

刘竞择

2020 年 2 月 17 日

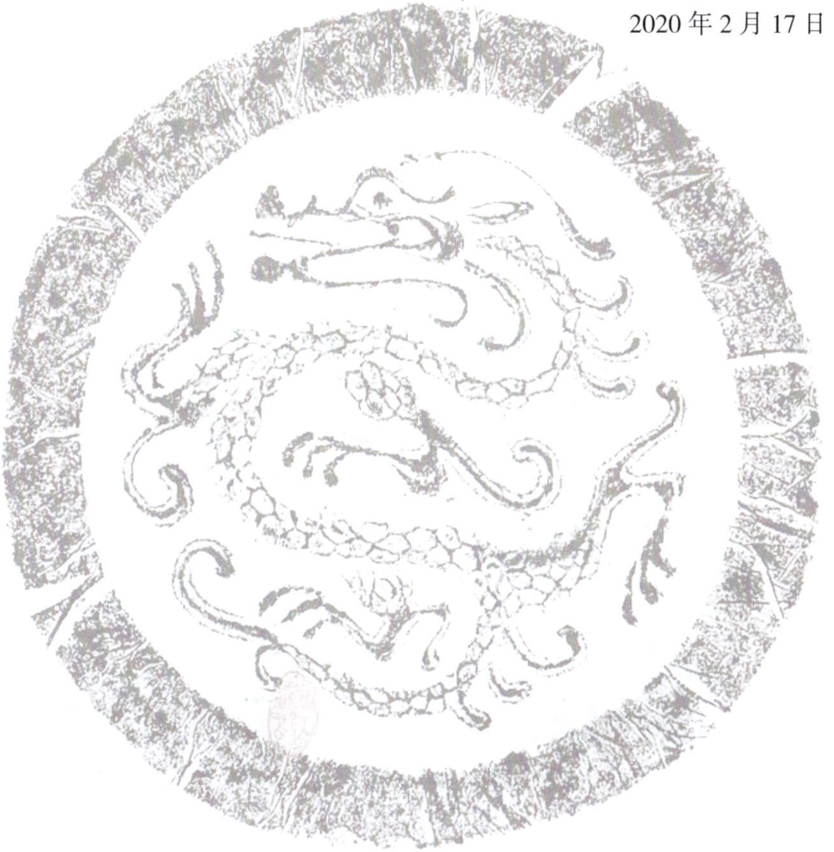

好好学习，争当优秀少先队员

2017级（5）班　刘昕烨
指导老师：解小羽

2020年的春天，是一个不寻常的春天，一场突如其来的疫情打破了大家的正常生活。到了2月17日，我们仍不能如常返校，学校安排我们在家里学习。为了充实每一天的生活，我制订了目标：坚持学习、加强锻炼、好好生活。坚持学习。一日之计在于晨，每天早上7点40分开始早读，早读后练字、课外阅读、做数学习题、英语口语100练习等等。不断学习新知识，争当一名优秀少先队员！

加强锻炼。我坚持每天锻炼1小时，打篮球、跳绳、做广播体操和武术操。我希望通过加强体育锻炼，增强体质和免疫力，可以抵抗病毒，做一个身体强壮的孩子，好好生活！学习之余，我还要练钢琴，同时每天帮忙做家务，负责每天洗碗、擦桌子、扫地，减少妈妈的工作，为妈妈分担家务，做一个积极生活的好孩子。

没有一个冬天不能逾越，没有一个春天不会到来。让我们一起努力，期待春暖花开！希望疫情早点结束，我可以早日回到学校和老师们、同学们一起学习！

腾飞楼

2016 级（1）班　李　涵
指导老师：李红梅

每当我走进华南师大附小校门，最先映入眼帘的是腾飞楼。拾级而上，“腾飞楼”三个大字，仿佛在鞭策着我努力学习、天天向上。我知道这是每个附小同学梦想启航的地方，也是我们知识积累的地方，知识承载着梦想，它终将为我们的人生插上腾飞而起的翅膀。

腾飞楼是老师的办公室，但架空层却是同学们的小天地。寒暑往来，架空层不断变换各种布置，但它依旧是同学们的乐园。有时候架空层是同学们展示才艺的场所，还记得非遗活动上同学们制作的精美作品吗？刺绣、陶艺、景泰蓝、剪纸等等，每一件都是同学们心灵手巧的见证！有时候架空层是同学们展示飒爽英姿的地方。同学们有的在练跆拳道，有的在练咏春拳，有的在练街舞，有的在练篮球，有的在练孔雀舞……

我最爱的是架空层的图书角，这里放着许多同学们捐赠的书。每当课间下雨不能去操场玩的时候，到图书角听雨看书真是非常惬意的时光。这个图书角，传承了一届又一届的附小同学。我想某个大哥哥大姐姐载誉归来时，也许还能找到当初自己捐的书呢！

腾飞楼寄托着老师们对我们的殷切希望，也留下了许多同学们翻腾雀跃的记忆。作为一名附小的学生，我感到非常骄傲，就像飞机场上等待起飞的飞机，我一定要努力，加满知识的燃料。“少年富则国富，少年强则国强”，一个世纪前的回响依然在耳边，我们要飞得更高，飞得更远，为中国腾飞而奋斗。

我眼中附小的美好

2018级（1）班 武思齐
指导老师：陈宝萍

说起附小的新变化，得从那块“美好”大石头开始。这学期开学，我们发现学校的小花园悄然多了一块刻着“美好”二字的石头，巨大而坚固，美丽的鲜花环绕着它，清澈的喷泉衬托着它，初升的太阳为它镀上了一圈柔和的金色。

我查了查百度，“美好”出自《庄子·盗拓》，“今长大美好，人见而说之者”，是指美丽的东西让人身心舒畅，更好地生活，快乐地生活。我理解这是学校对我们的要求和期望。

每天上学经过长长的台阶，我都要看一眼这块大石头。美好不仅是指要有美丽的校园，还更要有美好的老师和同学们。我发现，“美好”就在我身边，美好为我们的生活带来了新变化。

我有着美好的同学。班里张仕桉同学腿受伤要坐轮椅，下课后，同学们争先恐后地帮助他，有的为他推轮椅，有的扶他去洗手间，有的担心他寂寞，陪他一起安静地玩游戏。瞧，我生活在一个有爱的美好大家庭。

我有着美好的老师。这学期我突然任务很多，管乐队课间训练、大队委工作会议、运动会集训，我的心都快飞起来了，字写得不够端正，作业也漏题。当我还没有意识到这些问题即将带来的后果时，老师及时找到我，提醒我，要安排好自己的时间；当我泄气时，老师又鼓励我说：“相信你，一定可以做得更好！”我从老师的眼中看到了美好的光芒。如今我更加严格要求自己，合理安排时间，力争成为更美好的自己。

我有着美好的班级。三年（1）班是一个闪光的名字，我们班每位同学都愿意为之努力奋斗，让其更加金光闪闪。就拿今年的运动会来说，放学后的操场上随处可见我们班同学的身影，有的在练习垒球，有的在练习跳高，有的在练习跳远，夕阳洒在我们身上，我看到了美好的亮光。最让我感动的是接力队

训练，我跟队友一起训练，因为每位同学的时间很难协调，大家都有很多课外班，我们很难凑齐时间，但每位同学都跟爸爸妈妈商量，要保证接力训练时间，从来没有同学缺席。肖灵峰同学大腿肌肉拉伤，但还坚持参加接力训练，全神贯注地与同伴们配合传接棒。彭胤颖、裘婧珊、郑理平治等，磕破了膝盖、手臂，我们都说让他们休息一下，结果下一秒他们就站在了跑道上。因为我们深深知道，这是集体项目，少一人，接力训练就不能达到最好的效果。“一分耕耘一分收获”，我们取得了运动会全年级团体第一名的好成绩，我看到了我们班级的美好。

美好就像一颗种子，在我们心中深深地扎根，发芽，生长为一棵参天大树，结出了累累硕果。期待我的学校有更多新变化。

追梦人
——《点点星光》观后感

2019级（6）班　张梓萌
指导老师：池那尔·卡林别克

黎明前漆黑的山庄里，弯曲的山路上，出现了隐隐约约的点点星光。仔细看，点点星光后面跳跃着一个个小小的身影，原来是深山里的小学生们一大早打着手电筒，匆匆地赶路去学校参加跳绳队的训练——这就是我刚看的电影——《点点星光》。电影讲述了广东省广州市花都区一所小学跳绳队的故事。他们在艰苦的环境下，坚持刻苦训练，勇夺世界冠军。看完我深受感动和鼓舞。

这部电影的几个小主人公大海、小河、任宇翔、方小琴给我留下了深刻的印象。他们的生活环境很差：有的是妈妈不在身边，还要照顾一个天天喝醉酒的爸爸；有的是爸爸天天逼她退学；还有的是爸爸妈妈都外出打工，还要照顾一个生了病的爷爷。但是，他们在艰苦的环境下，在连一双完好的鞋子都没有的条件下，还是心怀梦想，并且努力去实现梦想。他们在老师的带领下，每天积极参加跳绳训练，跑30圈，跳楼梯300个，日复一日。除了集中训练，还暗地里自己偷偷加料，当我看到大海和小河这对双胞胎兄弟每天晚上在破旧的家里、昏黄的灯光下啪啪啪地舞动绳子不停地练习，并且用心去听绳子的声音时，我被他们坚定的毅力深深地感动了。最后，跳绳队的孩子们终于梦想成真，成为世界冠军，成为父母和全村人的骄傲。

我也是一个追梦人，我的心中也有点点星光。在这个学期里，我通过努力，也实现了我的两个小目标：评上十佳学生、考上奥数班。不积跬步，无以至千里。在未来的日子里，我要像电影里的小主人公们一样，心怀梦想，不怕困难，日积月累，向着自己的梦想不断前进！

所有的雨都会停的

2020 届毕业生　詹尚霖
指导老师：石丽媛

在一个下着倾盆大雨的夜晚，曾有无数希望与热情被浇灭。但漆黑中，我们仍然寻见那些坚强的火苗，它们在豆大雨点的猛烈砸击下，依旧坚强地不灭，说出马克·吐温的名言：“所有的雨都会停的。”

在湖北武汉的一所医院里，许许多多的人因为新型冠状病毒而聚集在一起，突如其来的疫情使他们害怕、痛苦和哭泣。疫情很快又蔓延了，全国各地瞬间进入了紧急状态，大家都佩戴口罩，尽量足不出户、彼此不接触，商店关门，学校暂停开学，整个社会一片平静。

这时，一场不见硝烟的抗疫阻击战打响了，顽强的中国人民与病魔开展了搏斗，与死神赛跑争夺时间。你看，医院里，“白衣天使”戴着口罩，穿着一件件如雪一样厚的白色防护服紧张工作着，与冰雹一样晶莹剔透的汗珠从头上缓缓落下。他们在默默地付出，每天工作十几个小时，眼中布满了血丝。这些奋战在抗击疫情第一线的勇士们，不怕困难、永不放弃，他们用汗水和智慧浇灌生命的希望，为患者照亮前行的道路。你看，工地上，工程师和工人们顶着狂风大雨和太阳暴晒，利用短短五天的时间，火速建造了一所火神山医院，接着他们又一次建造了雷神山医院，中国速度再次让世界惊叹！你看，神州大地上，各省都在奋力抗击疫情，解放军部队和各省还派出顶尖医学专家和精锐管理队伍，筹备抗疫物资，迅速驰援湖北，中国人民的高度凝聚力又一次充分体现。

世界各国对我们的抗疫行动投来了赞许的目光，日本友人也在捐赠物资上用“山川异域，风月同天”表示愿与我们守望相助。作为一名小学生，我要坚守在家，勤洗手、讲卫生，做好个人防护；要牢记一定不接触他人，今天我们彼此之间不接触，是为了明天更好地接触；要学好知识，抓紧个人线上课程学习。我相信，武汉胜，则湖北胜；湖北胜，则中国胜。从我做起，大家一起身体力行，全国人民众志成城，我们一定能够战胜疫情。

所有的雨都会停的。加油武汉，加油湖北，加油中国！

伞的精神

2016级（2）班　廖惟楚
指导老师：强丽雯

2020年9月开学，我惊讶地发现学校已经变了模样：踏进学校门，映入眼帘的是“美好”两个大字和“礼”字的石刻，通向腾飞楼的阶梯更宽阔了，校园里郁郁葱葱，花团锦簇，一派欣欣向荣的景象。

“看，蘑菇伞！”有同学喊道。我循声望去，以前的风雨长廊不见了，取而代之的是一个个挺拔的像蘑菇一样的大伞。“为什么要改成伞呢？”“是为了给我们遮风挡雨吧！”“是怕我们被太阳晒着了吧！”大家议论纷纷，我的心里也有些疑惑。

“这些伞还有特殊的作用呢，它们的中间有一根管子，下雨的时候可以收集雨水，雨水可以用来浇花、冲厕所……”一天课上，强老师这样告诉我们。哇，真神奇！我突然对这些伞肃然起敬。这些伞也成了我们的守护神，每天晨曦中迎接我们开心上学，日暮时目送我们平安返家。

看着这条由九十九把大伞组成的“雨伞廊”，我不禁想到了生活中的伞。伞是我们生活中常见的一种物品，它平时毫不起眼，只是默默地待在一边，但当电闪雷鸣、烈日当空之际，人们第一个想起来的就是它。倾盆大雨时，它宁愿自己被淋得浑身湿透，也不让我们沾一点点水；炎炎夏日，它又勇敢地站出来，为我们挡住烈日的暴晒，而自己却被晒得全身滚烫。

我们身边，不就有很多像伞一样的人吗？

父母是一把大伞。我们在父母的关爱中成长，跌倒了，他们将我们扶起；失败了，他们为我们擦干泪水；遇到困难了，他们为我们加油鼓劲。他们就是我们温暖的港湾，为我们遮风挡雨，在我们身上倾尽心血，却毫无怨言，不求回报。

老师是一把大伞。我们在老师的教导中成长，三尺讲台上，他们毫无保留地将知识传授给我们；课下，为我们答疑解惑，任劳任怨，告诉我们做人的道理，让我们明白知识的重要，为我们指明前进的方向，期待着我们早日成为祖国的栋梁。

其实，我们的生活中还有许许多多像伞一样默默无闻、无私奉献的平凡的人：用辛勤的汗水建造起一栋栋高楼大厦的建筑工人，给我们提供整洁环境的环卫工人，为我们传递幸福的快递小哥，疫情时逆行而上的医护工作者，为祖国的安宁保驾护航的解放军……正是有了他们，才有了我们现在美好的生活。

我思索着，长大后，我也要做一把伞，在奉献自己的同时收获无尽的快乐和幸福。

致敬，带着星光的老师们！
——观《点点星光》有感

2021 届毕业生　刘鉴玲
指导老师：贺春芳

“嗷呜，嗷呜……”随着这声声像小老虎般的喊声，孩子们手中的手电筒如同点点星光，划破了黎明前的黑暗，照亮了他们早上去学校的路。

“嗷呜”是这帮早起去学校训练跳绳孩子特别的壮胆口号。当教练跟孩子们说早上要五点半来学校训练，孩子们刹那间变成了苦瓜脸。他们中一个说：“我怕黑。”另一个说：“我怕狗。”还有一个说：“我家离学校隔着一座山。”然而，教练回答了一句：“别怕，你们都是嗷呜（老虎）。”就是这句话，孩子们如同得了一个法宝，早上一出门就开始“嗷呜”起来，在老师们的帮助和目送中，孩子们克服各种困难都早早到齐了。“嗷呜”后来也被丰老师发展成了跳绳队特别的加油口号。

除了这句新颖可爱的口号，让我敬佩的是教练的十倍用心。为发现跳绳的新而好的方法，教练趴在地上，脸贴得快要被绳子打到。他目不转睛地盯着孩子的跳跃动作，观察他们的脚触地，抬起以及绳子落地的距离，力度和状态。突然，他猛一抬头，撑着大腿，眯眼看孩子头的部分。“停！”他边叫边抬起绳子，测量绳子与孩子头的距离。经过不断的观察、思考与测试，他选择了用单车上的钢丝做绳子，让跳绳变得既轻盈又容易加速。另外，他不迷信权威，发明了弯腰低头高抬腿的跳法，与世界冠军老外的做法不同但有效。正是这细心的改进，孩子们的绳子速度不仅快到看不见，还打破了世界纪录。

虽然冠军是很多人梦寐以求的，但是教练却认为做人的原则胜过比赛。“比赛可以输，但做人不能输。”在一次市级比赛中，大海因双胞胎弟弟小河摔伤而代替他上阵，这本是很多人甚至连裁判都不能发现的秘密，因为大海和小河长得简直一模一样。但是教练知道真相后，主动要求第一轮成绩取

消。老师认为宁愿输了比赛，也不能失去做人的基本诚信。孩子们当时非常失落、不解，但在老师的鼓励下，仍然含着泪水咬牙坚持，最终，还是得到了意想不到的惊喜——第一名。这也奠定了他们冲世界冠军的基础。

对于农村的孩子，要冲世界冠军，即使实力超群，但缺乏经费也成为他们走向世界的拦路虎。教练为了筹够参赛经费，滴酒不沾的他不得不陪别人喝酒喝得烂醉，还要忍受别人怀疑他“捞钱”的污蔑。当凑齐了钱，成就了孩子的梦想，他却因特殊原因调到另外一所学校，没能跟孩子一起去比赛。但是受过老师星光照耀的孩子们怎会忘记教练的一片深情呢？

老师就像孩子们头顶上的星光，驱逐了黑暗，赶走了恐惧，照亮了前方的路。这两个带着星光的老师不仅改变了孩子的性格，也改变了孩子的命运和家庭。得到世界冠军后，孤独的任宇翔日夜思念的妈妈回来了，卖假货的爸爸因“世界冠军是不会骗人的”而主动退钱给别人；方小琴的父母不再要求她辍学；双胞胎的父母也和他们团聚了……

我们生活中也有很多为孩子带来星光的老师，如感动中国的张桂梅老师，就是很典型的为穷困山村的女孩带来星光的老师。还有我们身边的老师们，他们朴素的言行，坚定的信念，爱学生的心都是我们头顶上的一束束星光。“你看，他们一闪一闪的，宛如夜空中的星辰大海，不仅战胜了恐惧，也给予了希望，照亮梦与远方。”我们因这些带着星光的老师的教导而健康成长！

向这些带着星光的老师们致敬！

天有时，地有气，材有美，工有巧
——记学校家长开放日活动标志与服装设计的创作故事

潘莉莉（老师）

近几年以来，华南师范大学附属小学紧紧围绕“施行美好教育，成就教育美好”的工作思路，积极搭建家校友谊的桥梁，增进家校联系，共同促进孩子健康成长。2019 年 5 月 30 日，为了让家长能密切关注学校近期的发展，更近距离接触开展得如火如荼的非遗文化教育，我校举办了“传承中华优秀传统文化，学做心怀感恩的好少年”家长开放日活动。2019 年春季学期初，附小的老师们和孩子们就开始有条不紊地为开放日做各项准备工作。

本次活动我校邀请了全校 1300 多名家长走进校园。为了给家长创设更好的观赏环境、更优质的体验效果，家长开放日当天家长分成三批，佩戴三种不同颜色的嘉宾卡，在三个不同时间段（8:00—9:00，9:30—10:30，11:00—12:00）进入学校，孩子穿上相应的三种颜色的服装。为让此次家长开放日的主题更突出，彰显本次活动的意义，我们需要设计一个活动的标志。为此，我们有幸邀请到清华大学美术学院博士后、华南师范大学国际文化学院副教授吴晓懿担任这次活动标志的设计与创作。

吴晓懿副教授在创作

吴教授设计的活动标志（初稿）

我校江伟英副校长与吴教授进行了几次深度的交谈，江校长详尽表述了我校的文化底蕴、办学特色、教育理念及本次活动的意义、主题及期望。吴教授表示一定会尽心完成此次任务。

与此同时，我校也对学生服装的颜色进行了全方位的考虑，最终敲定为：黄色、深蓝色及哈佛红。由碧桂园集团国强公益基金会爱心赞助本次家长开放日所有学生的红色和蓝色活动服；服饰品牌 DeYee 刘小峰先生友情赞助所有学生的黄色活动服，其设计总监贾小帅亲自操刀，为这次活动服画图、作面料设计、颜色搭配及面料印染，直至成衣出炉。

服装设计师与吴教授同步，几易其稿

黄色代表附小的过去：年轻、朝气、有活力，寓意着附小值得传承的深厚底蕴和优秀历史文化；深蓝色代表附小的现在，

活动服装终稿（从左往右依次为：黄色、深蓝色及哈佛红）

岁月沉淀下来后的自信与果敢，寓意着附小要坚守的美好教育；哈佛红代表附小的未来，学生自立、乐观与进取，寓意着附小迈向国际化名校的美好愿景。

知竹堂艺术总监莫璧见负责活动标志的绘制。

我校潘莉莉老师参与活动标志的意义创写环节。经与江校长多番研讨，她在江校长细心的启发下，结合我校办学思想和教育理念及心理学的“意象”“无意识”等相关理论知识，对图腾的意义创写如下：

衣服的正面印有我校的校徽，而背面则呈现此次活动的图腾。青色的图腾寓意“青出于蓝而胜于蓝”，映入眼帘的“非”字突显了本次家长开放日的主题——体验非遗文化；其中“非”字也可看作右边一只大鸟护着左边一只雏鸟，寓意着本次活动“小手牵大手”、陪伴成长的美好画面；圆可视为“鸟巢”，寓意附小大家庭，彰显附小的家校合作、共护孩子成长的教育方式；古语有云“乌鸦反哺”，左边的小鸟高昂着头，似乎在给老鸟喂食，藏着“感恩父母、孝敬长辈”的道理，也与本次“学做心怀感恩的少年”活动理念呼应；左边的图形为“树”，右边为“飞”，寓意小鸟将飞上枝头，变成百鸟之王——凤凰，寄托了我校对学生的美好期望，希望学生通过传承中华民族优秀的传统文化和养成美育习惯，成长为德智体美劳全面发展的社会主义建设者和接班人。

对此次活动标志的设计，我校遵循了“天有时，地有气，材有美，工有巧”的设计原则。这句话来自中国最早的设计著作——《考工记》，它强调了顺应自然规律、合理利用材料的性能，巧施工艺才能完成一件完美的设计作品，其中“材美工巧”是中国古代传统技术中的一个精益求精的价值标准，在我国几千年的工艺美术史中产生了非常重要的影响。标志设计只是此次活动的一个小环节，但也恰如其分地体现出我校对师生一切美好体验的不懈追求；创作的过程反映了我校师生同心同德、齐心协力的美好精神品质。

我校弘扬中华优秀传统文化，重视家校合作，倡导美好教育，每次活动无不传达着共建美好校园的愿景。我校2019年5月30日的“传承中华优秀传统文化，学做心怀感恩的好少年‘小手牵大手’家长开放日活动”圆满成功！让我们携手并肩，走向美好的未来！

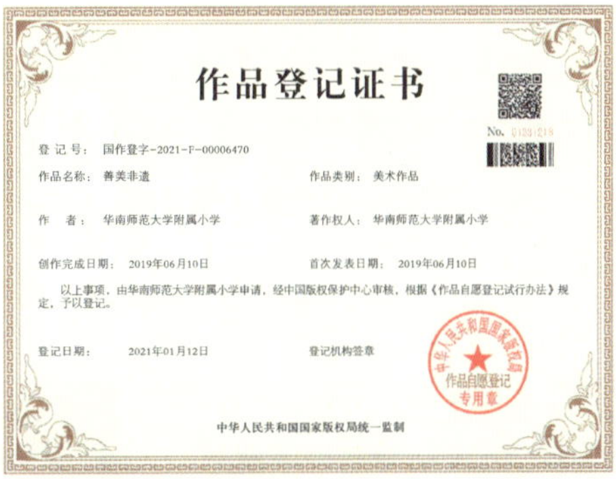
作品登记证书

登记号：国作登字-2021-F-00006470

作品名称：善美非遗　　作品类别：美术作品

作　者：华南师范大学附属小学　　著作权人：华南师范大学附属小学

创作完成日期：2019年06月10日　　首次发表日期：2019年06月10日

以上事项，由华南师范大学附属小学申请，经中国版权保护中心审核，根据《作品自愿登记试行办法》规定，予以登记。

登记日期：2021年01月12日　　登记机构签章

中华人民共和国国家版权局统一监制

2021 年完成《善美非遗》美术作品的版权登记

吟诵的美好和有趣

2017 级（2）班　吕 程
指导老师：周 婷

（国学班的孩子和家长絮叨下两年来的吟诵学习心声）

妈妈（简称“M”）：你来到国学班两年，对于吟诵有什么感受呢？

吕程（简称“L”）：读熟后就会很喜欢。比如说你背那些你很喜欢的诗句，背熟了之后就记住了。特别是最前面的那几句你会背得很熟，比如说《岳阳楼记》“庆历四年春，滕子京谪守巴陵郡。越明年，政通人和，百废俱兴。乃重修岳阳楼……”然后《春夜喜雨》就是“好雨知时节，当春乃发生。随风潜入夜，润物细无声。”

M：背了之后你有什么感觉吗？

L：背了之后会觉得这些诗句，有些很美，然后你就会愿意去更多地了解它，然后往别的方面去拓展。比如有些时候周老师讲课中，我们只是提到一个词，别的同学会出一个问题，周老师就会跟我们讲一些历史故事，我们都听得很认真。

M：你觉得历史故事和你们读的这些故事之间有关系吗？

L：有，当然有关系。因为这些诗句是围绕着历史人物、事物、故事来写的。《岳阳楼记》是围绕着岳阳楼来写的，《春夜喜雨》可能是……围绕着春天来写的。

M：那么你刚才说到了有些诗句很

美，会让你觉得很喜欢，是吧？你也说到和历史有关。那你觉得这些历史、典故对你有什么启发？

L：因为这些故事很有趣，而且你了解这些故事之后，把这些诗句再读一遍，就会有感受。

M：我记得以前周老师跟你们讲过苏东坡的故事。

L：对！苏东坡的故事呢就是他是被一个小人冤枉，那个人找了苏东坡一个毛病，跟皇上说，皇上就把苏东坡贬官了。你看，苏东坡很乐观，我到了广东，我就说“日啖荔枝三百颗，不辞长做岭南人。”

M：那你知道他的历史，知道他的诗句，你会觉得他是个什么样的人？

L：我觉得……他虽然被贬了，但是很乐观，到什么地方知足常乐，比如岭南，它潮湿，我就不说它潮湿。它荔枝多啊，我多吃点荔枝呗。找乐观的一面。Look at the bright side.

M：嗯。你看，你们接触了很多经典的国学作品，那这些作品包括诗句，包括历史，包括故事，这些整体还传递出人的不同心态，还有不同人的价值观，都在里面，对不对？

L：嗯。

M：你还希望学些什么呢？

L：我还希望多了解一些诗人的故事，把每首诗学懂，把它的意思搞懂。搞懂了之后呢，要用自己的语言去表达出来。

M：好的。那你喜欢你们国学班吗？

L：喜欢。

M：那希望你们能进一步地热爱国学和吟诵哈。

缘分——华师附小

张泽林（老师）

往事随着时光的流逝而日渐模糊，但我依然清晰地记得第一次来华师附小的情景。那年我还没有毕业，有幸跟着体科院博导谭华教授到华师附小调查课后体育活动开展情况。一走进门口，首先映入眼帘的是那长长的，有些许陡峭的阶梯，它直通到腾飞楼的架空层。顺着楼梯往上走，我的视野逐渐开阔，看着阶梯两边大片的空地种着许多美丽的花草，真的有一种置身于大自然的美感。这时在我身旁的谭华教授像是和我有心灵感应一样，说道："这是好学校，孩子们在这样的环境读书很幸福，比我们小时候好太多了。"这时，腾飞楼墙上最高处的一句话引起了我的注意：让学生享受一流的基础教育，使学生奠定终生发展的基础。我想这是真正的名校才有的理念和底气，将这句话放在最显眼的地方，好让人尽皆知。

我们在华师附小老师的指引下来到了腾飞楼二楼的会议室。学生们下午早放学，家长晚下班，导致学生放学无人接送。本次会议的内容是开展课外体育活动解决托管问题，增强学生的体质。

如今我已经不太记得当时参与会议的老师们的容貌，但有一个人让我印象尤为深刻，那就是邓山老师。他的脸实在太黑啦！"黑"这个颜色的形容词我觉得还是不能形容当时他给我所带来的震撼，应该要用"焦"字来形容。我心想，时代在进步，难道新时代的体育老师都会晒得这么黑吗？在此之前，我还是很向往体育老师这个职业呢……不！我赶紧纠正了自己的想法。这是一所名校，这是名校的体育老师才能练就的无惧烈日的本色，这是带领无数学生争金夺银最本真的颜色。语言会骗人，但肤色不会，肤色比语言更掷地有声。

走出会议室后，看到各学科省级名师工作室的牌匾，我感觉它们在发光发亮，金光闪闪，华师附小的老师真了不起！置身在这个名师荟萃的地方让我再次感到敬佩和向往，这里真是一块学生成才的沃土，名师诞生的宝地。

不过，那天我有些许的失落，我内心在想：这是我第一次来华师附小，很可能也是最后一次来华师附小了。但是缘分真的太奇妙，一年后，我居然有幸加入华师附小这个大家庭，成为当中的一员。更神奇的是，我大学导师们的孩子，如今却成了我的学生，这是一个多么奇妙的循环。

这些年，在华师附小不断地汲取到张校长的“美好教育”教学模式的养分；学习到吕校长对学生锻炼和健康的高度重视；了解到江校长影响全国语文教学的思维导图；感受到特级教师徐校长育人的智慧；领略到全国优秀教师孔珍主任的个人魅力……

与华师附小结缘后，在名教师们的影响和帮助下，我也快速地成长，带领学校田径队曾三夺全市田径比赛团体总分冠军，五夺天河区田径比赛团体总分冠军，多次承担公开课和支教任务，参加了广东省基本功比赛决赛，在教学展示环节获得第三名的好成绩，曾获得全国骨干教师优秀学员称号。在今后的教育教学工作中，我将时刻以优秀的前辈们为榜样，倍加珍惜这份缘分。

我在华师附小等你，期待与您结缘。

给张锦庭校长的一封信

2016级（1）班　肖珮宇
指导老师：李红梅

敬爱的张校长：

您好！我是四年级（1）班的肖珮宇，忍不住提笔给您写一封信，是因为我在家里认真收看和学习了您在开学典礼上的讲话后，思绪万千，我觉得您的讲话语重心长，深深地打动了我，特别是您帮我们深刻分析了新冠病毒的起源和危害以及防治的措施，使我对在人类的团结之下一定能打败病毒充满信心！

您告诉我们，国家有难的时候，做好自己的本分就是在做贡献。因此，我在家里按照您的要求，严格要求自己，生活上不出门，勤洗手，多锻炼，不给国家添麻烦。学习上，我在班级各位老师的指导下，停课不停学，通过视频在线课堂认真学习防疫阻击战中涌现的先进事迹，还有语文、数学、外语、体育、科学等各科有趣的知识，老师们还让我们通过做广播操、武术操、视力保健操等方式坚持运动，我感觉每天都过得很充实。

您告诉我们，要敬畏自然，珍爱生命。是啊，如果不是人类伤害动物，疫情也就不会发生。假设人类不去贪婪地吃野生动物，我现在早就在校园里和老师同学们快乐地学习了。每个生命都是来之不易的，我们不应该去伤害它们，而应该去大力保护它们，否则大自然就会对人类进行惩罚。

您告诉我们，要向这次抗疫的英雄们学习，担当大任，共赴国难。我要感谢现在依然冒着生命危险奋战在第一线的叔叔阿姨们，他们以“最美逆行”奔赴疫区，以无畏精神同时间赛跑，与病魔较量，涌现出许多可歌可泣的感人事迹。我要向他们学习最美逆行的勇气，学习他们舍己为人的担当，他们是祖国的栋梁，是祖国的希望，如果没有他们付出的汗水，我们就不可能打赢这场抗疫战争。我一定要好好学习，回报他们的付出。

校长，正如您所说，我每天在家里焦急难耐地等待着开学的消息，我也

无数次地跟爸爸妈妈说想早日回到美丽的校园，很想见到亲爱的老师和同学们。我盼望这场疫情早点结束，我就可以早点返回母校了。

敬爱的校长，习爷爷说，最终战胜疫情，关键要靠科技。我想，我一定会按照您和老师的要求抓紧时间学习科学知识，长大做个科学家，发明很多高科技产品，将来也要为国家做贡献！

最后，真诚地祝愿您：身体健康，笑口常开！

您的学生：肖珮宇

2020 年 3 月

致防疫战士的一封信

2020 届毕业生　李奕萱
指导老师：石丽媛

尊敬的防疫战士们：

你们好，我是一名来自广州的小学生。

这个寒假，我和家人、朋友本来是要去武汉、宜昌、神农架旅行的，但不料这个新型冠状病毒突然出现了，我们匆匆退掉了火车票和酒店，和全国人民一样，在家老老实实地待着。因为这个遗憾，我比以往更关注关于湖北的新闻，因为我希望湖北赶快好起来。

现在，病毒大规模扩散，你们一直守护着患者，保护着我们。

白衣天使们，你们也是父母的孩子，孩子的父母，你们一定会牵挂家人，但牵挂你们的不单单只有你们的家人，还有全国，乃至全世界的很多人。你们也是生命，你们也很害怕、很担忧，但穿上白大褂，你们就是天使，是永恒，也是永远光明的。你们用自己的生命去换来了别人的生命，你们是最勇敢的，也是最美的。

防疫志愿者，你们是自愿为防疫做贡献的，你们每天都在照顾着在家里隔离的居民。你们会上门送药品，为人们测量体温。你们本来可以安心地在家里待着，保护自己的，你们却愿意离开自己温暖的家，每天步行几公里到居民家中去照顾他们。

防疫研究者，你们辛苦了，相信从新型冠状病毒出现以来，你们就没好好休息过。你们夜以继日地在科研室里研究打败病毒的武器，对身体伤害也很大，一定要注意休息。

我还要感谢国际人士对中国疫情的关注和关心，你们现在对中国的帮助一定会起到很大的作用，一定会激励我们更加坚定地与病毒作斗争，同时也感谢诸多国家为中国人民捐赠的医疗防护用品,对流浪在外的湖北人民伸出援手。我相信，下一次你们遇到困难时，中国人民也一定会向你们伸出援手，帮助你们渡过难关。

感谢你们，感谢你们对国家、对人民的关心，在关心我们的同时，也千万不要忘记关心自己和家人。我相信只要大家万众一心，一定能消除病毒，重获光明。祝你们身体健康，万事如意。待病毒退去，春天来临，我要去这个英雄的地方看看。

李奕萱

2020 年 2 月

写给钟南山爷爷的一封信

2015级（5）班 许 恒
指导老师：罗 清

尊敬的钟爷爷：

您好！我是华南师范大学附属小学五年级的一名小学生，我叫许恒。

今年的春节，是一个特别的春节。这个春节，我们遵照您的要求，退掉了所有出行的机票和酒店，每天在家关注新型冠状病毒感染的肺炎的最新事态。

从看到一张您在广州至武汉的火车上小憩的照片开始，我陆续阅读了很多关于您的新闻和报道。例如：《老百姓为什么相信钟南山？》《钟南山：我有两句人生格言，分别来自父亲和我的老师》《走进院士钟南山的家里，被眼前一幕深深震到，简朴得让人难以置信》等。这些新闻和报道，让我心生感动，再到由衷的敬佩，直至灵魂的震撼。现在，我成了您的一枚忠实小粉丝。

您的父亲是著名儿科专家钟世藩老先生，母亲廖月琴老夫人是广东省肿瘤医院的创始人之一。正是这样深厚的家庭底蕴培养了“文能说真话，武能治大病”的您。

您有杰出的家庭。夫人李少芬奶奶是首届中国女篮的主力、电影《女篮五号》的原型，她为广东的女篮事业和体育发展做出了很多贡献。您的女儿钟帷月阿姨是优秀的游泳运动员，获得过世界短池游泳锦标赛100米蝶泳冠军，打破过短池蝶泳世界纪录。您的儿子钟帷德叔叔是一位泌尿外科专家，博士生导师，国家级百千万人才。

您24岁从北京医学院（现北京大学医学院）毕业，41岁赴英国进修2年，60岁当选中国工程院院士，67岁带领医护工作者抗击非典，84岁依然挂帅亲征，与冠状病毒做斗争，着实令人敬佩。

在您丰富的人生履历中，最让我印象深刻的就是2003年和2020年这两次“逆行”。2002年11月，广东佛山出现了第1个非典病例。随后，这个可怕的疾病迅速在全国传播开来。当时，有权威人士宣称“病原基本可以确定是衣原体”，并建议使用抗生素治疗。您坚决反对，因为您试过很多次，抗生素对非典患者根本无效。您顶住压力，通过不断研究，弄清了非典的基本真相是病毒感染引起的肺炎。

您坚信“真话和真药一样重要”！那时，您已经连续工作了整整 38 小时。您也患了肺炎。幸运的是只是普通肺炎。您将自己隔离在家，在门框上钉了一枚钉子打点滴。等症状一消失，您又立刻回到医院，继续投入战斗。您说：把最重的病人送到我这里来！

2020 年，您 84 岁。武汉出现疫情，您说武汉已经出现了人传人，大家尽量不要去武汉。然而您却登上了去武汉的高铁，挂帅出征。您是一位合格的医生，更是一位无畏的战士。

1 月 28 日您接受采访，您的发言犹如一剂强心剂，您说不觉得有很确定的超级传播者；您说一定要早发现早隔离；您相信只是局部的大暴发，有信心防止多点的大暴发；您说“劲头上来了，很多东西都能解决，大家、全国帮忙，武汉是可以过关的。武汉本来就是一个英雄的城市。”我看到，您哽咽了！

您说科学只能实事求是，不能明哲保身。您说不要轻易下结论，相信自己的判断。您说要坚持自己的信念和理想。您对您的儿女，提出了两条要求：一是要永远有执着的追求，二是办事要严谨，要实在。这些，您都做到了！

在我心中，您是一位永远不会怂的逆行者，您代表了正直、科学和权威。您有科学家应有的良知和勇气，于危难中挺身而出，奋勇向前，左手对抗灾难，右手托出真相。您这样的人，就是国家栋梁，就是民族脊梁！

最让我惊讶的是，您不仅学识了得，敢说真话，运动成绩也非常棒。我查了百度百科，了解您在 20 岁时参加了北京市高校运动会，并在运动会中摘取了 400 米跑的桂冠。1959 年，您在首届全运会上，以 54.4 秒的成绩打破了 400 米栏的全国纪录。多年来，您长期坚持锻炼，举杠铃、打篮球、跑步等。网上那一张您举哑铃的照片让我印象尤为深刻。

您的故事带给我深深的震撼和冲击。妈妈问我：“了解钟爷爷的故事和经历后，你要向钟爷爷学习什么呢？”我想我们要像您一样，做一个热爱运动的人。自己的身体好，才有余力去关心帮助他人；做一个有学问有追求的人，为社会奉献自己的力量；做一个为人正直、能独立思考、冷静判断、敢于说真话的人。现在，读书和运动就是我们的责任！

您有一颗救世之心，一腔赤子热诚，一身高超医术，一片赤胆忠心。《人民日报》上说：84 岁的钟南山，有院士的专业，有战士的勇猛，更有国士的担当！钟爷爷，您是我们的榜样，也是我们的指路明灯，指引着千千万万的人们与疫情做斗争！

钟爷爷，我只是普通家庭的孩子，我的祖辈是贫穷的农村人，我的父辈靠着自己的努力，有了自己热爱的工作和安身之地。现在，他们的同学师长都在为疫情出人出力。

1月27日，爸爸公司的老板决定斥资100万元通过德国的分公司购买口罩、防护服、护目镜和一些药品等医疗物资捐给湖北慈善总会。在实施过程中，他们遇到了很多困难。比如说因为购买的人太多，物资的购买渠道不畅通；购买的医疗物资是否符合一线医院的要求；怎么转钱到国外等。现在，通过大家的努力，这些物资已经在运往湖北的路上了。

每天，妈妈都会给我讲一些她的同学师兄师姐师弟师妹们为疫情奔波劳碌的故事。她的校友们自发组织捐款捐物，其中，李发明伯伯在他母亲病重住院期间还在为家乡的疫情上下奔波。老奶奶离开人世，李伯伯却不能回去尽孝；阮方勇伯伯目前滞留在村里，每天帮着村干部登记测温，送生活物资、药品、猪牛饲料……

他们都是普通人，能力有限。但在灾难面前，却各尽所能，各展身手。钟爷爷，我相信千千万万普通人的力量汇聚在一起，也是一股不可小觑的力量。

在这特别的春节里，我代表千千万万的小学生给您拜年了，祝您身体健康、万事如意！祝您和千千万万一线的医生护士们，攻克难关，远离危险！

华南师范大学附属小学五年（5）班 许恒

2020年1月31日

肆

梦想共筑

校园里的“伞”

2021 届毕业生　曹和洋
指导老师：邹　琳

校园被夜色笼罩，高大的教学楼里灯光已熄灭，白天热闹的操场这时也安静了下来。

校园里新建成的走廊，是以九十九把“伞”的造型组成的。这群新来的小伙伴，还控制不住自己兴奋的心情，正挨挨挤挤地凑在一起，说着悄悄话。

一把伞说：“我真喜欢我们现在的样子，像一朵朵盛开的小花。”

另一把说：“我们的造型可是大有讲究的呢，漏斗式设计，360 度无死角把雨水都接住了。我们九十九个兄弟姐妹排成一列，底下就组成了一条风雨走廊，为同学们日夜无阻地遮风挡雨。我们中间的洞洞，还能把雨水收集起来浇花呢。”

又有一把加入了谈话：“嗯，守护学生，守护校园，这就是我们的职责。”

站在最高处的伞发言了：“学生是祖国的未来，不单单是我们，校长、老师、保安叔叔、保洁阿姨，都在履行自己的职责，守护着学生，守护着校园。我们快去睡吧，要不明天没精神干活了。”

小伙伴们互道晚安，校园进入了甜美的梦乡。

第二天，校园又迎来了新的一天。保安叔叔全副武装，拿着钢叉在门口巡逻；保洁阿姨在清扫操场，一个卫生死角都不放过；值日的校长和老师衣装整洁，笑眯眯地站在校门两侧迎接同学们，为同学们量体温，还有一位老师引导我们去洗手。

我迎着朝阳，开开心心地走进校园，我喜欢这安全而又温馨的校园。我也要为守护校园出一份力。

我眼中附小的新变化

2017级（2）班　张予蘅
指导老师：周　婷

今年我上四年级了，虽然在附小刚过了三年，但附小从我的一年级到四年级，发生了许多的变化。正应了那句“苟日新，日日新，又日新”。而附小今年的变化是最多的。

从校门口拾级而上，会看见刻在阶梯中间的华南师大附小的校史。华师附小走过了那么长的历史，一定也培养出了许多的人才，这真让我们骄傲。走上台阶，走过校史展示区，抬眼望去，哇！以前的“泥坑”变成了香气扑鼻、绿意盎然的花园。最引人注目的是一旁的小瀑布，虽没有“飞流直下三千尺”的气势，也别有一番秀丽之美：流水清澈无比，几条欢快的小金鱼在瀑布下的水池里游来游去，表面上雕刻着“美好”二字的大石头屹立在瀑布之上。以前杂草丛生的地方，种上了校友们送来的树木。十年树木，百年树人。这小树林既能让我们的附小四季都郁郁葱葱，也寓意着附小教书育人的使命。

腾飞楼的变化也不少，以前平淡无奇的玻璃变成了绚丽无比的彩色玻璃。单调的棕色柜子变成了彩虹颜色的图书区。以前空空的柱子上装饰了两幅大大的对联，加上那么多的书架，那么多的书，腾飞楼就变成了充满童心的世界，弥漫着书香的地方。知识会给我们插上腾飞的翅膀，也许这就是腾飞楼这样布置的用意吧！

最有特点的就是风雨长廊。以前是绿色的大棚子，现在被改成了“蘑菇大伞”，而且“大伞”中间是镂空的，雨水就可以流到校园各处的花花草草那里。一个个“蘑菇大伞”像一朵朵花在雨中绽放，在阳光下微笑。现在“大伞”都是银色的，如果可以挥动画笔，把它们变成彩色的，有的是在碧绿的草地上点缀着一朵朵粉色的小花；有的是在蔚蓝的天空中飘浮着洁白的云朵；还有的是在辽阔的大地上翻滚着金色的麦浪……你一定会被迷住的。不知道会不会有仙女挎着篮子，踏着彩虹桥，来采我们的“蘑菇”？

今年附小的变化可真多，但是幸运的是变中有不变，那就是我们最爱的周老师、洪老师和陈老师能继续陪伴我们和附小一起成长。

校园新美景

2018 级（2）班　李紫钧
指导老师：杨晓红

“学校里来了只小松鼠！”

“是啊，我也看到了！”

“好可爱的小松鼠！昨天我还看见它了呢！”

下课的时候，同学们议论纷纷，大家都说，校园里来了一位新“住户”，它把学校当成了新家。

知道吗？我们的校园在假期里进行了整改，变得越来越漂亮，环境越来越好！所以小松鼠也把家搬来了这里，大家赶紧随着我的步伐一起来看看学校的新变化吧。

走进校门，就是一排排整齐的台阶，旁边的文化石上刻着一个大大的“博”字，“我知道，这就是我们每次升旗仪式上要背的校训‘博学于文，约之以礼’，让我们时刻记得要好好学习，做个文明的好少年。”

走上台阶就能看见左侧有个大大的花坛，花坛里花朵簇簇，它们像参加比美大会似的生怕迟到，还把自己打扮得美美的，有的穿着紫色裙子，有的戴着金色的皇冠，还有的披着粉红的头巾，真是绚丽多彩，美丽极了！连学校里的小猫咪也喜欢在花丛里玩耍，捉迷藏呢！我想，一定是因为花儿太香了，把小猫咪也招引来了！

花园里还有一个小鱼塘，那里的水很干净，很透亮，鱼儿在水里活蹦乱跳，它们一会儿游到东，一会儿游到西，东躲西藏，它们也喜欢这里的新环境，在玩躲猫猫的游戏呢。鱼塘边有一条用石块铺成的石径，顺着石径走，你就一定能看到一块醒目的巨石，巨石上面刻着“美好”两个字。在这美丽的花园里，你是不是也觉得很美好呢？我自己好像也变成了一朵小花，在美好地享受着阳光雨露呢！

走上台阶就是腾飞楼的架空层，在每个柱子间都摆放着各种形状的书柜，每个班都有一个图书角。图书柜里摆满了各种各样五颜六色的图书。每当放学的时候，我们就来到这里看书。这里的书真多啊！怎么看也看不完。我们遨游在书中，就像鱼儿在水里欢腾。

图书角的旁边，是用青瓦和青砖堆砌而成的墙。让我惊叹的是这些瓦片，是那么奇妙地排列成一个又一个圆形的图案，它们排列得那么整齐，中间有一个圆形的拱门,从拱门中可以望见对面的翠竹。不仔细看，我还以为是一幅画呢！

穿过腾飞楼，你就会看见好多把“雨伞”。校长说，这些雨伞足足有九十九把呢。这些雨伞有一个神奇的功能，下雨的时候，它的伞面会收集雨水，雨水从伞柱里流向地面灌溉花草树木。可是我倒觉得它们像一个又一个巨大的蘑菇，高高矮矮的，把学校打扮得更美丽。

腾飞楼的左边，原来是我们最喜欢的游乐场，现在变成了非遗展示墙，那里展示着漂亮的十二生肖，还有各种各样的脸谱，展示墙的旁边有一条石头铺成的小路。小路的尽头，搭了一座漂亮的小桥，直接通往日新楼的二楼。桥上挂了很多绿色的植物，就像一座小吊桥一样，非常美丽。我常常把“大伞”想象成小蘑菇，把自己想象成一只小白兔呢。放学的时候，我还喜欢和我的好朋友坐在小吊桥上聊天，夕阳照在我们身上暖洋洋的，好舒服呀。

我背着书包，哼着小曲，一边走一边欣赏校园新美景，心情真舒畅，禁不住浮想联翩：我多想我就是学校里的那些小猫咪，这样，我就可以留在学校里天天欣赏美景了。

我与“非遗”的约会

2021届毕业生　沈壹意
指导老师：罗　清

中华优秀传统文化是中华民族珍贵的精神财富。我们在华南师大附小学习到了很多中华优秀传统民间艺术创意课程,参与了丰富多彩的非遗体验活动。

华南师大附小以自然班为单位安排非遗体验学习课程，形成了每个年级一个非遗大类，各班项目不一样，“一班一特色、一班一非遗”，整个校园就好像是一座“非遗博物馆”。我们班的非遗文化课程是青花瓷。在班级里面，到处都是青花瓷的摆设：碟子、碗、花瓶、袋子、玩偶等。走进去，就像走进了一个蓝色的世界。在这蓝色世界里，我们听着青花瓷非遗老师的讲解，她拿出不同的青花瓷，告诉我们关于这个非遗文化的知识：青花瓷又称白地青花瓷，常简称“青花”，是中国瓷器的主流品种之一。青花瓷是用含氧化钴的钴矿为原料，在陶瓷坯体上描绘纹饰，再罩上一层透明釉，经高温还原焰一次烧成。原始青花瓷于唐宋已见端倪，成熟的青花瓷则出现在元代景德镇的湖田窑。明代青花成为瓷器的主流。清康熙时发展到了顶峰。在老师绘声绘色的讲解中，我们仿佛脑袋里都是青花瓷的美丽画卷。各班还在教室举行“传承中华优秀传统文化，感受非遗文化魅力”——“非遗小剧场”的班级活动，许多同学穿上青花瓷纹样的衣服，手里拿着青花瓷，婉转地跳起舞蹈，轻快地唱起关于青花瓷的歌儿，用音乐表现那魅力四射的青花瓷。我在这过程中，表演了一个青花瓷的舞蹈，虽然，我不精通舞蹈，但是，我还是尽力把每一个动作做到最好，展现中华民族非遗文化的魅力。我这次表演，还获得了班级的特等奖，真是太荣幸了，能给青花瓷争荣誉。

学校还开展了丰富多彩的非遗体验活动。令我印象深刻的是感受非遗文化精妙，吸收民间艺术精华，传承中华匠人精神——2019年“小手牵大手”家长开放日活动。最令人开心的是我们可以跟爸爸妈妈一起参加非遗体验。我们最感兴趣的有三个活动：（一）汉服文化：换上汉服，体验一下当时人们穿衣服的辛苦，体验一下当时衣服做工的精致，有一个更好了解古代文化的机会。（二）一年（6）班的民间口技。猜谜语猜对十个可以拿一个大闹钟，猜对五个，可以拿一个鸟哨子，猜对三个只有一个棒棒糖。民间口技为什么要猜谜语？是能让我们更好地了解民间口技的表达方式。（三）醒狮文化，醒狮就是南狮。那小醒狮惟妙惟肖！这才是真正的传统文化！为了让我们更好地理解“有华人的地方就有醒狮”这一句话，学校还专门请来了大师级人物为我们授课，让我们感受到中华文化魅力！

2020 年，一场突如其来的疫情使我们不得不“宅在家中”。学校开展了线上“停课不停学”非遗活动。我们通过学校非遗微信公众号推送的各种非遗课程进一步学习非遗文化，同时还自己录制了非遗小剧场视频。我和姐姐每人都分别录制了不同题材的非遗小视频：青花、漆器、广东凉茶等。最有意思的是，我们根据广州粤剧院的素材利用粤剧的身段编排了一套健身操并录制了小视频，希望宅家的同学们也能很好地锻炼身体，共同抗击疫情。同时，通过该套健身操融合的云手、穿掌、蹉步、顺风旗等戏曲身段的展示，大家可以进一步了解粤剧艺术。我们华南师大附小非遗人在行动，共同为奋战在疫情防控一线的工作者加油！

通过非遗课程和非遗体验，每一位老师、每一位同学和每一位家长都能在校园的每个角落感受到中国优秀的传统文化。我们一定会把传承非遗文化当成是一种责任，做好非遗文化的传承和保护。我衷心祝愿华南师大附小传承非遗文化的活动越办越好！

新冠疫情下的午间时光

2017 级（5）班　谢沛圻
指导老师：张启未

2019 年底暴发并不断蔓延的新冠疫情，给全球两百多个国家的经济、社会、日常生活带来了严重的影响，我们小学生也拖到 2020 年 5 月下旬才返校上课。为了有效防控疫情，阻断其可能的传播途径，同学们每天除了佩戴口罩进校园以外，还要测量体温、勤洗手。另外，学校还会坚持每日用酒精对课室进行消毒等。

安全起见，对于距离学校比较远的同学，学校不建议中午去托管中心。于是，大家被安排在学校统一午餐和午休，郑子桐、苏嘉恒、陈立鑫和我就成为幸福的“留守儿童”。每人轮流去腾飞楼架空层领取午餐，至今那些丰富多样的菜式还令我记忆犹新，回味无穷。饭堂的大厨们每天总换着花样犒劳我们的味蕾，有香喷喷的红烧肉、酸酸甜甜的糖醋排骨、清清爽爽的油焖大虾，还有绿油油的蒜蓉青菜。最让我垂涎三尺的是每周三的卤鸡腿！每每想到中午有超级喜欢的鸡腿可以啃，我的双眼就会不自觉地像饿狼那样直冒绿光，那一天也过得特别开心。

妈妈常念叨：“民以食为天，人以书为本”“书籍是人类进步的阶梯”。每天中午在吃饱喝足以后，最放松的时刻就是在教室的图书角寻找一本感兴趣的课外书，然后安安静静地待在角落里阅读。

同学们捐赠的图书多种多样，其中，也有我用积攒了很久的压岁钱捐赠的那50来本新书。在这难忘的午间时光，我读完了《中华群英会》《海洋探秘》《十万个为什么》《恐龙帝国》等书。阅读，不仅增长了我的知识与学问，更让我懂得了许多做人的道理。当瞌睡虫来拜访的时候，我也会趴在课桌上小憩一会，然后下午就能精神饱满地迎接新的学习。其间，最辛苦的莫过于我们亲爱的老师，不仅上午要给我们上课，中午还得陪同、督促我们午餐和午休。每当想起这些，我的心里总是溢满了感激之情。

现在，全球新冠肺炎的确诊病例还在不断增长。相比之下，我们国家的防控措施显得特别给力！但是，澳大利亚的森林大火、非洲的蝗虫灾害，以及不断变暖的全球气候，无一不在警醒我们人类，“珍爱生命，保护地球”，需要从你我做起，从点滴小事做起。

我爱华师附小

2016 级（4）班　李梓聿
指导老师：冯露珠

转眼间，我已经在华南师大附小学习两年了。我爱华师附小，我喜欢在这里学习。

学校环境优美。有宽敞的课室，干净整洁的桌椅，还有大大的操场可以任我们在这里自由翱翔；有宽阔的架空层，不管风吹日晒，我们都可以在这里做广播操。校园内还有高高的树木和漂亮的花朵，我们上学放学经过时都觉得心情更加愉悦。学习累了，往绿树红花看看，可以舒缓我们眼睛的疲劳。

学校有敬爱的老师们。他们在生活上和蔼可亲，平易近人，我们在这里能感受到家的温暖；而在学习上，他们却又是那么的严厉，工作认真负责，经验丰富，才思敏捷。为了能让我们学到更多的知识，费尽心思，呕心沥血。

学校有可爱的同学们。课室里，我们互相学习，互相帮助，共同进步；在操场上，我们又是你追我赶的好伙伴。

学校还给了我们很多锻炼能力的机会：演讲比赛、风采达人、小飞人、“十佳学生”等等，我们可以在这里淋漓尽致地发挥我们的才能。

我爱我的学校，我在这里愉悦地学习，快乐地成长，我大口大口地在知识海洋里吸收着养分，也在这里和同伴们打成一片，一起走向我们美好的未来。

感谢华师附小给予我这么好的成长环境，更感谢老师们对我们无私的照顾！

关心同学的贺老师

2021 届毕业生　欧阳春来
指导老师：贺春芳

我有一个令人尊敬的班主任——贺老师。她尽职尽责，关心同学，我们都很爱戴她。

记得五年级的时候，我们全年级一起去帽峰山军训。第一天的训练结束后，我们筋疲力尽，个个都是口干舌燥，喉咙冒烟了，而水壶早已空空如也。我们像一群霜打的茄子，焉不拉唧缓慢地向宿舍移动。这时，有人大喊一声："水，我来了！"紧接着，我看到几个人影大步流星地冲向饮水机。队伍立马嘈杂了起来，我们一个个拿着水壶，使出最后一点力气向饮水机冲去。筋疲力尽的我们在饮水机前排好队准备接水时，第一个接到水的同学扯着嗓子带着点痛苦地大喊："烫！这是开水。"这句话仿佛是往平静的水面丢进来一颗巨石，激起了无数水花。"啊！那怎么办？""我们很渴！""我要马上喝水！"之类的声音此起彼伏。但再怎么叫喊，水还是滚烫的开水，我们垂头丧气地走进了房间。

刚回到房间，我就听到了贺老师的声音："春来，墨丁，你们渴不渴呀？要不要喝水？"我打开门一看，贺老师有点吃力地提着一大桶水，满头大汗地来到我们宿舍门口，正关心地看着我们。原来，贺老师一开始看到开水房没有凉水后，料到我们肯定需要凉水，于是就借了一个桶去别处帮我们打水去了。

"要啊、要啊！"大家喜笑颜开地回应着贺老师。大口喝着贺老师给我们的水壶里装的水，我们的喉咙仿佛久旱逢甘霖，那种舒畅的感觉，简直无法形容。等我们回过神来向贺老师道谢时，发现贺老师已经提着水桶走向隔壁宿舍了。我们走上去要帮忙时，贺老师却说："不用了，孩子们。你们训练了一天，赶紧去洗澡休息吧。"

看，这就是我们贺老师，我们怎么能不爱戴她呢？

我的附小，我的国学班

2017 级（2）班　刘馨然
指导老师：周 婷

2017 年，我离开了幼儿园，来到了华南师大附小，一切都是不一样的：小学的椅子不是迷你可爱的，桌子不是又大又圆的，房间不是有玩具的，生活不是以玩为主的……小学的生活有着这么大的变化，规则比幼儿园多了那么多，但即便如此，我也非常喜欢我的小学，我学到了更多的知识，交到了那么多可爱的朋友，学到了新的礼仪，感受到了不一样的文化。

还记得那个时候，妈妈带我去小学面试，我有点儿紧张地到了面试现场。我看到前面牌子上写着国学班，就问妈妈国学是什么意思，妈妈说到时候自然就知道了。面试的时候老师让我讲故事，还要背一首诗，这都难不倒我。我流利地讲完了故事，还唱了一首动听的《忆江南》，就这样，我来到了国学班。

开学第一天，我满怀期待地来到二班教室门口，有两位老师正在前面双手把校卡递给同学们。一位老师眼睛大大的，鼻梁上架着一副深红色的眼镜，樱桃小嘴，头发又直又长，非常漂亮，她就是我们可爱的班主任周老师；旁边那位老师头发卷卷的，鼻子和眼睛都很大，一看她的耳朵就知道是个很有福气的人，原来她是我们敬爱的副班主任姚老师。她们把全班小朋友的名字编成了一首押韵的《名字歌》，又带我们正衣冠，拜孔子。一切都

是那么新奇。

在国学班，我们经常读经典，诵诗文，也经常去表演。二年级的一个早上，我偶然听到我们班要选人去星海音乐厅表演，机不可失，我可要努力排练，争取被周老师选上。我就这样坚持练习，最后周老师不但批准我参加表演，还选我为带读小老师呢，太棒了！表演的时候，我一点儿也不紧张，因为我已经充分练习了，我只需要自然、自信、大胆地表演出来就好。台下热烈的掌声，说明我们表演得确实不错呢！

在国学班，周老师还会给我们讲历史名人的故事，读文言文。我最喜欢听周老师讲诗人的故事了。有一次，她讲刘禹锡，把县官捋胡子的样子都演出来了，非常有趣。老师让我们读文言文时，每次都是她先读一遍，我们跟读，接着她会把意思再讲一遍，最后我们再多读几遍，争取背下来。要是长篇诗文的话，就会分成几段去背。每个寒暑假，老师都会给我们布置打卡任务，每天读一段。今年暑假，老师带我们差不多读完了《大学》，而我也养成了去哪里都带一本书的习惯。

在国学班，老师不仅告诉我们怎么读书，还告诉我们怎么做人。到现在我们已经读了《三字经》《百家姓》《千字文》《声律启蒙》《岳阳楼记》《桃花源记》《陋室铭》《春江花月夜》《你是人间的四月天》等等，我已经深深地感受到了诗文的情感和美感，未来我会更喜欢诗文，更爱国学班，争取自己以后也能写出好诗文。

《点点星光》观影有感

2020 级（3）班　房子国
指导老师：黎艺舟

假期，爸爸妈妈带我一起去看了励志电影《点点星光》，观赏完影片后，无数感动的画面在我的脑海里翻滚，现用我的小笔记录共鸣的瞬间。

影片的故事发生在我们广州市花都区，以花都区花东镇七星小学几位性格鲜明、家庭背景迥异的哥哥姐姐为主角，以他们的生活训练轨迹为故事线索，讲述了以他们为代表的花都七星小学跳绳队，在体育赖宣治老师的带领下，克服困难，刻苦训练，不断突破自己，终于取得优异成绩的故事。七星小学学生参加 2015 年世界学生跳绳锦标赛获 27 金、4 银、2 铜，岑小林打破 30 秒单摇、3 分钟单摇的世界纪录。

我想一个人选择不了自己的出身，但可以选择自己成长的道路和生活。影片中的学校是一所偏远的山区小学，跳绳队的哥哥姐姐大多都是留守儿童和外来务工人员子弟，因为与跳绳结缘，改变了自己的生命轨迹。

跳绳帮助哥哥姐姐们完善性格。

影片中的小学生和我们城里的孩子不一样，他们懂事早，从小就感受到家庭条件带来的压力。他们开始有些缺乏自信，在加入跳绳队后，精神面貌得到了明显的改变。双胞胎江海、江河兄弟刚加入跳绳队时，教练安排了老队员带新队员，通过与队友不断地切磋、沟通、交流，很快就融入了这个集体，感受到了跳绳的快乐与魅力。而母亲常年不在身边的任宇翔同学，性格内向而敏感，在跳绳队里与其他孩子一起练习，一起学习，相互帮助，团结一致，在教练与团队温暖的鼓励之下，跳绳技能与学科学习越来越出色。这些曾经内向、敏感的孩子，在一次次的历练中，变得活泼大方、自信开朗了。

跳绳能锻炼身体，更重要的是磨炼意志。

电影中还原了跳绳队平日训练的艰辛，重现了哥哥姐姐们在赛场上打破纪录、创造奇迹的时刻，记录了他们为梦想而追逐奋斗的过程。哥哥姐姐们都有着平凡的家庭背景，通过跳绳，他们懂得了坚持和奋斗，他们学会了像绳子一般坚韧不拔。他们坚信，无论在多么艰难的环境中，只要心怀梦想、奋力拼搏就能成功，命运就掌握在自己的手上。

“少壮不努力，老大徒伤悲”，我要向他们学习这种坚韧不拔的毅力，珍惜每一寸时光，在学习知识的海洋中激流勇进。

跳绳提升专注力，促进了学习迁移。

影片中提到，任宇翔同学在练习跳绳时心无旁骛，可以感受到自己与绳子的对话，这种高度的专注也延伸到学科学习中，促进了他学习效率的提高，最终在考试中第一次体验到了满分的喜悦，而这种专注的精神也影响了其他的队员们。

跳绳运动拓宽视野，为个人发展提供了多种可能。

因学校近邻白云机场，每隔几分钟就会有一架飞机飞过。尽管孩子们对飞机司空见惯，但这些孩子从没想过，有一天自己能因为跳绳坐上飞机，飞到村外的世界。一根跳绳，不仅让他们在学校感受到快乐的学习氛围，体验到成功的喜悦，同样也把他们带到了更广阔的世界，有了改变命运的机会。一条跳绳打开了他们探索世界的大门，为个人和祖国带来荣誉。

作为华师附小的小学生，在教育资源相对优势的学校，我要充分利用学校提供的良好机会，争取在更多的平台上表现自我，提升价值。

我们祖国施行素质教育，我们要德智体美全面发展。

我看到赖宣治老师用他的努力与奋斗创造了“七星奇迹”，缔造了一支“世界跳绳梦之队”的神话，现在是一根根跳绳，紧接着会有一个个足球、一首首诗歌、一幅幅载满希望的图画……

国家通过体育、美育等特色教育活动实施素质教育，不让一个孩子掉队，为每个孩子搭建个性化的舞台，让我们在属于自己的人生舞台上展现别样的风采。教育的特色发展，让我们的梦想在世界舞台上灿烂绽放。

作为一个新时代的小学生，我们应该茁壮成长。

听爸爸妈妈说，以前，农村生活条件很艰苦，村中唯一的一条土路又窄又弯，坑洼不平。晴天一身土，雨天一身泥，冬天大雪齐腰高，教室屋顶漏风漏雨，桌椅破旧不堪，交通很不方便。农民种田完全靠人工体力劳作，每天早出晚归，费时费力很是辛苦；吃穿能够温饱就很满足了，谈不上美味营养与时尚。通信仅仅靠书信，交通工具主要是自行车，上学骑车或者步行数公里，医疗设施更是简陋。

我们是小学生，是新时代的宠儿，祖国的花朵、民族的希望，享受着前辈们带来的美好生活，我们理应学好知识，练好本领，德智体美全面发展，为祖国的将来创造新的辉煌打好基础，长大后扛起历史的重任；牢记前辈们的嘱托，紧跟党的步伐，成为国家的有用之才。让我们在新时代茁壮成长，一起为美好未来加油奋斗吧！

数学小调查，促师生共成长

万宝莹（老师）

附小倡导“智慧·生命·高效”的美好课堂，让教师在成就学生美好人生的过程中，也实现自己对美好人生的追求。我们数学科组构建了“以问题为导向，以探究为核心”的教学模式，立足现实生活，引导学生围绕数学问题进行自主探究和合作交流，不断提升学生数学核心素养。下面我想和大家分享2018年我和学生一起做数学小调查的故事，见证我和学生的共同成长。

新闻时不时会报道青少年因喝饮料过度，患“急性糖尿病”昏迷入院抢救事件。上学放学路上、运动后、外出游玩时，我也常常看见学生手握饮料，他们一口喝下去，一副很享受的样子。饮料真的有那么好吗？看来，正确认识饮料迫在眉睫。我想：何不带领学生开展一次全校性的调查研究，了解我校学生对饮料的认识和饮用情况呢？这样既能帮助同学们深入了解饮料，又能锻炼他们运用数学知识解决生活问题的能力。

说干就干！我查阅相关资料，了解调查研究的方法，将整个调查活动细分为五个阶段，规划好整个调查活动的实施计划。同时，我利用班级Q群、微信群和家长会等途径，向家长说明活动的目的、要求、内容和实施细则，获得家长的认同和必要的支持。

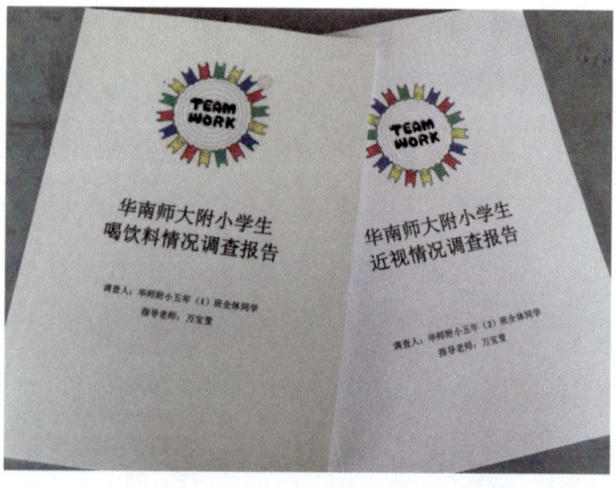

当我向学生介绍本次小调查的目的和意义后，孩子们表现出极大的兴趣和参与愿望。但个别学生也提出担忧：“这么大型的任务，我们能完成吗？”我笑而不语。渐渐地，一些学生开始发表意见：“只要我们齐心协力，不怕困难，一定能完成的！”“不用怕，有万老师在！万老师会指导我们的。”“我们还可以请教爸爸妈妈，

请他们一起帮忙。”我看火候差不多了，于是笑眯眯地说：“万老师什么时候让你们失望过？整个活动流程我都规划好了，想不想看一看？”接着，我把五个阶段的详细任务安排和要求，一一给学生说明。孩子们听完欢呼雀跃，信心满满，课后争先恐后地找组长报名，并起好了组名和口号。

后面，同学们在组长的带领下，有条不紊地每周完成一项任务。第一周，了解调查目的和意义，确定调查内容和方法，查找相关资料。第二周，编写调查问卷和访谈提纲。第三周，开展实地调查。第四周，进行数据分析，撰写调查报告。第五周，小组汇报，总结表彰。

这次虽然是学生第一次团队合作、齐心协力完成一个大型的校园小调查活动，但同学们在组长的带领下，认真按时完成每个阶段的调查任务，克服种种困难，出色地完成了调查任务！孩子们完整地经历了调查研究的全过程，提高了信息搜集能力、分析计算能力、写作能力和计算机操作能力。活动过程中，孩子们意识到团队合作的重要性。面对一个复杂的任务，必须合理分工，认真积极，齐心协力，多讨论多交流，困难才能迎刃而解。组长要学会团结同学，解决组内矛盾，合理分配任务。活动也锻炼了同学们的胆量和口头表达能力。孩子们克服了对陌生环境的恐惧，勇敢站上一个陌生班级的讲台，清晰地说明来意，取得他人的配合。孩子们还意识到礼貌待人的重要性。在发放调查问卷和访谈时，需要占用其他班级的学习和休息时间，就一定要注意有礼貌，不给别人添麻烦。通过这次调查，孩子们不仅深入了解了各种饮料的具体成分，自觉少喝或不喝饮料，更关注自己的健康，而且学会用调查研究的方法了解真实情况，从而帮助做出正确决策。

作为老师，我在这次活动中也收获满满。我积累了带领学生开展小调查的丰富经验，提高了活动设计、过程监控、培训学生、有效评价的能力。同时，活动也让我和学生建立了更深厚的感情。我们一起面对困难，一起想办法解决，一起分享成功的喜悦。当组长哭着鼻子向我投诉组员不听话时，我及时安抚组长情绪，给予肯定和鼓励，同时召集全组同学开会，帮助解决困难，化解组内矛盾。当小组因为所调查班级学生不配合调查向我寻求帮助时，我及时传授调查的小技巧，协助推进调查进程。当我把根据各小组的调查结果汇总成的调查报告发放给每一位学生留念时，孩子们捧着凝聚着心血的精美册子，和我一样绽放了灿烂的笑脸。

教师乐教，学生乐学，师生共同经历丰富多彩的数学活动，生命共同绽放出美丽的色彩。华南师大附小就是这样一个教师和学生共同成长的沃土！

温暖的大家庭

2021届毕业生　刘苏影

指导老师：邹　琳

我的学校是华南师范大学附属小学，简称华师附小。华师附小在社会上有很高的声誉，是一所著名的小学，当身边的人得知我就读华师附小都会啧啧称赞并投来羡慕的眼光，我可自豪啦！

我的学校可美了，绿树成荫，有木棉树、玉兰树、紫薇……春天来了，校园到处花香鸟语，充满青春活力！校内高楼林立，楼名太有意思了！两栋教学大楼分别叫日新楼、行健楼，老师办公和开大会的那栋楼叫腾飞楼，还有我们学习美术、音乐和科学的那两栋楼叫博学楼、明德楼，学校把教我们做人的道理都刻画在楼面上，时时刻刻都在警醒着我们！只可惜学校没有室内大礼堂，举行开学和散学典礼、升旗仪式，我们都得站在大操场太阳底下，“烈日当头晒，汗水流不停”啊！

我的学校校风优良。老师和蔼可亲，博学有知识，我们每次向老师问好，他们都会微笑点头。同学们团结友爱，谈笑风生，高年级的哥哥、姐姐和低年级的弟弟妹妹相处得很融洽，就像一个温暖的大家庭。有一次，我们正在做广播体操，有一位同学突然跌倒了，周围的同学立刻把他搀扶起来送到阴凉处坐下来；还有一次，有一位同学在校道上吐了，路过的同学马上走过去搀扶，还有的拿水，有的扫地，有的帮背书包。看，我们多像一家人啊！

这就是我的学校——华师附小，欢迎大家来参观！

我与诗书国学班的经典展演之旅

周 婷（老师）

“如何让你遇见我，在我最美丽的时刻。”

2017 年 9 月，研究生刚毕业的我，重回华南师大校园，不是回炉重造，而是踏入曾经无数次在梦里遇见的你——华南师大附小。从不轻信命运轮回，但缘分像是一道桥，不知不觉，指引着前行，我遇见了我教学生涯中的首批学生——一群懵懂可爱的小豆包。在张锦庭校长“一班一特色”理念的指导下，我们 2017 级（2）班有一个共同的名字——诗书国学班。

如今的小豆包都长成了翩翩少年和亭亭少女，回望这三年，并没有完成什么惊天动地的大事，只是陪孩子们一起读书，对，是“陪”，不是“教”，那些闪耀着千年智慧的文字，我能做的，只是陪着他们细水长流地坚持读下去。一二年级时，每周二或者周四，姚老师以吟诵之法，将如歌之美的古诗文，化作涓涓流水，静静淌进孩子们的心灵。孩子们浸润在国学经典的海洋中，愉悦地吸收古代圣贤的智慧，践行着君子之风。

三年来，熟读的经典不算多，也不会很少，全本的经典有《弟子规》《三字经》《百家姓》《千字文》《声律启蒙》《大学》，古诗文有《诗经》系列十余首、《岳阳楼记》《陋室铭》《木兰辞》、小学必背古诗等。也许有人会惊讶于这么小的学生读这么艰涩的文字，不会觉得很困难且无聊吗？除了歌诗有法，读文有道，我还有一个小诀窍，为他们创造展示的舞台。三年来，我们登上了大大小小的舞台，孩子们从刚开始上台的紧张茫然，到后来的泰然大方，其进步真令人惊喜。可见，经典诵读让心灵更纯净自信，舞台锻炼让内心更坚强勇敢。

少图初亮相——“半半”要上国学班

2017 年 12 月，诗书国学班受广州市少年儿童图书馆之邀，参加第一届经典诵读工作坊的汇报展演。那时的小豆包们才刚入小学三个月，只读背了《弟子规》部分、成语接龙、《千字文》部分。接到这个艰巨而难得的任务，我当时确实有点犯难，三十六个不那么乖乖听话的小豆丁如何编排？最后还是咬咬牙，就算难，也要让每个孩子都有上台展示的机会。于是，小剧本《半半要上国学班》出炉了，以班级最具特色的双胞胎姐妹为主角，以“半半”姐妹要上国学班的视角展示国学班一个学期以来的学习成果。“半半”这个名字的来源非常有趣，有一首儿歌名为《半半歌》：“有个小孩叫半半，起床已经七点半。鞋子穿一半，脸儿洗一半，早饭吃一半。上学路上半半跑，光着一只小脚板。”中间还请家长编排设计，穿插了《汉乐府·江南》的舞蹈，后来成为舞蹈队的经典之作。

孩子们得知要全班上舞台表演非常兴奋，虽然年纪小，但排练起来还是很认真，每个孩子都想着为班级、为学校争光！

由于这是孩子们的第一场表演，我也跟着上场，孩子们整齐有序的开场，半半姐妹稚嫩娇滴的小嗓音，舞蹈小队员们优美的舞姿，整个节目节奏紧凑，童趣十足，歌诀吟诵舞蹈，丰富多彩，赢得现场阵阵掌声。

华附新挑战——春夏交响

2018 年 5 月，姚老师带来了一个重要的邀请，华师附中将在五月底举办“经典咏流传”的古诗文演绎大赛，邀请诗书国学班的孩子们表演一个节目。华师附中的舞台对孩子们来说又是一个全新的挑战，当时离期末还剩一个月，正值春夏

之交，于是便编排了以春夏两季为主题的节目——《春夏交响》。

为了更好的效果，这次的节目穿插了很多篇目，且大胆运用了各种舞蹈形式，从《二十四节气歌》开场，春精灵和夏精灵的串场，快板《闲赏篇·春》，切换到《汉乐府·江南》《春夜喜雨》的舞蹈，又到“小荷才露尖尖角”的《小池》，最后街舞《千字文》作为收场。舞台的走位，队形的切换，服装道具的变化，比《半半要上国学班》复杂得多。

在第一次排练时，光是练好舞蹈就花去了大量的时间，虽然经过反复训练，但直到彩排当天，整个节目的串场依然是松松散散，不紧凑。孩子们被偌大的舞台、专业的设备、紧张的气氛和自己不熟练的节目弄得不安。接踵而至的压力让所有人都悬着一颗心，姚老师也是疲惫不堪，我甚至都有放弃的念头，但看着孩子们虽困乏但兴奋能为班、为校争光的自豪神情，无来由地涌起坚持的力量，打起精神求助有丰富舞台经验的向老师。当天晚上就要表演，向老师只用了上午一节课就将队形拉好，下午最后一节课将整个节目串了好几遍，不愧是名师妙手。家长们都很支持，一放学，马上安排就餐和化妆。

最后，孩子们终于不负众望，站在华师附中的舞台上展示出诗书国学班最稳重惊艳的一面，台下的大哥哥大姐姐雷鸣般的掌声和欢呼声几次打断演出。这次全新的挑战，让孩子们的舞台经验上升到了另一个高度。

古筝新魅力——《诗经·小雅·鹿鸣》

本以为经过华师附中展演的“折腾”，我再也不愿意接吟诵展演了，确实太辛苦，耗费的时间太多。但，就在 2018 年 12 月，我受具有文化情怀的筝

然古筝创始人李映彤老师邀请，希望能将古筝与吟诵结合，在2018年筝然古筝音乐年会上展示。古筝与吟诵？在很久之前，就非常想进行的尝试，本来只是邀请我，想想可以让孩子们尝试北京吟诵协会会长朱畅思老师《诗经·小雅·鹿鸣》的古筝吟诵，于是一口答应下来。

舞台不算特别大，古筝伴奏由筝然提供，不可能全班上台，也正好诗书诵读队成立，于是便委托求上教育的大白老师对孩子们进行训练和选拔，很快，表演的孩子们就定下来，队形也不用太复杂。经过大白老师专业的舞台训练，孩子们的手形、眼神、表情都有了飞跃式的进步。为此表演，每天孩子们都在群里打卡训练气息和站姿。孩子们的勤奋和坚持，令人动容。

大白老师建议，光是一个吟诵队形显得有点单调，双胞胎姐妹提出她们想跳“水袖舞”，妹妹吕玮萱欣然接下了自己创编动作的任务，经过几次排练，于是一场吟诵+水袖舞+古筝的华美演出呈现在古筝音乐会的现场。

家长开放日——书声琅琅美如歌

2019年5月30日，是华南师范大学附属小学今年最为隆重的一次活动——“小手牵大手”非遗传统文化开放日。“一班一特色，一班一非遗”，每个班以自己的非遗特色为主题开展活动，家长们则分三批来游园参观。为了这次开放日，我们全面使出了浑身解数，全班的吟诵节目为——现场古筝伴奏《诗经·小雅·鹿鸣》《诗经·卫风·木瓜》《沁园春》系列，穿插即兴的诗歌表演。有着丰富舞台经验的孩子们，面对一群群家长和同学们的围观，丝毫不怯场害怕，落落大方，就算是临时增加的节目，也能淡定从容地跟着音乐和老师的指挥进行表演，活动受到家长和领导们的赞赏。

六一儿童节——《沁园春》声动羊城

六月份是个忙碌的日子，孩子们刚刚完美完成学校“5·30”的任务，又有一批诵读队的孩子在六一儿童节当天赶赴白云儿童公园，参加“花城花儿开 欢庆新时代”——广州市儿童公园六一儿童节暨儿童艺术季活动启动的表演，选择的篇目是毛主席两首词《沁园春·雪》和《沁园春·长沙》。这个节目由潘建惠老师组织，由广州市少儿图书馆经典素读坊的成员、华景小学三年级的孩子，加上我们班的孩子共四十人进行合作表演。

当初接下这个节目的时候有点犹豫，这两首词我们的孩子根本没接触过，离排练只有一个星期，一个星期内必须背熟这两首不短的词。我略有担心，但孩子们的勤奋和努力让我惊喜，在布置任务后，有一两名孩子很快背下来，加上利用早读的时间，反复滚动，甚至全班都能按照表演的要求诵背出来。

六一儿童节当天，初到表演地时晴空万里，阳光明媚，可等到我们准备登台却是瓢泼大雨，在家长们的帮助下，孩子们陆陆续续登上舞台。孩子们虽有些被淋湿，但一到舞台上便精神抖擞，眼神有光，一句“欲与天公试比高”高声吟诵出时，天空顿时放晴，丝缕阳光透过云层照下来，全场掌声雷动，也许这就是经典的力量。

这次表演还上了电视，群众对这个节目的评价还是非常高的，虽然没有华丽的装饰，没有复杂的编排，在朗诵、吟诵、歌诀乐读中，毛主席的两首《沁园春》在孩子们清脆稚嫩的嗓音中显得那样质朴而有力！

暨大雨夜吟诵——你是夜夜的月圆

机缘巧合，我有幸受暨南大学华文学院中华文化大讲堂的邀请，给暨大学子分享吟诵，2019 年 6 月 12 日是吟诵学堂的结业课，是吟诵学堂的大学生们进行吟诵汇报。暨南大学华文学院一直很重视传统文化的推广，特别是习总书记考察后，各个传统文化讲堂都如火如荼开展起来。吟诵学堂作为新兴起的传统文化课堂，报名的大学生并不多，结业表演更是一个推广的渠道，于是为了这次的表演更丰富，我们决定邀请班级的宝宝们当外援。

当天放学较早，参加表演的小朋友兴奋地来到架空层集合，趁着等车的功夫，我把节目顺了一遍，都是老节目《诗经·小雅·鹿鸣》和林徽因的《你是人间的四月天》。久经“战场”的老将们已经知道如何排练，首先要找到舞台中间位置，然后安排自己的站位，调整动作。这次的表演舞台效果全是自己安排，我则在一旁偷着浮生“半时”闲。

此次的表演与之前的都不太相同，以前都是与观众距离很远，这次更像雅集，与暨大的大哥哥大姐姐们同台演出。孩子们前一秒还是到处打量茶室中古怪玩意的小顽童，进入表演的一瞬间变得端庄大气，气质拿捏得稳稳的，引来哥哥姐姐们的阵阵欢呼和掌声。突然，天空下起了大雨，夹杂着轰隆隆的雷声，但并没有打乱孩子们的表演，“你是夜夜的月圆”此句一出，瓢泼的大雨似乎是另一个世界的景象，我们的眼前只有那轮皎洁明月。

星海音乐厅——歌诀吟诵心飞扬

2019 年 6 月 20 日，结束了一天紧张的专科统考后，一行十七个小朋友立马奔赴高大上的星海音乐厅，参加求上教育“经典诵读进校园”优秀作品朗诵晚会。这一次的演出舞台应该是这几次展演中最高规格了吧！然而，这次节目准备的时间却不是很充分，临近期末，学校各项事宜繁复，孩子们也更加忙碌起来。这次的演出本为五一劳动节，后因假期推了一个多月，本来的节目只是定下古筝现场伴奏吟诵《诗经·小雅·鹿鸣》，后觉得如此高大上的舞台，只有一首这样的吟诵未免太单调，考虑来考虑去，又询问了孩子们的意见，长篇《岳阳楼记》的背诵就这样第一次搬上舞台。

由于排练时间少，孩子们去到星海音乐厅彩排时，动作不熟练，走位不紧凑，导演和我们都有点担心节目效果。在化妆到上场这一个多小时内，孩子们迅速调整状态，把节目从头到尾过了一遍又一遍，尽管已经非常疲惫，孩子们还是坚持了下来。终于等到 8 点 15 分节目候场的消息，孩子们整装待发，屏住呼吸。由于演出开场时，我们都不能进演播厅，孩子们只能靠自己了，幸好等候的地方有一台现场直播的小电视，可以看到孩子们的表现。虽然中间有个别小失误，但面对如此庄重专业的舞台，孩子们能微笑、完整地完成整个节目，已经是非常了不起了！

那天是周四，表演结束后，疲惫的孩子们也顾不上看精彩的节目，赶回家写作业去了……我想这将会是他们一生中美好的回忆吧。

春来绿竹扶窗，夏日蜂飞蝶忙。秋雁惊寒阵阵，冬夜观雪茫茫。回顾这两年来的吟诵展演，点点滴滴在心头，孩子们从一年级的小豆丁，慢慢出落成小君子、小淑女。虽然，我们学习经典吟诵并不是为了参加各式各样的表演，但孩子们却能在实践中体会什么叫作“坚持”，什么叫作“团队”，什么叫作“付出”，什么叫作“台上一分钟，台下十年功”。未来的日子，还有舞台，还有灯光，期待孩子们继续保持一颗对经典热爱的心，永以为好，腹有诗书气自华！

伍

圆梦有恒

在“跨越”中成长

2020届毕业生　胡慎之

“砰！”一声枪响，几个身影像离弦的箭一样冲了出去。在一片欢呼声中，一个身影很快领先了。她像丛林中飞奔的小鹿，轻盈的身姿跨过一个又一个障碍物。在全场沸腾起来的那一刻，她甩掉了所有的对手，第一个冲到终点。原来，这是广州市小学生运动会的跨栏比赛，那只“小鹿”就是我。当我沉浸在胜利的喜悦中时，眼前不禁浮现出我“跨栏之路”上的一位重要人物——华南师大附小的张泽林老师。

在五年级，当我认为自己最擅长跳高和跳远时，张老师却让我改练跨栏。那时，爸爸觉得跨栏危险易受伤，妈妈担心我学得杂而不精。但张老师认定我是跨栏的好苗子。原来早在二年级，他就发现我速度快和力量足的优势，并一直在栽培我。于是，我便凭借“张氏训练法”，从此“行走”在栏架间。

然而，在高速跑的进程中，还要越过一些阻挡，这个技术难度很大，如何把握节奏对我尤其是个挑战。但张老师亲自示范，知行合一，引导我分解跨栏节奏。这样，跑栏进程中的每一环节，常常在我脑海中如“过电影”一般“放映”出来。尤其“腾空跨栏”这个关键动作，我原来“腾空”时冲得很高，以为越高越好。经张老师纠正后，我有意控制了“飞”的高度，腾空后尽快下压身体，减少在空中的时间，以便提前落地。而且，早落地还为跑下一个栏需要的二次加速提供了动力。然后，我再腾空，再下压，再加速——在一遍又一遍的分解中，我终于掌握了整套动作，形成理想的“攻栏姿势”。

我的“栏间跑”也受益张老师。记得比赛前，在检录口，当我用“过电影”法回顾平时的“五步跨”时，张老师快步走来，提醒我把“五步”改为“三步”。到了场地，我惊讶地发现，栏架高度变了，平时高到我腰间，现在却只到我大腿。上第一个栏时，我尝试三步法，过了；第二个栏时，我再次检验三步，又过了；于是到第三个栏，我就稳住了三步，然后如两脚生风般一路冲下去。对

手个头比我高，年龄比我大半年多。可想而知，如果我用五步法与他们“硬碰硬”，估计桂冠就要离我而去。但改用三步后，我的步速、支撑点和腾空时间的关系作了调整，跨栏节奏就优于对手了。这是张老师为我赢得了一次“田忌赛马”巧胜对手的机会。

在“张氏训练法”下，我的心理素质也得到了提升。张老师常用大家同时模拟比赛的方式，来提高我们的赛场抗干扰能力。在五年级国庆假期间，校园一片寂静，但我和蕊蕊同学仍返校，并自行组织训练。这是张老师平时用心调动我俩自觉性的结果。他时常用言语和学长夺冠的榜样激励我们树立目标，让我懂得“没有目标的努力就是黑暗中的远征”；更让我坚信，内心力量变强大才是成功的保障。这源源不断的动力，使我们的训练经常处于极佳状态，技术自然也得到飞跃性突破。

跨栏训练增强了我的弹跳力，张老师教我将这些技能迁移到其他项目上，使我在多项比赛中出色发挥。2019 年暑假，我更是以“五项全能”选手参加了广州市青少年锦标赛。平时还参加篮球赛、跳高、跳远、接力和短跑等项目，为母校争得了荣誉。

跨栏为我赢得了不少掌声，但最难忘的仍然是那神一般的“张氏训练法”。张老师助我超越自我，使我形成“锻炼就像吃饭一样”的运动习惯，也使我越发懂得：人生之途犹如跨栏之路。像“红色闪电”刘翔一样，“人生不止一次冠军”。未来，我依然需要豪情满怀地跨过成长道路上的各种“栏架”，成为最意气风发的少年。

父子时光
——写给爸爸的一封信

2018级（2）班　易承熙

亲爱的爸爸：

夜幕降临，伴随着周围的一片宁静，我读完了吴冠中的《父爱之舟》。平白朴素的文字里，父爱是那样深沉、深刻地直击心灵。合上书本，我不禁想起了您。您对我的爱，也好似深不可测的潭水，清澈而浓郁；又似巍然屹立的高山，岿然不动；我的父爱之舟，也缓缓地，缓缓地，徜徉在我的心田，它满载着爱，陪伴着我从每个清晨直到日暮……

亲爱的爸爸，《父爱之舟》这篇文章里，吴冠中爷爷回忆了他父亲的日常生活和在他的求学路上关心和爱护他的故事。而您对我的关心和爱护，也是一艘“父爱之舟”。这让我想起自己每一个寻常又幸福的清晨，当我迎着您的笑脸醒来，床边早已摆好您熨好的校服和红领巾。在清新的阳光微风中，您总会陪着我边走边聊，散步回校。整齐洁净的校服，伴随胸前鲜艳飘扬的红领巾，一如我愉快的心情。我总是开心、自然地跑在前面，不时回头冲您喊一声：“老爸，快一点！”你总是呵呵地笑着说：“好，好，等一下，你不要跑得太快了，别摔倒！”父子俩爽朗的笑声随着微风卷起的紫荆花瓣，飘向很远很远……从家到华师附小的校园小道，虽然只有短短五分钟，但三年来，您从没有缺席，不管多忙，总是风雨无阻地陪着我上学，总是和我一道去迎接崭新的一天。大家都说，您站在校门口，目送我进校园的身影是一道亮丽的风景线，那是爱的风景线。

或是某一个寻常又炎热的午后，太阳斜斜地照进教室，连蝉鸣也开始慵懒。而您却没有午休，毫无怨言地陪我奔向兴趣的海洋。我换上白色的跆拳道服在场上踢腿、呐喊，您也在闷热的场馆里为我叫好、鼓劲。不管我何时转过身子，总能找到您在观众席上满含笑意的目光，您总是目不转睛地跟随不停跑动的我，仿佛生怕错过我每一个成长的瞬间。您还喜欢给我照相和录视频，您总爱张开臂膀让满头大汗的我，扑进您的怀中，用毛巾给我擦汗，不断地说着口头禅“太厉害了、太厉害了！儿子，你真棒。”我想，哪怕有一天我长成顶天立地的男子汉，我也会无比留恋这一刻在您怀抱中被呵护成长的幸福。

或是那一个寻常又忙碌的夜晚，您又在灯下为我的学习而忙碌操心。这次期末考试我三科都考了满分，总分三百分，年级第一名。这么好的成绩都归功于您。您仿佛没有自己的休息时间，陪着我练口算、默古诗、听生字，一一复查我的作业。您会因我写出生动的作文语句为我竖起大拇指，为我准确完成英语语法测试情不自禁地说：“做得这么完美，不愧是我儿子。”也有多次被我在计算数学题时的粗心大意气得骂我：“你能不能认真一点？太不像话了！”您陪着我一步一个脚印地复习，为我一点一滴的进步而高兴。而当夜晚过去，您又都雷打不动地早早起床，迎着晨光陪着我背诵英语。尽管您的英语发音太中国腔，但在您的带动下，我慢慢学到了坚持，增强了毅力；您的言传身教，让我感受着榜样的力量，您积极向上的乐观精神让我受益匪浅！您从不说累，为我不断付出的舐犊亲情，让我感到深深的无私的父爱！在我内心中，这三百分承载的全是您每一天的陪伴和付出，这是满分的父爱！我最喜欢奥特曼了，您就是我眼中最厉害的奥特曼。

成长的时光，日子看似一天天重复，但您的爱却总是无言相伴；随着去年疫情的暴发，我了解到世界上有许多的家庭遭遇了各种各样的不幸，有的甚至家庭破碎；而我，还能在您坚实的羽翼呵护下，健康地成长，这是多么的珍贵和幸福。您常说，陪着我一天一天地长大，见证成长中的一点一滴是您生命中最有意义的事情。正是因为有您的陪伴，我才能在自由、快乐中享受成长，才能内心充满着拥有父爱的自信与富足！

此刻，伴着春夜的静谧，我用手中的笔，写下心中每一份寻常的温暖和感动。我多想放下手中的笔，奔向您的怀抱，给您一个紧紧的拥抱！我爱您老爸！

您的儿子：易承熙

2021 年 3 月 8 日夜

铸造更好的自己
——观《点点星光》有感

2016级（2）班　郑聿璇
指导老师：强丽雯

听到“不放弃”这个词，你会想到什么？

是学生日复一日地学习、考试？

是警察绞尽脑汁地寻找线索？

还是医生不气馁的医治？

而我想到的却是那“哒哒哒”的声音……

《点点星光》是一部广州本土创作的电影，我带着愉快的心情和一群小伙伴们一起看了这场电影。它是由七星小学真实故事改编，主要讲述了一群热爱跳绳的孩子，不畏种种困难，最终赢得胜利的励志故事。

电影一开始，我感觉挺轻松有趣的，可当看到他们面对第一场跳绳比赛时，我突然为他们紧张了起来，因为他们必须拿第一名，这名次关系到跳绳队是否会解散，队员们为此都很紧张，有点失了信心。“有我在，怕什么！我说可以就可以！”任宇翔，一个不服输的少年，坚定地说。最后一场比赛，他越跳越快，这时整个电影院里只剩下那“哒哒哒”的声音。最终，七星小学赢得了这场比赛的胜利，大家都在欢呼，而我的脑海里却依然回响着那“哒哒哒”的跳绳声，这“哒哒哒”的声音代表着一种坚持、不服输的精神，以及每一个人都应该有的自信的品质。

这个电影使我想起了田径队训练的一幕幕。上学期末，张老师推荐我加入学校田径队，当时我很兴奋，却又有些担忧。在我眼里，学校田径队是运动健将们云集的地方，健将“大神们”会不会冷落我这个运动“小白”？而且，田径队里老队员众多，我五年级了，却是个新队员，小弟弟、小妹妹们会不会嘲笑我……一个个不好的念头从脑中涌出。

是爸妈的鼓励和张老师的肯定，让我坚定了信心，进入了田径队。事实是，

健将们都很友好，张老师发现我是长跑的料，所以经常训练我长跑。同级的黄宝葆同学是一个长跑健将，她成了我的小师父，她总是指导我。记得有一次，老师让我们跑 800 米，黄宝葆本来可以跑得很快，可她却顾着我的感受，不时地问我：“这个速度可以吗？”直到老师告诉她：“你要加快速度了！”我本以为她就会立刻用她最快的速度甩开我，却没想到，她转过头看着我，问：“还有力气加速吗？”直到看到我点头，她才说：“那我们一起加速吧！”又记起她由于要去参加英语比赛，所以没有参加校运会，当她得知我取得年级女子 400 米第一名的好成绩时，她比我还高兴：“你好厉害啊！”是她，陪伴着我进步，带给了我自信。

获得现在的成就，我要感谢我的努力，感谢我的小师父，更要感谢我的伯乐——张老师。张老师严格要求我们每天 7 点准时到校，犹记得有一天早上，外面下起了倾盆大雨，我冒着大雨来到学校，张老师早已等候在那里，他看着满裤子湿透，连鞋子也浸满了水的我，竖起了大拇指：“你是今天的第一名！”其实我想说，张老师总是以身作则，让我们整个田径队都能够准时到校。在张老师身上，我学会了坚持。每一年我都会参加学校女子 400 米的比赛，获得最好的成绩是年级第四名。五年级的比赛，对于我更加意义非凡，我希望能跑出好成绩，不负田径队的训练。但是越这么想，我反而越紧张了。张老师只是用他的大手搭在我的肩膀上，坚定地说：“你的身体里已经蓄满了能量！”最后，我获得了年级第一名，跑出了 1 分 21 秒，原以为张老师会大大地表扬我，没想到，他非常平静地说：“还有进步的空间。”是他告诉我，我是有潜力的，是他让我在训练中进步，是他在我退缩时给我加油鼓劲！

通过这部电影，我更加坚信：每个人都能成为天空中那一颗颗闪亮的星星。默默努力，铸造自我，变成更好的自己，也别忘记感谢曾经帮助过你的人。

美好且充实的一天

2015 级（5）班　许安蕾
指导老师：罗　清

又是新的一天到来啦！今天是 2020 年的 2 月 10 日，还有 6 天就可以返校学习了，本来应该做好一切准备了，但由于来势猛烈的新冠肺炎疫情，学校通知将延迟返校，我们只能待在家里学习了。我暗暗下决心，就算不能去学校上学，我也不能落后于大家，加油！上午我起来得有点晚，有种一晃而过就吃中午饭的感觉。我在腾讯课堂上了一节语文直播课，跟着里面的老师预习三首古诗，分别是《泊船瓜洲》《游园不值》和《早春呈水部张十八员外》，这三首都是描写春天景色的诗，写出了春天的生机勃勃，写出了春天的无限美好。我好喜欢春天啊，我希望疫情早日结束，广州也迎来盎然春意，我们可以不用戴口罩坐在教室里读书学习，还可以踏青游玩！预习完了三首春景古诗之后，我用了十多分钟进行了朗读和背诵。做完这些后，我想起妈妈常说的学习要注意劳逸结合，于是我就去阳台上赏花。这时候，上午的阳光正明媚，花儿们草儿们都生机勃勃的。从家乡安庆迁移过来的紫茉莉长势良好，还在坚持开紫色的小花，可依然不结果子，真奇怪啊；去年九月份萌芽的一株不知名的野草，现在已经长到了 30 多厘米高，还生出了许多小分枝，越长越漂亮，真好奇这是什么品种的植物呀！

下午，我在网上看英语绘本，那些绘本可有意思了，还可以配音呢！我最喜欢的就是 *Polar Animals*，读了它之后，我了解到了许多关于北极动物的知识，还学到了不少新单词，真开心呀！看完英语绘本后，妈妈和我一起去学校食堂买馒头，我们戴好口罩和手套出门了，外面的行人不多，而且和我们一样，他们也戴了口罩，每个人在这个特殊的时候都要做好防护工作，保护好自己才是给国家减轻负担。在返回的路途中，我发现行政楼前的大草坪上有几处白点很晃眼，我猜可能是新长出的蘑菇，因为昨夜下了一夜雨。我按捺不住内心的欣喜，飞奔了过去，果不其然，好大的白蘑菇啊！只是飞奔的速度太快，

一脚踩中了一个白白胖胖的圆蘑菇，没想到它这么不经踩，瞬间成蘑菇渣了；不一会儿，我又在另一片草丛中发现了几朵蘑菇，这几朵蘑菇长得亭亭玉立的，像一把微型可爱的小伞，我蹲在那观赏了好一会，觉得这些蘑菇长得好美啊，白白嫩嫩的，不禁将它摘下来看，不看不知道，一看吓一跳，表面似白云般光滑白净，而“小伞”的里面是密密麻麻的暗棕色片状，反差委实有点大。

晚上，我在网上观看了一档名为《天天向上》的脱口秀节目，这一期是关于咖啡馆的主题，我学习到了很多咖啡知识，而且了解到不仅外国的咖啡有特色，中国的咖啡文化也很厉害！

10点钟我准时上床睡觉，临睡前想了想今天的一天，嗯，这真是快乐而充实的一天啊！在全国紧张抗疫的情况下，我们能拥有这安宁和幸福，是因为有无数的医护工作者们在疫情最前线的奉献和付出，感谢他们，向他们致敬！

我与华师附小的故事

2017 级（2）班　吴奕霖
指导老师：周　婷

2017 年 8 月底，在我入学之前，华南师大附小组织我们这一批新生进行了一次分班面试。妈妈拿着面试单过来询问我的意见，看我要去哪个班面试。我一眼就看到了国学班，虽然我还不知道“国学”是什么意思，以为“国学”指的就是“国家的学问”，我们中国那么大，里面的学问肯定不少。我兴冲冲地去参加了面试，并且顺利被选进了国学班。

开学第一天，我充满期待地跑进国学班的教室。讲台上的那位年轻老师面目清秀，长长的头发披在肩上，乌黑的眼睛非常明亮，举手投足间自有一股才女气度。她就是我们的班主任周老师，也是当时分班面试时的考官。周老师和姚老师都是我们国学班吟诵课的老师。

很快我们迎来了第一节吟诵课，虽然之前听周老师提过，但是我们对吟诵依然非常陌生。姚老师和周老师端正地站立在教室中央，背起双手，微闭双眼，开始吟诵《诗经・小雅・鹿鸣》。流入我们耳朵中的是动听的旋律，我仿佛看到了诗文中那只小鹿，在野外飞快地奔跑，发出阵阵清扬的鹿鸣声；一转眼，我又仿佛来到了古代殿堂之上，听到瑟瑟箫声和觥筹交错的声音；紧接着，周老师音调一转，我又被带到了另一个场景之中，我似乎置身于小河边上，听着潺潺流水声，活泼可爱的小鹿在旁边蹦蹦跳跳地玩耍。我沉浸其中，觉得神清气爽，心里所有的烦恼都被一扫而空。我从心底里发出感叹：原来诗文还可以这样去读，简直像唱歌一样。

回家路上，我暗暗下定决心，一定要把吟诵学好！接下来我每天都用课间玩耍的时间一遍又一遍不厌其烦地练习吟诵，几周之后，我自认为“练就真功”了，决定给我爸爸妈妈展示一下我多日来“修炼”的成果。一天晚上，我叫来爸爸妈妈，郑重其事地宣布我要开始吟诵表演。起初，他们还兴致勃勃，像模像样地端坐在餐桌边给我鼓掌。可是，我刚开始了不到一分钟，我爸爸就

借口去接电话，一溜烟地跑进卧室，最让我气愤的是，他还反锁了门。我妈妈则非常有礼貌地告诉我，隔壁邻居回来了，而且天已经很晚了，该睡了。我愤愤不平地躺到床上，我吟诵得多有感情啊，这两个人居然不懂得欣赏，真是没有品位。

又过了几周，周老师突然向我们宣布了一个喜讯：我们要去华南师大附中表演吟诵了！在我们心目中，华师附中是神一般的存在，是可望而不可即的目标，这次我们居然能去华师附中表演，这实在是太让我们兴奋了！但是当我们开始排练的时候，那晦涩难懂的诗歌就让我们目瞪口呆了。原本以为就是吟诵课本上的一些诗歌，没想到却要在短时间内背诵并熟练吟诵初中生必须背诵的诗歌。接连几天，只要一有时间，周老师就会带着我们在学校的空地里排练，纠正我们站姿、手势，给我们排列队形，分配角色，更重要的是，一次次纠正我们的读音。由于空闲时间不够，周老师要求我们回家也要继续练习。连着背了几天，我连一篇诗文都背不下来，我开始打退堂鼓了，心想：反正我也就是个配角，多我一个不多，少我一个不少。这些词又那么难背，还不如趁早退出一了百了。我把这个想法告诉我妈妈，她让我自己去跟周老师沟通。第二天，我去找周老师，刚说了想退出的想法，我就开始后悔了。看着周老师和蔼可亲的笑脸，我马上改口："这是我妈的意思，我很愿意继续坚持下去。"周老师非常开心，还大大地鼓励了我一番，我开开心心地跑回教室，打定主意不能辜负周老师的期望。

经过多日的反复练习，我们终于迎来了正式演出的那一天。演出当天，我们在幕后候场的时候，大家的心情都非常紧张，有人怕自己忘词，有人怕表情不到位，有人怕自己的姿势不好看，还有人怕自己走位出错。我则害怕自己遇到不熟悉的地方会断断续续，结结巴巴，这样肯定就要影响节目的整体效果，所以我一直在默默地背词。终于轮到我们出场了，我们身着各式演出服，整齐划一地从幕后走到舞台上。

我偷偷瞄了一眼台下，只见大哥哥大姐姐们都向我们挥手，有的还挥舞着荧光棒，一张张脸上都是鼓励的笑容。看到这些，我心里就不再紧张了，眼神也不再躲躲闪闪，我开始认真投入到表演中。我们全班同学配合得非常好，整个表演没有人出一点点差错，台下的哥哥姐姐们不时发出一阵阵掌声。我觉得太不可思议了，我们居然真的如行云流水般背诵出全部诗文，太有成就感了。谢幕后，周老师惊喜地对我们说："虽然大家是第一次登台，但是已经超常发挥了，只要大家继续努力，我们的节目会越来越好的！"我们每一个人的脸上都露出了自豪的笑容，我也暗暗下决心要让吟诵成为我生活中的一部分，不能因为功课太多而放弃它。我相信，只要坚持下去，终有一日我能像周老师那样完美地吟诵诗词歌赋。

这就是我与华师附小国学班的故事，它还在继续。我相信，它会越来越有趣，越来越精彩，成为我生命中非常美好的回忆。

我的田径生活

2017 级（1）班 李力恒

华南师大附小，我的小学，这里有我的田径生活！

每天早晨，当其他同学还沉浸在梦乡里的时候，我便从床上爬起来，揉揉眼睛，吃着黄油面包做的早餐，醒醒神，准备出门，此时差不多是 7 点钟，日复一日，风雨无阻。

来到运动场，我便把一切抛到脑后，拿起篮球，与伙伴们开心地玩起来。没玩多久，就看到张老师迈步向我们走来，他朝我们大喊“放球”！我们便赶紧把球放回篮子，朝跑道奔去，我们需要在操场上跑 5 圈，做热身，活动筋骨。

做完热身运动，我们就开始了正式训练，首先是加速跑，在短短 30 米内，用尽全力跑出最快的速度，接着是 60 米跑，来回不断地加速冲刺，每个同学跑出好成绩的背后，都有努力的汗水在支撑。60 米过后，最大的挑战正等着我们——1500 米跑，在六七圈后，我们已经感觉筋疲力尽，但是，我们仍会坚持把剩下的几圈跑完，为一天的训练画上圆满的句号。

虽然训练的日子很苦很累，但我一直坚持，即使假期也不间断。特别感谢张老师，陪了我足足一年，在我的记忆里，他一直严厉而又对我们很好。我爱华师附小，这里有我的田径生活。

我和诗书国学班的吟诵之旅

2017 级（2）班　骆铭晨
指导老师：周　婷

2018 年，因为跟爸爸外出访学而缺席了一年级学习的我，正式回归加入了华南师大附小诗书国学班，开始了我和诗书国学班的吟诵之旅。

二年级，第一次上吟诵课的情景还历历在目。“云对雨，雪对风，晚照对晴空。”我觉得姚老师吟诵得真好听，像唱歌，像说话，又像朗读。同学们也很快跟上姚老师的节奏欢快地吟诵起来。可是，我却觉得很难。缺席了一年级的学习的我，语文基础比较薄弱，拼音不太熟练，很多汉字不认识，更不懂什么是吟诵。而且《声律启蒙》又长又拗口，每天晚上写完各科作业后，还需要花很多时间去认字和吟诵。我觉得太难了，好几次都想放弃。

但是，每周的吟诵课，姚老师用美妙动听的经典吟诵和妙趣横生的经典故事深深吸引着我；每天的早读课，周老师用如歌的国学经典吟诵开启我们美好一天的学习。老师们说，吟诵是中国人传统的读书方法，吟诵是古人能把四书五经倒背如流的绝招。于是，我暗暗下定决心，我要把这个绝招学会，首先就挑战《声律启蒙》这个难关。

于是，每次吟诵课，我认真学习模仿老师；每天吟诵作业，我反复练习积极打卡。我利用学习间隙多听多练，慢慢地，慢慢地……某一天，我突然觉得吟诵不那么难了，偶然还会不知不觉脱口而出地吟诵两句。我发现，吟诵很自然地走进了我的生活。我爱上了吟诵！

功夫不负有心人，我被选入了诗书国学班的吟诵队，有机会登上舞台展示吟诵。第一次，我随队参加了筝然古筝音乐年会的《诗经·小雅·鹿鸣》古筝吟诵表演，虽然有些紧张，但是很快就沉浸在经典吟诵的氛围中，表演很成功。在学校“小手牵大手”非遗传统文化开放日活动中，我担任了班里活动的小主持，并参加了系列吟诵表演，我们丰富精彩的吟诵节目得到了同学们的掌声和老师家长们的肯定。随后，我们诵读队又受邀前往广州市儿童

公园参加“花城花儿开 欢庆新时代”《沁园春》诵读表演，我们还上了电视，声动羊城。最让我难忘的是在结束了一天紧张的专科统考后，我们诵读队马不停蹄奔赴星海音乐厅参加求上教育“经典诵读进校园”优秀作品朗诵晚会，表演的舞台越来越大，排练的时间越来越少，可是我们越来越沉着淡定，因为我们知道，不管舞台有多大，我们都是在展示着日常的我们是如何吟诵我们最爱的国学经典的。

两年来，在姚老师和周老师的引导下，我们用吟诵走进国学经典，欢悦地学习圣贤智慧，如今的我们，可以熟练背诵《千字文》《岳阳楼记》《陋室铭》《诗经》系列十余首、《声律启蒙》部分章节、《沁园春》系列和古诗几十首等经典古诗文。

汉语美如歌。吟诵，让我领略到了古诗文的神奇魅力，助我养成了坚持不懈的学习习惯，伴我在浓郁书香中快乐学习！我将继续与诗书国学班、与吟诵一起成长！

我吟诵，我成长

2017级（2）班　张澋天
指导老师：周　婷

2019年初，我第一次走进附小，插班到当时的二年级（2）班，又名“诗书国学班”，从此，我与吟诵和国学结下了不解之缘。

我是二年级下学期从国外回来的，永远记得第一次见到周婷老师时，她那温柔的笑脸，让人如沐春风，我以前在国外总担心回国读书，老师会很凶。周老师还向我介绍说，我们班是诗书国学班，会有很多吟诵哦。我和妈妈都不懂什么是吟诵，还以为就是背古诗，我一下子就蔫了，我可是最讨厌背古诗的啊。

周二下午第一次听了周老师吟诵的《声律启蒙》，我一下子被这种独特的诵读方式吸引了，才明白吟诵是古时候文人的一种读书形式，是一种“半念半唱”的独特朗诵方式。课后，老师让我们每人在线吟诵打卡，当我听到同学们抑扬顿挫地背诵大段大段的《声律启蒙》的录音时，我又是惊喜又是羡慕，可因为我刚从国外回来，识字有限，只能暗暗着急。周老师鼓励我说，同学们都吟诵了一年半了，你刚来，别着急，很快你也能这样吟诵这些美丽的诗句。虽然周老师不断地鼓励我、帮助我，我还是闹了不少小尴尬。

记得有一次，周老师教我们吟诵毛泽东的著名诗篇《沁园春·长沙》，我唱得不亦说乎，但一知半解。里面有一句“问苍茫大地，谁主沉浮？”你们猜，我怎么唱的？“问苍茫大地，水煮鱼乎？”我心想，“毛泽东果然是湖南人，能吃辣，和我一样，也喜欢吃水煮鱼……”正在我云游之际，周老师来到我的身边，温柔地和我说：“宝贝，不是水煮鱼，是谁主沉浮，凝结着的是毛泽东对中华民族将走向何方的深深思考。吟诵不能只是唱得高兴，而是通过朗朗上口的独特朗诵方式帮助我们更好地记忆。”虽然周老师说得很温柔，但我还是吐吐舌头，闹了个大红脸。从那以后，每次吟诵，我都会先朗诵一遍，把不理解的词语查一查，不知不觉中，竟也能和同学们一样摇头晃脑、有声有色地吟诵了。

还记得 2019 年的六一儿童节，我是第一次参加吟诵表演。我格外紧张，手心里都是汗，唯恐自己忘词了或读错了……但当我踏上了舞台，音乐响起时，我的心也随之舒缓下来。和着节奏，我饱含深情地诵读着：“独立寒秋，湘江北去，橘子洲头。看万山红遍，层林尽染；漫江碧透，百舸争流。鹰击长空，鱼翔浅底，万类霜天竞自由。怅寥廓，问苍茫大地，谁主沉浮？”吟诵完美结束，我们班也喜获大赞，我也更加喜爱上了吟诵。

就这样，我已经在诗书国学班度过了一年半的时间了。周老师带领我们每天吟诵，寒暑假也不例外，每天一小段，积少成多，还有有趣的线上读书会，读诗词，赢礼物。我熟读了《声律启蒙》《大学》《诗经》系列十余首、《岳阳楼记》《陋室铭》《木兰辞》、小学必背古诗等等。这些艰涩的文字在优美的声律中变成了一串串音符，融入我的生命。老师常和我们说：腹有诗书气自华！怪不得我们诗书国学班同学个个神采奕奕呢！

国学班，让我更自信地展现自己！

2017级（2）班　张静如
指导老师：周　婷

我叫张静如，是华南师大附小诗书国学班的学生。正如我的名字一样，从小，我就是个特别“静”的孩子，说话小声，也不喜欢主动发言或者参加活动，喜欢一个人画画或者看书，爸爸妈妈总是有点担心我。

记得附小的入学面试，我带着古筝弹了一首曲子还背了一首诗，成了周老师带的国学班的“小淑女”。班上有几个是幼儿园同班同学，但大多数我都不认识。周老师很厉害，她把所有同学的名字都编进《名字歌》，好听好唱又好记。只用了三四天，我就记住了诗书国学班同学的名字。

然后我就开始了与“歌诀”“诵读”相伴的学习生涯。刚开始，我很怕别人听到我的声音，不敢放开嗓子，但是唱着唱着，跟着周老师、姚老师的指挥，我就不知不觉地提高声音，越唱越大声，越唱越响亮……我们吟诵了《声律启蒙》《诗经》《三字经》，还诵读了《春江花月夜》《陋室铭》《岳阳楼记》，每次唱着那些节奏跳跃和欢快的句子，我都能感受到“歌诀吟诵心飞扬”的愉快和喜悦。为了练习气息，我们在家练习靠着墙“数葫芦”，我最多的一次可以一口气连续数三十多个“葫芦”呢。

小学二年级，我当上了“语文班长”，其中一项工作就是要“领读”，站在讲台上，把老师教我们的诗句读出来。我鼓起勇气，小心脏虽是咚咚咚，有点紧张，但已经不那么害怕了，很从容地带着同学们大声吟诵那些朗朗上口、优美婉转的诗句。慢慢地，我们开始走出华师附小，去更多的校外舞

台表演，从儿童图书馆、华师附中到南国书香节；从吟诵《沁园春》唱到《江南可采莲》《少年说中国》，每次听到台下的掌声响起来，我都觉得心跳得很快，脸上热热的，很开心也很自豪！

2019 年 5 月 30 日，学校非遗开放日，周老师给了我一个光荣的任务，给吟诵节目《诗经·小雅·鹿鸣》做古筝伴奏。拿到了谱子，我一遍一遍地认真练习，还请班上好朋友来家里吟诵，让我能更准确地把握节奏，最终圆满完成了开放日的表演任务。

最让我印象深刻的一次古筝伴奏是在星海音乐厅，那可是多少人梦寐以求的舞台！爸爸说你这么小就能登上星海音乐厅的舞台，非常幸运，要好好珍惜。舞台很大很空旷，灯光像星星一样璀璨。轮到我们表演时，我深深地吸了一口气，提着裙子一步一步走向舞台一角的古筝，在聚光灯下坐了下来，抬手抚过我熟悉的琴弦，用由弱渐强的摇指开启美妙的伴奏乐曲，听着同学“呦呦鹿鸣”的吟诵声音整齐地回响在音乐厅的上空……我想，这是我第一次在星海音乐厅表演，但肯定不是最后一次。以后，一定还会有更多机会，让我表演我喜欢的，已经传承了千年的吟诵和古筝。

奔跑吧，少年！

2016 级（1）班　肖珮宇
指导老师：李红梅

每年秋天，学校都会举办运动会，它承载着全校师生的汗水与狂欢。然而，五年前的我却只能称自己为这场狂欢的看客，因为当时还是一年级小豆包的我并没有参加运动会的比赛项目。可我看到了运动员手中闪亮亮的奖牌，也想像操场上的运动员那样去拼搏努力一把！于是二年级、三年级、四年级，运动会的赛场上也有了我的身影，且年复一年，愈发矫健。现在，小豆包早已长大了，运动会也在这一年又一年间有了更深的意义。

记得在四年级的运动会，我报了两个比赛项目：垒球和短跑。于是运动会前，我的课余时间再也不属于游戏，而被垒球和短跑填满了。我练着盼着，终于，运动会踏着七彩祥云走来了！赛场上，轮到我跑之前，一位同学的妈妈带着我和其他同学做准备运动，让身体能更好地进入状态。我自信地走向跑道，深吸一口气。“砰！”在裁判员清脆而又响亮的枪声下，我迈出了我的第一步，接着我使出全身力气奋力向前奔跑，我的周围模糊成线，我的耳边有熟悉的人在加油呐喊。终于，我跑到了终点。这次跑步，虽然没有得第一，但我的眼睛还是被快乐的泪水浸湿了。

接下来就轮到我最拿手的垒球了，上场前，一位同学的妈妈热心地告诉我和其他同学：“这里很滑，你们助跑时，小心滑倒。”那

温馨的场景我到现在还记忆犹新。

做好了充分的准备运动后，我准备扔垒球了，哗的一下，裁判员的红旗就在那一瞬间落了下去，就在那短暂的一瞬，我已飞似的奔向终点，然后用力一扔，垒球飞向上空，划出一道优美的线条，稳稳地落到地上，像一只苍鹰从起飞线上疾速而飞，转瞬间收羽而落，好不漂亮！裁判员拿着细长的米尺，快速测量了我扔球的距离，13.56 米！我兴奋极了，经过一次次努力，我最终获得了垒球女子组第二名的好成绩！

也许对于从前的那个小豆包而言，运动会意味着拿着奖杯时的风光无限，而于现在的我来说，运动会意味着努力，意味着拼搏，意味着永不放弃，意味着集体的荣誉！学习又何尝不是一场运动会呢，我们也要像这样努力地奔跑，不怕打雷闪电，不怕狂风暴雨，坚定地奔跑，超越别人，超越自我，最终获得自己独特的奖杯。

我会记得无论何种处境，都能大声地喊出“奔跑吧，少年！”

附小承非遗，墨韵传佳话

伍 凯（老师）

“一张破纸片，寥寥几个字，在客栈的床上，用钢笔试写了一个重大标题的草稿……”这里有附小校名与毛体书法结缘，附小与家长结缘，传统民间艺术与书香墨韵结缘，并交相辉映的一段故事。

缘起

开学初，跟江伟英副校长讨论非遗教室门设计问题时，江校长说“华南师大附小”六个字如果能换成统一的毛体字就好了，可以作为附小的品牌标志或用水印印成背景，今后只要跟附小相关，就呈现这个标志；于是我就推荐了擅长写毛体书法的广东省书法家协会陈剑涛老师。

当家学渊源深厚、懂书画艺术的江校长一看陈老师写的毛体诗词《七律·人民解放军占领南京》时，就赞叹不已，说不但形似，而且神似。当听说作者是附小毕业的学生陈泽亮家长之后，更觉得有缘，马上询问能否请陈老师为附小题字？经联络后，陈老师欣然接受了这一任务，十分愿意为附小出力。

一张破纸片，寥寥几个字

第二天陈老师出差，晚上在客栈临时找了一小张泛黄的、旧旧的包装纸，用钢笔在床上试写了草稿发给我，询问格式怎样？笔画如何？章法布局可否？说回家再用宣纸笔墨认真书写，力求最佳效果。

两天后，接到陈老师电话，说正在附小门口，研究华南师大附小校名，发现前面四个字风格统一，后面两个字不是毛体字。我说您看出来了？江校正是这个意思，所以想找您重新书写。陈老师问：是通过集字，跟回原来华南师大毛体风格双勾书写呢，还是直接仿写毛体字？我说需要请示，于是在8月的炎炎烈日下，陈老师就在华师的荷花池旁一边走走，一边等我的回复，最终确定跟回“华南师大”这四个字的风格书写。

是日下午，在暑假装修的凌乱中，在拆卸了灯管的附小美术室，我当助手，陈老师书写了这一寓柔于刚、寓方于圆、尽显书法功力的校名：“华南师大附小”。

四易其稿，共同探究书法内容和形式的统一

除了校名，陈老师还书写了“传承传统民间艺术，感受非遗文化魅力”这副对联，当我提出毛体“非遗”两字是否太草，怕小学生不认识，懂行的江校长说：“毛体是这样，保留风格吧，如果要每个字都认识，繁体字已经有很多人不认识了。给学生多看就认识了，并且看多了就是标志、品牌、符号，不仅仅是文字了。”

江校长还说：“毛体香港澳门国际友人认识，非遗文化本来就是要尽量学习源头活水，我们让它出现在学校每一扇门，每次系列活动，每一个角落布置，让学生看到形状都能认出是哪几个字。”

因为集字不是一气写成的，难免某些字势连贯不够，整体章法不够精妙，力求尽善尽美的陈老师，在他回老家休假之前，还专门到从化书房，重新用曹全碑隶书写了一副对联。回老家时，又带了纸笔墨，第三次书写了一幅更满意的隶书对联，叫妻子带回华师交给学校。

后期制作书签，为了跟正面“华南师大附小”配合使用，再次找陈老师书写“传统民间艺术”，大多数毛体集字“民”字斜勾是出头的，考虑到小学生不易认，又去找了毛主席书写的“为人民服务”里面的“民”字，还有“人民日报”里面的“民”字进行对比。毛体的“艺”字是繁体，笔画有些不清，先找了米芾的，但不是很像，最后还是采用了陈老师改造过的“艺”，最终取得了整体、协调的效果。

毛体书法艺术是我们中华民族的宝贵文化遗产，深受广大书法爱好者的推崇和喜爱。用毛体书法作为校名，是对传统文化的最直观学习。请来家长为学校题写校名，既体现出家校协同教育的办学宗旨，又寄托了家长和孩子对学校的深情与感激，反映了学校以孩子为荣光。未来将由我们共同谱写，让我们勠力同心，砥砺前行，继续共同书写“华南师大附小”，您的名字，我的故事，我们的传奇！

文心雕龙石头记

刘行棠（老师）

子曰："博学于文，约之以礼，亦可以弗畔矣夫！" 若说世间难事，没有比育人更难的。孩子到六、七岁，初入学堂。小学便肩负着启蒙的重任，是孩子建立一生志向的最初奠基者。成年以后，南北东西、士农工商，没有人能不受这早年化育的庇荫和福佑。

华南师范大学附属小学为贯彻党的教育方针，全面推进素质教育的发展，促进校园文化的建设，创造良好的育人环境，于2020年夏在校园及门前立石刻三块，分别由吴颖民先生书写"美好"一块，吴晓懿先生书写"博学于文""约之以礼"两块。

自开工始，江校长不辞辛劳，从选石头、铭刻内容、书刻排版等各环节都全程跟进及指导，促使石刻得以快速有效地落成。铭刻的过程中前来观摩的师生络绎不绝。书法家、专家们亲临指导，校长亦时时来视察。刻石是一门历史悠久的铭刻艺术，其工序复杂，技艺精湛。首先经营布置，调好字体大小及款式，所以就要把书法家书写的字提取出来，通过电脑的排版设计，现场尺寸的校对等艺术处理之后才能定稿。然后再根据各个字的安排进行勾边、切割、修饰和上色，每一步都含糊不得，丝毫的差错都会影响书法的力度与神韵。南方盛夏，忽晴忽雨，刻工们有时晒得脱皮，有时淋得浑身湿透，仍孜孜不倦地尽着切磋琢磨之功，彰显着坚忍不拔的工匠精神。孩子们也颇为好奇，簇拥在碑石周围，时而讨论，时而追问，一步步见证着碑文一个字一个字地成形的过程，就好比上了一节生动的艺术课。连同前来接孩子的家长都不停地拍照和询问，还有个别对石刻有了解的家长更是对孩子们进行了现场的文化艺术教育。

孔子教导学生"博学于文，约之以礼"，意思是要广博地吸取各方面的知识，用礼法规范自身的行为，从而能走在正道上，不受歪门邪道的侵染。广博的知识是为了让人不拘泥在小道上，能有更广阔的见识和胸襟；礼法则规范了我们

立身行事的空间，不放肆、不逾越。“博”与“约”正是育人树人的张弛之道。附小把这种精神寄托在校训上，如今铭刻在石头上，正是要使之千古伫立，传之后世，也是要使这种精神时刻影响其教学育人的表征。校园环境文化不仅是学生生活的空间，也是培养学生文明素养的载体，“一草一木皆关情”，健康优美的校园环境具有润物无声的精神魅力，能够在无形中陶冶全体师生的心灵。

小学懵懂六年，是用火光逐渐驱散蒙昧的过程。在多年之后，垂垂老矣的我们回顾一生，也许会发现自己一生践行的那些道理，其实在记忆已经模糊的当年便已牢牢确立，就像这石刻一样伫立在我们心中，供我们时时瞻仰记诵。优秀的文化艺术环境有利于提高全体师生的素养，所蕴含的精神对全体师生的

价值取向、生活习惯、生活态度等诸多方面都能起到潜移默化的作用。只有慎重对待一言一行、一茶一饭的教育，才能成为我们路上不灭的探照灯。附小提倡“德育为首，教育为主，科研为先，育人为本”，无疑是一片培育良才的沃土。

在夏日灿烂的阳光中，这三块石头的铭刻工程最终顺利完成了，进一步体现出学校无闲处，处处陶冶人的文化气息。石头伫立在校园中，成为一种新的景色，它们将在此处一直伫立，时时提醒着附小的学子们，要“博学于文，约之以礼”，不负母校的教育和期待。石刻的落成，不仅造福当时，还会深深地影响以后每一届的学子，它们散发的魅力，也引导着学子们发掘、追寻，同时内化为全体师生理想和行动的共同愿景，焕发出学生发展的巨大潜能。石刻的一笔一画，都是中华文化留存至今的宝藏，不仅使学生乐学、善学，更对学生的人生观、价值观产生着潜移默化的深远影响。

陆

魂萦梦牵

上学路上

2013 届毕业生　邓心怡

我读的小学——华南师大附小，离幼儿园很近，于是幼儿园加小学，九年来，我上学的路，都是同一条。这条路离家说近不近，说远也不远……方便起见，妈妈每天骑车上班的时候，就把我安置在单车后座上，顺便把我带上学。

单车轱辘悠悠旋转，妈妈就这样载着我，稳稳地往前骑，我并没有什么需要担心的。每天早上，在妈妈的催促下，我揉揉惺忪的睡眼，爬上单车后座，安安静静坐好，眼睛却忍不住骨碌碌地转个不停，外面的世界，对我来说，新奇得不得了。更何况，这条美丽的小路，有着四时不同的美丽景色呢。

春天，树芽从纤细的树枝上冒出，几个星期后，树芽苞片就会脱落，如略带银光的月亮碎片，落个满地；新长出的嫩绿树芽，最是惹人喜爱。每一片都如此鲜亮，充满了生机。迟些日子，宫粉紫荆和红粉白三色的杜鹃也会争先恐后地盛开。我最喜欢浅紫的紫荆，满树开放时总能让我想起飘逸的仙女……微风吹来，紫荆树的枝条舞动着，浅紫淡粉的花瓣，就这样纷纷扬扬落下，很是壮观。只可惜紫荆凋落得早，几个星期就失去色彩，凋谢化泥。广州短暂的春季也就此化泥护花。

夏天炎热，但树芽早已长大成葱郁的绿叶，簇拥着为我阻挡上学路上的艳阳。丝丝缕缕的阳光，从树缝中渗漏下来，好像轻纱，却能投射出满地圆圆的“小太阳”。树林子里，老人们在阳光织成的轻纱里打太极，做晨操……我闭上眼睛，也去感受这轻纱般的阳光，柔柔的温感。玉兰花开的时候，一路都是扑鼻清香，淡黄的花瓣撒了满地，给夏天平添了一种浪漫。

秋天是“秋老虎”，但还好，比夏天减了两分炎热，这是我最喜爱的季节，因为秋天有最晴朗、最清澈的天空，抬头看看，一望无际，万里无云，碧蓝一片……我不懂“卧看满天云不动，不知云与我俱乐”的奇妙，却也一样知道漫天云霞的美丽。古人总说秋日悲伤，但小小的我，坐在单车后座上，看着路边掠过的黄叶、褐雀、绿草、蓝天……早早地领会到“便引诗情到碧霄”的独一份秋趣。

冬天，人工湖边水杉树会齐刷刷变红，而鸡蛋花树则落尽了花和叶子。上学路上，一路静谧，只剩麻雀不时发出鸣叫。圆滚滚的小麻雀们，在人行道水泥沿儿上蹦跳，仿佛被冷着了一般。被裹成小粽子的我，并不讨厌冬天，只不过总期盼湖水上涨，气温上升的日子早些到来。

后来的我爱上摄影，且总想抓住不断变化的光影，记录下瞬间即逝的花木鸟兽姿态，除了是因为受同样爱好摄影的父母影响，这段车后座上的时光，大约也功不可没。

但最后，我仍是抓不住匆匆逃走的时光，在车后座观察大自然的时光终是溜走了……

这段时光给我留下了许许多多的小学作文素材，还给了我一双善于观察的眼睛。在观察中，世界总是新奇有趣，尽管上小学时，出门玩耍的时间甚少，回想起来似乎不很快乐，但车后座上所见的美，总能给我一点快乐和惊喜……

这就是来自上学路上，大自然赐予我的礼物！

校园那些难忘事

2021 届毕业生　陈启昕

指导老师：罗　清

时光流转，光阴飞逝，不知不觉在附小度过了五年，一花一树、一草一木我都如此熟悉，今天来讲讲我与附小的故事。

刚入学那天踏进校园，空气中充满了青春洋溢的气息，我懵懂又憧憬，幻想着可能出现的任何情景。直至见到老师那具有亲和力的笑脸，躁动的心才安定下来。

二年级时因机缘加巧合进入了合唱团，我激动极了，自我认为嗓音有了质的飞跃，心中狂喜，几乎见到谁都要“一展歌喉”。在后来的合唱比赛中还拿了奖，可以说人生中第一次体会到了成就感。

三四年级我的心态变得成熟，不再像一二年级那般幼稚。渐渐地获得了些许奖项，变得飘飘然，经过老师的耐心教诲，我又明白了些道理。性子也不再像以前那么急躁了，开始能静下心来慢慢地观察校园：什么时候榕树又长出了新芽，又是什么时候桂花树开了花？

五年级时整个人变得内敛，看上去倒也有了些大姐姐的气质，变得会照顾人了。文静中也掺杂了些活泼，文笔也有所提高，偶尔也会迸发出些感慨！

校园里的生活就像一场修行，予我遗憾，予我惊喜，给予我万千风情！

经历了这些难忘的事后，我越发地喜欢我这可爱的校园了！

美丽的校园

2018级（1）班　解蕴菲
指导老师：陈宝萍

华南师大附小是我的学校，我在这里学习生活已经三年了，我喜欢这里的一切，那么美丽，那么亲切。

最近我的校园变得更美，更有特色了。一进入校门，映入眼帘的是一块巨大的桃形石头，上面刻着显眼的“博”字，与校门外的另外一块桃形石头上的“礼”字呼应，寓意“博学于文，约之以礼”，让我学习好文化知识，做一个文明有礼的孩子，这是我们的校训，我会铭记于心。

上了台阶，两边绿毯似的草坪上面绣着紫色的小花，为校园增添了生机。看！草坪的不远处有一个椭圆形的水池，水池中间屹立着一块半月形的石头，上面刻着“美好”二字，苍劲有力，寓意美好学习，生活美好。池里的水清澈见底，鱼儿在水中欢快地游来游去。放学了，小朋友们喜欢来到池边观赏可爱的鱼儿，这里成了一道美丽的风景线。

来到腾飞楼的架空层，每一个角落都充满着非遗文化的气息。瞧，墙上挂满了各种各样的脸谱，每一个脸谱各有特色，还有十二生肖的剪纸，木刻《千字文》和《弟子规》，每一幅作品都让我们领略到中国传统文化的魅力，是中国传统文化的瑰宝。

穿过腾飞楼，继续向前走，就是由九十九把白伞连接成的风雨长廊。每一把伞挺立在长廊上，就像威武的战士一样，守护者附小；它们错落有致，层层叠叠，又像一棵棵参天大树。不管是狂风暴雨，还是严寒酷暑，一把把伞都为我们遮风挡雨，是我们温暖的港湾。

这就是我眼中附小的变化！我们的学校变得更美，更亲切了，我爱这里的一切！

我是一把伞

2021届毕业生　詹乔钧
指导老师：邝蔚祺

晨风拂面，酥酥痒痒的令人好不惬意。我欣然睁开眼，伸了个懒腰，身心舒畅，充满活力，“呵，又是美好的一天。”迎着朝阳，我努力伸展伞身，为即将返校的老师和同学们做好准备工作。对了，我就是华南师大附小里的一把白色大伞，默默地站立在教学楼门前的长廊上，为附小的师生们遮风挡雨，也见证了许多感人的故事。

每当东边天空第一缕阳光即将透过云层时，耳畔隐隐约约地传来“沙沙”的声响，我知道，那是清洁工阿姨们来扫落叶了。窸窸窣窣的声音，由远到近，又由近到远，是阿姨们在拖地、擦桌椅、整理器材……她们小心翼翼地工作，生怕惊扰了校园的宁静。“嗯，真舒服。”我身上传来一丝冰凉，皮肤感受到微微的润湿，还有轻柔的摩擦。我知道，这是阿姨在给我擦身呢。在朦胧的睡梦中，我享受着阿姨们的服务，心里甜滋滋的。阿姨们每天用心呵护着校园的清洁，她们是最可爱的人，我默默地对自己说：“我也要做像她们一般可爱的人。”

“丁零零！丁零零！”上课铃响了，几个同学从我身旁跑过，奔向教学楼。突然，“哎呀”一声，一位同学摔倒了，脸上露出痛苦难忍的神情，很快又努力挣扎着想爬起来。我正想弯腰搀扶，这时旁边忽然出现一双小手抓住了地上的同学，“来，我扶你一把。你没事吧，摔到哪了？”“谢谢你！我没事。”两位同学仔细检查完身体没有大碍了，才肩并肩地快步走向教学楼。我看着他们的身影，心里默默地点赞：真是好样的！你们不仅是同学，更是彼此的守护者。

当最后一次下课铃的铃声响起时，校园里顿时变得沸腾了，熙熙攘攘的人群从教学楼门口涌现。“啊，放学了。”突然，天空传来“轰隆”一声闷响，我抬头一看：乌云骤起，原本万里无云的天空变得乌云密布，

黑压压的一片。又一声惊雷穿破云霄直奔而来，这分明是狂风暴雨的狞笑声，随即而来的是瓢泼大雨。“不好！下雨了！”我立即和伙伴们一起直起腰板，尽力伸展伞身，往远处延伸，彼此手牵着手，挨得紧紧的，没有一丝缝隙，为孩子们搭建起长长的雨廊。狂风呼啸，密雨成帘，雨廊外变得一片白茫茫，可是没有一个孩子被暴雨打湿衣帽，他们安然有序地走在雨廊里。一位同学抬头看着我说：“这大伞真厉害！幸好有它们，不然，我们就被淋湿了。”“是啊，真的要谢谢它们！”越来越多的同学抬头看着我们，纷纷夸赞。我和伙伴们心里乐开了花，腰挺得更直了，昂首挺胸，骄傲地迎接暴风雨的敲打，无所畏惧。

在附小校园里，有默默无闻、无私奉献的工作人员，有互助友爱的同学，还有和我一样无畏风雨的伙伴们……他们让我收获了感动，收获了自豪，让我的生命变得更加富有；我也将像他们一样，传递这份温暖，成为彼此的守护者。

伞之歌·四季

2021 届毕业生　彭子轩
指导老师：贺春芳

过了许久，一阵旖旎的风轻轻地拍醒了我，耳边响起了悦耳的“昆虫交响曲”。我在音乐声中醒来，缓缓地睁开了眼，我很想伸个懒腰，更好地感受这美好的校园。在我的脚下，是美丽的附小，而我，在风中，在雨中，在阳光中，与我的九十八个兄弟一起，默默注视着我长久陪伴的校园，在春夏交替、四季万象中见证附小的变化与成长。

春·童真之伞

万物生长的春季，附小里绿意盎然，生机勃勃，木棉花绽放了，火红火红的花朵跳到孩子们的手上，幸福地微笑着，让孩子们感受到春日的温暖。很快就到了春游的时间，那可是孩子们最期盼的日子。我听到一阵阵银铃般的笑声传来，看啊，他们笑着，闹着，手牵着手排好队，正准备去到郊外的田野上尽情地飞翔，飞翔！而我，真想与他们一起，到郊外去春游，化作一把童真之伞，与孩子们一起玩耍……

夏·拼搏之伞

转眼就到了酷暑炎炎的夏季，校运会快来了，孩子们的额头上，纷纷流下了豆大的汗珠，他们在操场上兴奋地奔跑，在赛场上挥洒着属于青春的汗水，看着孩子们在骄阳下尽情地拼搏，我真为他们感到高兴！啊！夏日的天空就像孩子多变的脸，一刹那，两声“惊雷”掠过天空，紧接着雨点像断了线的珠子一般倾盆而下。孩子们跑回教室，趴在窗前，叽叽喳喳地讨论着赛场上的精彩瞬间，向往着那辽阔的天空……而我，为他们遮风挡雨，一边收集着雨水，一边感受着夏日里难得的清凉！此情此景，我真想让他们在我身下争论赛事，将我变成一朵拼搏之伞，与孩子们一起在赛场上飞驰，飞驰……

秋·收获之伞

万里无云的初秋，这是一个收获的季节，俗话说得好：“种瓜得瓜，种豆得豆。”孩子们经过长久的学习与积累，在“非遗”的城堡里收获满满，他们不仅学习了非遗文化，还尝试了如何制作及传承我国博大精深的非遗作品，那一场场精彩的非遗表演，让孩子们更加相信他们都收获满满！想到这里，我欣慰地笑了……

冬·奉献之伞

南国的冬天有自己的独特魅力，虽然没有下雪，但校园里依然寒风萧萧，原来是风先生带来了一阵阵凉意啊！傍晚时分，孩子们都已三三两两，成群结队地离开了校园。我望着天边残云，渐渐闭上了眼……不知过了多久，一阵急促的咳嗽声将我惊醒。我下意识地一抬头，看见了几束微弱的光。正当我疑惑时，又一阵咳嗽声让我的目光不由自主地看向风雨走廊，那里有我早已熟睡的兄弟——异木棉，还有一位身材娇小的女老师。她在夕阳的衬托下显得孤单而又疲惫，刹那间，我被老师们的奉献精神感动了，他们可以为了孩子们废寝忘食，舍小家为大家，这样的奉献精神难道不值得大家赞扬吗？人们常说我们伞有奉献精神，但老师们又何尝不是呢？想到这里，我渐渐地进入了梦境……

时光如白驹过隙，一天天，一年年，走过四季，我始终是我，是撑起附小的伞，是一代又一代“附小人”成长的见证者。每当迎来那些稚嫩的新面孔，我感到充满希望；每当送走一批批毕业班的孩子们，我又感到心疼与不舍。我在这里坚守着，为他们送上祝福，希望一批批附小的孩子们开始新的征程，在未来的道路上走得更好，走得更远！

校园在悄悄地变美

2018 级（2）班　张凯文
指导老师：杨晓红

同学们，校园在悄悄地变美，你们留意到了吗？

从你背着书包迎着秋天的第一抹朝阳踏进学校门口的那一刻起，你是否发现学校的新变化呢？

变了变了！高高的石阶上，记载着学校的历史和变迁。当我背着书包跃上每一级石阶的时候，学校的历史演变就浮现在眼前："广东省文理学院附属小学""华南师范学院附属小学""山鹰小学"。哦，原来我们的学校有这么悠久而厚重的历史啊！当我背上书包再次迈上台阶的时候，我便更加深刻地了解了它，对它多了一份尊重和热爱，满怀骄傲和自豪！

变了变了！石阶左边的花园绿草茵茵，你一定会被那新添的巨石所吸引吧？椭圆形的巨石上雕刻着"美好"两个大大的红字，在阳光的照射下，鲜艳夺目。这是吴颖民老校长的题词，

他希望我们小学生在学校接受“美好教育”，有美好的未来。我每次走过这里，就仿佛自己是花园里的一朵小花、一棵小草，在阳光下努力地生长。我最喜欢巨石下的小池，“叮叮咚咚”，那是池水在演奏秋天的乐章。小池里有几尾可爱的小鱼，它们一定很满意自己的新家吧？你瞧：它们正在愉快地游来游去，多么自由自在啊！就像此刻我在花园里漫游的心情，我想，它们一定是爱上了这里！

变了变了！你们看，学校的风雨长廊正在向我们打招呼呢！一把把“大伞”撑出一片又一片新的天地。它们像一片片荷叶挨挨挤挤，为我们遮风避雨。校长说：“以后下雨的时候，它就会发挥作用，收集雨水，灌溉花木。”可是，对我们小学生而言，这九十九把“大伞”就是我们的快乐天地。我经常喜欢和几个同学在“大伞”的柱子旁转圈圈，捉迷藏……嘻嘻哈哈地笑着。这一把把“雨伞”向我们泼洒了多少童年的快乐时光啊！

变了变了！原来的游乐场变成了“绿地毯”，几块小石板搭成了一条弯弯曲曲的小路。两三棵小叶榕站得笔直，像卫兵一样，静静地守候着这片草地。旁边的文化墙上是可爱的十二生肖剪纸艺术图和五颜六色的脸谱，为这片草地增添了生气。自从非遗文化进了校园，“一班一特色，一班一非遗”就扎入我们幼小的心灵。我们看着、看着啊，就成了小小的非遗传承者。

变了变了！读书角时时传来琅琅的读书声，翠竹的影子在洁白的墙上摇晃，古老的青瓦嘀嘀咕咕地叙述着年久的故事……

这些变化你们都留意到了吗？我们的校园正在悄悄地变美呢！

我眼中附小的变化

2017级（2）班　许靖旋
指导老师：周　婷

开学了，我终于回到心驰神往的学校。来到校门口，迎接我的还是那两头硕大无比的充气大象，它们在风中微微地向我点着头，向我问好。校门内外的几块大石，让我感觉眼前一亮，我擦了擦眼睛，加快脚步看个究竟。

首先映入眼帘的是校门围墙边的那块巨石，足足到我肩膀那么高，上面刻着一个庄严的“礼”字。这红色的大字异常醒目，让原本绿油油的小草坪变得庄严肃穆，仿佛提醒着每个同学，遵守纪律，待人以礼。看到它，我不自觉地整理了一下胸前的红领巾，神清气爽地走进学校，向老师敬队礼，叫声：“老师好！”

走进校门，右前方有一块黄色的石头兀立在地上，这块石头有一丈来高，外形像一个胖嘟嘟的桃子，老师告诉我们，桃子的形状代表着附小的老师桃李满天下。石头上面刻着显眼的“博”字。这一“博”、一“礼”，不就是我们学校“博学于文，约之以礼”的校训吗？博古通今、博学多才、博采众长，我更有信心能在学校学到各种知识。

登上校门口的阶梯，只听哗哗的流水声离我越来越近，学校哪儿来的小溪呀？只见左前方多了一个两丈多高的小瀑布，瀑布上面也有一块大石头，刻着“美好”二字，水流潺潺而下，跃进清澈见底的小池，池里的锦鲤快活地游着，就如大自然美的缩影，就称之为“美好瀑布”吧。放学后，我都会约上几个同学，三两成群地去看“美好瀑布”，静静地听着细细的流水声，感受着时间的流逝，大概这瀑布就是在提醒我要抓紧时间，好好学习吧。

这些“新来的石头题字”，来自我们德高望重的吴颖民校长以及书法大家吴晓懿老师，饱含了他们对莘莘学子的期望。

走上高高的台阶，来到腾飞楼，楼廊里满是花花绿绿各种形式的非遗介绍，这里还多了粤语角，有一些粤语的谐音字，比如“猴赛雷”，就是超厉害的意

思，我的母语就是粤语，来到这里感觉分外亲切。

变化最大的要数升旗广场旁的风雨长廊，原来的小长廊不见了，长出了一朵朵大大小小错落有致的巨“蘑菇”，一开始的金属银色特别有科技感，后来摇身一变成了“白天使”。这些“蘑菇”老厉害了，不仅能为我们遮风挡雨，还把“蘑菇顶”的雨水引流用来浇灌花草。

学校的这些变化，让我们感到很新奇，这“山”与这“水”，科技与人文，对我们是一种鞭策，也是一种寄托，是科技的引领，也是人文的传承与关怀。在学校的每一段学习时光，每一片欢乐的色彩，我都要把它们一一折叠起来，永远地保存在我的记忆中。

我与附小的故事

2020届毕业生　刘芷君

不知不觉就过了六年，我从一年级懵懵懂懂的小女孩变成了充满智慧的初中生。附小与我的故事太多太多了，比如：我与同学的故事，我与老师的故事……但我记得最清楚的还是附小门口那一排高挺的白兰树了。

记得一年级时，白兰树还是一个个又矮又胖的“小孩子”，但渐渐地，白兰树变成了又高又瘦的“大高个”。在六年间，一直与我比赛，看看谁长得更高。

春天时的白兰树一开始头发是翠绿的，生机勃勃。可当你一周后再来看它，它就会像染了头发一样，全部变黄了。那时候我总是会想：为什么大树都能染发，而我却不能呢？我把这个想法告诉了妈妈，妈妈哈哈大笑，语重心长地说：“君君，染发对身体不好。”等你再过一周再来看它，又满头翠绿了，不同的是地上铺满了许多花瓣。这些花瓣蛋黄中透露着几丝雪白，将地上铺满了，为附小免费制作了一条美丽的地毯。

花瓣满地时，会有一些老奶奶将它捡起来带回家，我会疑惑地跑去问奶奶：“奶奶，为什么要把这些花苞带回家啊？”

“因为白兰树的花瓣可以做成香料。”奶奶笑着说。有时我也会学着奶奶一起捡花瓣，当有人问为什么时我则会骄傲地说：“我要拿回去做香料。”

六年一眨眼就过去了，我要与亲爱的老师、同学们和美丽的附小说再见了，我将踏入新的旅程，可是附小与我的故事却深深地扎根在我的脑海里。

最美好的记忆

2016 级（1）班　温姝可
指导老师：李红梅

我第一次与华南师大附小见面是在四年前的那一天。那时候，我刚度过幼儿园毕业后的第一个暑假，就和爸爸来到了华师附小。那时候的华师附小虽然不像现在这么漂亮，但在我心中，也非常美：两段高高的楼梯通向腾飞楼，沿着“红毯”往下走，你的右侧就是篮球场，走到尽头就是教学楼。一群又一群脸上挂着笑容的小学生沿着这条长长的上学必经之路走下去……这些，都成了我美好的记忆。

开学第一天，我早早地来到学校，当时，教室里一个人也没有，我不知所措地坐在我的座位上，这时，我的同学一个接一个来到了教室里，他们都和我一样大，所以我们很快就熟络了起来，叽叽喳喳地聊了起来，从那时起，我就喜欢上了来附小上学。

当时，我最喜欢的，就是课间操的时候。到了课间操时间，我们就排成两条队，到操场去做操，这样上完课后活动活动，感觉自己又“活过来了”！运动完后回到教室，还有丰盛的课间餐等着我们，吃饱喝足了再上课，感觉精神百倍。

记得有一个课间，我们正觉得没意思时，外面突然下起了大雨，我和几个好朋友就一起打着伞，跑到操场上，在雨里蹦蹦跳跳。有些大胆的男孩子甚至扔掉了雨伞，在操场上跑了一圈，根本不在意衣服已经湿了大半，玩得好生快活。当然，后来我们被老师赶了回来，还被骂了一顿，接下来的一个下午过得有些不愉快。

附小满载着我一生中最美好的记忆，是我的天堂，附小永远都会是我最爱的地方。

日新月异 内涵丰富

2020 届毕业生　方子墨

我相信：每个人的眼中，都有一个自己的校园。我眼中的校园日新月异，而且蕴含着丰富的文化内涵。

我们学校有五幢大楼，分别叫作腾飞楼、日新楼、行健楼、博学楼、明德楼。腾飞楼的寓意是梦想在此处腾飞；日新楼的名称取自于“苟日新，日日新，又日新”；行健楼来源于“天行健，君子自强不息”；博学楼的意思是博学于文；明德楼的意思是“大学之道，在明明德”。

我眼中最能代表我们校园的是日新楼。日新楼是一至三年级学生上课的地方，是“新人”们学习的第一站。日新楼每年都会迎来一批一年级的新生，看着他们一天天地增学识、长个头；日新楼也见证着老师们每天上课不断研发新的教学方法，积累新的教学经验。老师、同学们每天都成为新的自己，可谓是“苟日新，日日新，又日新”啊！

每个假期，校园都会被翻修一遍。假期结束后回到学校的第一天，我们总能看到粉刷一新的校舍，发现新的风景。这学期，我们教室的变化是最大的，每个教室都以传承“非遗文化”的主题，装饰了很多图画和物件。一进教室，我们就能感到浓浓的“非遗文化”气息扑面而来，真是“苟日新，日日新，又日新”啊！

我眼中的校园是绿色的。这些绿色植物的代表就是校园操场一角那翠绿翠绿的大榕树。

我仰望过高大挺拔、四季常青的松树，观赏过垂柳蓬茸、枝叶婆娑的柳树，但是在我看来，这些树都不能与我们学校操场旁边的那棵大榕树一比。它像被浸了绿色染料的油纸做的伞；也像一棵硕大的蘑菇。那棵大榕树真绿啊，它的叶子就像一片片翠绿色的绸缎，也像一块块无瑕的翡翠。它在阳光的照耀下舒展开枝干，闪烁着生命的光泽，显得熠熠生辉。

“绿树荫浓夏日长”，一到酷暑难耐的夏日，这棵翠绿的大榕树就变成了一个绿色的大凉棚。每当我们玩得汗流浃背时，就来到树下享受它给我们带来的清凉。我们还经常在树底下追逐玩耍，举行跑步比赛。颁奖时，老师也常让我们在那里集合。所以，大榕树下不仅是个避暑、娱乐的好场所，更是一个见证我们荣誉的地方。

我爱我学习生活了四年多的母校华南师大附小。

难忘的校园游乐场

2018级（4）班　王一熹

指导老师：陈　柳

刚走进华南师大附小这个美丽校园的时候，我看什么都感觉新鲜。穿过腾飞楼的大厅，我一眼就瞥见了那热闹的游乐场。我的两眼开始“放光”，就像小兔子一样飞奔到了小滑梯上，玩了起来。

上一年级的时候，一到大课间，我就立刻蹦蹦跳跳地来到游乐场，快活地上蹿下跳。烦恼的时候，我也会到游乐场散散心，这样就不会烦躁了。转眼间，游乐场似乎有了生命，跟我成了永远的朋友。在游乐场中嬉戏的我，跟它融为了一体，永远都分不开。

游乐场就像一个收音机似的，经常会“播放”出小朋友们的欢乐和叫喊声。游乐场还总是“卖关子”，如果你想上去玩大滑梯，就必须要从两根小铁棍子上上去。这个难题可难倒了好多小朋友，原来游乐场不仅可以玩，还可以在探索中学习呢！放学的时候，我也会到游乐场中嬉戏，游乐场像个大磁铁，每天都能吸引许许多多的小朋友。我在游乐场玩的时候，交到了很多好朋友。

唉！时间跑得比谁都快，转眼间我就上二年级了，虽然我再也不能大课间去游乐场里面玩了，不过我还是能听见游乐场中的笑声，我也可以站在窗台上看着一个个小朋友在游乐场上进进出出，来来往往。有的玩滑梯，有的走锁链桥，还有的在翻跟头……下课后我也能到游乐场和小朋友一起玩。可是这样快乐的生活也没持续多久，有一天，游乐场被层层纸皮给包围了，一个个工人拿着钻子，把游乐场拆了个稀巴烂，站在窗台边上的我伤心极了。

虽然游乐场被拆了，但我听说学校在进行新的建设。我相信学校肯定会再建很多新的美丽又好玩的场馆，我盼望有一处有趣的游乐场，一座安静的图书馆，一家香气四溢的食堂……我一定能在新的场馆里交到更多好朋友！

温暖的大家庭

2020 届毕业生　佟月清

作为一名初到广州的插班生，我对华南师大附小并不了解，先前只是听说这个学校非常好。一开始，听了这话内心有一点儿欣喜和激动，十分期待。可是随着暑假日子一天一天地流逝，我渐渐地有些害怕新的生活和学校。

9 月 2 日，返校的日子终于到了，我紧紧攥着妈妈的手，内心忐忑，一步一步走进学校。我左顾右盼地张望，发现校园不仅很大，而且干净整洁，操场十分气派，几幢大楼整齐地排列着，学生们有秩序地陆续进校，我悬着的心渐渐放下来了一点点。

我和妈妈到教导处拿了插班条儿，直奔五（1）班，教室里的同学们见了我，也都向我们打招呼。班主任钟老师走过来，微笑着向我们示意。钟老师和我们谈得十分愉快，还告诉我不要紧张。钟老师平易近人、面带微笑的面孔使我悬着的心又放下了一半。

进了教室，我悄悄地观察着同学们。我发现大家性格都十分开朗，班级气氛非常活跃，老师也非常友善，渐渐地，我完全忘了之前的烦恼，不害怕了。

第二天，正式开学啦！参加完隆重的开学典礼和“非遗文化”的参观及制作活动，我对华师附小有了全新的认识，这里的老师多才多艺，这里的同学能文能武，校园里到处充满了欢声笑语。我和班里同学们也已经熟悉起来了，课间，和大家闲聊，讲讲我的故事，聊聊上海的功课和这边的差别，大家都对我关照有加，他们都十分乐于为我答疑解惑、指点迷津。

短短两天时间，我已经融入华师附小这个温暖的大家庭，好期待明天的学校生活呀！

匆匆三年的诗书国学之旅

2017 级（2）班　吕玮萱
指导老师：周　婷

时间的沙漏轻轻洒落，但是沙子在无声无息中下落得飞快，一眨眼，我们成了四年级的小学生。

蓦然回首，让我最难忘的，是一年级和同学合演的《半半要上国学班》。在那耀眼的舞台上，我和姐姐饰演一对刚上一年级的姐妹新生，她俩发生了有趣的入学故事。同学们还加上了舞蹈和吟诵，让这个节目更加精彩。观众沉醉了，下场的时候获得了一片热烈的掌声。

这三年我的收获特别多。我收获了一手漂亮的书法，我们的书法是林老师教的，他个子不高，穿着白衣服戴着眼镜，眼神透露出一丝幽默、祥和。他的方法是这样的：先在黑板上写一个字，让我们看好笔顺，然后再写一两个错别字，让我们找不同。最后才开始写。因为林老师，我的书法有了大大的提高，最后被班级拿去贴到了黑板报上。不仅仅在学校，在家里我还帮大家写对联呢！

在我们国学班里，日常镜头经常可以捕捉到这样的画面：在课室里，有那袅娜的舞蹈、工整的字、好玩的诗词九宫格，而进了班级大门就会听到同学们的欢声笑语，有的在高兴地玩飞花令，有的在诵读《小池》，还有的在为九宫格犯难……

同学们在比赛上取得了很多好的成绩，背后不知付出了多少汗水，而付出最多的是周老师。她收到邀请函后首先要安排好剧本，再费尽口舌地指挥我们，最后绞尽脑汁地想我们怎么做才可以做得最好，而她只能陪我们六年。

时光定格的那一刻，有些已经完全忘掉，但是一翻开那张照片，就会想起那时的一切……

阳光 积极 希望

2020 届毕业生 刘逸东

亲爱的华南师大附小：

你好！你是我们每天朝夕相处的校园，我眼中的你，虽然地方不大，但是处处充满了阳光，每每看到你，我的心中就会洋溢起热情和温馨。

看！校门口人流涌动却又井然有序，这是一个周一的早上，学生们跟送行的家长挥挥手告别后，整理好胸前的红领巾，挺胸抬头，微笑着，自信满满地走进了校园，开始迎接新一天的学习……看！教室里鸦雀无声，同学们正在进行考试，有的同学正在埋头书写，有的同学正蹙眉冥思，还有的同学露出舒展的笑容……

听！教学楼里传来清脆的读书声，打破了校园的寂静，声音从一间又一间教室里涌出，此起彼伏，这琅琅的读书声，铮铮有力，锐不可当，未来的希望源远流长。听！操场上传来了一阵阵的鼓号声和口令声，同学们站在鲜艳的五星红旗下，聆听着校长的谆谆教诲，礼仪规范从此埋藏在同学们的心间。

我眼中的你，虽然小巧玲珑，但是有着令人尊敬的老师，一起生活的同学，有令人流连忘返的借书室，常常想起的篮球和运动场……

我眼中的你，虽是一隅之地，但是却有着暖暖的微风和阳光，承载着师生之情和同窗之谊，充满着积极向上的风气和希望。

这样的校园，怎么会不让人喜爱呢？我爱你，我的华师附小！

希望您越来越美好！祝愿您越来越强大！

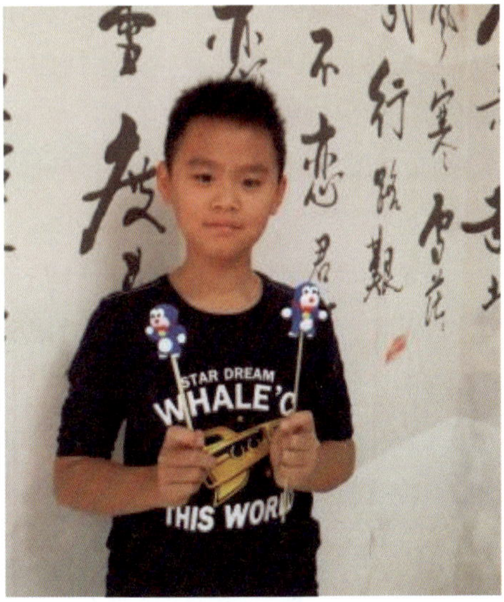

我心中的华南师大附小

2019届毕业生　秦伟伦

追忆时光，我从懵懂无知的孩童到阳光自信的少年，我如同爱父母一样，爱着我的华师附小。

我心中的华师附小，它是美丽整洁的。校园里的树苍劲挺拔、活力十足；花儿色彩缤纷、芬芳艳丽；草儿也不逊色，总是那么清脆嫩绿，带给我们一片生机盎然。在这朴实雅致、宁静舒心的校园里，时时传来一阵阵琅琅的读书声，动人心弦。同学们每天都认真打扫卫生，从不乱丢垃圾，时时保持校园的清洁。

我心中的华师附小，它是温情动人的。记得一年级刚入学的时候，高年级的哥哥、姐姐们总是照顾我们，会为我们指路并让路给我们先走；二年级的时候，我扭伤了脚，班上的同学轮流搀扶我上下学；三年级的元旦会演，我们舞蹈队的同学在排队候场，校长经过时，看到舞蹈队就我一个矮矮的小男生，轻抚着我的头，微笑着鼓励我说："你的服装跟她们不一样，一定是主角。"当我们遇到困难时，总会得到老师及时的引导和帮助。

我心中的华师附小，它是激情四射的。在田径场、篮球赛上，同学们展现着自己的运动技能、奋力拼搏；在演讲比赛中，同学们妙语连珠语出惊人；在英语电影配音比赛中，同学们惟妙惟肖、精彩绝伦；在学习上，同学们你追我赶、良性竞争。

我心中的华师附小，它是庄严神圣的。出自《论语》的校训"博学于文，约之以礼"，就是博览群书，用礼的规范约束言行；它是广东省一级学校，有着优秀的老师团队，有着严谨的治学态度。今年华师附小被教育部评为中小学中华优秀文化传承学校，还被授予"非遗文化传承实验基地"称号，赋予我们传播、传承的责任。

我心中的华师附小美丽、温情、神圣，我爱我的华师附小！

华南师范大学附属小学百年校庆系列

遇见美好，遇见你

张锦庭 主编

南方日报出版社
NANFANG DAILY PRESS
中国·广州

图书在版编目（CIP）数据

遇见美好，遇见你 / 张锦庭主编．—广州 ：南方日报出版社，2022.5
（华南师范大学附属小学百年校庆系列 ；3）
ISBN 978-7-5491-2495-4

Ⅰ．①遇… Ⅱ．①张… Ⅲ．①华南师范大学附属小学－校史
Ⅳ．① G629.286.51

中国版本图书馆 CIP 数据核字 (2021) 第 273879 号

YUJIAN MEIHAO YUJIAN NI

遇见美好，遇见你

主　　编：张锦庭
出版发行：南方日报出版社
地　　址：广州市广州大道中 289 号
出 版 人：周山丹
责任编辑：方　明
特约编辑：吕晓霞
责任校对：肖　颖
责任技编：王　兰
装帧设计：蔡见东
经　　销：全国新华书店
印　　刷：广州市东盛彩印有限公司
开　　本：787 mm×1092 mm　1/16
印　　张：10
字　　数：225 千字
版　　次：2022 年 5 月第 1 版
印　　次：2022 年 5 月第 1 次印刷
定　　价：128.00 元（全三册）

投稿热线：（020）87360640　　读者热线：（020）87363865
发现印装质量问题，影响阅读，请与承印厂联系调换。

回首百年 阔步前行

2022年，是华南师范大学附属小学（简称“华师附小”）建校100周年。

作为广东省唯一一所直属广东省教育厅并受广东省教育厅和华南师范大学双重领导的小学，华师附小既是华南师范大学培养优秀中小学师资的重要实践基地，也是开展基础教育改革试验的实验基地，更是创办高水平小学教育的重要窗口。在总结优良的教育资源与优秀的办学经验基础上，学校于2003年形成了“让学生享受一流的基础教育，使学生奠定终生发展的基础”的办学理念。近年来，学校适应新时代教育节点与学校发展现实，倡导以“美好教育”引领华师附小达成一流教育愿景，成就师生美好发展，展现了新时代华师附小教育人在小学教育领域致力于引领者的教育担当。

我们在上级领导的指导和关怀下，在社会各界人士的支持和帮助下，在历届校领导、教职员工、校友、在读学生的共同努力下，出版了《百年印证》《你的名字，我的故事》《遇见美好，遇见你》《非遗润童心》和《非遗在附小》等图书。

这是百年附小办学思想最深厚的沉淀。

回首，是为了阔步前行。

华师附小名师云集，群贤毕至。他们团结进取，爱岗敬业，慈爱严谨，专业过人，深受社会和学生的欢迎。100 年以来，学校规模迅速扩大，教学质量不断提高，逐渐开创学校发展的辉煌时期。

我们倡导“美好教育”，努力让每一个孩子的人生因教育而美好。我们认为，美好教育扎根于素质教育的土壤，应体现出对个体生命高度关注的人文情怀；它旨在实现师生的共同成长和发展，使师生拥有美好生活，与幸福同行。

为推进实施美好教育，学校在三个方面着力：

一是构建“教师”“学生”“教材”“环境”四个因素动态交互作用的美好课程体系，着力培养学生的核心素养，为学生的未来发展奠基。

二是构建“智慧•生命•高效”的美好课堂，让师生在美好课堂上共同成长。美好课堂是美好教育的应有之义，也是美好教育的明艳之花。我们期待，教师在成就学生美好人生的过程中，也能实现自己对美好人生的追求。

三是构建“科学、规范、精细化”的管理制度，向教师合理授权，为教师营造宽松的成长环境。

一流之心，需要日新之行，在美好教育理念的引领下，我们创新性地传承了学校发展理念、文化与经验，推动了学校、教师、学生三方面的共同成长。

历史从深处而来，历史传承着文化，文化负载着历史。

2018 年 2 月，华师附小被教育部评为全国中小学中华优秀文化艺术传承学校，传承项目为“传统民间艺术”。为了丰富华师附小的精神家园，沉淀华师附小的蕴意与魅力，让民族自尊心、自信心、自豪感和文化自觉、文化自信植根于每一位华师附小人的心中，学校创造性地提出“一班一特色，一班一非遗”的课程方案，开始了46 项非遗项目的传承。这一举措切实将中华优秀传统文化全方位融入学校美育过程，引领全体师生共同传承中华优秀传统文化艺术，汲取中国智慧，弘扬中国精神，传播中国价值。

根已深，叶正茂，春发花，秋收果。在“培养拥有家国情怀和国际视野的卓越人”的目标引领下，华师附小结合传统与未来，融通生活与实践，在学校建设的园地上，展现出“百花竞放，春色满园”的迷人风采。

礼赞百年，祝福附小！

华南师范大学附属小学校长

目录

四、夯实美好教师成长之径

五、推进美好课程改革之旅

六、走向科研引领发展之路

七、构建家校共育的新格局

"美好教育"让学生享受一流的基础教育

——华南师大附小美好教育建设之路

华南师范大学附属小学，广东省唯一一所直属广东省教育厅并受广东省教育厅和华南师范大学双重领导的小学，"既是华南师范大学培养优秀中小学师资的重要实践基地，也是开展基础教育改革试验的实验基地，更是创办高水平小学教育的重要窗口"。在总结优良的教育资源与优秀的办学经验基础上，学校于 2003 年形成了"让学生享受一流的基础教育，使学生奠定终生发展的基础"的办学理念。近年来，学校适应新时代教育节点与学校发展现实，倡导以"美好教育"引领华师附小达成一流教育愿景，成就师生美好发展，展现了新时代华师附小教育人在小学教育领域致力于引领者的教育担当。

1. 为什么要建设"美好教育"

党的十九大报告提出："中国特色社会主义进入新时代，我国社会主要矛盾已经转化为人民日益增长的美好生活需要和不平等不充分发展之间的矛盾。"人民日益增长的美好生活需要，自然包括对美好教育的需要。所以，我们认为，施行"美好教育"，方能成就"教育美好"。美好教育尊重儿童天性，拒绝异化，它致力于现实发展，更放眼于未来无限的可能性，它兼并批判与建设，开放吸纳，合力共进。美好教育的实施，把学生成长与教师发展相统一，传承传统与开启未来相结合，实现课堂增效，积极进行课外拓展。

什么是美好教育？所谓美好，意为"好的，人们所喜爱或学校向往的"。美好教育，是"美好"和"教育"的合成词，体现了人们的教育愿景，既达成个体身心和谐发展的目标，又促进民族兴盛愿望的实现，推动人类文明的发展。美好教育体现了我们对教育价值的不懈追求，阐明了我们对"让学生享受一流的基础教育，使学生奠定终生发展的基础"办学理念的愿景：让每一个孩子美好地生活在当下，使每一个体的人生因教育而美好。

2. 建设什么样的"美好教育"

一流之心，需要日新之行。在美好教育理念的引领下，我们创新性传承了学校发展理念、文化与经验，推动了学校、教师、学生三方面的共同成长。

一是学生成长与教师发展相统一。美好教育，有利于把师生互惠式的教学相长关系充分地体现。两年前，我们努力打造特色班级，提供个性化课后服务，展现学生的个性风采。我们认为，只有用特色、个性，才能滋养出学生的多样化心田，才能滋生出学生的个性化风采。特色班级的建构，让我们的每一个学生不仅可以过上普遍化的学校生活，还同时过上了独特化的学校生活，在基本的习性养成中成为个性化的美好个体。为了适应学生个体化的美好发展，附小教师以身作则，做好终生学习的楷模，努力追求更精湛的专业水平，探索更高质量、更有效率的教育教学模式，在促进教师自身个性化发展的同时，更好地提升了学生的学习效率与个性成长。

二是传承传统与开启未来相统一。美好教育既要持续开发学生的最近发展区，实现当下最优化的成长，同时，更要着眼于学生未来发展的无限可能性，为潜能的挖掘提供更好的环境和平台。附小的课程体系，充分体现了美好教育的理念：传承人类知识精华，培育创新能力，奠定终生发展的核心素养。除了落实国家课程外，华师附小近年来开发了系列传承中华传统文化的课程、科技创新校本课程以及体育艺术课程等。所以，只要走进华师附小校园，你随处都能感受到典雅的书香气息、奋进的时代氛围。

三是课堂增效与课外拓展相充实。美好的教育需要关怀学生当下的学习生活，就要把课内与课外融合起来。课程上传授学习方法与思维技巧，课外引导学生把世界当教材，活化知识，实践技能，拓宽视野，让学习与生活结合起来。比如，利用独特的办学资源条件，附小举办“走进高校学习计划”课外活动，组织学生在师大多个学院的实验室参观学习，与大学生交流沟通，倾听导师的实验心得，了解研究与创造的过程，亲自动手参与操作实验，体验探索的快乐，培养实实在在的实践能力。

3. 怎样建设“美好教育”

“我们要在国家优先发展教育事业的美好政策下，通过全社会的共同努力，建设具有美好教育理念、美好管理体制、美好教师团队、美好课程和课堂的美好学校”。

在附小教育人看来，美好教育是提高教育品质的理想教育，它扎根于素质教育的土壤，体现对人性、对个体生命高度关注的人文情怀；它旨在实现师生的共同成长和发展，使师生拥有美好生活，与幸福同行。

那么，应该怎样推进美好教育呢？华师附小教育人深知，美好教育有着不一的意境，它包含一切美好的教育形态，不可能一蹴而就，关键在于找准发力点，稳步推进。在这一观念引领下，附小建立起一整套“科学、规范、精细化”的管理制度，在实施过程中做研究要适度，对教师合理授权，为教师营造宽松的成长环境。另一方面，通过构建“智慧 · 生命 · 有效”的美好课堂和“教师”“学生”“教材”“环境”四个因素动态交互作用的课程体系，培养学生适应未来社会生活的核心素养。基于这样的实践，华师附小走出了一条特色发展之路，收获累累硕果：语文、数学、英语、体育、美术、音乐等学科组连年获评“广州市优秀科组”，学生历年参加各级各类比赛获奖超过 1000 项，学校被评为“全国教育系统先进集体”……“美好教育，应该成为我们的教育自觉。当我们每个人的生活因为教育而美好之日，就是中华民族的伟大复兴之时。”张锦庭校长说。

探索美好教育

一、挖掘凝练美好教育理念

美好，意为“好的，人们所喜爱或向往的”。美好教育，是“美好”和“教育”的合成词，体现了人们的教育愿景：既达成个体身心和谐发展之目标，又促进民族兴盛愿望的实现，推动人类文明的发展。“美好教育”体现了我们对教育价值的不懈追求：个体功能与社会功能水乳交融式的整合。

诚如夸美纽斯《大教学论》首章所言：人是造物中最崇高、最完善、最美好的。因为，“世界上一切存在都只能‘是其所是’，唯有人这种存在不仅是‘是其所是’，而且可能‘是其所非’……他既是预成的，又是生成的，他既面对一个无可选择的先在前提，也具有向世界、向历史无限敞开的可能性……因此，人，应该并且能够通过教育，获得生存技术，拓展精神，滋养灵魂，实现人之所“是”，成就人之所“非”，在这个过程中，幸福源泉得以发掘，社会化过程得以完成，传承并创新了文化，推进人类文明的进程，个体的生活因教育而变得美好。

美好教育，还把教育目的与过程融合在一起。如杜威所言，学校是儿童进行社会生活的一种形式，是儿童对自身经验进行改造的场域，教育即生长，教育即生活。而经验的改造是连贯积累的，贯穿在人一生的过程中。教育效果在于激起人继续活动的有关目的、技能和情感精神，教育的本性是使自己获得继续生存或者说不断生存的知识和能力。因此，教育本身无外在之目的，教育的目的就存在于教育过程中。美好教育就是把教育目的与过程融合在一起的实践。它既尊重并守护儿童天性，也正视社会发展的需要和趋势，着力当下，着眼未来：关注当下儿童的生活状态，给他们以阳光充实的童年，也关怀个体未来的发展，培育助力于终生发展的核心素养，在童年阶段撒播幸福人生的种子。

美好教育，如其名一样，通俗普及，体现了人们对教育最质朴的追求：让每一个孩子美好地生活在当下，使个体的人生因教育而美好。美好教育具有以下特质。

1. 致力现实　放眼未来

诚如有学者指出：教育的根本性改革，应该是着眼学生的可能性，着力学生的现实性，从关注学生的现实性走向开发学生的可能性，回归教育的本义和真义。人成人成才的过程，本质上是个体立足现实向可能性进发的过程，是人既“是其所是”，亦“成其所非”的过程。美好教育彰显人成长的历程：立足学生当下成长环境的现实性，充分利用环境的优质资源，促进个体温暖、快乐、充实地成长，使他们的童年生活充满正能量，收获更多引以为傲的硕果。同时，美好教育更放眼于学生未来发展的可能性，尊重并欣赏每个孩子的天赋，优化现实条件，创造更多合适的平台，挖掘个体潜能，引导每个孩子怀揣梦想，坚定前行，这是美好教育重要的特质。

2. 尊重人性　拒绝异化

美好教育另一显著特质就是尊重人性，拒绝异化。工业化思潮对教育领域产生的消极影响就是功利化倾向：人是生产力的要素，是实现社会生产力发展目标的手段，其价值大小僵化地等同于创造物质财富的多寡。这实际是无视人的情感需求，把人异化为是社会大机器上的零件，教育倾力培养学生获得更多的生产技术，以更有效地推动社会生产力的发展，获得更多的财富。这种教育实质上已背叛了人类，它导致现代人诸多的心理问题，使人类异化。美好教育是当下教育领域的一股清流，它立足儿童本体，尊重孩子天性，关注学生个性，引领每一个生命有尊严地成长。美好教育对人性善有着信仰式的坚定，正视实践的复杂性，用智慧化解困境，拒绝异化，坚持以真教真，以善导善，以美促美，使每一生命都能领略到成长的快乐与充实。

3. 开放吸纳　合力共进

美好教育还是一个开放而有活力的系统，它与家庭、社区、社会团体等各方面形成积极的互动合作，引导社会力量走进学校，引领学生走向社会广阔的舞台，形成合力共进的美好态势：学校因社会丰富的资源汇入而获得了持续良好的发展；学生因为社会实践活动的广泛参与，培育起核心素养；社会因为学生有组织的活动介入，显得更有朝气和活力。美好教育正是基于对传统封闭式校园教育的弊端进行反思批判，着力于重构开放式校园，与家庭、社区等资源进行整合，用“请进来”与“走出去”的方式 ，促进学生成长，同时也引导家长确立家教观，净化社会风气，围绕着“促学生发展”这一目标，形成学校、家庭、社会合力共进的局面。

二、迭代创新美好教育内涵

党的十九大报告提出，建设教育强国是中华民族伟大复兴的基础工程，必须把教育事业放在优先位置，加快教育现代化，办好人民满意的教育。为推动广东省基础教育优质均衡发展，华南师范大学附属小学张锦庭校长自2018 年上任以来就一直将“美好教育，教育美好”作为学校的办学思想，将“让每一个孩子美好地生活在当下，使每一个生命因教育而美好”作为学校的办学愿景，努力挖掘和丰富美好教育的内涵，充实美好教育体系，保证学校教育“节节高升”。

1. 美好校园

美好校园形象而直观地表达着一所学校对教育的诠释和对美育的理解，具有重要的、潜在的教育价值和教育功能。一个良好的校园环境，应该秉承以美育人、以美化人、以美培元的目标，以理念文化为先导，以精神文化为引领，以制度文化为手段，以校本文化为抓手，努力为孩子提供一个符合他们成长规律的安全、健康、和谐的学习环境。其中，理念文化包括学校的办学理念、办学宗旨、办学愿景等；精神文化是学校群体所形成的共同具有的思想观念、价值取向，包括“一学三风”、校训、教育教学特色等；制度文化是保障学校正常运转的有力抓手，包括各种规章、制度等；校本文化是基于美好校园凝练的共有文化，是学校文化的特色体现。

2. 美好学科

向往美好是人民对美好生活的追求，也是开展美好教育的终极目标。其中，美好学科是美好教育构成的基本要素，也是落实学科核心素养，实现美好教育、教育美好的重要体现，主要是为了培育美好学生而进行的一系列基于学科教学的综合性改革，包括涵盖语文、数学、英语、科学、美术、体育、音乐、道德与法治、信息技术等基本学科及其教学改革，还包括由课程改革、单元整合引发并产生的各类学科教学特色、综合性的跨学科教学特色（如德、智、体、美、劳在内的综合改革）等的总和。

3. 美好教师

美好教育有赖于美好教师。教师要让教学更美好，学生更美好，就要学会与自己相处，与学生相处，与教学的不确定性相处，与家长相处，等等。美好教师不仅要求教师具备过硬的专业知识，良好的人际关系处理能力，还需要教师具有先进的教学理念，极具特色的教学风格和高尚的师德，无私奉献、乐于分享的精神品质。美好教师有三重境界：始境，形胜，形象上的悦目；又境，气胜，当有书卷气，当有生活气息，当有高雅之气，并透着不俗的审美力；至境，格胜，灵魂上的高贵立足于其心地的善良，取决于其思想的丰富，根植于其灵魂的高贵。

4. 美好课程

课程美好与否，直接关系学生童年是蓬勃延展还是悄然丧失。美好课程是为了更好落实立德树人的育人目标，依据学生学习特点，在美好学科的基础上产生的系统化、成体系的学科课程资源，能更好地落实教、学、评一体化。美好课程的实施要求学生通过活动进行认知与交往，通过项目进行协作与建构，并引导其把美好事物和对美好的追求转化为其发现、欣赏、鉴赏、创造美好的学习过程。一般来说，美好课程的建立，必须遵循以下几个原则：（1）以学校办学理念为统领。结合学校自身实际，挖掘办学理念的内涵，寻求美好课程的建设依据和目标导向。（2）聚焦学生成长的关键期。围绕学生学习的特点，从学科教学和德育活动设计出发，进行美好课程改革。

5. 美好家长

家长是实现美好教育、教育美好的重要保障。美好教师需要家长，美好学生亦需要家长。首先，作为孩子成长的引路人，家长务必重视家校友好合作，努力为孩子营造健康的教育成长环境，促进其自然、自己、自由、自觉成长。其次，家长还应与学校积极沟通，相互支持，树立共同的价值追求，培养适应未来社会、未来生活的人。再次，家校合二为一，担当新时代赋予的责任与使命，为中华民族培育合格的建设者、可靠的接班人。最后，家校温暖牵手，营造激情向上、充满活力、富有诗意的童年教育，为孩子的终生幸福和发展奠基。

6. 美好学生

学生是美好教育的受益者，也是美好教育的责任主体。给孩子一个什么样的未来，是每个学校和教师都在探索的问题。《中共中央关于改革和加强中小学德育工作的通知》指出："中小学教育阶段是青少年儿童长身体、长知识的时期，是对他们进行道德情操、心理品质和行为习惯养成教育的最佳时期。"因此，加强行为习惯的养成教育，帮助学生形成良好的行为习惯，就会成就美好学生的一生。一般来说，美好学生的良好行为习惯包括良好的思维习惯、良好的作业习惯、良好的阅读习惯、有条不紊的学习习惯。唯有重视行为习惯的养成教育，并辅以多元化的评价制度和恰当的激励机制，才能成就美好学生所需要的各种品质。

美好教育是起点，也是终点。只有联动多方，充分发挥美好教育各构成要素的主体性作用，才能为学生营造一个良好、健康、和谐的学习空间，并能够为学生提供一系列适合其学习成长轨迹的各种活动，最终引领学生发现美好、向往美好。

7. 美好评价

教育评价的新航标

以习近平新时代中国特色社会主义思想为指导，全面贯彻党的十九大和十九届二中、三中、四中、五中、六中全会精神，全面贯彻党的教育方针，坚持社会主义办学方向，落实立德树人根本任务，遵循教育规律，系统推进教育评价改革，发展素质教育，严格遵循教育教学规律和教师成长发展规律，准确把握教育事业发展面临的新形势新任务，培养一批思想坚定、师德高尚、学识渊博、勇于创新、工作踏实，教育学生见实效的优秀教师。实现优师队伍在附小的积极效应，充分发挥优师的示范作用、激励作用、凝聚作用和辐射作用，为附小教师的发展提供平台和引领，提高教师队伍的整体素质，推动学科建设进程，全面提高附小教育教学质量，促进学校的可持续发展。努力培养担当民族复兴大任的时代新人，培养德智体美劳全面发展的社会主义建设者和接班人。

教育评价的重要原则

（1）坚持立德树人，牢记为党育人、为国育才的使命，充分发挥教育评价的指挥棒作用，引导确立科学的育人目标，确保教育正确发展方向。

（2）坚持问题导向，从党中央关心、群众关切、社会关注的问题入手，破立并举，推进教育评价关键领域改革取得实质性突破。

（3）坚持科学有效，改进结果评价，强化过程评价，探索增值评价，健全综合评价，充分利用信息技术，提高教育评价的科学性、专业性、客观性。

（4）坚持统筹兼顾，针对不同主体和不同学段、不同类型的教育特点，分类设计、稳步推进，增强改革的系统性、整体性、协同性。

（5）坚持中国特色，扎根中国，融通中外，立足时代，面向未来，坚定不移走中国特色社会主义教育发展道路。

教育评价改革实施小组

组长：张锦庭

副组长：江伟英、庞伟平

成员：孔珍、黄健聪、邓山、唐凤妮、潘莉莉、温宇杰、黄家声、黄潘文、钟艳娟、张晓乐、周婷

教育评价新范式

△ 落实教师评价，推进践行教书育人使命

为健全教师荣誉制度，发挥典型示范引领作用，完善绩效考核办法，绩效工资向教学一线和教育教学效果突出的教师倾斜，把参与教研活动，编写教材、案例，指导学生竞赛展演等活动计入工作量，我校制定了《华师附小教职员工等级评定考核实施方案》及各学科教工等级评定考核细则，为评优及其他各类奖励提供依据。

等级考核基本原则

（1）坚持德才兼备、注重实绩的原则

把德、能、勤、绩作为名师评选的主要标准，严格控制，真正评出教学思想先进、教学水平高、教学效果好，在学生、同行及家长中享有良好声誉的教师。

（2）坚持面向基层、倾斜一线的原则

奖励坚持以教学一线任教的教师为主，激励和推动教师以良好的精神风貌投身教育事业，形成良好的机制导向。

（3）坚持公开评选、公平竞争的原则

严格按照各科组制定的教工等级评定考核细则，对参评教师进行综合评定，给真正优秀的教师足够的助力，提升我校教师队伍整体质量。

（4）坚持跟踪管理、严格考评的原则

每一年评审一届，按评审结果，予以相应称号及待遇，树立附小教师队伍的良好形象。

教工等级设置

（1）设学科带头人、骨干教工、优秀教工、新星教工四个等级。学科带头人需签署《华师附小学科带头人岗位职责承诺书》，履行学科带头人的职责，期满时（即新的一期定级开始前）填写《华师附小学科带头人期满考评表》，考核结果设“优秀”“合格”“不合格”三档。不合格者，新一年所评定的等级将向后调整一级。

（2）各学科组（语文、数学、英语等）等级评定考核得分最高者直接当选为该科组的首席教师，享受在科组中所评定等级的津贴及首席教师相应津贴，履行首席教师的职责，签署《华师附小首席教师岗位职责承诺书》，期满时（即新的一期定级开始前）填写《华师附小首席教师期满考评表》，考核结果设“优秀”“合格”“不合格”三档。不合格者，新一年不得当选为首席教师。

（3）校级领导及学科主管行政享受在科组中所评定的等级升一档的职级，凡科组人数大于 5 人的，直接认定 1 人为所在科组的首席教师，且履行首席教师和相应职级的职责，签署《华师附小首席教师岗位职责承诺书》，期满时（即新的一期定级开始前）填写《华师附小首席教师期满考核表》，考核结果不合格者，新一年不能当选为首席教师。

（4）特级教师、正高级教师直接认定为所在科组的首席教师。

（5）每一位教职员工按所评定的等级（含首席教师）在新的一年履行职责。

具体评定考核办法

（1）考核原则

坚持民主、公正、客观性原则；坚持重实绩、讲实效原则；坚持定性、定量相结合原则。

（2）考核对象

本年度在附小本部工作的在编和聘任的在岗教工，且满工作量才能参加教工等级评定考核。

（3）考核依据

学校教职员工分为语文、数学、英语和专科四个科组分别进行排序。人员安排另行通知。

①学校教职员工均参加评定考核，评定考核共分成四个等级。

第一级为学科带头人，各科组的该级别教工人数占该科组参加定级总人数的 20%；

第二级为骨干教工，各科组的该级别教工人数占该科组参加定级总人数的 50%；

第三级为优秀教工，各科组的该级别教工人数占该科组参加定级总人数的 20%；

第四级为新星教工，各科组的该级别教工人数占该科组参加定级总人数的 10%。

②各科组按科组实际情况制定相应的、切合本学科发展的考核细则，此考核细则须本科组所有教工签名同意，并送教导处审核批准后方可执行。

③各科组长按各权重把本科组教工进行排名，排名后经本科组所有教工签名，确认后上交教导处。

第一权重：按本科组的教工考核细则对每位教工进行评分，按得分排名；

第二权重：得分相同的情况下，按本学年上传教学资源库（含课件、课例、视频）资源累计数排名；

第三权重：资源累计数相同的情况下，按教龄长短得出最终的排名情况。

计算各科组各等级人数，使用去尾法取其整数，取整后学校各等级人数若存在差额，将由学校行政会统一协调分配。此项解释权归学校行政会。

④教职员工等级由考核实施小组成员讨论确定。

（4）考核流程

①教职员工根据本科组教工等级评定考核细则进行自评，须如实填写，严禁弄虚作假，一经发现有不实之处将严肃处理。

②各科组长对本科组成员上交的自评表进行核对、排序，如实填写《科组教职工等级评定考核明细表》后，把此表与科组成员自评表一起上交教导处。

③办公室审核各教职员工自评表中的基本信息，并在自评表上盖章确认。

④教导处对各科组排序表整理汇总。

⑤汇总表上报考核实施小组，最终确定各等级人员名单。

⑥最终人员名单在腾飞楼二楼公示栏公示一周。

（5）考核期限

本年度在校本部工作不满一年的，按已满的实际工作月份数（当月工作不满 10 个工作日的此月不计入实际工作月份数）发放奖励。本年度实际月份数满 5 个月的，按半年发放；满 10 个月的按全年计算。

*计算方法：所评定的等级奖励 ÷12× 实际工作月份数 = 该教职工所应发放的奖励。

*此数据由办公室核查。

（6）相关待遇

履行职责，评审成绩达标，在评审任期内可获得所在级别教师的奖励以外，还享受以下待遇：

①遇职称晋级或区级、市级或省部级评优，在同等条件下，参照本方案得分高者优先；且优先安排得分高者参加市级以上的业务进修或培训。

②申报教育行政部门主管的科研立项课题或出版教育、教学专著（有正式书号），学校予以适当的资金扶持。

③本年度派遣人员按所评定标准的 80% 发放奖金。

④各科组首席教师享受每月 300 元津贴。

（7）义务责任

首席教师应履行以下职责：

①负责整理提炼本学科的教改方向及教学风格；组织本学科教师完成撰写宣传推介本学科的各类文字材料；代表本学科或者带领本学科教师参加各类学术交流和接待工作。

②每学期在校内承担不少于 1 节的公开课（示范课、观摩课）的教学。

③带头参加校（含）级以上的课题研究，每学年撰写 1—2 篇有质量的论文，争取在正式刊物上发表，或在市级以上教育行政部门或教研部门举办的论文、案例等评比中获奖。

④参加“青蓝工程”师徒结对活动，每学年带教不少于 1 人，指导徒弟上研讨课 1 节以上，撰写一定质量的教学设计、案例及教学总结或论文。

⑤根据上级指定参加送教、支教活动或在教学研讨活动中进行公开教学。

⑥指导学生参加各级教育行政部门或教研部门组织的各类竞赛活动。

⑦完成学校及其他教育行政部门交办的有关业务指导或培训任务。

学科带头人应履行以下职责：

①根据学校工作需要承担公开课（示范课、观摩课）的教学。

②带头参加校（含）级以上的课题研究，每学年撰写 1—2 篇有质量的论文，争取在正式刊物上发表，或在市级以上教育行政部门或教研部门举办的论文、案例等评比中获奖。

③参加“青蓝工程”师徒结对活动，每学年带教不少于 1 人，指导徒弟上研讨课 1 节以上，撰写一定质量的教学设计、案例及教学总结或论文。

④根据上级指定参加送教、支教活动或在教学研讨活动中进行公开教学。

⑤指导学生参加各级教育行政部门或教研部门组织的各类竞赛活动。

⑥完成学校及其他教育行政部门交办的有关业务指导或培训任务。

若未能按时签署《华师附小首席教师岗位职责承诺书》，或签署承诺书后不能按要求完成所承诺的首席教师职责 2 次，视同同意自动辞去“首席教师”职级，当月起停发首席教师津贴；并同意由学校行政会根据学校工作需要，按程序另行任命他人为首席教师，继续履行相关职责。

若未能按时签署《华师附小学科带头人岗位职责承诺书》，或签署承诺书后不能按要求完成所承诺的学科带头人职责 2 次，视同同意自动辞去“学科带头人”职级，并同意在下一年度等级评定时，按所评定等级下调一级计发待遇。

（8）实施时间

方案自提交教职工代表大会讨论通过之日起实施，实施期限为一年。

（9）方案解释权归属本校行政办公会。

△ 突出教育教学实绩。完善绩效考核办法，绩效工资分配向班主任倾斜

我校制定了《华师附小班主任等级评定考核实施方案》，班主任专业化等级设置三星班主任、四星班主任和五星班主任三个等级。

具体评定考核办法

（1）考核原则：注重常规，综合评定，量化评分，奖励先进。

（2）评定方法

①本校在岗班主任，且满工作量才能参加班主任等级评定考核。

②班主任等级评定为每月一评，依据事实，等级的评定与每月的中队评比结果相关。

中队评比奖项名称和条件如下：

守纪模范中队（4 周或以上违纪 0 人）；

守纪示范中队（3 周违纪 0 人）；

先进中队（2 周违纪 0 人）；

优秀中队（1 周违纪 0 人）；

文明中队（每周均有违纪行为，须以文明言行和仪表作为目标的中队）。

③超工作量的班主任可在所符合的等级基础上晋升一级，五星（高级）班主任若超工作量不能晋升上一级。

④等级动态管理。班主任在某一级任职期间存在如下情况，将在下一个月降级评定或取消评选资格：

违反师德规范，造成不良影响者；

因玩忽职守造成班级重大安全责任事故者。

⑤每个等级人数不限，根据具体情况而定。

（3）评定条件

①具备下列条件者可评为三星班主任：

学校正式聘用的教师，教龄 0—5 年（含 5 年）或在本校教龄不满 2 年，或初次担任班主任者；

升旗等重大活动，按新要求站队，中队辅导员穿着校服正装及佩戴红领巾；

师德优秀，无体罚和变相体罚学生行为，无较大安全责任事故发生；

本中队当月被评为校级“文明”或以上中队；

家长的有效投诉不超过 2 次。

②具备下列条件者可晋升为四星班主任：

学校正式聘用的教师，教龄满 5 年或在本校教龄满 2 年及以上，且非初次担任班主任者；

升旗等重大活动，按新要求站队，中队辅导员穿着校服正装及佩戴红领巾；

师德优秀，无体罚和变相体罚学生行为，无较大安全责任事故发生；

本中队当月被评为校级“文明”或以上中队；

家长的有效投诉不超过 1 次。

③具备下列条件者可晋升为五星班主任：

学校正式聘用的教师，教龄满 20 年或以上，且非初次担任班主任者；

升旗等重大活动，按新要求站队，中队辅导员穿着校服正装及佩戴红领巾；

师德优秀，无体罚和变相体罚学生行为，无较大安全责任事故发生，家长满意率均在 80% 以上；

本中队本月被评为校级“优秀”或以上班级；

班级管理有特色，班风、学风优良；

无家长的有效投诉。

（4）申报评定程序

每月月初，大队部统计上月各中队的文明中队评比结果，在当月第一个升旗仪式上对各中队做公开颁奖，并以此作为各班主任等级评定的依据之一。

（5）破格晋级条件

①符合下述条件的班主任，当月可破格晋升一级，即由三星班主任晋升为四星班主任，或由四星班主任晋升为五星班主任：

师德优秀，无体罚和变相体罚学生行为，无较大安全责任事故发生，无有效投诉；

本中队当月被评为“先进”中队。

②符合下述条件的班主任，当月可破格晋升到最高等级，即由三星班主任或四星班主任直接晋升为五星班主任：

师德优秀，无体罚和变相体罚学生行为，无较大安全责任事故发生，无有效投诉；

本中队当月被评为“守纪示范中队”或“守纪模范中队”。

（6）相关待遇

①班主任待遇根据等级发放，每月按此方案所发的班主任津贴为上月所应享受的级别待遇。

②每年被评为五星或四星级别次数多的班主任，在当年晋职、评优、评先等方面，同等条件下优先考虑。

（7）实施时间

方案自提交教职工代表大会讨论通过之日起实施，实施期限为一年。

（8）方案解释权归属本校行政办公会。

△ 改革学生评价，促进德智体美劳全面发展

学生学习发展性评价的基本原则

（1）评价内容多元化。树立科学成才观念。坚持以德为先、能力为重、全面发展，坚持面向人人、因材施教、知行合一，改变用分数给学生贴标签的做法，完善综合素质评价体系，尊重个体差异。

（2）评价过程动态化。不仅关注学习结果，更注重学生成长发展的过程，建立一生一档案，将学习的终结性评价与过程性评价有机结合起来；给予多次评价机会，多运用鼓励性评价，促进学生转变和发展；将评价贯穿于日常的教育教学行为中，使评价实施日常化、通俗化。

（3）评价主体互动化。强调评价过程中评价主体间的沟通与协商，关注评价结果的认同；改变教师单一评价的现状，加强自评、互评，使评价成为教师、管理者、学生、家长共同积极参与的交互活动。

学生发展性评价新范式

小学生发展性评价分为形成性评价和阶段性评价两大部分。

（1）形成性评价是对学习过程及其结果的评价，并通过评价来影响学习过程。它是建立在事实判断基础上的评价，因而具有评价的差异性、针对性和即时性，能及时给学生提出改进的建议和发展方向。因此，我校形成性评价主要采用以下几种形式：

①单元学习效果测试评价

单元测试以各学科课程标准为依据，紧扣本单元学习内容，主要考察对本单元所学基础知识和基本技能的掌握情况。测试形式多种多样，富有趣味性，根据实际情况采取书面方式，或实践活动检测，形式为开卷或者闭卷。

②表现性评价

表现性评价包括对课题或实践活动方案设计和组织实施的评价；对实验操作的评价；对艺术、科技作品的设计及活动展示的评价。这一评价主要反映学生的活动设计能力、活动实践能力、解决问题的能力和合作交流能力。

③课堂观察中的即时性评价

通过课堂观察，及时了解学生的学习情况，作出积极反馈，给学生以鼓励、指导和调整。教师根据需要，关注学生突出的一两个方面作出相应的评价记录。这种评价根据需要一天一次，一周一次或者一月一次。评价次数由教师据实际情况而定，因人而异，不是整齐划一的。

课堂评价的内容主要包括：学习兴趣，参与学习活动的主动性、积极性；在学习中发现并提出问题，解决问题策略的多样化，方法的独特性，思维的灵活性、创造性，想象的丰富性；独立思考与合作交流；良好的学习习惯；等等。课堂评价的要素不是固定不变的，教师根据实际情况进行选择。

④作业完成评价

完成作业是巩固和检验学生掌握知识的必要步骤，在作业过程中，可由学生“自定目标、自我评价”的“双自”评价方法，配合小组互评、教师建议、教师评价等多种评价方法。教师对学生的作业评价以评星、盖章或鼓励性语言结合起来。

⑤成长手册记录

通过《小学生成长记录手册》来表现学生成长的轨迹，学生、家长、教师对成长记录册的内容都有参与权。学生在学期初、中、末，在成长记录册中记录学习成长的点滴，学期末通过自评、生生互评、师评，对自己一个学期的学习成长有多方面评价。

（2）阶段性评价

阶段性评价是一种总结性评价。一般在学期或学年进行，对学生的学期或学年的学习情况进行综合考核评价，是一种注重学生自我发展的评价。阶段性评价一般由期末考试和实践检查两部分构成。

①期末考试

期末考试的内容主要有以下：基础知识；运用所学知识解决简单问题的能力；综合运用所学知识解决较复杂的问题的能力；运用所学知识和方法探求新知识的能力；解决问题策略的发散性和求异性；想象力丰富程度。

检测形式可分为闭卷和开卷两种。

②实践检测

语文、数学、英语、道德与法治、科学、音乐等学科既有书面检测，又有实践检测。

实践检测的内容和形式，根据学科的不同有所区别，力求丰富多彩而又切合学生实际，主要有探究性学习、项目式学习、调查访问、生产劳动、实际操作、信息收集和整理、社区服务等。如：

语文可以有口语交际、朗读、参观、访问、开展社会调查、开故事会、演课本剧、演讲比赛、办手抄报等。

数学可以有计算、动手操作、调查统计、参观访问、测量、设计制作等。

英语可以有唱英语歌、编演英语话剧、英语口语对话等。

科学可以有实验操作、实际观察、科学试验、社会调查、科技制作等。

道德与法治可以有参观访问、社会调查、社区服务等。

音乐可以有唱歌、乐器演奏、打节奏或进行指挥、欣赏乐曲等。

美术可以有作画、雕刻、剪纸、折纸、名画欣赏、写生等。

体育主要是开展多种多样的体育活动。

（3）综合评价实施

①形成性评价由学校、教师自行组织，将平时的学习表现、单元学习效果测试、课堂评价、作业情况等有所侧重地进行汇总；再和期末检测进行综合，作出一个比较切合实际的综合性评价。

②期末考试按照区教研室统一命题，学校统一组织并进行期末考试成绩质量分析，便于教学质量的掌握和监控。

③结果呈现。总评结果的呈现，有两种形式：学业成绩等级和综合评语。

学业成绩综合期末成绩与平时单元学习效果，在《小学生学习成长手册》中成绩一栏以等级的形式呈现。

综合评语既要充分肯定学生在学业上的进步，尽量发现其闪光之处，也要指出其成长过程中的不足，并指明努力的方向，就学生个人进行纵向比较，应用激励性语言表述，把存在问题和努力方向融合起来。

△ 完善德育评价

提出了“十二个学会”促成长德育实践策略

根据小学生养成教育的特点，研究制定了“十二个学会”德育教育实践，探索“十二个学会”养成教育的评价体系，将养成教育的目标具体化，帮助学生在我校学习期间能养成学会自护、学会环保、学会感恩、学会礼仪、学会阅读、学会运动、学会劳动、学会爱国等十二个好习惯。

“六个走进”拓展学校德育仪式活动研究视野

结合学校的传统与优势，开展德育仪式实践活动，得到了广大师生、家长和社会的充分认可和肯定，创建了附小育人特色，形成了具有推广性的实践经验：每年六年级的学生，都会走进农村，亲历稼穑的学农活动；每年五年级的学生，都会走进军营，体验军旅生活；每年四年级的学生，都会走进户外，参加户外心理拓展活动；每年三年级的学生，都会走进自然，进行学科学的活动；二年级则走进社区，进行“礼信孝悌学感恩”的教育活动，学习、背诵《弟子规》《三字经》等古经典美文，利用经典的教育功能，对学生进行礼信孝悌学感恩的教育活动；每年一年级新生的教育则是走进学校学规范，进行“书包节”和“换牙节”活动，通过“我上学了”“我是小学生了”“我的孩子上学了”“我要换牙了”“相约队旗下 两代人的队礼——少先队入队仪式”等活动，旨在给刚刚入学的孩子进行学习习惯的教育。

华南师大附小年级“十佳学生”评选

为不断提高未成年人思想道德素质，进一步加强学生思想道德建设，弘扬中华优秀传统文化，培育和践行社会主义核心价值观，表彰学生中的典型人物，立德树人、引导学生勤奋学习、快乐生活、全面发展，激励学生学习先进，成为德智体美全面发展的社会主义事业建设者和接班人，学校根据《小学生守则》《小学生日常行为规范》《社会主义核心价值观》《华师附小三好学生评选条例》以及学校的校规校纪等要求，每年都会进行年度“十佳学生”评选。

十佳学生设进行演讲、才艺表演、知识问答、情景问答等环节，通过中队投票竞选，年级评选，最终评选出“十佳学生”，以示表彰。

△ 强化体育评价

总体目标

建立面向全体，全面发展的教学、训练、竞赛体系，建立基于健康知识、基本运动技能、专项运动技能的教学模式。严格落实课内、课外体育锻炼一小时。改进和完善体育评价体系，建立日常参与、体质监测和专项运动技能测试相结合的考查机制。将达到国家学生体质健康标准要求作为教育教学考核的重要内容，引导学生养成良好的锻炼习惯和健康生活方式，锤炼坚强意志，培养合作精神。

具体实施内容

（1）利用智慧课堂，改进现有的评价方式

严格落实学校体育课程开设刚性要求，不断拓宽课程领域，逐步增加课时，丰富课程内容。教会学生科学锻炼和健康知识，指导学生掌握跑、跳、投等基本运动技能和足球、篮球、田径、体操、武术、跳绳、飞镖等专项运动技能。在体育课中探索使用智能跳绳、心率监控设备、一体机等智能设备建构有趣高效的智慧课堂，改进现有的评价方式。

（2）加强体育课程和教材体系建设

以田径和体操项目为基础，一、二年级学生主要发展跑、跳、投、跨越和攀爬能力，掌握跳绳、小布球、立定跳远、跳高等国家体质健康项目和秋季田径运动会项目，提高队列队形的变换能力。三、四年级学生继续强化跑、跳、投、跨越和攀爬能力，重点学习 50 米跑、助跑跳远、助跑投掷垒球、4×100 米接力、个人花式跳绳和两两合作跳绳、篮球单项技术、武术等技术性较强的运动项目。五、六年级学生继续强化跑、跳、投、跨越和攀爬能力，重点学习仰卧起坐、耐久跑、8 字跳绳和多人合作跳绳、篮球组合技术及战术。

（3）健全体育锻炼制度

定期举办学生运动会或体育节，推动学生积极参与常规课余训练和体育竞赛。合理安排校外体育活动时间，着力保障学生每天校内、校外各 1 个小时体育活动时间，促进学生养成终生锻炼的习惯。我校利用智能跳绳及其作业平台，每天给学生布置跳绳作业，每个班学生的完成情况在学校的监控平台一目了然。

△ 改进美育评价

将学习音乐、美术、书法等艺术类课程以及参与学校组织的艺术实践活动情况纳入学业要求，促进学生形成艺术爱好，增强艺术素养，全面提升学生感受美、表现美、鉴赏美、创造美的能力。主要措施如下：

做好常规音乐、美术课堂教学；

开设“一班一特色，一班一非遗”特色课程；

开设“430”拓展课堂；

开展各类艺术团体和特色课程；

开展形式多样的艺术实践活动；

做好校园文化艺术环境的布置。

“美”没有唯一的评价标准，在评价过程中以学生自我评价为主，结合教师评价、同伴评价、家长评价等他人评价的方式，引导学生培养美的意识，陶冶高尚情操，塑造美好心灵，增强文化自信。教师指导学生如实记录美育活动情况，收集整理相关活动照片、艺术作品等，选择代表性的写实记录，纳入综合素质档案，作为学生学年评优评先的重要参考。

△ 加强劳动教育评价

以课堂为起点，奠基劳动教育基础

按照教育部的规定，每周劳动教育课时不少于 1 课时，根据学业要求与学生身心发展的状态，对不同学段的学生开展相应主题的劳动教育。组织实施劳动教育周，创设劳动教育情境，有序安排学生的集体劳动。加强对劳动教育的理论与实践研究，提高教育的成效。

以“学—做—创”为主线，贯穿劳动教育过程

根据各个学段学生的身心特点，制定不同的劳动价值观养成要求、劳动素养标准和劳动技能培养目标。

以“学—做—创”为各学段劳动教育过程的贯穿主线，首先在低年级当中通过设置相关的教学主题，编制针对低学段的《劳动成长手册》，制作“劳动知识通关卡”“劳动技能实践卡”等，以学生发展为根本，激发学生的思维，突出学生的劳动探究和实践体验，引导学生感受劳动的快乐，逐步使学生在实际体验和实践探究过程中形成初步的劳动能力，提高创新能力。

以“非遗建设”为纽带，增强劳动操作实践

将非遗特色建设与劳动素养教育有机结合起来，二者相辅相成，以劳动素养促进特色建设，以特色建设提升劳动素养。

结合语文、美术、音乐、体育、综合实践等课程，在各学科中渗透非遗教育的培养，使其与其他学科互相融合；在语文课堂中融入非遗教育，扩大学生的知识面，增强学生对中国传统文化的了解，让民族传统文化涵养学生人格；在班级活动中融入非遗教育，开展“非遗课程”，引入泥塑、木作、石刻、剪纸、编织、制陶等非遗传统技艺，采取多种形式训练学生的观察能力、手作能力，让学生接受非遗技艺的文化熏陶和浸润体验，培养学生的文化自信。

以家校合作为纽带，落实劳动教育指导

与家长紧密联系，建立学校、家庭、社区三结合的教育网络。实现课内课外、校内校外相结合。鼓励家长要做好榜样，带头劳动，树立崇尚劳动的家风家范，每年培养孩子掌握 1—2 门生活技能，在劳动中培养与孩子的亲子关系，培养孩子从小爱劳动的习惯。积极倡导孩子参加学校、社区、妇联等开展的学生生活技能展示活动，加强对家庭教育劳动教育指导。

为了培养孩子的动手、动脑和生活实践能力，树立“自己的事情自己做”的自主意识，进一步倡导学生热爱生活、热爱劳动。结合小学学校阶段劳动技能递进训练目标，学校制定了一系列的劳动技能关卡，统称为“小学 1—6 年级家务劳动体系清单”。

2021 年 11 月，我校的实践项目“新时代学生德育仪式的实践评价”获批“广东省深化新时代教育评价改革试点”中的“深化德育评价改革”项目。

小学生 1—6 年级家务劳动体系清单

年 级	具体内容和要求	备 注
一年级	1. 能进行简单的垃圾分类。 2. 会洗袜子、红领巾。 3. 会用扫把扫地，会用畚箕。 4. 会折衣服、裤子、袜子等。 5. 饭前盛饭、摆碗筷。 6. 饭后收拾并擦干净桌子。 7. 会洗水果。 8. 坚持每天自己背书包上下学。 9. 学会擦黑板、抹桌椅、开关门窗。	利用班会课定期进行相关劳动技能的检测，获得“劳动技能关卡”
二年级	1. 学习用拖把拖地，怎样才能拖得又快又干净。 2. 学习清洗简单的小物品，如自己的袜子。 3. 坚持饭前帮家人盛饭、摆碗筷。 4. 坚持饭后收拾、擦桌子，并学习洗碗筷。 5. 学会分辨蔬菜的好坏，剔除蔬菜中不能吃的部分。 6. 坚持自己的衣裤自己折。 7. 学会整理自己的书柜、书架。 8. 学会叠被子，给父母或长辈做些表达孝心的事：把父母或长辈的被子叠方正整齐。 9. 学习系鞋带。 10. 学会擦黑板、扫地、抹桌椅、开关门窗。在老师的指导下当好值日生，搞好室内外公共卫生。	
三年级	1. 能自己洗头、梳头、洗澡，学会洗小件衣服。 2. 会折衣服、裤子、袜子等。 3. 饭前盛饭、摆碗筷。 4. 饭后收拾、擦桌子、洗碗筷。 5. 会洗自己的鞋子，帮家人擦皮鞋。 6. 会用水果刀削瓜类或水果的皮。 7. 会用针线缝扣子，会用削铅笔刀削铅笔。 8. 会打死结、活结、蝴蝶结等。 9. 水果拼盘大请客。 10. 给父母或长辈做些表达孝心的事：洗头、洗脚等。 11. 整理自己的书柜、书架。	
四年级	1. 坚持垃圾分类，并用行动影响家人。 2. 自己种植一种蔬菜、绿植。 3. 学习用针线缝扣子等。 4. 整理自己的衣橱衣物。 5. 坚持每周帮家人洗一次碗。 6. 坚持每月自己至少清洗一次衣物。 7. 用报纸等包装礼物。 8. 对书架进行归类整理。 9. 熟练系鞋带。 10. 能自己洗头发。 11. 帮助烈属、军属、残疾人和孤寡老人打扫庭院或干一些力所能及的事情。	
五年级	1. 用洗衣机洗衣服。 2. 坚持每次用完卫生间后及时打扫卫生间。 3. 坚持每天帮家人盛饭，饭后一起收拾桌子。 4. 学会整理换季衣服。 5. 坚持每天整理自己的书桌、书柜。 6. 照顾小弟弟、小妹妹。 7. 养护花草。 8. 学会炒菜、煲粥。 9. 当客人来访时，热情招待客人，让客人感觉舒服。 10. 帮助烈属、军属、残疾人和孤寡老人打扫庭院或干一些力所能及的事情。	
六年级	1. 能做简单的饭。 2. 会自己换、洗床单和被套。 3. 帮忙洗车、吸地擦地、擦玻璃（里外两面）。 4. 清理洗手间、马桶。 5. 扫树叶，扫雪。 6. 用洗衣机洗衣服（由家长进行淡色深色的衣服分开洗、清洁剂的量、水量、洗衣机的操控、晾衣服等的指导）。 7. 列出要买的东西的清单，到超市购买家人所需物品。 8. 拟定家庭出游计划和出行攻略。 9. 能够自行组织跳蚤市场。	

施行美好教育

三、重塑美好校园的新生态

文化是一个国家、一个民族的灵魂。非物质文化遗产（简称“非遗”）是中华优秀传统文化的重要组成部分。为深入贯彻习近平总书记关于传承和弘扬中华优秀传统文化的重要论述精神，国务院在印发的《国家教育事业发展“十三五”规划》中明确提及，要积极引导学生阅读欣赏中外文学艺术经典，鼓励非物质文化遗产进校园；原文化部、工业和信息化部、财政部在印发的《中国传统工艺振兴计划》中也提出继续开展非物质文化遗产进校园等活动，支持各地将传统工艺纳入中小学相关教育教学活动，体现了非遗进校园建设的必要性和急迫性。在此背景下，我们不禁在想：如何充分利用有限的时间、空间和现有条件，开展广泛意义上的、全员参与的非遗进校园活动？

为解决非遗传承教育中“重校外参观研学，轻校内环境熏陶”“重技艺传授，轻实践创新”“重轰动效应，轻成长追踪”等问题，学校围绕立德树人，借鉴教育生态学的理论，以社会主义核心价值观为引领，以提高学生审美和人文素养为目标，将非遗传承教育和生命教育相结合，构建“三位一体”非遗进校园的中华优秀传统文化赋能育人新生态，形成馆校合一的非遗环境生态、多元化的非遗课程生态、知行并举的非遗育人生态。

1. 生命教育理念下非遗进校园的实践路径探索与思考

非遗进校园已经成为非遗传承教育的必然趋势，但关于如何进，怎么进，进多少的问题仍未得到有效解决。为此，本文基于非遗进校园建设过程中存在的现实问题，以生命教育理念为指导，探讨非遗进校园的创新思路和实践途径，以期为非遗进校园的建设提供实践参考。

（1）非遗进校园的研究现状

①非遗传承策略的研究现状

关于非遗传承的策略，不同层次的研究学者提出了不同的策略：四川幼儿师范高等专科学校罗曦老师从现代法律制度、地域文化传承两个角度入手，分析了非遗文化进校园的必要性；其后，围绕营造文化环境，开展教育、艺术活动、加大政府支持三个方面，重点研究了非遗文化进高校的可行措施，包括：大力营造良好的校园非遗文化环境；积极开展多元化的非遗文化、艺术教育活动；加大政府对非遗文化进校园的支持力度。中山火炬职业技术学院包装学院教师伍丹从融媒体时代背景出发，提出非物质文化遗产的创新传播路径，主要包括：打造融媒体矩阵，扩大非遗传播的覆盖面；运用融媒体共建、共享的特点，推动多元传播主体参与传播；创建立体化的非遗传播空间，提升民众对非遗的认可；应对购买者议价能力，进一步提升资源独占性。

②非遗课程建设的研究现状

关于非遗课程的建设，主要体现在：基于非遗技艺传授的校本课程建设、基于跨学科教学理念的STEAM(科学、技术、工程、艺术、数学）课程建设等。前者主要体现在以某一种非遗项目为核心，以非遗课程建设为载体，展开非遗技艺传承的探索和研究，例如江苏省南通市通州区实验小学邱宁玲老师结合“蕊春儿童剪纸”的校本课程实践研究，从“意趣剪纸”“形式剪纸”和“个性剪纸”三个维度对“养护童本生态”“养护审美生态”和“养护创新生态”进行了深度阐述与剖析；后者主要体现在以跨学科教学、项目式学习为指导，将非遗传承与学科融合相结合，以期实现非遗的创新传承。华南师范大学詹泽慧团队还依托情境认知理论和基于设计的双循环探究模型，构建了C-STEAM教育6C模式，并以广东省佛山市澜石小学的“佛山粤剧文化——天工开物小小工匠”项目为例，探讨了STEAM跨学科项目式学习活动对非遗传承的影响；江西萍乡经济开发区登岸小学钟贺琳老师以皮影戏为基础，联通美术和音乐，以讲解皮影的渊源和特点，贯穿基于皮影的影偶制作和皮影舞，形成了具有STEM理念化的美育综合课。杨海军老师以培养学生的核心素养为目标，以STEM教育理念为切入点，将传统工艺品走马灯和其传统文化属性与冷热空气流动等科学原理相结合，设计了“走马观花”STEAM课程。

（2）非遗进校园的现实之困

通过梳理国内外非遗传承的研究现状，结合非遗进校园的实际开展情况，总结发现当前非遗进校园建设过程中仍存在许多亟待解决的问题。

①忽视非遗传承的隐性陶冶

当前，在非遗进校园的建设实践过程中，大多数学校不惜花费物力、财力、人力，引导学生外出参观非遗传承基地、非遗体验中心，却忽视了时时刻刻伴随学生成长的校园环境的升级和打造，忽视了校园环境对学生的陶冶作用，导致非遗传承出现“两张皮”的现象。

②学习内容窄而泛化

“硬塞”和“补进”成为部分学校开展非遗传承教育的主要形式，强调非遗怎么习得的知识教育，缺乏课程深度的情感教育，导致学生浅层面、浅水平地了解和感知非遗。在非遗习得内容上，在进多少的问题上，部分学校为打造品牌特色，将某一个非遗项目进行无限扩大，导致学生会出现“非遗传承就是某一个非遗项目”的思想，窄化现象严重。

③学习互动方式单一

在当前非遗传承教学中，授课双方都只是非遗传人和学生，或者基于单一非遗项目的教师和学生。前者只是停留在非遗技艺的了解和感知上，不能深度地体验和实践非遗技艺。后者仅仅只是单个或部分非遗项目的简单创造和运用，缺乏深层的学习互动方式，不能保证学生有良好的非遗习得体验。

④学生成长关注不够

在非遗进校园的实践探索中，部分学校只是为了突出特色、产生轰动效应而举办大型的非遗传承术展演活动、非遗展示和交流活动，忽视学生在非遗传承教育中的成长过程。其次，在非遗传承教育中，学生非遗习得和体验的评价和反馈机制有待创新，导致学生非遗能力的再提升缺乏及时的反馈。

正值中华民族伟大复兴之际，如何借助非遗进校园，开展非遗传承教育和生命教育，帮助学生健康成长的同时，培养其文化自信是基础教育工作者都在积极探索和思考的核心命题。未来，我们将基于非遗进校园，开展五育并举的生命教育，深度挖掘生命教育理念指导下的非遗校本课程建设路径，期望丰富和充实非遗传承教育资源和体系。

2. 创新型校园文化景观建设与隐性课程探索

校园的文化景观可以反映一定历史时期一个学校的精神风貌、文化观念、审美及价值取向，成为一种特殊的文化景观。它存在于校园空间中，向学生彰显它所蕴含的信息，表达某种规范力量，包含了极大的隐性教育意义。学生通过学校的景观，就能领会这空间设计里特定的文化内涵，从而掌握了一定群体的环境知觉。这种知觉，对学生的情感、态度和价值观将会产生潜移默化的影响。为培养创新型人才，学校以“追求创新”为核心目标，推进校园文化景观的系统建设，主要包括三个方面：隐性课程目标——追求创新；隐性课程实施——彰显创新；隐性课程评价——达成创新。

（1）隐性课程目标——追求创新

创新是人类特有的认识和实践能力，它的特点是新思维、新发明，包含了创造新事物，改变旧事物的含义。我校在校园文化景观建设过程中，确立了“创新”这一核心价值观，进而努力构建“创新型的校园文化景观”。它以育人为目的，将创新精神渗透于校园文化景观的方方面面，包括教学楼、教室等。作为隐性课程，创新型校园文化景观建设的目标内蕴着三个方面的含义：促进创新能力的发展；提升精神文化内涵；营造幸福的教育氛围。

①促进创新能力的发展

以创新为核心价值观引领，校园所有文化景观的建设将可能以陶冶的形式激励和促进师生创新能力的发展。身处这样一种文化环境中，一抬头、一睁眼，我们随处都能感受到与众不同，那些新颖的图案、温暖的颜色，无处不彰显创新的气息，学生、教师甚至是其他工作人员都会在潜移默化之中受到熏陶，进而逐渐内化为自身的创新意识。

②提升精神文化内涵

富有创新精神的校园环境不仅能促进师生创新能力的发展，还能激发师生的学习热情，从而提升精神文化的内涵。学校在设计和布置所有设施时，都坚持以人为本，同时兼顾新颖性，处处洋溢着生机勃发的景致。这种静态的景观设计实质上蕴含着深层次的价值观念与思维方式，它推动着整个校园精神文化的发展，同时也丰富了已有的校园精神文化。

③营造幸福的教育氛围

以“创新”为纽带，加强学校楼宇、墙面、长廊、班级文化等的整体建设，充分利用绿化植物、宣传橱窗、开放图书角、走廊墙壁等载体，在校园内做到情景交融、景趣横生、交相辉映，让创新精神闪耀在校园的每一个角落，时刻展现着生命的色彩，既美化了学校、班级环境，又提升了师生的温馨感、幸福感和归属感，营造出幸福的教育氛围。这样的教育氛围将是保障教育成功的基础。

（2）隐性课程实施——彰显创新

一所环境优雅、理念先进、设备齐全、教育优异的学校，其优秀的校园文化便是这所学校一道亮丽的风景线。华南师大附小的办学理念是“让学生享受一流的基础教育，使学生奠定终生发展的基础”，校园景观的总体设计无不彰显出“创新”的气息，它浸润在校园的每个角落。

①别具匠心的校园建筑设计

校园建筑的内涵和价值追求，一般通过建筑的造型、色彩、空间布局来表现。

a. 具有向上意义的学校正门

一所学校的大门，是学校展现外在形象的窗口。附小校门在设计上充分体现创新理念，采用了不对称结构，以黄色、红色、蓝色作为基调，既端庄又简明活泼，传递出浓郁的现代气息，呼应青少年活泼、明朗、阳光的特点。在色彩选用上，黄色代表活泼、勇敢、诚实、向上的中国少年先锋队；蓝色代表蓝天、知识的海洋；红色代表着一颗颗时刻准备着为祖国的发展而奋斗的火红的热心，表现了在中国共产党领导下的中国少年先锋队队员在蔚蓝的天空下，在知识的海洋里自由自在地遨游。创新性便渗透在这颜色和线条的组合之中。

b. 阶梯式的绿色广场

一入校门便是学校的绿色广场，绿色广场没有采用传统的平整结构，而是设计为阶梯式，与行政楼“腾飞楼”相连，寓意努力攀登方可腾飞。它采用对称结构，精心选用花草种植出绿色底色，两侧分别栽种了具有岭南特色的蒲葵树和美丽异木棉树，高大挺拔与温婉艳丽交相辉映，衬托出校园盎然的生机，“十年树木、百年树人”的历史积淀也孕育其中。优美的绿色校园使人心旷神怡，让学生产生了浓厚的学习兴趣，实现了从发现美到懂得欣赏美和创造美的有效过渡，潜移默化地塑造着学生的真善美品质和创新精神。

c. 蕴含特殊意义的校园楼宇

校园楼宇以教学楼为中心，围绕学校绿色广场、操场而建，每一栋大楼的命名都蕴含了深刻的意义，以校风“明德、博学、行健、日新”来分别命名。如日新楼的“日新”取自《礼记》：“苟日新，日日新，又日新。”旨在激励大家要不断创新，每天都有所作为。以“明德、博学、行健、日新”为表征，培养创新性人才的教育目标孕育其中。校园文化景观中的细微之处也是重要的隐性课程。例如在腾飞楼展厅，以弘扬中华传统文化、感受非遗文化魅力为设计理念，利用两层楼面内墙，设置了凹凸排序的印刷术汉字墙，给人以强烈的视觉冲击，充分展现了传承与创新的教育理念。事实上，校园的建筑就是一门课程，不管是宏观的建筑总体设计，还是细小的走廊、地板，都能体现学校教育的基本精神。

②振奋人心的校园墙雕

根据学校整体环境，附小在明德楼墙体上设置了以“茁壮成长”为主题的墙雕，主要基于三个方面的考虑。首先“茁壮成长”主题墙雕主要体现培育德智体美劳全面发展的时代新人，思想蕴意契合学校立德树人的根本任务。其次，这样一面巨幅墙雕在学校绿色广场的右侧，一进校门，在腾飞楼便能看到，潜移默化的教育功效得到最大化发挥。第三，明德楼是专科课室，艺术元素更能凸显它的功能。

③以人为本的附小校徽

校徽是学校精神文化的一种体现，蕴涵深意的校徽，具有特殊的教育功效。作为附属学校，附小的校徽一直沿用华南师范大学的校徽，主体图案为三个“人”字的交叠，意思是“以人为本”“三人行，必有我师”。主体图案结构严谨，点线相连，寓意教育是“人文精神与科学精神的结合、交叉和延伸”；色彩层次分明，表达出“青出于蓝而胜于蓝”的育人意义。

④沁人心脾的风雨长廊和文化墙

合理利用校园的每一寸土地、每一面墙体等资源，精心设计，合理布局，宣扬教育价值。学校的风雨长廊下悬挂了以“读千古美文，做少年君子”为主题的经典美文美句，让每一位学生走在校道上都可以欣赏到经典美文，在不知不觉中受到经典美文的熏陶，从而接受文化的洗礼。而为了充分利用学校的每一面墙体，学校专门以科技文化艺术节为契机，借助学生的想象力，在美化校园上下功夫。如游乐场旁的墙体上，集合众多美术爱好者的智慧，绘出多彩的图画，真正做到“让每一扇墙会说话，让学生成为环境创设的主人”。

（3）隐性课程评价——达成创新

①创新型校园景观文化对教师的影响

教师是创新型校园景观文化的创设者也是受众，在积极参与校园景观文化的建设中，教师的主观能动性得到充分发挥，有利于激发他们的创新精神。同时，校园作为教师工作、学习、人际交往的场所，校园景观所蕴含的思想内容和价值追求，对教师自身同样产生着潜移默化的教育作用，为教师的专业发展和师德提升提供智力支撑和精神保障。布局合理、设计感强的校园建筑，具有历史积淀的树木、清新美丽的绿化、蕴含教育理念的墙雕等都会带给教师以积极的感染和启迪，有利于激发教师创新的热情。设置齐全、先进的教学、科研等设施有利于教师在教学实践中充分体现科技创新精神与现代教学新理念，为教师事业发展、专业成长提供了必要的物质保障。最重要的是，校园景观文化增强了学校对教师的感召力，强化了教师对学校的认同，有利于价值追求的统一。学校的景观文化处处体现出学校的教育理念、价值观、教学指导思想等内容，在这样的景观文化影响下，无形的约束性、熏陶性、激励性和推动性，促进了教师职业道德的认同和内化，同时会深刻影响教师的行为，形成集体习惯与风气，并最终转化为教师的自觉追求。

②创新型校园景观文化对学生的影响

校园景观文化和学校德育相辅相成，它呼应着德育的内容、形式和实现途径等方面，另一方面，它高度体现了学校的价值观念，能发挥意想不到的德育功能。与课堂教育不同，校园景观文化更像是肢体语言，它无声地补充、延伸和深化了课堂教育，显性或隐性地向学生传递正确的价值观。而这种教育，指向明确，感召力强，既有共性又凸显个性。例如，宣传标语、行为准则，还有一些隐藏的“小脚丫”等，时刻影响着学生在校行为的方方面面。在一定意义上，这些文字条约等形式的景观文化，达成了教育教学中的好、坏、对、错、是、非的检验评判标准，对学生行为习惯的养成以及优良品质的塑造都发挥着巨大的导向作用。学生在这样文明、高雅、向上的环境

中学习，自然会受熏陶、激励，从而加强自我约束和管理，有效抵制消极思想的滋生，促进身心健康成长。同时，创新型校园景观文化也能促进学生的想象力、创造力和社会化发展。

作为一种隐性课程，“创新型校园景观文化”以直接和间接的方式促进了师生创新能力的发展，提升了学校的精神文化内涵，同时还营造了幸福的教育氛围，它对师生产生的积极影响又会反过来将校园文化建设推向更高的境界。

3. 文化自信视域下“一合三位五环”非遗育人生态的构建与实践

在非遗进校园建设的实践过程中，暴露出了各种问题：(1)“非遗进校园”的建设体系存在“重校外参观研学，轻校内环境熏陶”的问题：大多数学校不惜花费物力、财力、人力，引导学生外出参观非遗传承基地，却忽视了时时刻刻伴随学生成长的校园环境的升级和打造，忽视了校园环境对学生的影响。(2)“非遗进校园”的建设体系存在“重技艺传授，轻实践创新”的问题：“硬塞”和“补进”成为部分学校开展非遗传承教育的主要形式，强调非遗怎么习得，但学习互动方式单一，忽视了非遗的实践体验，亦狭隘了非遗传承对教育教学的变革作用。(3)“非遗进校园”的建设体系存在“重轰动效应，轻成长追踪”的问题：部分学校未从学生的角度出发，只是为了突出特色，产生轰动效应而举办非遗传承的艺术展演活动，忽视了学生在非遗传承推广和对外交流中的作用。

为此，学校以立德树人为基本导向，以提高学生审美和人文素养为目标，以非物质文化遗产为载体，以美育人、以美化人、以美培元，从环境搭建探索和凝练非遗环创生态，以期通过营造非遗校园培养小学生文化自信的同时，推动非物质文化遗产创造性转化和创造性发展。

（1）搭建“馆校合一”的非遗环创生态

在非遗环创生态的建设上，秉承见人见物见生活的非遗传承理念，充分发挥新兴信息技术的指导作用，对班级文化环境、校园文化环境和日常生活环境进行精心、系统的设计，形成“馆校合一”的非遗环创生态（详见下图），实现校园的每一处角落、每一面墙、每一朵花都能“说话”。在该生态中，主要有一班一非遗的班级育人生态、使课室内外无缝衔接的五园育人生态、八个主题教育场馆的育人生态、非遗文创学具和非遗生活用品的育人环境等。

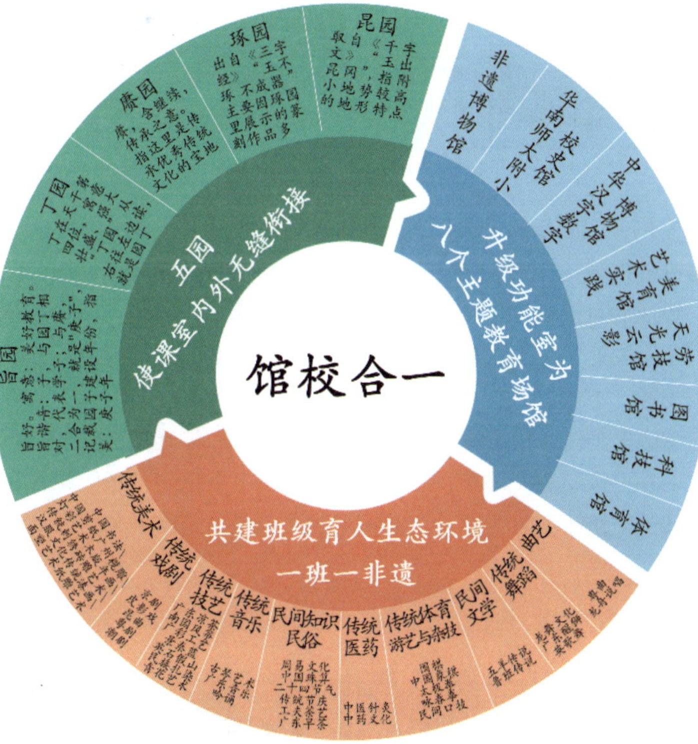

馆校合一的非遗环境生态

①一班一非遗的班级育人生态

在班级育人生态设计上，依据国家非物质文化遗产名录，结合广东地域特色，在遵循学生身心发展规律的基础上，学校对学生喜欢的非遗传承项目进行调研，并以此遴选符合要求的非遗传承项目，结合非遗传承项目的核心元素，发挥学校美术教师的专业能力，创设基于非遗传承的隐形文化环境，设计完成三十多个班的基于非遗传承项目的班牌、门牌、墙画、宣传报、黑板报等，力求保证班级的每一处地方都能和学生进行“对话”。

②使课室内外无缝衔接的五园育人生态

使课室内外无缝衔接的五园生态环境，是在继承传统园林精髓的基础上，将非遗有机渗透，形成涵盖昆园、琢园、赓园、旨园、丁园于一体的五园生态环境。其中，昆园取自《千字文》，“玉出昆冈”，指附小地势较高的地形特点；琢园出自《三字经》，“玉不琢，不成器”，主要因琢园展示的篆刻作品多；赓园，“赓”含继续，传承之意，指这里是传承优秀文化的宝地；丁园，丁在天干第四位，寓意壮盛、强大，“丁园”从右往左读，就是园丁；旨园，寓意美好。旨谐音“子”，代表学子，与赓二合为一，就是“庚子”，主要为记载园子建设年份，是庚子年。

旨园

丁园

庚园

昆园

琢园

③八个主题教育场馆的育人环境

八个主题教育场馆的育人环境是在原先专用室、活动室的基础上，将非遗融入其中，经设计、改造和升级，形成八个主题的教育场馆生态环境，包括十大门类四十六个非遗项目的非遗博物馆、展示学校百年历史的校史馆、体现汉字艺术的中华汉字数字博物馆、融美术与音乐于一体的艺术实践美育馆、实施劳动教育的天光云影劳技馆、馆藏丰富的图书馆、融科学和信息技术于一体的科技馆、强调体育健康的体育馆等，满足师生日常学习和生活的需要。截至目前，已完成非遗博物馆的建设。

非遗博物馆内景

④非遗文创学具和非遗生活用品的育人环境

非遗文创学具和非遗生活用品的生态环境主要是结合非遗项目，设计和制作一系列富有非遗气息的文创学具和生活用品。其中，文创学具包括非遗文房四宝套装、非遗公文包、非遗钢笔、非遗笔记本、非遗诗文练习册等；生活用品包括非遗茶具、非遗礼物袋、非遗文件袋、非遗衣服、非遗作品展架、非遗走廊、非遗办公室等，帮助师生沉浸在非遗育人环境中，潜移默化地影响和陶冶学生。

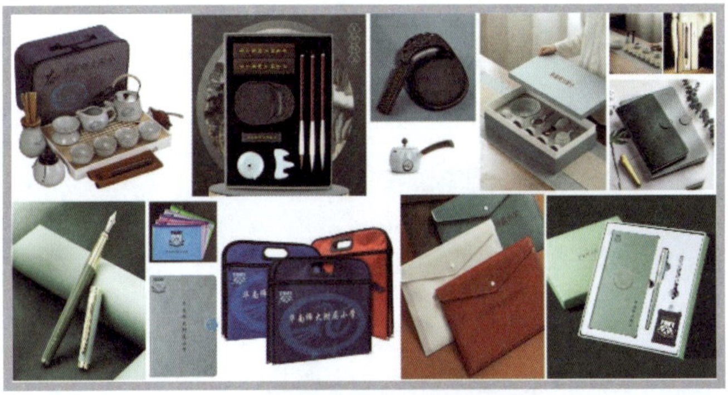

（2）构建多主体参与的非遗课程生态

非遗传承的载体应是多样的，除了通过非遗环创生态以外，学科课程更是非遗传承的重要载体。在非遗课程生态的建设上，学生是非遗传承的责任主体，教师是非遗传承落地的关键力量，非遗大师是非遗传承的源生力量。为此，以关系共同体理论为指导，在遵循学生的认知规律和教育教学规律的基础上，发挥非遗传承相关人的主体作用，将非遗传承和学科课程相融合，构建不同层次、不同维度的非遗课程，形成多主体参与的非遗课程生态（详见下图），让基于学科课程的课堂教学成为非遗传承的“小剧场”，使非遗传承常态化、活起来。在该生态中，主要包括非遗隐性课程、非遗专修课程、非遗渗透性课程、非遗主题活动课程、非遗师资培训课程。

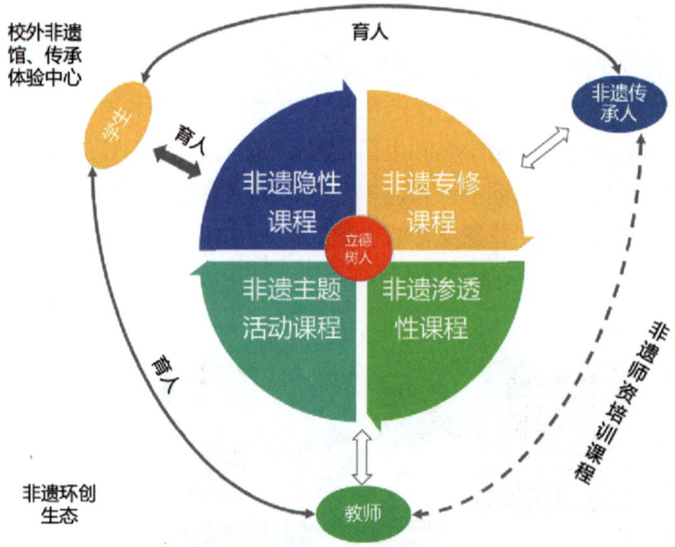

多主体参与的非遗课程生态

①非遗隐性课程

非遗隐性课程的参与主体主要是非遗环创和学生，主要是借助校内非遗环境育人生态、校外非遗馆与非遗传承体验中心等，引导学生近距离接触非遗，了解和感知非遗的魅力。

②非遗专修课程

非遗专修课程的参与主体主要是非遗大师、学生，主要通过非遗大师根据学生的学习特征和学习水平，制定非遗技艺课程实施方案，开展“传承传统民间艺术大学堂——大师与你面对面”系列活动和传承非遗的选修课程教学，帮助学生从了解、感知非遗慢慢走向“习得非遗、体验非遗”的征程，推动学校非遗课程向更深层次发展。其中，非遗传承选修课程主要包括传统美术、传统戏剧、传统技艺、传统音乐、传统医药、传统舞蹈、传统曲艺、民间知识、民俗、传统体育、游艺与杂技等十大门类、四十六个非遗传承项目的选修教学。

③非遗渗透性课程

非遗渗透性课程的参与主体是学科教师、学生和非遗环创，主要通过学科教师挖掘非遗传承项目的内在价值，并在处理好与学科知识教学关系的基础上，设计基于非遗传承的学科教学方案，实施非遗传承和学科深度结合的课程教学，帮助学生了解非遗的内在价值，激发其内在动力，例如：传承非遗的导图导学课程、“三步五径”经典吟诵课程、剪纸和生活数学课程、美术中的扎染和黏土画课程、太极拳和体育健康课程、信息技术中的非遗传承课程、传统节日中的项目式学习课程、非遗传承研习坊线上课程、五育贯通的非遗拓展课程等。

④非遗主题活动课程

非遗主题活动课程的参与主体是师生、非遗传人即社会各界人士，主要是将学校非遗艺术实践展示交流活动和生命教育相结合，组织开展系列非遗传承艺术实践活动和系列国内外非遗交流活动，引导学生在体验非遗和交流非遗的活动过程中专业成长。其中，非遗艺术实践展示活动主要是帮助学生在创作和展示非遗作品的过程中，提升其审美能力和人际沟通能力，引导学生掌握适应终生发展和社会发展需要的必备品格和关键能力，主要包括“小手牵大手”非遗传承活动、“非遗小剧场”活动、“非遗少年说”活动、非遗传承艺术节活动等；国内外非遗交流活动主要是为了加强师生对外和对港澳台进行非遗交流和展示，通过本校教师在国内外传播非遗、本校学生在国内外传播非遗、外校师生莅临附小参观学习非遗等途径传播非遗，为师生提供进一步展示和交流非遗的机会。

⑤非遗师资培训课程

非遗师资培训课程的参与主体主要是非遗传承人和教师，主要是非遗传承人根据学科教师的需要，在保证非遗技艺不被破坏的情况下，引导教师完成非遗习得的同时，为教师的非遗创新教学提供服务。

（3）构建基于“五环”记录的非遗育人生态

通过搭建非遗校园生态环境，开展一系列非遗传承的学习和交流活动，结合学生成长的访谈分析，学校探索出了学生在基于非遗进校园的生态环境中的成长演化过程，主要包括感知、模仿、习得、体验和外化等五个环节，体现了学生从感知非遗开始，通过模仿、习得、体验理解和内化非遗，并通过基于非遗的交流互动实现非遗的传播和推广，达到外化非遗的目的。

基于“五环”记录的非遗育人生态

其中，五环分别包括感知、模仿、习得、体验和外化。感知主要是通过“馆校合一”的非遗生态进行影响和陶冶；模仿是通过与非遗大师面对面交流学习了解非遗的面貌；习得是通过借助非遗教学常态化掌握非遗项目的要领，并学会创造性地运用非遗；体验是通过一系列基于非遗传承的艺术实践活动帮助学生内化非遗；外化是通过基于非遗的国内外交流活动帮助师生展示和传播非遗，树立文化认同感。需要注意的是，在这个闭环中，学生的成长演化不是感知、模仿、习得、体验和外化的一蹴而就的线性关系，而是相互融合、相互促进的螺旋式上升关系。

4.“五园一馆”简介

走进华南师大附小，就是浸润在中华优秀传统文化之中。时时可见、处处可感的非遗氛围，颐养我们的精神，陶冶我们的性情。

非遗博物馆：在包罗万象的文物展陈中，品味独具岭南特色的粤剧、潮剧、英歌舞；欣赏源自大江南北的京剧、昆曲、川剧变脸和醒狮舞龙；领略全民族共享的文化珍宝：古琴艺术、周易文化和二十四节气等，让师生和来宾朋友们有机会在耳濡目染中，在体验活动中，一点点了解、一点点感悟泱泱华夏，赫赫文明。

非遗博物馆

昆园

昆园：三棵罗汉松伫立在昆园东南角，与“博”字石刻遥遥相对，述说着对附小师生的守护与期望；昆园还有桃树、李树、樱花和美丽异木棉，到了开花季节，所见都是一树粉红！桃李吐艳，春有樱花，秋有美丽异木棉，象征春华秋实，桃李芬芳！

琢园：琢，出自《三字经》“玉不琢不成器，人不学不知义”。取雕琢之意，主要是因为琢园里展示了《弟子规》《千字文》《大学》历代印章等各种篆刻作品，穿梭其中，必定让人驻足流连，鼻尖似乎流淌着一丝丝墨香！

琢园

赓园

赓园：赓，含继续、传承之意。赓园里有红棉粗壮、龙眼端庄，还有青瓦花窗。青瓦花窗前有英石假山，这是以“苔花老屋”典故做的小景。“苔花老屋”典故源自清代袁枚的《苔》“白日不到处，青春恰自来”。

旨园：旨，指美味，美好。旨园中有树桌供大家休憩学习，有圆形拱门。圆形拱门是中国传统建筑文化的一个标志和符号。

旨园•圆形拱门

丁园

丁园：由在晴天收集太阳能，逢雨季收集雨水供自动灌溉学校花木的九十九支大伞覆盖而成。每支大伞状如丁字，同时，丁在天干的第四位，寓意壮盛、强大。

5. 故事 1：夏日里的旨园

夏日炎炎，骄阳似火，华南师大附小旨园里却总是树影婆娑，草地翠色欲滴，到处是清凉树荫，可以让孩子们或游戏其间，或安静舒适地阅读，或写写作业，或穿梭在七个月亮门之间，天马行空地畅想，感受清爽，享受惬意！

阳光灿烂的旨园，一步一景。旨园：古文旨，是汉语通用规范一级字。旨，最早见于商代甲骨文。此字本义是味道甘美，引申泛指美好。华南师大附小的旨园，在造园艺技方面，继承了传统园林的精髓，采用传统园林设计理念，同时把非遗融合进去，取其以小见大、处处皆景的艺术效果。师生在园内感受人与自然的和谐美，在树桌环绕古树，翠竹挺立，笋嫩篁新，繁花似锦，疏影横斜当中，自由活动，轻松学习，感受非遗的魅力。

旨园七镜，洞天别致。七个圆形拱门，正是旨园最有特色之处。圆形拱门是中国传统建筑文化的一个标志和符号。层层叠叠的七个月亮门，增添那处的深邃感和层次感，其设计灵感来源于北京红砖美术馆中的圆形拱门。其中不同的是，我们精心设计了七个月亮门，代表着一个星期七天，象征我们有无数个星期在循环，我们的学生也在不断成长。同时我们走进旨园，能看到七个大小统一的月亮门由于透视的原理层层叠叠，宛如静立于镜子之间，看到的镜面反射，在视觉上发生大小不断变化的动感，产生强烈的移步换景、虚实相生的效果。

旨园的建筑材料，我们选用了传统建筑中的青砖。青砖质地细腻，无任何孔隙，给人以素雅、沉稳、古朴、宁静的美感。穿梭在旨园中，犹如穿越时空进入古代青砖瓦当的建筑中，感受一点一滴的江南“青砖伴瓦漆”风情。青砖制作在选泥、入池、沉淀到踩泥、制坯、晾制、烧制直至封窑、浸水历来都有一套严格的规程。润心于砖可传承历史，同样让师生们在一砖一瓦当中体验我国优秀的传统文化。

夏日漫步旨园中，金银花开，牡丹艳丽，桂花飘香，再加上精雕细刻的砖雕花窗，以人无限遐想的英石假山，奇峰览胜，别具魅力。让人游赏其间，令人喜而忘忧，乐而忘返。

6. 故事 2：旨园英石假山

（1）会当凌绝顶，一览众山小

一个人立于山的最高顶，向远山眺望，只见其他远山都比他所站的山小，比喻一个人的高瞻远瞩，看问题深远。

这幅英石假山充分利用了英石特有的立峰山形性质，将大大小小的立峰石进行排列，结合中国画造景的理念，通过重叠、遮挡等手法创作了一幅壮丽的山景图。制作的第一步，是把英石构件按山势在地面摆出草图的大致形状，再安装粘贴固定到墙上。逐块粘贴固定后，才发现右边所选的英石颜色较重，块头太大，贴得也太密太靠右，使画面右边太沉重，不透气。但是每粘贴一块英石，都要用钢钉固定，工程胶贴实，要拆下重贴很难，而且容易把英石弄坏。于是我们就将错就错，顺势而为，精选一个人物形状的小英石贴于山顶，以小衬大，把左边这块英石衬得更为雄伟壮观。利用画面大片石头较小的特点，用铁锤代笔，在墙上错落地刻掉几层白灰，计白当黑，营造出缭绕的云雾，把小英石连成一片浩瀚的石林。白灰落到低处的英石上，更像山中初雪，自然天成，形成一片北国风光，千里冰封，万里雪飘的磅礴山势。最后再画龙点睛，题字确定这幅贴画主题为：“会当凌绝顶，一览众山小”。就这样，这幅英石贴画就完成了！

（2）箫韶九成，凤凰来仪

“箫韶九成，凤凰来仪”出自《尚书·益稷》。箫韶，相传箫韶为舜制的音乐。画面意境是说箫韶之曲连续演奏九章之时，传说中的贵鸟——凤凰也会伴随乐声翩翩起舞。

这幅英石假山则是利用英石的象形特征，整个画面都充满了想象的空间，每一块英石都有一个可想象的动物形象，主题是一只凤凰于万空当中回头远眺。贴画制作的第一步，是为了切实能够将英石固定得更好，先铲掉了一层白灰，后来又因要把在地面摆出的英石，按初步拟定的位置逐一安装粘贴固定到墙上，而且要同时完成另一幅英石贴画，所以这幅贴画贴了第一块大石头之后就停下来，先去安装另外一幅英石贴画。在此制作过程中，一连几天，我们每天在这里进进出出，都能看到这块石头，越看越觉得这英石贴的位置、形态、石纹深浅，像一个凤凰的头像，只是缺了个凤冠。于是我们选出合适的石头贴作凤冠，留着先前凿下的斑驳作为背景底图，再顺势根据英石的形状贴出了“箫韶九成，凤凰来仪。击石拊石，

百兽率舞”的情境。整个画面以人无限的联想。整个贴画过程，我们不断发现英石的自然美，再创造性地造型与组合，“三分人工，七分天成”，在贴画创作过程中，充分利用了英石的天然形态来表现心中所想的意境。

7. 故事3：“箫韶九成，凤凰来仪”！

“箫韶九成，凤凰来仪”！

万物皆有灵性，鸟儿也许读懂了这话里的感召……

红耳鹎

监控拍摄的红耳鹎建窝现场

(1) 2021年4月6日

我们惊喜地发现一对红耳鹎在旨园低矮的桂花树上建好了自己的窝。

它的窝由细的枯枝、枯草、树叶甚至塑料袋碎片等材料编织成，内垫细的枯草茎、草根、鸟羽等柔软些的材料。其间红耳鹎甚为活跃，常站在树梢高声鸣叫，或雌雄鸟在树冠与花丛间相互追逐。

小资料：

红耳鹎通常营巢于灌丛、竹丛和果树等低矮树上，巢多置于灌木或竹丛枝杈间，也见在香蕉林和香蕉叶柄处营巢。巢呈杯状，大小直径为7—8厘米，高7—15厘米，深4—6厘米，距地高0.8—2米。每窝产卵2—4枚，多为3枚。卵粉红色，布满暗红色和淡紫色斑点，尤以钝端较著，常在钝端密集形成一道暗紫红色环带。孵化期为12—14天。

（2）2021年4月13—14日

我们又发现红耳鹎已经在窝里产下三颗蛋。

监控拍摄的红耳鹎窝里三颗蛋

（3）2021年4月16日

换高清可录音的监控镜头开始观察。

（4）2021年4月17日

上午6:53离开自己的窝，不知何时又回窝里了……

上午10:15有人经过再次飞离……

因鸟窝距离月亮门很近，而且位置较低，干扰比较多，所以鸟妈妈基本晚上人尽离去才开始孵蛋。

夜深，因为许多蚊子的滋扰，鸟妈妈的翅膀护得更紧了。

早上来往的学生多，鸟妈妈就又飞离鸟窝，站在高枝上盯梢。

（5）2021年4月22日早上7:20

一只绿色小雀飞过来了，两只红耳鹎都飞回巢，赶走那只小雀，大家可以扫二维码欣赏这段视频，真是很精彩！

刘行棠老师拍摄的刚孵育出的红耳鹎

（6）2021年4月24日早上7:55

刘行棠老师轻手轻脚走去拍录，竟然看到了这些新生命颤抖着抱在一起，好神奇啊！提前一天破壳！看着它们的诞生，心灵都会震颤起来！

（7）2021 年 4 月 24 日下午 1:54

鸟妈妈飞回窝来，给幼鸟喂食！而且这整个上午，鸟妈妈都特别频繁地飞来飞去，给雏鸟喂食。两只大鸟给予了三只雏鸟无微不至的照顾，喂养方面，其中的一只大鸟有时安静地在鸟窝旁边守护着另一只大鸟喂养雏鸟，有时是两只大鸟接力式喂食，一只喂养完留在旨园寻找食物，另外一只就会飞到窝里继续喂养嗷嗷待哺的雏鸟。

小资料：

红耳鹎是杂食性鸟，但主要以植物性食物为主。常见啄食乔木和灌木种子、果实、花和草籽，尤其是榕树、棠李、石楠、蓝靛等乔木和灌木果实。动物性食物主要为鞘翅目、鳞翅目、直翅目和膜翅目等昆虫和昆虫幼虫。

一连下了几天雨后……

（8）2021 年 4 月 30 日

我们从监控画面里反复观察，突然发现没了雏鸟的叫声，窝里面也空空荡荡。于是马上去查看，果然已经鸟去巢空。细查监控才知道，前一天（4 月 29 日）凌晨五点开始，大鸟叼走第一只雏鸟，剩下的两只雏鸟，它们也继续喂哺。最后在 4 月 30 日清晨五点，鸟妈妈和鸟爸爸把剩下的两只雏鸟一只一只叼走了！它们为什么带着雏鸟搬家呢？也许是因为这里的枝叶太稀疏了，雨天日子不好过；也许是大鸟急着要训练雏鸟学飞；又也许是……我们没想到的是这家小鸟刚搬家，很快地，很多的树上都发现了搭建好的鸟窝，有一棵小树上竟然同时有三个鸟窝，一窝在孵蛋，一窝在喂雏鸟，真是好热闹……这大概就是现实版的“箫韶九成，凤凰来仪”吧！

8. 故事 4：秋日里的赓园

赓园青瓦，竹影婆娑。

苔花老屋，雨润石峰。

非遗长廊，花木芬芳。

曲径通幽，意境盎然。

赓园之秋，是最有意境的，是附小五园中最具非遗特色的。

中国园林讲究“三境”即生境、画境和意境。意境是在情与景高度融汇后所体现出来的艺术境界，园林意境往往是以构景、命名、题额和花木等来表达，因此附小赓园的建造，就在充分考虑园地生态环境的基础上，将非遗与自然相融合，精心打造了一个曲径通幽，意境盎然的学堂园林。

赓园的构景，打破了多用直线的校园活动区、整齐划一的课室和直上直下教学楼的构图风格，特别设计了更多的曲线，采用曲线石板小路连接在腾飞楼和日新楼之间，使学生在课间与学习之余能得到更好的放松，随时接受环境的熏陶，陶冶性情；

弯弯曲曲、流畅、优雅与起伏的流线，连接起秋日赓园的树荫，青瓦圆拱门，高低错落的泰山石假山和平静如镜的水池，使这园子倍增了空间整体的流动性和自然的柔软性！

平整的泰山石，给人沉稳平和的宁静感受；铺满黑色鹅卵石的水池则给人一种清新的灵动感觉，一静一动，相得益彰。如此的动静结合，传统与现代的结合，让赓园之秋，更有一种秋高气爽，流通与交互之感，让人更加心旷神怡，舒适通达。

赓园的命名，赓，含继续，传承之意，取意为赓续中华优秀文化，感受非遗魅力。赓园内精心创设了二十四节气漫画陶盘，李世石战胜 AlphaGO 的围棋棋局，清代四大著名象棋谱中的棋局“朝阳鸣凤”，十二生肖剪纸壁板和京剧脸谱。漫步赓园的竹林小道，时时可见，处处可感非遗文化与校园环境糅合缠绕，或灵动，或雅致，古朴典雅的文化气息扑面而来，让美好教育的点点滴滴浸润着校园的每个角落。同时赓园与前面所介绍的旨园合二为一，谐音“庚子”，实为记载园子建设的年份：庚子年。

赓园的题额“苔花老屋”，它恰如其分又相当精妙地点出了赓园的优美。极具特色的传统圆形青瓦花窗搭配着假山、黑石、水池和劲挺的罗汉竹，构成了以“苔花老屋”典故做的小景，让整个园林就像是一本立体生动的中华优秀传统文化教育教科书，沁人心脾，令人流连忘返。“苔花老屋”典故源自清代袁枚的《苔》：白日不到处，青春恰自来。苔花如米小，也学牡丹开。在铺满黑石的水池里，我们还安置了一方“苔花老屋”的印，红色印章在草坪跟竹子的衬托下格外清晰，给整个小景添加了不少色彩，具有“万绿丛中一点红”的效果。

赓园的花木，入秋后，红棉粗壮，龙眼端庄，榕树成行。榕树是岭南代表性树种，广州的市花是红棉，如果真要评选广州的市树，那一定是榕树。榕树是数百年来，岭南生态甚至岭南文化的标志。赓园的一棵棵榕树，在秋风中，更绿得深沉，与附小的土壤，附小的环境，还有附小的非遗生态和谐相融，它涵养水土，荫护师生。“榕者，容也，相容，包容，宽容；榕者，融也，融入，融合，融洽。”加上在大榕树下嬉戏玩乐的孩子们，构成了人、树、校“三体合一”的美好画面。

赓园秋日，意境深远，美得醉人……

9. 故事5：校园伞

嗨，你认识我吗？你知道我吗？虽然你不认识我，但我可认识你哟！每天早上，你都要从我底下走过，我认识学校每一位老师、每一位同学哟，你猜到我是谁了吗？

没错，我就是“伞”，我和我的九十八个兄弟姐妹穿着洁白的衣裳，撑开双臂，举着又大又圆的“白玉盘”，错落有致地挺立在附小的操场旁，组成了一条美丽的“伞”的长廊。雨天，我们为师生们遮风挡雨；晴天，我们为大家投下一片阴凉。每天，我们都默默地见证着学校发生的大小事情。

说起来，前不久就发生了一件让我感动的事呢。

那是一个阳光灿烂的中午，校园里非常安静。我像往常一样，百无聊赖地向四周张望。咦？有个看起来像二、三年级的小同学，正拖着一个大大的纸箱子，吃力地走过来。箱子看起来很沉，他一会儿抱着，一会儿拖着，走几步便停下来喘气。走近一点，哎呀，他都满头汗啦！我虽然很想过去帮忙，无奈我动弹不得，只好在心里给他加油鼓劲。

这时，有人过来了。他高高大大，是个六年级的男孩子。他脸圆圆的，有着浓密的眉毛和温柔的眼睛，红领巾随着他的走动在他胸前飘呀飘，一看就是个活力四射、爱帮助人的帅小伙呀！果然，他走到小同学身边时停下来了，还很和气地问他：“同学，请问你这搬的是啥呀？需要帮忙吗？”小同学气喘吁吁地放下箱子，仿佛遇到了救星，原本皱成一团的小脸上瞬间布满了笑容：“需要，太需要了！谢谢师兄！”六年级的男孩子便二话不说，搬起箱子就往前走了。小同学在旁边蹦蹦跳跳跟着，叽叽喳喳说着：“这是我们班的书，我开始觉得不重，还以为我搬得动呢！幸好师兄你帮我。”“等我六年级，我也会像你这么高这么有力气吧？”

看着他们走过，我收回了目光，心里十分欣慰。孩子们的心灵，多么美好，多么纯洁！我想，他们的老师要是看到了，也一定会和我一样快乐吧？我又想到，原来校园中除了我们，还处处都有伞呀。同学帮助同学，是友谊的伞；老师爱护同学，那是呵护的伞……

10. 故事 6：金石之锲五园印记

——华南师大附小五园一湖为主题的篆刻艺术摭谈

篆刻艺术是字法、章法、刀法三者完美的结合。方寸之间，气象万千，一方好的篆刻作品既有豪壮飘逸的书法笔意，又有优美悦目的绘画构图，更兼得刀法生动的雕刻神韵。

篆刻，“篆”古时写作“瑑”，从玉字旁。凡是在玉石上雕琢凹凸的花纹，都叫作“瑑”。其实在古代，凡属于雕玉、刻石、镂竹、铭铜的范围，都可称为“篆刻”，印章的刻制只是其中的一小部分而已。到秦汉时期，篆刻的发展堪称鼎盛，这一时期，印章在政治、经济以及日常社会生活中都得到了普及，并产生了专门制印的文字“摹印篆”，成为中国篆刻艺术史上的一座高峰，是后世书法家与篆刻家效法的典范。宋元以后，篆刻的材质由原来的铜、玉等转变为石、竹等材料，文人可以直接参与篆与刻，使得篆刻的艺术性、可视性得到提升。以至到了明清时期，大量的文人篆刻名家在字法、章法、刀法上寻求突破，提出“印从书出”“印宗秦汉”等篆刻艺术新思潮，致使中国篆刻艺术史上形成第二座高峰。

2009 年 9 月 28 日至 10 月 2 日举行的联合国教科文组织保护非物质文化遗产政府间委员会第四次会议上，中国申报的中国篆刻项目正式入选“人类非物质文化遗产代表作名录”。作为拥有全国首家校园非物质文化遗产博物馆的学校，华南师范大学附属小学一直致力打造非遗校园，我们在瑑园建设好历代篆刻墙后，又进一步把篆刻艺术融入学校的五园八馆和一湖四景，刻制五园一湖印章，便是其艺术表现之一。

五园一湖印章由于字法、章法、刀法以及款式的不同，所呈现出来的艺术效果也是各有洞天。

“昆园”细朱文印，历代篆刻史上，圆形印的作品比较少，大多数印章都是方形，这也是受到我国古代“天圆地方”“天地四方”“力阵四方”的传统文化影响。圆形印在艺术形式上有很多变化，在创作时要充分考虑文字的“印化”效果。所谓“印化”，是指通过对入印文字的结构、线条、用笔等根据印面艺术效果的需要，进行删减、增加、疏密、虚实、呼应和节奏等方面的有目的的改变，使它们达到适应印章形式美的要求，这也是一个篆刻艺术家毕生所追求的艺术手段。“昆园”在充分考虑到外框圆形的基础上，有意把文字处理得更方整一些，让印面方圆结合，形态丰富。同时把字的造型拉长，特别是“园”字内的下部分变圆转为方折，左低右高的错位处理，显得奇险多姿、照应有情，又与圆形外框相互呼应，进而达到变化统一的目的。

“琢园”细朱文印，印章风格上仿陈巨来先生的圆朱文印风，追求线条均衡流畅。细朱文印“精工”不难，难的是要“精”而“润”。“精”可以通过量的练习而达，“润”就是一个人的修炼境界，这就要求篆刻家要善学、博学和跨界等不断修炼。“琢园”字法直接选用说文小篆字体，圆起圆收的笔画突出小篆本身的儒雅。章法局部整齐匀称，“琢”字由于竖画沾边，字的重心偏高，因此有意把“园”字里面的“口”写小，让其重心也跟着偏高，达到印面和谐统一。冲、切刀结合也是这方印的特点之一，在创作时刀法并不是一成不变的，很多时候为了追求线条的丰富性，创作中要屏除冲刀、切刀之分，做到以刀创当笔。

“赓园”细朱文印，字法选用秦小篆，字体方圆结合，显得厚重浑朴而又不失机巧，笔画处理上细腻精到，包括边线在内，使整个印章的线条融为一体。章法设计方面追求一种均衡、唯美的效果，在保持文字原始美的基础上，根据印面的需要把文字上紧下松的特点进一步加大，特别是两字的下部分，所有的竖画都带有向外的张力，有种汉服的流动感，也是在对汉代玉印的一种学习与参考。

“旨园”鸟虫印。鸟虫篆是先秦篆书的变体，属于金文里的一种特殊美术字体，是在篆书文体的基础上将鸟、虫、鱼图案融入笔画的各部位，突出了线条的奇异之趣和丰富绚丽的花饰，也是传统印章入印文字中唯一需要花饰的古代美术字。“旨园”在创作时主要采用鸟、鱼和虫的纹饰，有腾飞、站立的鸟，有游动的鱼和爬行的虫，通过对这些动物的纹饰进行美化、修饰，注重其形态在置换篆法结构过程中的合理性，尽可能地不造作，不流俗，让整个印面充满浓烈的装饰风情与浪漫倜傥的情调。“旨园”印章的风格上追求“不失古风，不违字理”的高古气韵。通过对“旨”字下部分局部夸大，使结构发生合理的“突变”，增加与“园”字下部分的疏密对比，加强章法的奇诡之趣，辅以厚重的外框让精湛娴熟、婉畅遒劲的文字显得清醇端丽而又不失古雅醇正，为印章风格增添了质朴自然之美。

“丁园”朱白相间印，这类印章款式盛行于汉代私印。一朱一白，布局很巧妙，字形简单的“丁”字处理成朱文，字形复杂的“园”字处理成白文。因为这种朱白反差特别突出，初看似满白文，细审又有朱白相对。因此在创作时运用了“白文当朱文刻，朱文当白文刻”的艺术形式，让印面布排虚实相生，亦书亦画，达到朱白统一的视觉效果，既像是一方纯白文印，又像是一方纯朱文印。“丁园”是工巧一类的作品，精微的用笔和熟练的刀工让印面有一股清醇端丽，气格淳雅的风情。

“立湖”随形朱文印，这类印章构思追求巧妙，文字依照石头的形状设计，很有想象力和创造性。印石图形的特殊性导致印文的线条走向必须与边栏有所配合，因此“立”上部分的点画作弯曲处理，搭配“湖”的三点水，既能跟印石内外和谐，也呼应了附小门口立湖的水波灿灿。同时“湖”的“古”作圆形也象征着立湖与校门口中间的圆形台桌。

（作者：刘行棠）

五园一湖篆刻从设计到完成历时三个月，充分结合五园的命名与特色而设计，力求把五园的精神融入篆刻的风格中去，让我们看到篆刻作品就可以联想到五个园林所特有的“一校五园，一园四时”的美景。

11. 以美育人、以美化人、以美培元
——记学校艺术实践美育馆揭牌

正值广东省新一轮（2021—2023）名校长、名教师工作室揭牌之际，2021 年 10 月 19 日上午，我校进行了华南师大附小艺术实践美育馆的揭牌仪式。张锦庭校长围绕学校艺术实践美育馆介绍了建馆的目的和意义。他指出：艺术实践美育馆的建设是为了落实中共中央的文件精神和要求，是引导学生健康发展的主场地。他表示：艺术实践美育馆会秉承以美育人、以美化人、以美培元的理念，积极开展各种艺术

张锦庭校长介绍学校艺术实践美育馆的建设目的和意义

实践活动，帮助学生沉浸在美好、和谐的校园氛围中，助推学生德智体美劳全面发展。

随后，由领导、嘉宾和附小校级领导共同为华南师大附小艺术实践美育馆揭牌，同时，华南师范大学党委副书记黄兆团宣布华南师大附小艺术实践美育馆开馆。

揭牌仪式上，学校舞蹈队、艺术团展示了《落雨大》《追逐梦想》舞蹈表演

舞蹈队学生正在表演

学生正在器乐演奏

和器乐演奏，得到了领导和嘉宾的一致好评。

千里之行，始于足下。名师引领、育人环境重构已成为我校进行教育教学改革的主抓手。揭牌仪式标志着新的开始，相信在工作室主持人的示范、引领下，我校的工作室定能成为优秀教师教学研讨的平台，名师成长的摇篮。相信随着我校“五园八馆”的建设和落地，也必将为学生素质教育的培养提供新的实践场所，为教师探索学科教学与创新提供新的路径，为学校整体高质量发展提供新的契机。

学校艺术实践美育馆正式揭牌

领导、专家和工作室主持人及助手合影

四、夯实美好教师成长之径

以美好教育赋能自主探索精神，把主动权交给老师和学生，这是华南师大附小推行“美好教育”时一直秉持的方法论。为了激活教师在专业上的创新力，并以此作为学校课程改革的内驱力，附小教师深入挖掘、整理，开发形成美好教师的培养资源，在给教师合理授权的同时，联同学校学科教学名师，构建学习共同体，开展常态化教师培训和网络教研，旨在促进学校年轻教师的专业成长。

在师资培养建设方面，联通多方发力，汇聚课程资源、活动资源、教研资源、名师资源、名师工作室资源、教法资源、校本资源以及学术资源、高校资源、美育资源、图书资源、理念资源和制度资源等，形成华南师大附小“美好教师”师资培养资源体系。在常态化教师培训的组织上，学校允许所有教师充分运用美好教师培养资源，开展教育教学的实践探索，促使教师在实践与反思中发挥自身优势，展现教师个人魅力。在网络教研的开展形式上，结合学校实际和现有优势，联合辐射学校的名师资源，发挥名师工作室的作用，构建不同群体的学习共同体，开展名师互助交流课堂、校际校内学科名师指导交流课堂及学科教研、工作室研修活动和直播教研活动等，促进青年教师快速成长的同时，也形成一批基于不同共同体的教师专业成长培育模式和典型案例。

1.“美好教师”能育人也能培养老师

华师附小以“美好教师”为培养理念，从而更好地帮助年轻教师成长，以期培养更多“南粤名师”。张锦庭表示，在现有条件下，要发挥好“南粤名师”的引领作用。

要发挥好“南粤名师”的引领作用，张锦庭认为需要做到三点。一是做好“传帮带”，二是形成优质数字教育资源或学术成果，三是加强“南粤名师”的全国影响力。关于“传帮带”，张锦庭认为，“南粤名师”可发挥技术赋能作用，在校内外开展线上或线下教研，帮助年轻教师更快成长。“南粤名师”可通过讲座、支教和公开课等形式，传授自己的成功经验，为年轻教师提供“取经”的渠道。而那些已有名师工作室的“南粤名师”，更可以借助名师工作室的影响力，开展培训，传授经验。

在形成优质数字教育资源或学术成果这方面，“南粤名师”们可结合自己的教学特色，凝练教学经验，开发名师资源，探索扩大示范引领的渠道。尤其是名师工作室的“南粤名师”更可以借助这一渠道，形成教学或学术成功经验并加以推广。在加强名师的全国影响力方面，张锦庭介绍称，华师附小的做法一是加强对“华附联盟”学校的指导，使名师在广东省产生影响力；二是利用支教平台，对支教所在地产生影响力；三是参加全国“一师一优课，一课一品牌”，在教育界产生影响力；四是参加行业协会、各专业委员会等组织的活动，从而产生影响力。

华师附小在“美好教育”的办学理念下，提出“美好教师”的培养理念，形成从名师引领到资源整合到教研互动成长到构建特色课程的“美好教师”培养范式。这样的培养范式，也是在培养未来的“南粤名师”。张锦庭介绍，在名师引领方面，华师附小以学校现有名师工作室为基础，联合高校教育专家，不断更新青年教师的教育教学理念，解决他们在教学中遇到的问题，并提供专业培训和指导。

在资源整合方面，华师附小拥有“美好教育培养资源库”。在教研互动成长方面，华师附小有“青蓝工程”。“青出于蓝而胜于蓝”，该工程正是为了发挥骨干教师的“传帮带”作用，帮助青年教师成长。在构建特色课程方面，华师附小的青年教师在名师专家的引领下，通过不断的观摩、学习、思考和实践，为学校的“美好教育课程”添砖加瓦。比如，华师附小的“非遗校本课程”是学校“美好教育课程”的招牌，青年语文教师在熟悉该校本课程之外，就需要思考运用自己的学科专业能力，推动这一校本课程发展，尝试开发其他有意义、有价值、可实施的校本课程，从而丰富“美好教育课程”的体系。

2.美好教师培养理念及实践体系建构

“美好教育”着眼于学生健康成长、教师职业幸福、人民感受公平、服务社会进步，率先高水平实现教育现代化。华南师范大学附属小学一贯坚持“美好教育”

的理念，并在这一理念的基础上提出了“美好教师”的培养理念。本部分深入论述了华南师范大学附属小学“美好教师”培养理念及其内涵和意义、美好教师的特质、美好教师培养资源的基本内容，并以语文学科为例论述了美好教师培养模型。华南师范大学附属小学始终坚持“美好教育”理念，力求打造一支“美好教师”队伍，建设一所“美好学校”。

（1）美好教师培养理念

华南师范大学附属小学校长张锦庭提出：“施行‘美好教育’，方能成就‘教育美好’，美好教育既是时代呼唤，也体现教育改革发展的趋势，既要达成个体身心和谐发展，又要促进民族兴盛”。华师附小以“美好教育”为办学理念，在教师教育培养方面则立足于“美好教师”的培养理念，旨在培养老师，打造具备专业性、创新性和综合性的优质师资队伍，真正做到“让学生享受一流的基础教育，使学生奠定终生发展的基础”。

①扎实专业素养与教研能力。老师的发展离不开扎实的学科知识、科学的教育理论和丰富的教育实践，为此，华师附小在打造高素质专业化师资队伍上实施了许多有效措施，其中包括：名校长工作室和名师工作室为教师提供成长平台，特色科研活动培养教师研究思维，师范技能比赛锻炼教师能力，各类学科教研、区域教研、课题研究为老师们专业性发展加油助力。此外，华师附小充分发挥师范学校附属学校的优势，积极利用高校资源，聘请高校教育专家莅临指导工作，与高校在学生和教师发展方面展开深度合作，以提升学校教师教学、管理、教研、科研的能力。

②培养独特教学个性与创新意识。苏霍姆林斯基曾说：“在教育中，一切都应当以教育者的个性为基础。知识的教育力量就在于教师的个性。”华师附小极力培养教师形成特色的教学理念和教学特色，打造品牌课程，通过开展教师培训如“青蓝工程”“一师一优课，一课一名师”等活动，促使教师在实践与反思中发挥自身优势，展现教师个人魅力，更好地赋予教学以灵魂。学生是各式各样的，同一个学生也时刻处于变化之中。作为教育的实施者，老师要适应学生的变化，对此张锦庭校长提出了创新性的教育理念“美好教育”，鼓励教师培养创新思维和能力，敢于尝试挑战常规课堂，打破千篇一律的教学，增加教学的趣味性，调动学生学习积极性。在该理念影响下，华师附小的师资队伍拥有众多锐意创新的老师：语文科组老师以精彩纷呈的教学活动打造语文学科的精品；数学科组老师强调要玩数学、做数学、学数学；英语科组老师不断拓展学生的国际视野……这些勇敢的尝试不仅使学生开阔眼界、锻炼思维，也帮助老师度过职业倦怠，为教师长远发展注入活力。

在科技日新月异的今天，华师附小坚持不断思考与实践，既引进吸纳教育技术成果为教学增光添彩，同时启动有爱有温度的双线融合的优秀教师培训模式，给予学生人工智能不能代替的人文关怀。

③提升综合实力，沉淀文化底蕴。教育部颁布的《关于实施卓越教师培养计划的

意见》中提出，未来在小学教师培养领域将“重点探索小学全科教师培养模式，要培养能够胜任多学科教育教学需要的卓越小学教师”。华师附小注重培养综合实力强的教师队伍——不但要有过硬的专业知识，还应具备学科融合的教学理念和执教能力。学校致力于培养德智体美劳全面发展的学生，开发了多门校本选修课程，提供丰富多彩的社团活动，包含科技、艺术、运动等多方面。在培养学生的过程中老师亦要与时俱进，需要了解中国教育基本情况，具备相应的自然科学、人文科学知识，全面发展的综合型教师才能适应时代的需求。

在各式课外活动中，华师附小注重弘扬传统文化，被教育部评为全国中小学中华优秀文化艺术传承学校。学校以“一班一非遗”的形式开展非遗校本课程，课程包括象棋、古琴、纸雕、京剧、扎染等，其中还有独具岭南特色的龙舟、凉茶、潮剧等。沉淀文化底蕴、弘扬民族精神、增强文化自信是学校的发展理念，作为学生活动的引领者和指导者，教师也要具有相应的文化素养和文化担当意识，能引导学生积极参与文化活动，培养学生对文化的兴趣，鼓励学生创新和丰富文化内涵，让非遗文化能后继有人，让文化基因和民族基因不会被年轻一代遗忘。

以人才为本的战略，是“华附联盟”的核心竞争力。唯有真心实意培养好教师，方能全力以赴助力好教学，让“美好”不只是教育的遐想，亦成为教育者的梦想，更是未来发展目标的理想。

（2）美好教师的特质

美好教师应该心怀美好教师理念，做仁爱之师，促学生向善，在教学中能渗透美育，培养学生积极、乐观向上的人生态度。

心怀美好教师理念。理念是行动的先导，指引着行动的方向。美好教师必须心怀美好教师理念，用理念去指导自己的行为。心怀美好教师理念，才会向往美好，追求美好。在教育学生的过程中，时刻以美好教师理念来衡量自身的行为，以美好为行为导向，始终向着美好前进。心怀美好，必遇美好。只有教师将美好教师理念落到实处，美好教育才能落到实处，才能培育美好学生。

做仁爱之师。做美好老师，要有仁爱之心。子曰：仁者爱人。教育就是一门“爱人”的事业，爱是教育的灵魂，没有爱就没有教育。美好老师应该是仁师，没有爱心的人不可能成为美好老师。高尔基说：“谁爱孩子，孩子就爱谁。只有爱孩子的人，他才可以教育孩子。”教育风格可以各显身手，教育技术有高有低，但爱是永恒的主题。爱心能够滋润浇开学生美丽的心灵之花。老师对学生的教育和引导应该是充满爱心和信任的，在严爱相济的前提下晓之以理，动之以情，让学生“亲其师”“信其道”。用爱培育爱、激发爱、传播爱，通过真情、真心、真诚拉近同学生的距离，滋润学生的心田，使自己成为学生的好朋友和贴心人。好老师应该把自己的温暖和情感倾注到每一个学生身上，用欣赏增强学生的信心，用信任树立学生的自尊，让每一个学生都健康成长，让每一个学生都享受成功的喜悦。

促学生向善。教师不仅是知识的化身，还是道德的典范、人格的楷模，是学子们人生可靠的引路人，因此老师应时刻以“德高为师，身正为范”这八个字警醒自己。以德立教、以身示教，用高尚的人格为每颗纯洁心灵的塑造而竭尽全力。“无德无以为师。”真正优秀的教师，一定是以身作则、率先垂范的人。他时刻用高标准来要求自己，以身作则，给学生潜移默化、影响深远的教育。做一名美好教师，必须肩负起培养教育下一代，为祖国的未来夯实基础的重任，必须用健康的价值观和高尚的道德情操在学生们的心中种下善良的种子。

在教学中能渗透美育。美育是审美教育，对人们情趣以及感受美、鉴赏美和创造美的能力的培养有着积极的促进作用，同时还对人的思想感情以及精神面貌有着不可忽视的影响。美育在课堂教学中起着举足轻重的作用，教学离不开美育，在教学中渗透美育，发挥美育对教学的推进作用，实现美育和教学的相互协调和共同发展。美好教师要充分挖掘教材的审美因素，采用灵活多变的艺术形式，将教材中的美呈现给学生，通过向学生展示真、善、美，使学生形成对真、善、美的正确认识，并获得真、善、美的感受，进而在教学中实现以美辅德、以美益智、以美健学的目标。

培养学生积极、乐观向上的人生态度。开朗、乐观、向上是一种积极的心理品质，它是学生提高成绩的关键。林肯曾经说过：“拥有一种积极进取的心态，胜过拥有一座金矿。”作为教师，我们随时随地都在给学生提供着榜样，我们的一言一行都成了学生模仿的范本。我们为孩子提供什么样的土壤，就会有什么样的禾苗生长。美好教师应该赏识孩子，用放大镜去寻找学生的闪光点，让学生自信乐观。事实告诉我们，学生需要鼓励，需要肯定，需要赏识。心理学家说：“人最大的需要就是被了解与欣赏。”学生在体验到被鼓励的幸福感的同时，也产生了乐观向上的心态。

（3）美好教师培养资源基本内容

教师教育培养需要以丰富的资源为学习载体。附小“美好教师”培养资源的具体内容可以分为十三种：理念资源、制度资源、美育资源、高校资源、图书资源、教法资源、校本资源、学术资源、课程资源、工作室资源、名师资源、活动资源和教研资源。

华南师大附小“美好教师”培养资源分类

(4) 华南师范大学附属小学美好教师培养模型——以语文科为例

美好教育不仅是附小每一位教育工作者的心之所向，更是每一位教育工作者的身体力行。华师附小在校内外青年语文教师教育培养方面，以理念文化为方向指导，以多方资源为实践支持，以教研互动为培养机制，以名师专家为激励引领，以特色课程为提倡凝聚，五个层面相互依存，相互促进，最终指向“美好教师”专业发展与队伍建设这一根本目标，开创了“五位一体”的培养模式。

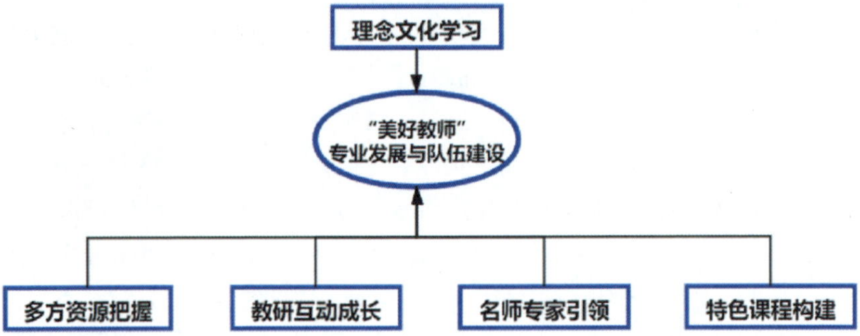

华南师大附小“五位一体”培养模式

①理念文化学习

校内外青年语文教师的首要任务是理解并认同附小的理念文化。华师附小充分发挥理念文化的方向指导作用，以“美好学校”“美好教育”和“美好教师”等一系列的教育教学理念，指明青年语文教师的奋斗方向，坚定任职语文教师的努力决心，促进教师个人专业素质和教研团队整体素质的共同提升。在先进科学的教育教学理念潜移默化的影响下，青年语文教师在日常的语文教学、教研活动和德育管理等工作中，自觉地以之为标尺，自我约束，自我鞭策，自我提升，努力迈向“美好教师”队伍行列，教师团队合力携手，共践“美好教育”，共建“美好学校”。

②多方资源把握

在学习理解附小“美好教育”“美好学校”“美好教师”的基础上，青年语文教师将得到系统了解附小所积淀的“美好教师培养资源库”的机会。青年语文教师要认识到，附小充分发挥多方资源的实践支持作用，积累多年语文教学的经验，敢于创新语文教学模式，创建了涵盖校内资源、校外资源、有形资源和无形资源的优质丰富的教师培养资源库。通过该资源库，青年语文教师把握今后教师成长路上所能接触的各类资源，寻找并思考自身的发展路径。

③教研互动成长

“青蓝工程”充分发挥经验丰富的骨干教师的传帮带作用，帮助青年教师快速成长。形式多样的教研活动为青年教师深入沟通、相互交流与学习、取长补短提供渠道，教师在常态化的教研活动中不断成长与突破。华师附小鼓励教师用理论知识指导、丰富教学，将教学实践整理、转化为理论成果，在教学中研究，在研究中教学，实现两者共同发展。赛课、师范技能比赛等各类比赛，激发教师潜能，提升教师自身技能，提高教师团队整体能力，实现互动成长。

青年语文教师将以“青蓝工程”为摇篮，以教研活动为日常养料，以科研课题为助推器，以各类比赛为催化剂，多途径寻求自身成长。

④名师专家引领

在“美好教师”的成长路上，除了教师互动成长，专业的引路人同样至关重要。

附小已成立的名校长工作室、名师工作室不在少数，各工作室主持人能为青年语文教师提供更深层次的培训与指导。比如，江伟英名教师工作室出版《思维导图画出好作文》等专著，发表《导图导学，实现“教是为了不教”》等论文；何向梅名教师工作室开设“一线小学教师写论文这事”等课程。名教师工作室发表的论文、出版的专著、开设的课程，都为青年语文教师走进极具华师附小语文科特色的——导图导学，提供了最为鲜活的资料和最为丰富的平台。

同时，华师附小发挥师范学校附属学校的优势，积极利用高校资源，聘请高校教育专家莅临指导工作，为校内外青年语文教师不断丰富理论知识，创新教学实践提供方向指导和信心支持。

⑤特色课程构建

从理念学习、资源把握到“青蓝工程”、常规教研、科研比赛的教研实践，辅以名师专家引领，青年语文教师不断地观摩、学习、思考、实践，用自己的力量为华师附小“美好教育课程”这一体系添砖加瓦。比如，非遗校本课程是华师附小美好教育课程的招牌，青年语文教师除了尽快熟悉该校本课程外，更应思考如何运用自己的学科专业能力推动该校本课程发展，开发其他有意义、有价值、可实施的校本课程，以丰富美好教育课程体系。

为使华师附小教师培养规范化、系统化，学校制定了美好教师培养模型。以语文科为例，青年语文教师首先要接受华师附小“美好教育”“美好学校”“美好教师”的理念文化培训，感受学校宝贵的文化氛围和理念精神，明确奋斗方向；其次，了解附小所拥有的多方资源，把握自身成长路径，认识多方资源合力互补，掌握与时俱进、开放活力的“美好教师培养资源库”，为自身探索语文教学提供丰富实用的实践支持；进而通过“青蓝工程”从骨干教师处取经解惑，适应教学；通过听课、听报告、科组备课、个人授课说课评课、区域教研等常规教研活动丰富实践；通过科研比赛获取自身能力的不断突破；寻求名教师工作室主持人、高校专家的专业指点，以期更为深入地把握“用思维导图教学”这一附小语文科教学名片；在积极掌握现有校本课程的同时，主动探索美好教育课程体系的构建，朝着“美好教师”的目标披荆斩棘，稳步前进。

十年树木，十载风，十载雨，十万栋梁。师者，孩子行为之榜样，灵魂之培育者也。华师附小以“美好教师培养理念”为内核，以“美好教师培养资源”为支撑，以“美好教师培养模型”为指引，力求建设一支温暖有爱、认真负责、求进求精的华师附小“美好教师”队伍，教师团队合力携手，共践“美好教育”，共建“美好学校”。

3. 做好校本研修，促进教师专业提升

师资队伍的建设是保证教育质量的重要抓手。2018 年，中共中央、国务院在印发的《关于全面深化新时代教师队伍建设改革的意见》文件中，明确提出要大力振兴教师教育，不断提升教师专业素质能力。2019 年，中共中央、国务院在印发的《关于深化教育教学改革全面提高义务教育质量的意见》文件中，明确提出要大力提高教师的教育教学能力，以新时代的教师素质要求以及国家课程标准为基本导向，提高教师培养和培训质量，体现了强化师资队伍质量的重要性。

为此，在“美好教育 教育美好”的办学理念指引下，从“美好教师”培养的视角出发，学校结合自身实际，顶层规划，布局谋篇，充分发挥毗邻高校优秀的专家资源，通过“走出去，请进来”的策略，从优质教育教学资源汇聚、师资培养模式创新等方面，重新塑造校本研修新样态，拓宽教师专业成长路径，期望惠及更多年轻教师，培育出更多教学能手。

（1）多方发力，汇聚优质教育教学资源

汇聚华南师范大学附属小学美好教师培养资源，打造优质健全的美好教师培养资源库是华师附小教师发展成长的重要支撑，是建设卓越小学教师队伍的重要基础，是提高华师附小核心竞争力的重要路径。根据培养资源的来源、呈现形式等不同方面，可将学校美好教师培养资源分为校内资源与校外资源、有形资源与无形资源。

①校内资源

校内资源包括课程资源、活动资源、名师资源、工作室资源、教法资源、校本资源以及学术资源等众多资源。其中，课程资源包括国家课程、特色课程；活动资源主要包括师德师风建设活动、“青蓝工程”活动、“一师一优课，一课一名师”活动、教师继续教育、支教与外出培训考察活动、师范技能培训与比赛等；名师资源主要包括名校长、名教师工作室主持人和各学科骨干教师；工作室资源主要包括基于名师工作室，形成领导各类课程的资源和教学论文等，如导图导学课、数学思维课、英语绘本课、经典因素课等；教法资源主要包括“导图导学”教学法、三明治故事教学法、“三结合”英语教学模式、以经典吟诵法和“三步五径”法为核心的国学经典课堂教学模式、为创作而教的信息技术教学法等；校本资源主要包括数字阅读课程、STEM 课程、430 课程、非遗传承课程；学术资源主要是包括课题、论文、专著等资源。

②校外资源

校外资源包括教研资源（主要包括集体备课、专家讲座等）；优质的高校资源，为教师教育培养提供路径指引。华师附小作为师范大学附属学校，拥有丰富且优质

的高校资源，高校教育专家能够为学校教师提供理论及实践多方面的指导，有效扩充学校教师教育培养的内容，提升学校教师教育培养的质量，引领教师教育培养的方向。其中，高校资源主要是学校作为首批华南师范大学——广州市教育局创建国家教师教育创新实验区教师发展学校之一，积极利用师范大学附属学校的优势，聘请高校教育专家莅临指导工作，与高校形成合力共进态势。

③有形资源

有形资源包括美育资源以及图书资源，为教师教育培养提供良好的物质文化基础。美育资源主要包括校园环境布置、非物质文化遗产保护学习活动。其中，校园环境布置主要体现在学校可通过文化的塑造引导成员的行为心理，使学校群体产生强烈的内聚动力。非物质文化遗产保护学习活动主要体现在：学校围绕非遗进校园的生态建设，开展的一系列艺术实践活动、国内外非遗展示交流活动，形成一系列传承和普及非遗的体系化资源；图书资源主要包括流动性图书馆和开放式图书馆。前者主要是通过自由借阅书籍、自愿捐赠书籍等活动，形成全校师生读书学习的良好氛围。后者主要体现在与华南师范大学图书馆、广东省立中山图书馆联网，通过建立电子数据库共享图书资源，便于师生检索和阅读，努力推动学校图书资源均衡化的顺利实现。

④无形资源

无形资源包括理念资源和制度资源，为教师教育培养提供科学化的制度基础。其中，理念资源主要包括“美好教育”办学理念、“美好教师”培养理念。前者主要是在新的教育形势下，华南师大附小校长张锦庭提出：“施行‘美好教育’，方能成就‘教育美好’。”此后，学校以“美好教育”为办学理念，以“德育为首、教育为主、科研为先、育人为本”的思路来开展学校的各项工作，努力实现“育名生、出名师、创名牌”的办学目标。“美好教师”培养理念主要是学校立足于“美好教师”的培养理念，旨在培养老师，打造具备专业性、创新性和综合性的优质师资队伍，真正做到让学生享受一流的基础教育，奠定学生终生发展的基础。制度资源主要围绕“美好教育”构建了相应的制度体系，如《华南师大附小师德建设五年规划》《华南师大附小教职员工等级评定考核实施方案》和《华南师大附小班主任等级评定考核实施方案》。

（2）多元并进，探索有深度、有梯度的师资培养模式

学校立足人才战略的远大目标，以“多元化”专业发展为导向，积极拓展促进教师专业成长的有效路径，以教师专业素养提升来支撑“一体四维”研修模式，形成了在实践中锤炼教师队伍的新思路。

①实施“教师信息技术素养工程”

新一轮课改要求教师重塑自我、重构课堂、重建教学，这对教师的学科专业素养也提出了严峻挑战。基于此，学校以实施教师素养提升行动为抓手，探索开发以任务为导向，以教育实践为目标的高质量、多元化的教师研修课程，开展专家讲座、技术培训、信息技术和学科融合培训、核心素养理念培训课程、教师心理健康培训

课程、团队建设拓展培训课程、继续教育课程等，由此引领教师不仅要接受新理念，学习新知识和技能，还要参与对教育实践的主动建构，由此培根固本，提升教师专业素养，引领教师的全面发展。此外，学校每学期不定期组织教师开发微课程，上公开课，撰写教学论文，参加教师教育教学信息技术交流大赛，全方位地为教师提供专业成长的路径，引导其快速成长。

②实施师徒结对“青蓝工程”

多渠道、多层次、立体式地开展师徒结对工作，以“入门式”“协作式”“提高式”“造才式”评定师徒的结对定级。分析教材、编写教案、双向听课是“青蓝工程”师徒结对活动的主要形式。师傅上好示范课，并在分析教材、研究教法、编写教案方面对徒弟进行全面扶持。徒弟的备课质量由师傅全面负责，多问、多听、多记录、多总结，积极主动、虚心地向师傅求教，除了认真听好师傅的示范课外，多听其他师傅的随堂课、教研课，并上好规范课，“同课异构”研讨课或优质汇报课。

师徒结对活动充分发挥我校名师、骨干教师和优秀班主任的传帮带作用，进一步促进学科带头人、骨干教师自身素质的提升。加强中青年教师的培养，努力营造有助于教师专业成长的良好氛围和健康向上的系统文化，激励不同层次教师的成长，逐渐形成了一支基础扎实、专业精湛、素质优秀的教育教学人才队伍，推进了我校教育教学工作快速、和谐发展，造就了一批在省市乃至全国有影响的学有特色、教有特色的名师，形成了金字塔式的教师队伍结构，实现了我校教师队伍素质的动态提升，助力华师附小教师教育教学的先进理念真正在全省乃至全国起到引领和辐射的作用。

③实施“名师引领工程”

学校秉持“汇聚资源，强化管理，打造学校核心竞争力”的原则，深度探索教师团队发展路径，创新优秀教育人才成长培养机制，在充分发挥我校省级名校长、名教师工作室主持人的示范、引领作用基础上，组建了校级“首席教师”“骨干教师”“优秀教师”“新星教师”四级教师队伍建设梯队，在梯队内部实行“名师领衔、层级带教”的团队研修模式，逐步形成以名师为核心的高层次骨干教师团队和专家型教师研究群体，通过开展“名师引领课”“名师大讲堂”等系列活动，让名师团队成为孕育优秀教育人才的“孵化园”。

此外，我校还积极承接区域年轻教师的跟岗学习，优质教育资源的共建共享等任务，主要体现在：做好校际合作，跟岗交流促发展。学校积极承办区域教师的跟岗学习，为年轻教师传授经验。例如，2020 年 12 月 17 日下午，江伟英名教师工作室展示暨天河区小学语文六年级教研活动在华师附小腾飞楼二楼阶梯教室举行。天河区各小学派一位六年级语文老师现场参与，其他六年级语文教师通过扫二维码观看网络直播。做好区域帮扶，支教研培促发展。为加强粤、藏两地教育教学交流，推进资源共建共享，提升教师的职业素养及综合能力，华师附小多次组织学科优秀骨干教师参加由林芝一小组织开展的教学交流活动，旨在为林芝一小传递先进的教育理念和教学方法，促进林芝一小教师们的成长。

4. 搭建专业成长平台，提升教学能力空间

——记华南师大附小语文科组“青蓝工程”汇报课

青年教师是学校未来发展的保障，华南师范大学附属小学一向重视对青年教师的培养，力争为青年教师提供学习交流机会，为他们的专业成长搭建互动交流平台。2019 年 11 月 12 日，语文科组在腾飞楼二楼阶梯教室进行本学期的“青蓝工程”汇报课，四位青年教师为参加“华附联盟”班主任培训的老师们、江伟英名教师工作室跟岗实践活动的湛江南三岛小学语文骨干教师们、罗定泷洲小学的骨干教师代表们和华南师范大学教科院的大学生们展示了四节风格各异的课例，一展华师附小青年语文教师的教学风采。

首先是孙绍雨老师和六（2）班孩子们带来的《少年闰土》。鲁迅笔下的少年闰土机智勇敢、质朴可爱而又见多识广。孙绍雨老师带着孩子们梳理课文脉络，按写作顺序把四部分正确排序，用简洁的语言概括出闰土讲的四件新鲜事儿，感悟闰土的美好形象，体会身在“院子里高墙上的四角的天空”的无奈……孙老师创设情景让孩子们练习有感情地朗读，整节课书声琅琅，语文味儿十足。

陈柳老师和二（4）班的孩子们用可爱的玩偶小猪佩奇作为课堂主角，展示了一节高效、生动的写话课。首先，陈老师让孩子们触摸小猪佩奇，分享他们的真实感受，并把小猪佩奇的外形和触感等相关内容用鱼骨图呈现出来。口头说一遍后，陈老师提醒孩子们可以按自己介绍的需要排序，给孩子们示范如何在写话前利用鱼骨图整理写作提纲，梳理写作脉络，完善写作内容。紧接着，孩子们就自己带来的最喜爱的玩具，画出自己的思维导图并下笔成文，初见成效。

俗话说："麻雀虽小五脏俱全"。我想说，麻雀不但五脏俱全，更具备人一样的灵性。《麻雀》一文虽短，却将这灵性表现得淋漓尽致。强丽雯老师为大家呈现了一堂精彩的讲读课。四（2）班的孩子们在一问一答间，一读一品中，感受到了老麻雀的勇敢与坚毅、猎狗的强势与退缩。孩子们还学会了如何把事情写得清楚、具体，感受到了母爱的伟大以及动物和人一样的情义。

《坐井观天》的故事被数代人聆听。目光短浅的青蛙的对手也由千年前的海鳖变成了今天的小鸟。管宁老师给二（3）班的孩子们讲述着同样的故事。从生字讲到句子，从句子感受寓言的哲理。孩子们一笔一画地书写着，一字一句地朗读着，浅显的故事读出了人生哲理。虽然一双双眼眸中还有些稚嫩，但我们相信一节课、一个故事也能在孩子们的心田种下一颗智慧的种子。

四节"青蓝工程"汇报课后，江伟英副校长为大家做了"思维导图 变教为学——如何使用恰当的说明方法介绍一种事物"的专题讲座。江伟英副校长就《少年闰土》《我最喜爱的玩具》和《海底世界》等课例深入浅出地介绍了如何用思维导图提升小学生语文素养的有效途径，促进了孩子们语文学习能力的提高，让大家初步掌握了怎样让学生独立自主地使用说明方法介绍一种事物。讲座内容富有针对性，让在座的老师受益匪浅。

5. 青蓝携手共成长，薪火相传谱华章

——华南师大附小数学科组“青蓝工程”教研活动

黄家声老师《平行与垂直》

三人行，必有我师焉。为充分发挥骨干教师的“传、帮、带”作用，加快青年教师专业化成长的步伐，提高青年教师课堂教学水平，加强学校师资队伍的建设，本学期开学以来，我校数学科组继续开展“青蓝工程”师徒结对活动。开学初，数学科组就从两个方面加大了活动力度，一是增加了师傅们每周的随堂听课，二是师徒结对在保证一对一线段结构的基础上，成立了导师组，增加多对多的立体网状结构，这两个改变让数学科组“青蓝工程”的活动成效更加显著。11 月是“青蓝工程”教学展示月，本次活动获得学校领导的高度重视，并邀请了广西岑溪的一批数学名师莅临观摩。

吴镁镁老师《认识钟表》

陈嫚老师《角的练习》

陈美老师《倍数关系》

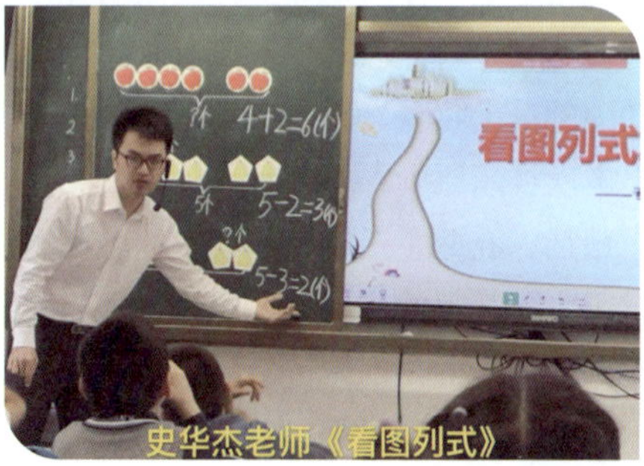

史华杰老师《看图列式》

本次“青蓝工程”数学科组展示课于 11 月 5 日到 11 月 9 日顺利进行，活动中五位青年教师向各位老师展示了自己的教学风采，获得了大家的一致好评。

2018年11月8日下午，在学校腾飞楼四楼大队活动室，数学科组的全体教师与广西岑溪的数学名师们开展了“青蓝工程”评课活动。本次活动由科组长常春丽老师主持，活动主要分四个环节，首先是四位青年教师针对自己展示课的教学情况，阐述了自己的设计思路和目标达成。通过汇报可以看出青年教师对于本次活动高度重视，课前积极认真进行备课，深入研究教材，并在师父们的认真指导下进行多次磨课。

第二个环节是，在座各位老师对本次展示课中青年教师的教学情况进行针对性的点评。老师们一致认为四位青年教师都有很大进步，整节课教学思路清晰，环节紧凑，重难点突出，设计合理，课堂学习氛围好，学生参与度高。老师们也针对每个青年教师展示课的情况，提出了许多宝贵的改进建议，相信在师父们的帮扶下，青年教师的教学水平会逐步提高，专业化发展会逐步提升。

接下来，青年教师根据师父们的点评再次反思自己课中最满意及最遗憾的地方、活动中的最大收获，思考如何改进教学中的困惑，通过青年教师的汇报和反思，可以看出本次展示课中青年教师们收获良多，相信对于以后的教学会有许多帮助。

最后，孔珍主任针对本次“青蓝工程”展示课进行了总结。孔主任首先感谢师父们对于青年教师的指导，同时指出了练习课在教学中的重要性，最后提示全体教师：练习课要以学生为主体，教学素材应来源于学生，并放手让学生归纳总结。

“大鹏一日同风起，扶摇直上九万里”，青蓝携手，是经验与关爱的传递，是收获与激情的融合，是生命与事业的延续。相信在“青蓝工程”活动中，在老师们的传、帮、带下，青年教师专业化发展和教学水平能够得到更好的发展，相信华南师范大学附属小学师资队伍的建设也会越来越好。

6. 青蓝相伴，专家相助，教学相长

——记“青蓝工程”英语科青年教师课堂教学展示活动

近年来，我校教师借助“青蓝工程”平台，师徒结对共成长。青出于蓝而胜于蓝，在师傅们的带领和帮助下，青年教师们正一步一个脚印实现自己的专业成长。

2019 年 5 月 9 日至 10 日，我校英语科组“青蓝工程”之青年教师课堂展示活动在腾飞楼二楼阶梯教室隆重举行。此前青年教师们用心备课，反复磨课，师父们也全力协助徒弟听课及钻研教案，并提出有建设性的修改意见。本次活动共有六位青年教师进行展示，我校更是荣幸邀请到了天河区英语教研员李利锋老师以及广东省教育研究院原教授黄志红前来指导。

首先，刘培玉老师带领一（5）班的小朋友为我们展示了一堂朗文 1B Chapter 4“More About Animals Part C”阅读课。刘老师通过一个闯关游戏带着孩子们参观了三个各有特色的动物园，最后引发学生思考：该如何文明参观动物园？答案是“Love animals”“Orderly”“Valued”“Environmentally-friendly”，引领学生形成正确的情感价值观。

接着，余玮霖老师和六（2）班的同学们向我们展示了一堂广州版六年级下册 Module 5“Travel Abroad”的生动有趣的课例。当谈论到一个国家，首先会想到几个要素：首都城市、代表性动物或建筑、旅游景点或是“To do list”。帮助学生构建了写旅游日记的结构框架 5W+1H(when，where，who，which，why，how）。

龚敏莉老师带着三（1）班的小朋友进行了课例展示，课题为朗文 3B Chapter 4 “In the Holidays”。龚老师在帮助学生复习巩固星期、日期表达以及动词一般现在时和一般过去时变化规则的基础上，教授学生如何表达和记录在假期做过的事，包括以下要素：when，where，who，how the weather was，同时为了让语言组织更流畅，需要添加连接词：First，Next，After that 等。

5 月 10 日上午，郑力老师继续为我们带来生动课例展示。她的课题是朗文 4B Chapter 5 “Food Around the World”。在复习完各国代表性食物单词后，郑老师带着学生参加了“International Food Festival”。在这里，学生踊跃地用关键句型说出每种食物的原产地。最后，为了让学生更好区别 does 和 do 在特殊疑问句中的用法，郑老师让学生上台把食物单词按照可数名词和不可数名词重新排位。

接下来，周雪琼老师和二（3）班的学生给大家展示了朗文 3B Chapter 5 “Sports We Like”课例。在完成重点句型“Do you like (doing)……?” “Yes, I do./No, I don’t.”教学后，周老师设计了一个学生自由调查活动，最后上台进行“report”，很好地调动了学生的积极性，检验了知识的输出，即口语表达能力。

最后，何伟超老师和四（5）班的学生展示了一堂激烈的绘本阅读学习讨论课，课题为轻松英语名作欣赏*pinocchio*。在轻松的全英开场交流后，学生们开始进入绘本阅读，何老师分别从故事主人公、故事情节以及细节推理等主题出发共设计了十二个问题，引导学生从多维度思考，解读故事内容。最后，学生以此写一篇故事短文介绍，锻炼提高了学生的思维能力，包括逻辑思维、批判性思维、创造性思维。

展示课结束后，青年教师先进行自我总结和反思。接着，天河区英语教研员李利锋老师和我校英语科组特聘指导专家黄志红教授分别为这两天的课例展示作了总结和点评指导。李利锋老师肯定了我校青年教师的进步，老师们教学风格独特，专业素养高。黄志红教授从课型应根据授课内容进行划分展开了指导，并分别对每一位老师的课进行了详细的点评，表扬和肯定了每堂课的亮点，指出每堂课的不足并给予启发性建议，让老师们受益匪浅。

“青出于蓝而胜于蓝，冰水为之而寒于水。”走在教书育人的路上，老师们青蓝相伴，专家们专业点评，相信我们的青年教师会更好更快地成长！

7. 教坛献技，展十八般武艺

——华南师大附小专科组“青蓝工程”圆满落幕

我校专科组的“青蓝工程”活动于2019年4月下旬正式拉开帷幕，5月下旬圆满落下帷幕。在此期间，我校专科组老师为了在课堂上呈现出良好的教学效果，在课前备课、教学器材准备、场地布置等环节上都投入了大量的时间与精力。各位年轻老师在学校的支持、师父的引领、专家的指点下已然茁壮成长，初步形成了各具特色的教学风格！

我校每学期都进行“青蓝工程”师徒结对教学活动，学校为了青年教师能够快速成长，不但每学期给青年教师提供公开课的机会，还给青年教师安排了一位经验丰富的教师作为师父。在活动过程中，青年教师勤学好问，老教师不吝赐教，形成了良好的“传、帮、带”的青年教师成长路径。同时学校还聘请了广东省教育研究

院多位专家给各学科的年轻老师评课，传授宝贵经验，经过专家们的指导，我校老师指导年轻教师的课堂驾驭能力明显提高。

音乐学科殷虹梅老师给孩子们带来了一堂欣赏课 ——《胡桃夹子组曲》选曲。殷老师以生动的故事导入，清晰地将欣赏课内容以思维导图的形式呈现在学生眼前，并体现了“对分课堂”的理念，殷老师的大胆尝试给人一种耳目一新的体验，获得了很好的效果。课后，江伟英副校长给予了关于思维导图运用的肯定以及改进建议。庞伟平老师认为本课具有美、活、情、新、创的特点，以及本次课处理教材活、教学设计思路设计活，用真情感染学生，教学思路富有独创性。

科学学科易艳珍老师开展了有趣的实验探究课——摆的研究。易艳珍老师引导学生回顾了上一节课内容，为新课内容作抛砖引玉。播放动画片缓解了学生紧张的课堂气氛，以动画片为切入点，设置悬念，一步步地引导学生去发现问题，思考问题的解决方案，让学生在操作的过程中提高动手能力与团队分工合作能力，最后大部分学生利用实验证明了摆的快慢与摆的长短有关，体验到了实验探究的乐趣。本课体现了美好教育，教育美好的效果，得到听课教师们的好评。课后，专科组的教师们对易老师的课给予了肯定以及改进的建议，相信易艳珍老师在以后的实验探究课堂中会取得更大的进步。

体育学科于星期三第二节课由李健樟老师在操场给二（1）班的孩子们上了一堂生动有趣的立定跳远教学课。李健樟老师设计的课前小游戏让学生早早进入状态，通过分解动作练习过渡到完成动作练习的方法强化学生的动作要领，让学生上前展示更是调动起学

生自主练习的积极性，最后以两个身体素质练习及放松活动结束了本课。本课组织高效合理，教学过程流畅，李老师安排的收腹跳和上摆下蹲练习很好地解决了本课的教学重点，取得了良好的教学效果。本课的练习密度和强度较高，上下肢的练习安排合理巧妙，充分达到了本课的体能目标。学生主动练习、尝试，积极合作，很好地达到了本课的情感目标，课堂气氛活跃。

体育学科张泽林老师给六年级的学生上了一节“行进间胸前传球”的篮球课，在课前，张老师对该教材进行了深入研究，针对本课侧身跑和接球的步法这两个教学重点，采用传统的讲解、示范、分解教学法进行教学，学生通过这节课掌握了该项技能。虽然收到了良好的教学效果，但为了进一步提高课堂效率，课后张老师与师傅邓山老师对本课的教学设计再次进行了深入的交流。如热身跑时可以要求学生侧身跑看场地中间的标志桶，让学生提前体会侧身跑的身体感觉，在热身阶段解决本课的部分知识点。在新技能讲解前可以让学生提前做辅助练习，寻找练习的肌肉感觉，教授新技能时学生更容易懂。在学习新内容前可以让学生做侧身跑传球的徒手练习，既保证了运动量，也提高了练习的密度。

2019 年 5 月 14 日星期二的第三节课，罗俊老师在美术课室给二（3）班的学生上了一节生动有趣的剪纸课——“有趣的剪纸娃娃”。罗老师以对称剪纸法引出“抓髻娃娃”这一中国传统剪纸样式，学生掌握对称剪纸法后，在罗老师的指导下进行创作，每个同学都剪出了独一无二又有趣的剪纸娃娃。此外，罗老师

还积极响应学校倡导的“对分课堂”教学方法，一改以往的教学方式进行创新教学，最后取得了较好的教学效果，也得到了很多新的宝贵的教学经验。

科学教师张硕司、叶国辉，体育教师黄铭泉、魏波、汪佳军，音乐教师周晓桐也在自己的学科领域把精彩的课例展现了出来。

通过本次“青蓝工程”教学活动，年轻教师在不断地赛课，师傅在不断地引领，教授在不断地专业点评，已有一大批年轻教师在学校的关怀和帮助下茁壮成长，正如“青蓝工程”活动的名称一样，青出于蓝而胜于蓝，青年教师们在不久的将来一定会成功地接过老教师的接力棒，成为学校的中坚力量，成为独当一面的名师！

至此，我校专科组“青蓝工程”活动圆满落幕！

8. 一花独放不是春，万紫千红春满园

——广东省新一轮（2021—2023）名校长、名教师工作室揭牌

按照《广东省教育厅关于开展新一轮（2021—2023）中小学名教师、名校（园）长工作室主持人遴选工作的通知》，经个人申请、学校推荐、省教育厅组织专家评审、名单公示及省厅党组审议等程序，我校有六名教师光荣当选广东省新一轮（2021—2023）中小学名校长、名教师工作室主持人。

为充分发挥工作室示范、引领、辐射作用，2021 年 10 月 19 日上午，在华南师范大学附属小学腾飞楼二楼阶梯教室举行了广东省张锦庭、卜理敏名校长工作室，江伟英、孔珍、何向梅、徐丽红名教师工作室揭牌仪式。

出席本次活动的领导和嘉宾有：华南师范大学党委副书记黄兆团，华南师范大学教师教育学部常务副部长、华南师范大学省级中小学教师发展中心执行主任、广东省中小学教师培训中心常务副主任王红，广东第二师范学院培训与社会服务

华南师范大学教师教育学部常务副部长王红宣布工作室成立的决定

处处长、广东省中小学校长培训中心副主任龚孝华，华南师范大学数学科学学院副教授、省级中小学教师发展中心副主任赵萍，华南师范大学教师教育学部副部长、华南师范大学省级中小学教师发展中心副主任黄道鸣。参与本次活动的还有胡中锋、冯生尧、杨健、唐小波等工作室指导专家，华南师大附小周育钦副校长，华师联盟系列学校校长，各工作室的助手和学员代表。

活动伊始，华南师范大学教师教育学部常务副部长王红宣布工作室成立的决定并寄语。王红副部长的言语间对华师附小名校长、名教师工作室给予了莫大的期望：一花独放不是春，万紫千红春满园。相信有了工作室的引领，以张锦庭为首的六个工作室团队会更好、更快地发展成长！

其次，华南师范大学党委黄兆团副书记作了讲话。他代表华南师大对华师附小张锦庭、卜理敏、江伟英、孔珍、何向梅、徐丽红等六位老师荣获广东省新一轮（2021—2023）中小学名校长、名教师工作室主持人表示热烈的祝贺。在此基础上，他肯定了学校近年来的发展成果，并围绕新时期新任务、新要求，对工作室主持人提出了两点要求：1. 各工作室主持人要牢记使命，聚焦“打造高素质教师队伍，促进基础教育高质量发展”主题，充分发挥自身工作室的示范引领作用，进一步更新理念，创新培养模式和方法，培养一批师德高尚、业务精湛、结构合理、充满活力的高素质专业化师资队伍。2. 各工作室主持人及其成员要建立健全结对帮扶机制，积极参与“新强师工程”，加强对粤东粤西粤北地区帮扶力度，力求在新征程中谱写新篇章，助推广东基础教育高质量发展。

再次，华南师范大学教师教育学部常务副部长王红进行了发言，她围绕工作室管理办法和相关条例，对各工作室主持人提出了四点要求：1. 明确工作室主持人的职责和要求，并严格履行。2. 严守底线，恪守规范，科学合理地使用工作室经费。3. 提高成果凝练意识，从研修活动着手，积累教学实践经验，并积极转化为教学成果。4. 提高认识，树立高远的发展目标，力求让工作室成为培养广东省名校长、名教师的“摇篮”。

紧接着，广东省中小学校长培训中心龚孝华副主任进行了发言。他根据自身对工作室的理解，围绕工作室主持人的培养、工作室成员的成长，发表了自己的观点和看法。他认为，工作室主持人的培养要立足实际，研究中国基础教育的重大实践性问题，创新学校实践的引领性成果；工作室成员的成长须以卓越校长、卓越老师为培养目标，并从拜名师、访名校、读经典对名校长工作室成员提出了要求，从针对和指导方面对名教师工作室主持人提出了要求，要认真挖掘工作室成员的特长并加以指导，引领其快速成长。

在亲切的寄语与热烈的气氛中，各位领导和嘉宾为华南师范大学附属小学张锦庭名校长工作室、卜理敏名校长工作室、江伟英名教师工作室、孔珍名教师工作室、何向梅名教师工作室、徐丽红名教师工作室进行了正式揭牌。广东省中小学名校长工作室、名教师工作室的牌匾闪闪发亮，寓意工作室定会发光发亮，走向辉煌。

工作室主持人代表卜理敏校长做表态性发言。她表示：要切实履行主持人的职责，加强学习和研究，不断提高自己的专业素养和研究水平，保质保量完成相关要求和任务。此外，要以引领、互动、服务为宗旨，关注基础教育中亟待解决的问题，开展形式多样的研讨活动，打造联动的研究型共同体，带领工作室成员在借鉴中创新，在实践中成长。

工作室成员代表黄潘文老师在发言中表示：要在名校长、名教师的带领下，继续发扬严谨治学的精神，在做好本职工作的基础上，以更高的标准要求自己，并发挥团队的作用，共同合作相互学习，为学生的发展、老师的发展、学校的发展、教育的发展贡献自己的力量。

各位领导和嘉宾为工作室揭牌

五、推进美好课程改革之旅

为充分发挥技术优势，开发和设计出满足师生需求的校本课程，张锦庭校长深入剖析美好教育的内涵，以学科核心素养、工匠精神为目标，以学科教育特色、非遗传承项目为基础，以技术应用为途径，进行了美好课程的改革之旅。

在打造学科教育特色的校本课程建设方面，学校结合数字阅读、STEM教育的特点和优势，坚持“科研引领、实践为基、创新导向”的思想，对学科教学进行实践创新，探索形成培养各学科核心素养的校本特色课程体系。在建设非遗特色课程方面，学校将非遗传承和德育、智育、体育、美育、劳动教育有机融合，提出了非遗传承和五育结合的育人框架。在此基础上，对“非遗大师与你面对面”“5·30活动”“非遗小剧场”“非遗少年说”“非遗云展厅”“非遗推文征集”等活动成果进行凝练和智慧总结，开发并设计出五育贯通视角下的非遗读物，组织开展以“非遗传承”为核心的教学活动，让学生体验到“学校即非遗图书馆，非遗图书馆即学校”，真正实现形成了非遗校园生态。此外，学校还积极参与省中小学汉字课程教材建设，并在汉字数字博物馆引导学生加强汉字学习的同时，培养高情商、有格局的学生。

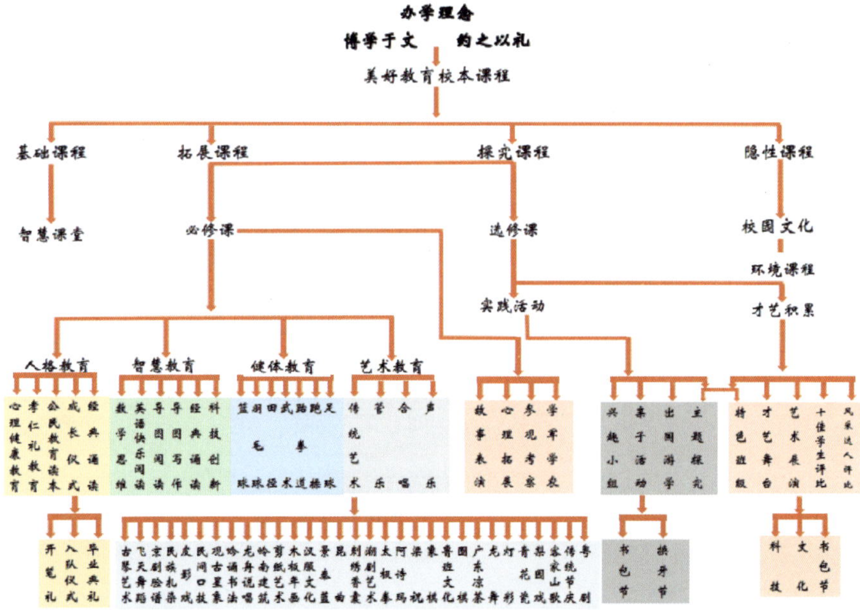

华南师大附小美好教育校本课程体系

1. 学科核心素养指导下校本课程的建设与应用

（1）案例背景

随着大数据、人工智能、区块链、物联网、云计算等高新技术应用到教学环境设计、教育服务和支持、学习分析与评估、情境感知等场景，使得依托于互联网开展教与学活动的智慧学习环境成为当前教育所要追求的目标。随后，《教育信息化“十三五”规划》《教育信息化2.0行动计划》以及2017年教育部下发的各学科课程标准的颁布，使得基于学科核心素养的思维培养成为未来人才培养的新范式。

（2）面临问题

近年来，随着STEM教育、创客教育、跨学科教学等教育理念的兴起，各校在培养人才模式方面更加重视综合能力的提升。但就目前的中小学校本课程建设情况来看，普遍存在课程目标定位有偏差、课程内容选择的无依据和不系统等问题，不能很好地满足学生发展的需求。为此，学校结合现状，聚焦于解决以下两个问题：

①如何正确定位课程目标？

②如何整合现有资源，开发具有学校特色的校本课程？

（3）问题解决方法

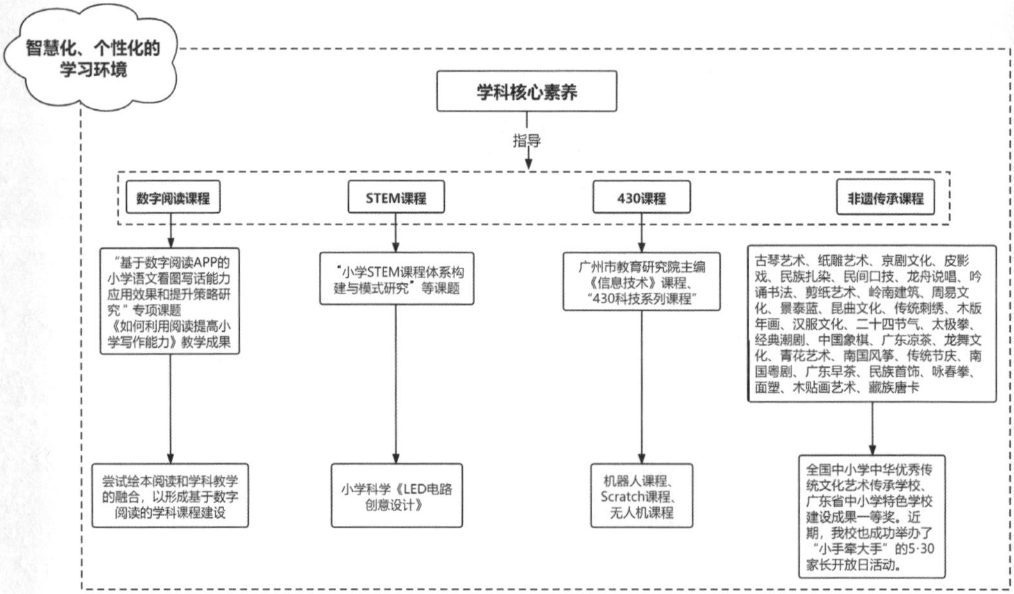

学科核心素养指导下校本课程建设思路

基于以上分析，为探索“美好教育”的文化内核，学校坚持“科研引领、实践为基、创新导向”的思想，在深入分析各学科核心素养要求的基础上，通过文献调研、专家咨询、实践求证等，正确把握课程建设的目标。在这种背景下，结合数字阅读的优势、STEM 教育的特点和跨学科教学的要求，开展导图导学、项目教学、任务驱动等的教学，探索一条以培养各学科核心素养为核心的校本课程建设体系。其课程建设主要涉及四方面，分别是数字阅读课程、STEM 课程、430 科技系列课程和非遗传承课程。

（4）具体实施过程

①数字阅读课程

在建设方案的引领下，学校抓住了绘本阅读、思维导图的教学优势，开始尝试数字环境下语文、英语学科的新教学模式，形成了一系列新型的特色校本课程资源。在英语方面，学校以英语学科核心素养为指导，将绘本阅读融入英语教学，以激发学生学习的原动力。在语文学科方面，学校以语文学科核心素养为指导，将思维导图创造性地应用在语文学科教学中，以实现知识的可视化。代表性的建设成果就属导图导学教学法的应用（相关资源见右图）。

语文导图导学成果

② STEM 课程

学校 STEM 课程的建设是基于一线教师的教学需求，融入 STEM 教育的理念，将项目学习和科学等课程相结合，尝试构建“以传统课程为基础—培养学生学科核心素养—开展基于项目的学习”的三位一体的 STEM 课程体系。基本思路是：运用 STEM 的理念与方法，将学科课程内容进行重构与整合，以 STEM 项目教学的形式展开。例如：《设计制作小赛车》主要是让学生通过阅读和探究式学习来了解赛车的特点及设计小赛车要解决的问题，通过科学实验探究加深对教材科学概念的理解，按照工程设计和技术制作过程完成小赛车设计任务，制作小赛车并进行测试、评估，最后根据测试结果改善设计方案。

③ 430 科技系列课程

华南师大附小在进行广州市教育研究院主编《信息技术》课程的常规教学之外，还创造性地建立了“430 科技系列课程”。“430 科技系列课程”重在学生高阶思维的训练，主要设置的课程有机器人编程、Scratch 编程、无人机创客等。机器人编程课程体系不仅包括创意机器人的课程，还包括智能机器人的课程等。该课程不仅体现了学校信息技术教学的前沿，还体现了学校“为创作而教”的教学理念，是学校信息技术学科的课程特色。在实施“430 科技系列课程”时，以顺应和引导学生的学习兴趣为主，采用自愿选课的方式，通过学生的积极参与、动手实践，培养学生的问题解决和创造能力。此外，学校重视通过“以赛促教”来正确引导学生将学习过程转化为学习成果，促进知识的内化。

④非遗传承课程

本着传承非遗文化为目标，学校结合音乐、体育、美术等学科核心素养的培养要求，以传统文化为基础，涵盖了古琴艺术、纸雕艺术、京剧文化等三十一种中华传统文化。近年来，学校更加注重非遗文化的传承，又新增了广东早茶、民族首饰、咏春拳、皮艺制作、面塑、八仙传说、木贴画艺术和藏族唐卡等八种传统文化，打造“一班一特色，一班一非遗”的文化体系（详见学校非遗微信公众号，右上图）。在建设方案的指导下，学校在建设班级非遗的基础上，邀请各传承艺人进行传统文化讲座，力求将非遗火种植根于每一位附小学子身上。同时，结合学校实际，以文化传播为主线，以培养学生音乐、体育、美术等学科核心素养为核心，积极探索非遗进校园的“广东模式”，构建具有特色的非遗课程（详见右下图）。

非遗公众号

非遗 “广东模式”

（5）实施效果

①科研成果丰富，形成了可推广的教学模式

在科研方面，已获批十项省级课题，四十五项校本课题，发表论文二十余篇，出版专著十余部，形成了独具特色和推广的“导图导学”教学法、“三明治故事”教学法、“三结合”英语教学模式、以经典吟诵法和“三步五径”法为核心的国学经典课堂教学模式、为创作而教的信息技术教学法等。

②提高教师的专业素养，加强了学生思维培养

在教师方面，学校教师积极开展基于新教学理念的课程教学实践，不仅加强了教师对新理论、新理念的认识，还提高了教师的微课制作能力和科研水平。据不完全统计，学校已有四十多位老师获得省和国家级的荣誉称号。在学生方面，通过STEAM教育、跨学科教学、项目式教学等将抽象的内容具体化、生活化，在陶冶学生学习兴趣的基础上，不仅帮助学生掌握了基本知识，还培养了学生解决问题的综合能力。学生获奖层出不穷，硕果累累，涵盖了语文、数学、英语、信息技术、科学等多个学科。在学校荣誉方面，附小先后获得“全国教育系统先进集体”“全国优秀少先队集体”“广州市体育传统项目学校”“广东省中小学英语示范教研组优秀成果学校”等荣誉称号。

③非遗文化推广成效喜人

随着非遗课程的建设，学校先后被评为“全国中小学中华优秀文化艺术传承学校”“广东省非物质文化遗产进校园示范学校”，荣获广东省中小学特色学校建设成果一等奖。2019 年 5 月，学校成功举办了“小手牵大手”的“5・30”家长开放日活动，各班也献上了非遗课程。在非遗文化传播方面，学校在 2020 年 3 月利用微信公众平台建立了华南师大附小传承非遗公众号“非遗润童心”。该公众号主要承载学校非遗活动宣传、重温传承艺人进校园讲座、学生的非遗作品展览等内容。在短短的四个月里，该公众号关注人数已达 540 多人，日均浏览量为 50 人次左右，在非遗文化宣传方面起到了一定的作用。在科研成果方面，附小教师已成功发表《活在校园里的非遗文化种子》《新时期小学非物质文化遗产传承教育的思考》等论文。

（6）经验反思

①特色优势

在“教育美好，美好教育”办学理念的指导下，在学科核心素养的引领下，学校积极探索特色校本课程的建设。在建设过程中，有几点思考和经验，值得与大家分享：a. 以先进的教育理念为指导。学校在把握绘本阅读、思维导图、STEM 教育、项目式教学、跨学科教学、高阶思维训练等的基础上，开展了相应的实践探索。b. 明确课程定位，形成特色的建设模式。在数字阅读课程和 STEM 课程建设方面，学校一开始就把“科研引领、专家指导、教师协同”作为课程建设的主思路。在 430 科技系列课程建设方面，主要定位是高阶思维的训练，秉承兴趣导向和学生本位。在非遗文化课程建设方面，主要定位是传承非遗文化，激发学生内心深处的非遗种子。在此指导下，形成了“一班一特色，一班一非遗”的课程建设体系。

②不足之处与未来展望

回顾学校校本课程建设历程，离预想目标还有较大的差距。可以发现的是：430 科技系列课程和非遗文化课程已经比较成熟，数字阅读课程、STEM 课程还未形成一些系统的、可推广的课程资源。未来，华师附小将会继续秉持教科研相结合，深挖绘本阅读、STEM 教育、编程教育和传统文化的教学价值，以逐步推进学校校本课程的建设。

2. 精耕细作，奋进担当

—— 记学校十位语文老师参与广州共享课堂录制

炎炎暑假，为进一步完善线上教育模式，推动广州市优质教育资源共建共享，积极应对新冠肺炎疫情暴发等突发情况，华南师大附小为广州市中小学学科线上课程资源建设工作助力，十位语文教师承担了网络云课堂的录课任务，参与到广州共享课堂的录制中。

时间紧迫，任务繁重，教学形式别样，质量要求高；特殊时期的特殊任务，各级领导的充分信任，抗击疫情的责任担当，都要求我们要高质量地完成任务。接到上级部署后，在江伟英副校长的带领下，在学校语文科组全体老师的支持下，2020年11月10日，我们立刻组建网络教研小组，召开专题会，成立学科团队，明确任务要求，确定上课人员，落实技术保障，组织最精干的力量来完成这项光荣又特别的任务。

2020年11月23日林玉莹老师就线上课程资源建设要求做具体部署

为确保高质量地完成任务，广州市教育研究院林玉莹教研员就线上课程资源建设要求为我校教师做了细致的培训，并对录课任务、具体内容做了详细的指导。“一个人可以走得很快，一群人才能走得更远。”广州共享课堂的十五节语文课录制是学校上下齐心奋战的结果。为更好地凝聚集体教学智慧，呈现最优质的线上课程，录课团队认真钻研教材，执教老师们在完成自身教学任务的基础上，充分利用课余时间不厌其烦地推敲修改教学设计与课件，并在学校进行磨课研讨，共享智慧。林玉莹老师也多次在网上、在实地集中执教老师们进行研讨，执教老师们一次又一次地改进教学方法，精益求精地处理每一个细节，力求呈现贴近学生需求的“眼前无学生，心中有学生”的共享课堂。

准备的过程十分艰辛，为了精益求精，在江振烨老师和罗力强老师的全力配合下，每位老师的课例都在华南师大附小二楼阶梯室试录多次，一次一次地找差距，求进步；在天河区语文教研员陈燕老师的细致审核下，不断修改、完善资源包，最后一点一点达到广州市电视台录播的标准。

2020年8月1日和8月2日，在林玉莹老师的全程陪同、指导下，在新入职的刘爽老师的协助下，在电视台工作人员的帮助下，经“过五关斩六将”、层层严格把关，“提纯”的十五节课例在广州国际媒体港顺利录制完毕！虽说每一节只有二十分钟，可所有录制课程的背后，饱含着录课团队和执教老师们无尽的时间、精力与汗水！

8月2日上午，广视新闻记者到录播室就备课和录课情况做专题采访。钟艳娟老师分享了在广州市教研院的组织领导下，在林玉莹老师的用心带领下，在华南师大附小及江伟英名教师工作室的全力支持下，录课团队研读教材，制定目标，把握重点，细化学路的备课过程；明确了共享课堂遵循学生认知规律，选择重点内容设计的备课原则；强调了二十分钟的课堂容量加五分钟的答疑的特别安排，体现出以学定教，设计、细化学习的过程，就学习方法进行指导，激发语文学习兴趣，提升语文学习动力的鲜明特色。

从录课安排，录课准备到现场录制，每一节线上课例都是团队智慧的结晶，感谢一路走来，帮助我们、支持我们的每一位！厚积薄发，砥砺前行，附小教师团队在今后的工作中将继续努力，奋进担当，不负众望。

3. 感受英语魅力，争做英语风采小达人

为了提高学生学习英语的积极性，营造浓厚的英语交际氛围，丰富校园文化，深化新课程改革，华南师大附小每年都会举行“风采达人”英语能力展示活动，至2017年已是第九年了。

本届英语能力展示活动根据不同年级学生的特点制定了不同的活动形式：一年级——演唱英文歌曲，二年级——英文话剧表演，三年级——讲演英文故事，四年级——英语配音，五年级——分享最喜爱的英文书。

2017年4月25日，英语能力展示活动正式拉开帷幕。看！三年级的孩子们正沉浸在英语故事王国中。选手们用流利的英语绘声绘色地讲演着一个又一个有趣又富有意义的英文故事，如*The Ugly Duckling*等。在他们生动有趣的表演中，台下的小观众和评委都陶醉在多姿多彩的故事世界当中，无比享受。

4月26日，一年级的孩子们兴奋地迎来了小学阶段的第一场英语“风采达人”大赛——英文歌唱比赛。别看咱们的参赛选手才一年级，在台上却一点都不逊色。每一位参赛选手都精心装扮，配合编排巧妙的舞蹈和各种乐器将*Bingo*、*Do Re Mi*等熟悉的英文歌曲演绎得童趣十足，让人耳目一新。选手们的精彩表现博得了台下小观众的阵阵掌声，比赛现场洋溢着欢歌笑语。

与此同时，二年级的小朋友们正在认真地观看一个又一个有趣的英语小话剧。当中有孩子们熟悉的朗文绘本剧，也有*Hansel and Gretel*、*The Little Red Riding Hood*等经典的英文童话故事。台上的小演员们语音纯正悦耳，面部表情和肢体语言都十分到位，将各自的角色表现得活灵活现。台下的观众看得目不转睛，还不时用热烈的掌声表达他们对选手的支持与鼓励。

4 月 27 日，虽说英语能力展示活动已经接近尾声了，但孩子们依旧热情高涨。四年级的配音比赛更是让人叹为观止！选手们的语音语调和气息都跟原声几乎一致。台下的评委和小观众都怀疑是不是播放了视频的原声呢！可见我们的小小配音员功底深厚啊！

4. 停课不停学，玩转云课堂

——记学校科学科组协助广东广播电视台《今日最新闻》栏目录制科普公开课

2020 年 3 月 23 日，广东广播电视台来访华南师大附小，为科学科组录制了一堂生动有趣的科普公开课。

当天上午，学校全体科学教师张硕司、黄健聪、叶国辉、易艳珍，协助广东广播电视台录制了一节科普公开课。本次公开课结合《义务教育小学科学课程标准》和华师附小科学课程特色，内容设计既重培养学生善于观察和发现的能力，又重锻炼学生的动手动脑能力。

在筹备过程中，科学科组老师们群策群力，从课程设计、材料准备到模拟实验都做了精心的设计。在录制过程中，张硕司老师以风趣幽默的肢体语言、生动有趣的科学实验，指引全省中小学生在全民战“疫”时期，从不同的视角发现身边事物中隐藏的科学秘密。

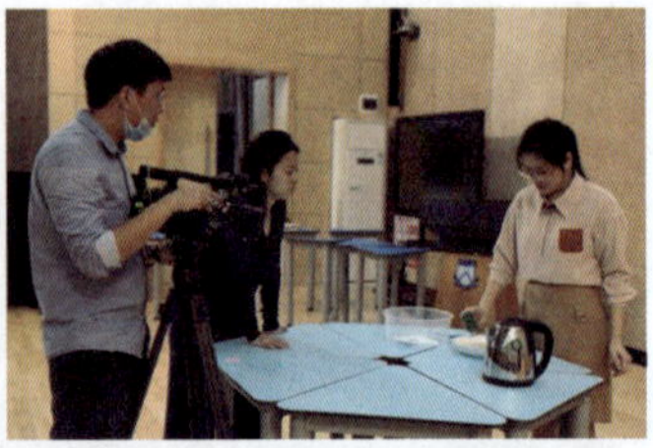
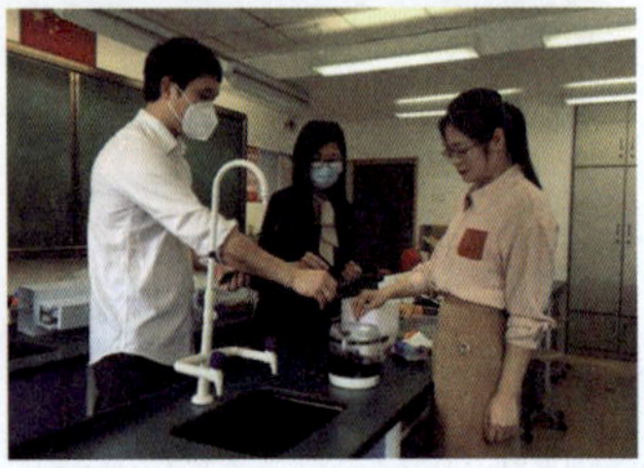

本次录课以广东广播电视台录制为契机，以科组建设为依托，展现了学校科学学科教育的实力，也为学校线上教学积累了更多的经验，同时为学校学科线上课程跨出校门、辐射全省迈出了坚实的第一步。

5. 智能跳绳助力附小学子强健体魄，感受运动魅力

2021 年是拉开“十四五”规划的第一年，而对于华南师范大学附属小学来说，今年是不平凡的一年。学校老师勇于争先，走在时代的前列，敢于将最先进的科学技术运用到体育教学。在疫情防控常态化的背景下，我校率先使用智能跳绳系统布置家庭体育作业以及举办线上跳绳比赛，将教育部提出的“教会、勤练、常赛”的六字方针落到实处。智能跳绳系统让全校学生的锻炼情况和比赛成绩一目了然。

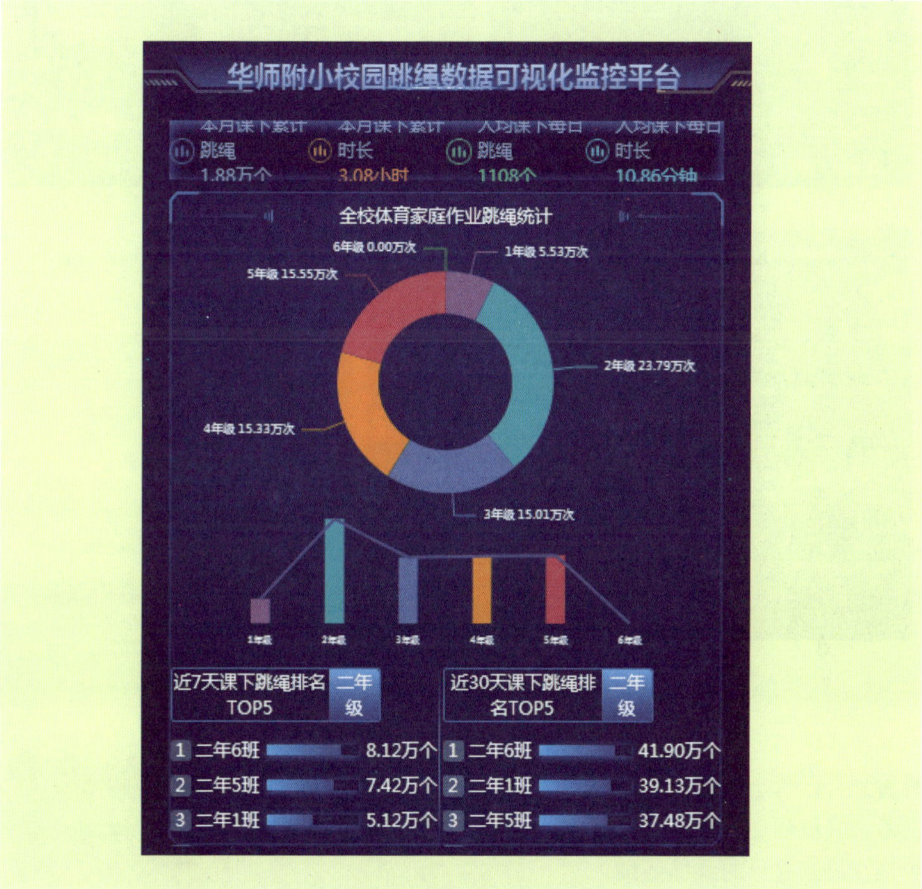

中山大学附属第三医院儿科副主任朱顺叶建议：放学回家第一件事是运动二十分钟。对各年龄段孩子都比较友好的纵向弹跳运动首选跳绳。要长高，运动强度要达标，研究显示，每天运动十分钟，且运动时心率达到每分钟 140 次上下时，这种强度才能促进生长激素的分泌。如果换算成跳绳，则以跳 1000—1500 次为宜。

我校在 2021 年 2 月正式引进智能跳绳设备。学生运动积极性大大提高。创新式的课后作业系统让孩子在家也想跳绳。班级系统也让学生们有更强的集体荣誉感和锻炼动力，每天认真完成家庭体育作业的学生越来越多。

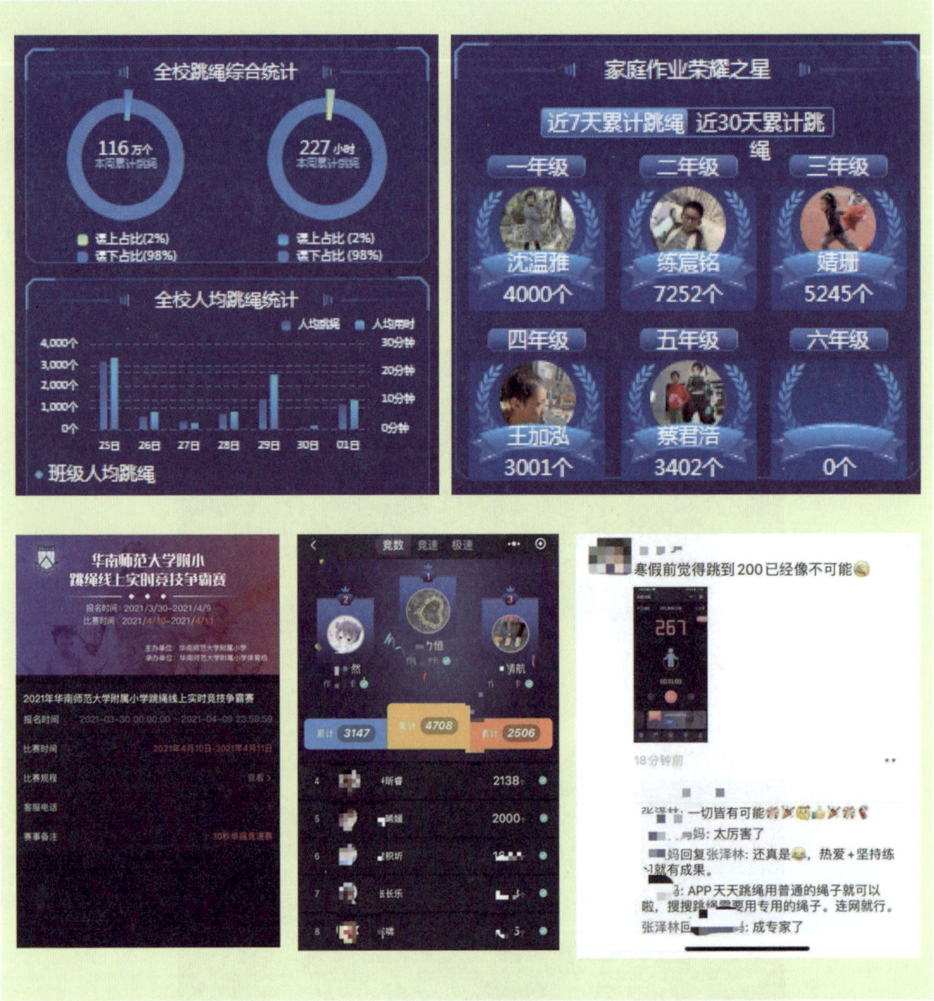

智能跳绳设备让所有学生实时看到自己付出的努力和取得的进步。我校学生进步神速，每一天都在刷新自己的跳绳成绩，学生都快成跳绳专家了！

智能跳绳是便捷、有趣的线上赛事，极大地调动了学生锻炼的积极性，同时也丰富了家庭体育锻炼内容。

同学们完成家庭作业的时候为了比别的同学多一个，排名更靠前一位，表现出对跳绳运动极大的热情。学生在每一次跳跃中享受了乐趣，增强了体质，磨炼了意志，完善了人格。

6. 基于非物质文化遗产的生态课程构建与实践

为解决非遗课程的顶层设计、文化传承意识不强等问题，我们立足于学校实际，基于广东非遗文化项目，结合生态学理论，对非遗文化课程进行顶层设计和哲学研究，从非遗课程建设的角度出发，探索非遗课程建设体系，凝练非遗文化生态课程建设范式，打造非遗课程资源库和非遗课程生态圈的学校品牌，以真正实现活态传承。

（1）做好非遗课程生态圈的顶层设计

进行非遗课程搭建时，需要明确非遗课程的建设目标。以我校为例，非遗课程的建设目标是建立两个非遗课程生态圈。一个是本校内部的生态圈，处理好本校“非遗”资源、学生、教师、家长和学校的关系；另一个是更大的包括校外的生态圈，基于现有的“一校一品”各校非遗特色课程，建立立足现有的非遗教育生态圈，尝试与我校姊妹学校展开合作交流，建立非遗课程联盟校，组织教学团队外出支教送教的方式，到中国澳门、中国香港、中国台湾、新加坡、加拿大、美国等地参加讲课、参与世界性的非遗活动，同步将非遗师资培育、课程材料包及智慧教具、创作素材库、作品及设计故事数据库等做体系化的设计与应用，以发挥教学品牌的辐射作用，把中国优秀传统文化传播到国内外。并且，两个生态圈彼此之间是有交集的。此外，综合运用微信公众号、在线教学等方式对非遗文化进行港澳、国外等地的宣传、推广与辐射，真正实现非遗文化的传承。

（2）搭建基于非物质文化遗产的隐性课程

在隐性课程方面，我们认为非遗课程不仅要注重现时的发展，还需注重长远发展。为此，我校注重整体，以生态学理论为指导，从全局出发，把美好教育中的各要素相互联系起来，构建起终生发展的整体联动。首先，从生态学理论的角度出发，基于非遗文化项目，结合班级文化建设情况，从构建非遗校园环境为始，搭建“一班一非遗、一班一特色”非遗环创，构建以人为本的发展机制。其次，组织开展以“非遗传承”为核心的学习活动。每学期，我校都会邀请非遗传承继承人定期开展非遗文化讲座，潜移默化地将非遗文化渗透进学生的日常生活。此外，我校会定期举行“5·30非遗活动日”“非遗小剧场”“非遗推文征集”等活动，让学生真正体验到“学校即非遗图书馆，非遗图书馆即学校”的效果，实现非遗隐性课程的常态化。

（3）构建基于非物质文化遗产的显性课程

在显性课程方面，必须在课程的吸引力和感染力上下功夫。以我校目前建设四十六个非遗传承项目为基础，以相关课程建设理论为依据，结合职业院校和中小学非遗课程建设路径和应用情况，以专家引领、自主探索为基础，融合德育、智育、美育、体育和劳动技术教育，探索基于非遗文化的显性课程构建，真正实现立德树人的培养目标。与隐性课程相比，非遗显性课程要更加具体，其构建路径包括：①明晰非遗教育理念。非遗教育理念不应该仅仅是“接非遗、看非遗、演非遗”，更应该是“种非遗、做非遗、养非遗”。②综合运用点—线—面策略。点，即挖掘非遗资源点。充分挖掘本地非遗资源，各类民间艺术馆、博物馆、民俗文化中心、古镇、古街道、文创企业作坊等，都是非遗资源点；线，即将资源点分类，组成传习途径线。组建校内非遗学习平台（校园网、校园非遗馆、书画展等）、校外合作（企事业单位、姊妹学校等）、地域资源（校园环境资源、传统节日主题活动等）；面，即构建整体育人面。培养学生用脑，善于思辨；培养学生用心，感悟非遗之美；培养学生用手，主动探索创新；培养学生身心健康，正确看待非遗。

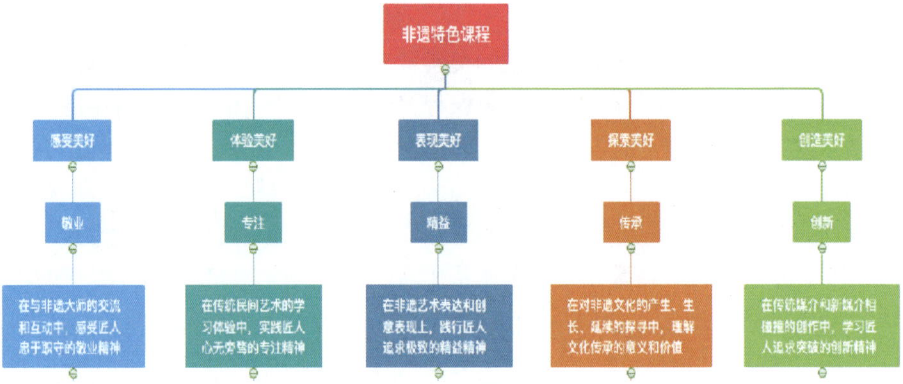

非遗要进入校园、进入课堂，必须要走向课程化，但课程化不是终点，还应做好非遗师资培训和非遗教学安排。在非遗师资培训方面，需要制订非遗教师培训计划，同时邀请更加专业的“传承人”作为专业指导。在非遗教学安排上，要规划好非遗教学中理论与实践的占比，包括学校课堂与校外基地研学的课时分配，也包括一个非遗项目中，理论学习与技艺操作部分的课时分配，教师讲学与非遗传承人讲座的配合等。未来，希望联合更多的教育同行们，共同建设非遗课程，实践非遗教学，促进非遗的生态传承。

7. 删繁就简三秋树，领异标新二月花

——记广东省中小学汉字课程教材建设专家研讨会

2021 年 3 月 25 日，在这春意浓浓、花香四溢的日子里，我们迎来了由广东省语言文字工作协会阅读专业委员会主办，创新互联网教育研究院承办，华南师范大学附属小学协办的广东省中小学汉字课程教材建设专家研讨会。

广东省委宣传部原副部长顾作义，暨南大学艺术学院谢光辉教授，华南师范大学国际文化学院吴晓懿教授，教育部高中艺术课程标准修订组核心成员朱则平，华南理工大学出版社社长、总编辑卢家明，华南师范大学附属中学学校发展中心主任区竞志，华南师范大学附属小学校长张锦庭、副校长江伟英，广东省语言文字工作

协会阅读专业委员会主任潘英伟等出席本次会议。

作为协办方，华南师范大学附属小学张锦庭校长、江伟英副校长先是对与会专家们表示感谢，紧接着强调了学校对这次研讨会的重视，并希望这次研讨的汉字课程教材未来能在附小即将建成的汉字数字博物馆中展示。

在这样的期盼中，研讨会正式开始了。首先，广东省语言文字工作协会阅读专业委员会主任潘英伟从项目背景、必要性、可行性、基本思路等四个方面对广东省中小学汉字课程教材进行了介绍说明。他指出，汉字学习是中华民族强根铸魂的最基本、最具体的内容，更是中小学学科创新的客观需要。最后还对该教材的性质、基本理念、课程目标、结构体系做了具体汇报。

紧接着便是最精彩的专家讨论环节，会上各个专家畅所欲言，对这次汉字课程教材的建设都阐述了自己的想法，并提出了很多宝贵的建议。

华南师范大学国际文化学院吴晓懿教授指出，文字是经艺之本，王政之始，早在公元100年前后，我国的古文字学家许慎就已经对文字进行了定位，但是如今与文字相关的两大学科——书法和古文字学被分别归入美术和汉语言文字学科，无法形成强大体系。如何让边缘的学科走到文化复兴的舞台中心是我们当下应该思考的问题，今天提出的这个课题是十分有意义的，有助于我们对汉字文化重新定位。另外，吴教授认为汉字教材可以在粤港澳大湾区进行试点教学，然后再进入内地中小学体系。

暨南大学艺术学院谢光辉教授指出，当下的语文教学多重学生识字，不重文化，以致现在的我们常出现“提笔忘字”的现象，中小学是识字的最佳时期，是打基础的时期，因此汉字的教育十分重要。

教育部高中艺术课程标准修订组核心成员朱则平老师对教材编写提出了几点具体建议，他认为教材编写首先应该以中央文件为具体指导思想，坚持“立德树人”的教育理念，绝对不能出现意识形态问题；其次，结合时代特点，以“学科素养”为先导，融入传统文化，有意识地培养学生的创新意识和创新能力。最后，朱老师指出，教师用书也应当是教材编写中重要的一个环节，教师是具体落实教材的实施者，所以教师用书的好坏一定程度上决定了教材实施的效果。

华南理工大学出版社社长、总编辑卢家明先生强调，汉字课程教材建设是必要的，也是有现实性的；同时卢家明先生也提出了几个问题和与会专家一起讨论。

华南师范大学附属中学学校发展中心主任区竞志从教学的角度指出，开展汉字教材建设的必要性，他认为汉字是基础中的基础，但是却没有得到应有的重视。汉字是一个音形义相结合的系统，但是学校和考试系统只注重对汉字“义”的解读和考察，一定程度上忽略了对汉字音、形的关注，是一种舍本逐末的行为。最后对于汉字课程的定位，区主任认为可以先作为校本课程开展。

华南师范大学附属小学副校长江伟英则从一线教师的角度给出相关建议。首先是汉字课程的归属问题，汉字课程未来要归属到哪个学科；其次，江校长认为编写汉字教材没有必要从零开始，可以在各位专家已有研究成果的基础上进行编写，在未来也可以结合华师附小汉字数字博物馆的资源。最后，江校长指出，建设汉字课程可以尝试打破传统的学科教学模式，以“项目式学习”的形式融入学校教学，在学生学习的关键期播种，培养学生的文化自信。

华师附小一线教师认为，利用汉字字根进行教学，学生识字速度很快，并建议在教材中加入汉字配画，让学生在字根和图画的辅助下进行汉字学习。

最后，广东省委宣传部原副部长顾作义对会议进行总结，并提出相关意见。首先是汉字课程的定位问题，顾部长认为汉字课程可以作为阅读课程进入语文实践课，以亲子阅读、自己阅读或其他形式落实到语文学习中。其次是指导思想，顾部长指出教材编写站位一定要高。最后，顾部长认为汉字教材要加强问题导向意识，可以从造字规律、认识自己、热爱自然、友好动物等方面入手编写，让汉字课有别于传统的语文课，并通过汉字课程培养高情商、有格局的学生。除此之外，顾部长还指出教材编写工作要提上日程，落实到具体的团队。

顾部长的精彩总结博得与会代表热烈的掌声，广东省中小学汉字课程教材建设专家研讨会也在这热烈的氛围中拉下帷幕。

华南师大附属小学
汉字数字博物馆印

壬寅刘行棠篆刻

2021 年 12 月 31 日上午 9:00 华南师大附小汉字数字博物馆顺利开馆

8. 华南师大附小图书馆及天光云影劳技馆建设论证会隆重召开

为适应新时代背景下学校教育发展的新要求，华南师范大学附属小学牢记使命担当，围绕“实施美好教育，成就教育美好”办学理念，以提高学生审美和人文素养为目标，将非遗传承和生命教育相结合。学校结合现有设施，秉承“以美育人、以美化人、以美培元”的理念，开启了基于“五园八馆”的校园文化二期建设工程。2021 年 12 月 2 日上午，我校举行了华南师范大学附属小学图书馆及天光云影劳技馆建设论证会。

出席当天论证会的专家有：广州美术学院美术馆原馆长王见教授、中山大学“长江学者”陈伟武教授、广州大学美术学院原院长王丹教授、仲恺农业工程学院何香凝艺术设计学院院长李绪洪教授、广州少年儿童图书馆副馆长吴翠红研究员、华南师范大学图书馆原馆长高波教授、华南师范大学国际文化学院吴晓懿教授。华南师范大学附属小学校长张锦庭、副校长江伟英等参加了论证会。

会议由华师附小党政办主任潘莉莉主持，首先江伟英副校长对到场专家表示欢迎并致辞，致辞中向专家组简要介绍了图书馆和天光云影劳技馆建设的背景。江伟英指出，为了推动“双减”政策的进一步落地，学校结合现有设施，秉承“以美育人、以美化人、以美培元”的理念，开启了基于“五园八馆”的校园文化二期建设工程。五园主要包括昆园、琢园、赓园、旨园、丁园，八馆主要包括十大门类四十六个非遗项目的非遗博物馆、展示学校百年历史的校史馆、体现汉字艺术的中华汉字数字博物馆、融美术与音乐于一体的艺术实践美育馆、实施劳动教育的天光云影劳技馆、馆藏丰富的育人图书馆、融科学和信息技术于一体的科技馆、强调体育健康的体育馆。

江伟英表示，图书馆的建设主要是为了响应教育部、原文化部、原国家新闻出版广电总局联合印发的《关于加强新时期中小学图书馆建设与应用工作的意见》文件，旨

在通过搭建智慧阅读环境，丰富学生阅读场所，并借此组织开展智慧阅读，结合智慧诊断、智慧评价和智能推送，充分发挥阅读育人的重要功能。天光云影劳技馆主要是以教育部关于印发《大中小学劳动教育指导纲要（试行）》的通知为指导，以强化劳动文化、丰富和拓展劳动实践场所为指引，创造适合师生发展需要的劳动条件，转变师生劳动观念，引导学生感受劳动的艰辛和收获的快乐，增强获得感、成就感、荣誉感，充分发挥劳动育人的重要功能。致辞介绍结束之后，由图书馆改造升级项目及天光云影劳技馆建设设计代表曾冬荣设计师介绍具体项目实施内容。

在听取了建设方案后，各位专家轮流发表了自己的意见。首先由本次论证会专家组组长、广州美术学院美术馆原馆长王见教授发表观点。王见教授指出，本次论证会附小邀请了几位重量级的文史专家和建筑专家，说明华师附小在文化升级建设方面铭记历史，承载中华文化的根本。王见教授根据汇报的内容指出了三点建议：

一、专家结构好：华师附小要建的图书馆，要不同于社区文化馆和图书馆，要建一座教育教学与现代式场馆设计相结合的图书馆，这是探索图书馆建设与创新特色教学模式的开始。

二、设计理论先进：华师附小应以创建在中国领先的基础教育为目标，把华师附小的教学理念、教学设计、教学环节、领先程度体现在华师附小图书馆和天光云影劳技馆建设工程中，把目前僵化的教学方式打造为具有流动性、开放性的教学。

三、图和书要分开：注意把图和书的概念区分开来，以图的展示嵌入藏书楼中，做出有真正教学意义的图书馆。要有效利用空间，让图书馆处处都是藏书阁，充分发挥图书馆的教育教学功能。

李绪洪院长表示，此次图书馆的设计色彩还可以大胆一些，希望通过严密的工程监管，让这么好的设计效果图成为现实。李院长说到他们许多学生的毕业设计都喜欢设计这一方面的场地布局，但往往色彩多就会显得杂，希望华师附小可以处理好这个方面。此外，李院长还建议设计里面加入无土栽培等，这些能够体现学校劳动教育的亮点。

王丹教授指出，学校利用日光做图书馆的采光设计，这一点非常好，但鉴于广州地方日照时间较长，建议可以加装开合装置，以便更好地避免孩子对强光比较敏感这个方面的问题；学校能考虑把这种城市农耕活动引进学校的

专业场馆建设的规划中，很有特色，把它做好很有意义。

吴翠红副馆长表示，少儿阅读跟成人阅读是不一样的，图书馆建设方面，对藏书量、座位数等要求也是有标准的，对于如何引景入室，利用色调的高冷明亮吸引孩子阅读，又让孩子能够很快地安静，这些方面的设计可以再作些思量；要想办法让图书馆整体更灵动，更有童趣，让人在书中，书在人旁，彰显附小图书馆亲近儿童的特色；学校建设以农耕劳作为主题的专业场馆，做好了，既能够很好地利用教学楼楼顶空间，又可以发挥劳动教育功能，不过在施工过程中要处理好天面防水和承重问题。

高波馆长表示，学校图书馆的功能主要是育人，要发挥阅读育人的功能。要把科技和文化的理念融合进去，发挥电子资源和自助设备的作用；图书馆书本与阅读相结合，要把学校的图书馆做成小孩子喜欢，会流连忘返，有书香气息的具有教书育人功能的图书馆；东莞图书馆的漫画图书室具有参考价值，华师附小可以参考借鉴；在天台上做天光云影劳技馆，要想有灵感，想学习先进经验，可以去华师生科院的实验环境考察学习。

吴晓懿教授说到，此次图书馆升级改造和天光云影劳技馆建设工程是华师附小“校馆合一”现代教学模式的重要体现；特别是在当今“双减”政策下做到双增：增加美育和劳动教育，希望两馆建成后能做到人文与科技巧妙结合，让学生能在图书馆领略到文化经典之余，享受到天光云影的自然美和花果飘香的劳动美；利用不同楼层的天台作为劳动实践基地，种上不同的植物，从飞机上往下看，仿佛高山上的梯田，将成为华师附小新的亮点。

陈伟武教授表示，图书馆的建设要寓人文情怀的内涵化和书籍图画于同一空间，让诗词吟诵等实践活动拥有独有的体验空间，把曲艺、书画、猜谜等人文艺术的展示融进设计里，把现实的蓝天云海同虚拟的星空朗月、碧海扁舟帆影等交替变换，利用电子设备巧妙设计，让师生的阅读情景更加多元化；建议可以

做个微缩水景，溯源广东文化中最开放的、最具创造性的海洋文化。广东的海洋文化传承源远流长，特色显著，所以在天光云影劳技馆增加水景的创设，内涵丰富，意义深远。

两个多小时的论证会其乐融融，既严肃严谨，又不失活泼。论证会专家组组长王见教授在听取各位专家意见后作出了六点总结建议：

一、华师附小召开专家论证会的论证主题好：华师附小要建的图书馆，应有别于社区文化馆和图书馆。其特点是要建设教育教学与现代式场馆设计相结合的图书馆，这是探索图书馆建设与创新特色教学模式的开始。

二、设计理念先进：华师附小应以创建在中国领先的基础教育为目标。因为目前华师附小的教学理念、教学设计、教学环节等均有某种程度的领先，如果在未来华师附小图书馆和天光云影劳技馆建设工程中，把目前僵硬的教学方式打造为具有流动性、开放性的弹性教学，则是一种开创性引领。

三、图和书可分开理解：小型的图书馆是既藏图又藏书，那么就有既观画又读书的功能。因此，注意把图和书的概念区分开来，以图的展示嵌入藏书楼中，做出有真正教学意义的图书馆。设计要有效利用室内空间，让图书馆边边角角的任何一处都可以成为藏书阁，充分发挥小学图书馆在教学当中读图读书相融合的教育功能。

四、图书馆要做到功能清晰，但又能够灵活重组，体现多功能，可以利用起各种小角落，做符合儿童心理的生肖形象等，把图和书的元素结合起来。

五、吟诵是教习中国古典诗词歌赋的特点之一，如果设计吟诵空间有竹子、山石等形象，就创设了具有中国文化氛围的空间，产生和加强了有中国文化符号的阅读氛围。

六、天光云影劳技馆要把对学生责任心的培养、劳动技能的训练、对光合作用等科普知识的学习都融进去，设计实用性与观赏性合一的小体量的天光云影劳技馆，发挥强大的教育教学作用。

论证会最后，张锦庭校长对本次图书馆及天光云影劳技馆建设论证会进行了总结。张锦庭校长表示，本次论证会围绕华师附小建设办学理念的各项内容，各位专家学者提出了诸多建设性意见，相信华师附小能在专家组的意见基础上完善图书馆和天光云影劳技馆的设计，建设好有文化底蕴和历史渊源的华师附小图书馆和天光云影劳技馆。相信“五园八馆”的校园文化二期建设工程能最大化地体现学校“实施美好教育，成就教育美好”的办学理念。

六、走向科研引领发展之路

课题研究是学校教育改革和发展的中坚力量，是引领一线教师从经验型走向科研型的重要途径。一般来说，中小学教师的科研课题会经历选题、申报、立项、制订研究计划、开题论证、中期报告、结题、成果推广等八个主要环节。学校以“人文融入、科研引领”为基本战略，扎实推进每一项教育科研工作。

截至目前，学校科研工作已走在全国前列。现有国家级立项课题五项，省级立项课题三十九项，市级课题三项，区级课题十一项，校本立项课题每年五十项。学校教师大胆探索，勇于改革，善于总结，写出了一批批高质量的学术论文，并发表在《人民日报》《人民教育》《中国教师报》《中小学德育》等中文核心刊物上。其中江伟英、贺春芳、肖靓和陈琴老师的四篇学术论文被中国人民大学复印报刊资料转载。

2021 年，学校被评为广东省中小学教师校本研修示范学校，还在广东省 2021 年基础教育教学成果奖评比活动中新增了《小学数学“五四三”多元作业模式的构建与实践》《双线组元下统编小学语文读写结合的单元模式与环节创新》《构建“三位一体”非遗进校园的中华优秀传统文化赋能育人新生态研究与实践》等三项广东省教育教学成果，获一、二等奖。目前，学校累计获得六项基础教育教学成果奖。

回顾学校科研发展之路，学校科研得以长远发展离不开两个重要因素，一是顶层规划的常态、多元的教研实践样态，二是基于课例研修、跨学科专题研修升华的课题研修实践。

1. 顶层规划，构建常态、多元的教研实践样态

针对传统教研中存在空而泛、大而浅的问题，学校领导高度重视，秉持“专业共生”的研修理念，通过顶层设计、专家引领，尝试构建常态、多元的“一体四维”运作模式，不断促进教师专业成长，推动学校科研高质量发展。

（1）一体

学校倡导组建基于任务型研修的核心团队，要求教师依托年级组、教研组、课题组、项目组等形成形式多样的学习合作共同体，开展不同层面的教学研讨活动，共同解决教育教学发展和改革中的难题。截至目前，学校搭建了校际共同体、学科教师共同体、骨干教师共同体、青年教师学习共同体，基于华南师范大学网络教育学院研发的手机直播网，积极开展常态化校本研究与教研活动，实现优质资源的共享和普及。

（2）四维

①维度一：集体备课教研

附小重视集体备课。比如在 2017 学年第一学期五年级语文备课组某次会议上，老师们围绕“课堂教学和作业的有效性”这一专题进行集体备课，对课堂教学和课后作业的针对性、时效性进行了重点探究。集体备课能充分发挥集体智慧，促进以老带新，以新促老，集思广益，博采众长，不仅能促进“美好课堂”的诞生，还能助力“美好教师”的成长。此外，为了进一步加强学校教学能力，有效提高教师教学科研水平，让“美好教育”落到实处并深入推进，附小不仅利用优秀的学习资源平台让学校教师线上听取专家报告，还积极邀请各学科专家开展多次讲座，让华师附小教师能在观摩学习中不断更新理念，提高教育教学能力。

②维度二：课例研修教研

学校依托学科教研共同体探索课例研修的路径，即确立主题（结合教学中的问题确立研究主题）；教学设计（选定课例集体研课备课，形成初步的教学案例）；课堂实践（主讲人围绕研究主题以及确定的解决问题的策略与方法执教课堂教学，组内成员进行课例观察）；教研改进（所有组内教师将观察后体会到的得与失进行分析提炼，提出改进建议，形成有效教学策略）；同课异构（基于大家的共同建议进行教案调整后形成新的教学设计，组内教学二次课例观察）；形成策略（基于几次教学设计和课堂试教，紧紧围绕问题的解决展现，研究过程，提出有效的教学策略）。

③维度三：跨学科专题研修教研

专题式研修是围绕某一主题展开的针对性研修活动，以提升课程研修的有效性、深刻性为目标。在对学科进行论证的基础上，学校倡导跨学科教研，组织全体教师召开“项目化学习课程内容设计”专题研讨会，围绕具体研究问题，确立基于多元学科的项目化学习内容体系和学习主题。全体教师借鉴示范样例，根据课程标准，围绕学科大概念，开发各年级各学科项目化学习的主题及内容。最终，通过课堂教学实践验

证策略的有效性，从而解决一线教学中存在的共性问题或跨学科问题。

④维度四：课题研修教研

理论指导实践，实践凝练成果，成果升华理论。学校还重视课题研修，倡导全员参与，帮助更多的教师掌握课题研究思维。课题研修可以使教师围绕实际教学问题展开系统的学习、思考和研究，引导教师以研究者的眼光审视、分析和解决问题。在课题研究上，学校采用理论研修和实践研修相结合。从教学实践中发现问题，以科学而且合理的教育教学理论为指导，提出解决问题的策略和方法，通过科学的研究方法，进行多元的、深度的、有层次的教学实践，以验证先前提出的策略和方法的有效性。

2. 不忘教育初心，牢记教育使命

——记华南师大附小省级课题开题会

作为教师，教研是强身之本；作为教师，应立足于课堂，让课题研究更好地服务于教学。2019 年 8 月 29 日下午，广东省教育科学研究课题“STEM 教育理念下小学语文项目式学习的探究”开题会在腾飞楼二楼会议室召开。此次会议荣幸地邀请到三位指导专家，分别是：华南师范大学文学院丁纯副教授，广州市第 47 中学汇景实验学校小学部原校长、特级教师高晓玲，华南师范大学附属小学副校长、特级教师江伟英，课题组全体成员、校本部和分校部分老师参加了会议，会议由科研室主任孔珍主持。

孔主任以最热情的姿态欢迎各位专家和老师的到来，并对会议流程进行了解释，会议在孔主任生动而不失严肃的主持中开始了。

首先，课题负责人赵立研老师就课题的开展和落实工作作了细致的阐述。赵老师从本课题研究的意义、研究背景、文献综述、研究目标、研究内容、研究方法、研究进度、研究思路、研究分工及预期成果等方面作了详尽的汇报，并围绕语文课程标准和学生语文学习能力的培养娓娓道来。

接着，课题指导专家进行质询指导。三位专家就本课题的现实意义给予了充分的肯定，对本课题需要解决的主要问题、解决问题的过程与方法给予了具体的指导，提

出了许多建设性的意见和建议。他们要求课题的研究成果要有创新性和推广价值，并鼓励老师们要勇于实践，敢于创新。

最后，专家组组长丁纯教授对课题会议进行了总结。专家们一致同意开题，并对课题组成员提出了殷切的希望，希望老师们牢记教育使命，立志成为有经验有思考的研究型教师，为教育事业奋斗终生。

课题组成员纷纷表示在课题研究过程中要虚心向专家请教，多与其他一线老师交流，严格按照课题实施方案认真扎实地开展研究。

此次课题开题会开展得十分成功，为课题研究指明了方向，使课题组成员进一步明确了课题研究的思路。

会后，与会专家和课题组教师合照留念。

3. 变革思维，追求高效

——记江伟英名教师工作室展示暨天河区小学语文六年级教研活动

2020 年 12 月 17 日下午，江伟英名教师工作室展示暨天河区小学语文六年级教研活动在华南师大附小腾飞楼二楼阶梯教室举行。天河区各小学各派一位六年级语文老师现场参与，其他六年级语文教师通过扫二维码观看网络直播。

活动伊始，天河区汇景实验学校岳静娴老师和附小二（5）班的孩子们带来精彩课例《围绕一个意思写》。这是部编版三年级语文上册第六单元的习作内容，岳老师精心设计了四个学习板块，通过播放微课视频复习回顾课文《黄山奇石》、完成学习任务单阅读题和围绕“校园真美”绘制太阳图等一系列学习活动，循序渐进地引导孩子们直观理解什么是“围绕一个意思写”，学会抓段落关键句，懂得如何围绕一个意思写一段话。虽然二年级的学生才处于写话的起步阶段，但一节课下来，在自己所画导图的指引下，孩子们激活思维，打开写作思路，能独立围绕一个意思说一段话，涌现出有个性、有创意的文字。

紧接着，附小邝蔚祺老师执教部编版六年级语文上册第五单元《习作：围绕中心意思写》。他以“美好校园”为引，让六（2）班的孩子们畅所欲言，交流自己看到的校园生活美好之处，体会围绕中心意思选取不同的事例或从不同的方面来表达的重要性。随后，孩子们跟着邝老师通过阅读课文导图，回顾课文《草原》《夏天里的成长》的写作手法，确定自己的习作中心，理清思路，选取恰当的题材，绘制思维导图。在交流分享环节，孩子们思如风发，言如泉涌，

天河教研

观看本次活动回放的二维码

投射出灵感和智慧，展示了本节课学习心得和体会。

关于本学期复习相关事宜，江伟英副校长传达了天河区教师发展中心刘江明老师的指导意见，建议老师们重视字词等基础知识的人人过关，重视课后题的完整回答；特别注重让学生提出观点并围绕观点有条理完整说话；紧扣每个单元的习作要素进行片段与习作训练。那么，如何把复习落到实处，如何在有限的课堂时间实现更高效率？江伟英副校长和大家做了微讲座“思维变革——谈六年级语文高效复习的要领”。在讲座中，江伟英副校长带着大家探寻部编版教材的阅读策略单元和习作单元中“读写结合，前后衔接，一脉相承的结构化思维线索”，引导老师们努力做到“既培养兴趣又学会方法；变被动提问为主动质疑；既系统复习又训练思维”。江伟英副校长的娓娓道来让老师们体会到，在语文教学中，不同模式的导图可以引导不同层面、不同角度的思考，是选择和处理文章材料的思维框架。自由选择最适合自己的导图去思索，可以让思考空间最大化，让孩子们在画导图的过程中实现自我，完成专属于自己的，最完美的阅读思考和写作构思。

邝蔚祺老师和六（2）班的孩子们在交流分享

12 月中旬，适逢广州难得成功“入冬”，气温骤降，但阶梯室内温暖如春。两节精彩课例、一个干货满满的微讲座，让老师们回味无穷，印象深刻。本次活动圆满结束，老师们在观摩中感悟课堂艺术，在交流中变革思维方式，在实践中促进专业成长！

江伟英副校长做精彩讲座

4. 采撷硕果，蓄力前行

——记广东省教育科学研究课题“小学数学作业多元化实践研究”结题会

炎炎夏日，蝉声阵阵，孩子们刚刚结束期末考试，但华南师大附小还是一派如火如荼的忙碌景象。2020 年 7 月 20 日上午，广东省教育科学研究课题“小学数学作业多元化实践探究”结题报告会在腾飞楼二楼会议室召开。本次结题会由科研室周婷老师主持，广东省教育研究院教学教材研究室数学科主任吴有昌研究员、华南师范大学数学科学学院副教授苏洪雨以及广州市天河区教研员周峰老师莅临指导。

首先，周婷老师一一介绍了与会专家，并对他们参与此次课题结题会表示热烈的欢迎和衷心的感谢。

随后，课题主持人孔珍老师汇报了课题的研究情况，她从课题研究的目的、研究思路与方法、执行情况、特色与创新之处、自我评价、社会影响、存在不足与今后研究方向等方面向与会专家进行了详细的汇报。其中重点汇报了课题研究的过程、创新点及主要成果，出版教学专著一本，发表相关论文十二篇等，促进了教师的专业成长，提升了学生的实践创新能力。

听完孔珍老师的汇报后，三位专家对课题研究给予了充分的肯定，认为本课题研究成果丰富，形成了创新性成果，很有启发性和现实意义，值得大力推广。

最后，教研员吴有昌研究员对结题会进行了总结，表示专家组成员一致同意该课题被评为“优秀”等级，同意结题；并希望课题组的老师继续努力，争取形成省级、国家级优秀教育教学成果，凸显成果的影响力。

结题会既是总结回顾课题实践的历程与经验，同时又是促进教师专业成长的契机。课题的结题并不意味着研究的结束，我们也将“以终为始”，保持学习状态，坚持严谨的研究态度，恪守教育者的初心，力争更加优秀。

5. 同心追梦，并肩以往

——记“华附联盟”数学课堂教学研讨活动

2019 年 4 月 18 日星期四，清风拂面、天气微凉。华南师大附小二楼阶梯教室高朋满座，气氛热烈。“华附联盟”七所学校的数学人，怀着“美好教育”的共同梦想，在“盟主”华南师大附小的校园里进行第一次会盟。大家以课会友，用自己的方式解读美好教育的真谛。

研讨活动由黄笑清老师主持。首先走上讲台的是恒大分校的李海军老师，他带来了《笔算两位数乘两位数》课例。在这节课中，李老师以“新基础教育”理念为指导，着力于计算育人价值的开发，以笔算为主，融口算、估算和简算于其中，给大家留下了深刻印象。

第二节和第三节课，都是三年级面积教学的起始课《认识面积》，分别由天河分校的梁丹老师、清远分校的曾启慧老师执教，无意中进行了同课异构。梁老师以“本心教育”理念为指导，在现代化信息技术的助力下，组织学生合作学习、动手实践，用亲切的语言、有层次的设计引导学生剥茧抽丝地体验和理解面积的内涵和面积单位统一的必要性，整节课有广度有深度，赢得了现场阵阵掌声。曾启慧老师热情洋溢却又理性十足，她的课知情交融又充满童趣，以学生为主体又不忘适时引导，学生在体验和思考中达成了教学目标。

唯一一节高年级课例是龙门学校龚卫老师展示的《不规则物体的体积》，在龚老师和五（4）班孩子的共同演绎下，孩子们掌握了怎样用排水法间接计算不规则物体的体积。

没满一周岁的大学城分校，派出了年轻的刘丽莉老师执教一年级课例《认识人民币》。刘老师践行“学生为主体，教师为主导，训练为主线”的教学理念，善于利用情境和多媒体激发学生学习兴趣，让学生在游戏和体验中认识了三种面值的人民币，学会了简单兑换。

推理是数学的基本思维方式，也是人们学习和生活中经常使用的思维方式，推理能力的发展应贯穿于整个数学学习过程中。东莞学校的侯英琴老师在展示的《推理》课例中，带领二（2）班的孩子们加入柯南侦探社，化身小侦探，学会了基本的推理方法并懂得了用三种方式表达，最后层层晋级直至成为推理设计师。

数是数出来的，数概念的建立必须经历由具体到形象再到抽象的过程。数中蕴藏着丰富的人文知识。压轴的华师附小陈熳老师在《千以内数的认识——数数》课例中，不仅体现了“数是数出来”的思想，更是文理交融，渗透了与“千”有关的成语、古诗词，中华优秀传统文化中的《千字文》《千家诗》，最后以《三字经》中的“一而十，十而百，百而千……”点题，并激励学生继续探索数的奥秘。

七节课例精彩纷呈又各具特色，特邀评课嘉宾——广东省教研院数学教研员鲍银霞老师对七节课进行了精彩点评。我们期待“华附联盟”的数学人再次相聚，怀着对“美好教育”的共同梦想，并肩以往。

6. 盟校手牵手，合作促成长

——记首届“华附联盟”英语课堂教学研讨活动

2019 年 5 月 16 至 17 日，首届“华附联盟”英语课堂教研活动在华南师大附小举行。活动在于促进联盟学校之间的教学交流，进一步深化英语课堂教学。

活动中，各联盟校指派一名英语教师执教一节英语课作为研讨课例。两天七节精彩课例，使现场听课教师享受了一场课堂教学的饕餮盛宴。七位老师精心准备，课堂设计新颖，亮点频频，教学风格各具特色，异彩纷呈。而他们流利的英语口语，扎实的教学基本功，精心的教学设计，精美的课件制作及纯熟的多媒体运用能力也得到了听课专家的充分肯定。

课后，专家们深入浅出，准确到位地对七节研讨课进行了点评，老师们也在专家们的引领下积极参与评课，畅所欲言，大胆提出自己的设想和建议。思维的火花在探讨和交流中迸发，使老师们在听课中收获，在评课中成长。

“华附联盟”不仅是交流的平台，更是一个互促共赢的平台。通过这次英语教研活动，让老师们实现“手牵手”，深入沟通，相互交流、相互学习、相互借鉴，取长补短，同时也促使联盟校的教研水平不断提升，达到共同成长的目的。

华南师大附小龚敏莉老师执教三年级观摩课“In the Holidays”

大学城分校的康慧老师执教一年级观摩课“A Fashion Show”

北滘分校的郑心莹老师执教一年级观摩课“Happy Moments”

天河分校的余雅芳老师执教报刊阅读的观摩课“Pigs Are Amazing”

清远分校的陈礼超老师执教四年级观摩课“Food From Around the World”

恒大南海分校的黄思韵老师执教六年级观摩课“Places People Live”

东莞分校的刘冠坤老师执教绘本阅读的观摩课“Tiny Small”

7. 知中有行，美好传承

——2020 年华南师大附小省级课题开题报告会

冬日羊城，寒风忽至，却抵挡不住华师附小的科研热情。2020 年 12 月 3 日上午，广东省教育科学研究课题“儿童嗅觉功能的发展及其与心理健康的关系研究”和“非遗特色背景下小学劳动教育的途径与策略研究——以华南师范大学附属小学实践教育为例”开题报告会，在腾飞楼二楼会议室召开。

本次开题会由科研室孔珍主任主持，广东省教育研究院基础教育研究室原主任谢绍熺、华南师范大学心理与行为科学部副部长郑希付教授、华南师范大学马克思主义学院党委书记周宪研究员莅临指导，张锦庭校长及课题组成员出席会议。

首先，孔珍主任介绍了与会专家，并对他们参与此次课题开题会表示热烈的欢迎和衷心的感谢；然后推荐专家组组长，专家们一致推荐谢绍熺主任为专家组组长。

随后，“儿童嗅觉功能的发展及其与心理健康的关系研究”课题主持人潘莉莉老师分别从研究背景、相关概念的定义、问题提出、研究方法、研究意义、研究思路等方面介绍了课题，希望此课题的研究能弥补目前儿童心理健康筛查中的一些不足，为心理健康的筛查提供新的思路，同时为儿童心理健康探究出简单易行、操作性强、效率高的嗅觉训练方法。

听完潘莉莉老师的汇报后，三位专家对课题研究给予了充分的肯定，认为本课题研究角度新颖，有启发性和现实意义，同时提出要注意课题问题的假设，做好文献研究。

然后，“非遗特色背景下小学劳动教育的途径与策略研究——以华南师范大学附属小学实践教育为例”课题负责人何珂仪老师进行开题汇报。她从研究目的意义、研究背景、文献综述、研究内容、研究方法、人员分工及进度等方面介绍了课题。

三位专家在听完何老师的汇报后，认为该课题能结合学校“一班一非遗”的特色，与劳动教育相结合，是一个很好的尝试。专家们也提出了中肯的建议，希望目标界定更清楚，提炼出非遗特色背景下劳动教育的实施策略和途径。

张锦庭校长对参与此次课题指导的专家表示热烈的欢迎和衷心的感谢，并紧密结合学校非遗文化项目建设的实践和学校整体情况进行了补充阐述。同时，对年轻老师们的科研精神表示了认可，希望课题组成员能珍惜这次课题的机会，真正做一个研究型的教师，实现自我提升。

课题主持人潘莉莉老师进行课题开题汇报

专家们的真知灼见，为课题研究指明了方向，使课题组成员进一步明确了课题研究的思路，并对本次课题研究有了更深的认识。我们相信，通过此次课题开题报告会能够更好地促进教师自身教研能力的提高。砥砺奋进谱华章，相信在张校长的带领下，在优秀的教师团队的共同努力下，定能共同谱写华师附小美好的明天！

课题主持人何珂仪老师进行课题开题汇报

8. 宝剑锋从磨砺出，筑魂育从劳动来

——2019 年度广东省学校德育科研课题结题

“劳动是世界上一切欢乐和一切美好事情的源泉。”这是高尔基对劳动的诠释，也是劳动的真谛。劳动创造人类，劳动强健体魄，劳动体现自我价值，劳动

磨炼意志，劳动开发创造性，劳动育人、育心、育德、筑魂！

我校梁承穗老师牵头承担的广东省教育科学规划课题“提升小学生劳动素养的行动研究——以华南师范大学附属小学低年级实践教育为例”全力推进劳动教育的开展，将劳动教育的理念和实践贯穿育人全过程，让劳动教育真正植入学生成长的根与魂。此课题于 2019 年 12 月 25 日顺利结题，获得了广东省教育研究院基础教育研究室原主任、正高级教师谢绍熺，华南师大附中信息技术高级教师、学生处主任陈好，语文正高级教师、广东省特级教师周莲清组成的专家组的一致好评，希望课题组继续实践该课题并将成果推广。

课题负责人梁承穗老师重点对课题结合本校的非遗特色建设，开展的研究角度的创新、路径探索的创新、学科整合的创新作了介绍。本课题自 2019 年 7 月开展以来，按照非遗传承和五育结合的思路，根据低年级学生的年龄特点，将劳动教育与非遗传承、古诗文、吟诵、学科渗透相结合，研究了提升学生劳动素养的新方法，建构、开发了适合低年级的劳动教育课型和教学模式，以“学做创”为主线的劳动教育教学策略，对发展学生的劳动素养、提高教师教育能力、形成学校的劳动教育特色以及扩充相关的教育理论和内涵等具有现实指导意义和推广价值。

梁承穗老师介绍课题

张校长在结题会上发言指出，我校近年来大力开展劳动教育，劳动融入学生的家庭生活、班级活动、学科教育、外出劳动实践，培养了学生的劳动意识和劳动习惯，让学生懂得责任与担当，还可以育德促美。

走进华师附小优美整洁的校园，学生们明理、懂礼、友善谦和，“一班一特色，一班一非遗”，学生们共同打造的班级非遗文化浸润着他们的心灵，这就是劳动给孩子们最美的馈赠。劳动让学生感受到父母对自己深沉的爱，劳动让孩子们体会了酸甜苦辣，依旧可以温暖在脸，灿烂于心。

在课题研究中发现，新时代的劳动教育面向的群体是 10 后，他们接触的是高新智能，对劳动的认识与上一代人、上两代人有很大差异。及时更新教育形式，与时俱进和科技创新相结合，培养新一代学生智慧劳动、创造性劳动是我们未来的目标和方向。

9. 德美融合，美德共生

——2021年华南师大附小省级课题开题报告会

2021年4月2日上午，广东省教育科学“十三五”规划2020年度研究项目（德育专项）“新时代小学艺术教育的德育功能研究与实践”开题报告会在华南师范大学附属小学腾飞楼二楼会议室召开。

此次开题会的三位指导专家分别是：华南师范大学附属中学番禺学校党支部书记、正高级教师、特级教师廖耀良，华南师范大学马克思学院党委书记、正高级教师周宪，黄埔区教育研究院音乐教研员、中学高级教师胡兴林。

会议伊始由科研室孔珍主任主持介绍与会专家，并对他们的到来表示热烈的欢迎和衷心的感谢。随后，孔主任介绍了课题主负责人及成员。会议的第二个流程是推荐专家组组长，经推选此次开题会的专家组组长由廖耀良担任。

会议第三个流程为课题负责人徐丽红陈述开题报告，徐老师从课题研究内容、研究方法、研究目标、组织分工、研究进度、预期成果、研究思路、研究时间与研究对象等方面对课题研究作了详细的汇报。

课题主持人徐丽红老师汇报课题

专家听完汇报后分别对课题进行质询指导。三位专家认为此课题研究具有较高的研究价值和意义，以音乐、美术两种听觉和视觉的学习形式融合在一起进行研究有新颖性，以美育的视角研究德育是一个比较好的切入点，同时也对课题提出了宝贵的修改意见，对课题的后续研究具有深远的影响和意义。最后经专家组合议，一致同意开题。

10. 以研促教，以体育德

——记华南师大附小省级课题开题报告会

2021年4月8日上午，2020年度广东省中小学德育课题“立德树人背景下体育训练德育渗透实践研究——以华南师大附小田径队为例”开题报告会在腾飞楼二楼会议室召开。

本次开题会由科研室周婷老师主持，并荣幸地邀请了三位专家莅临指导，分别是广东省教育研究院教研员、教育部优课体育学科专家组长肖建忠教授，广东教育督导学会委员、广州市小学体育名教师工作室主持人朱越强老师，天河区教育研究院体育教研员黄伟老师。张锦庭校长及课题组成员出席会议。

会上，课题主持人张泽林老师结合自身多年的教学经验，分别从研究背景、研究意义、研究方法与研究创新点、体育教学中德育渗透的原则与途径等方面进行了详细的汇报，希望通过在体育训练中渗透德育知识，从而促进学生形成竞争意识和规则意识，培养学生勇于克服困难的意志品质、责任感以及团队荣誉感。

课题主持人张泽林老师进行开题汇报

三位专家听完张老师的汇报后，对本课题的研究价值给予了充分的肯定，并结合本课题的研究，从紧扣核心概念，如何在体育训练中有效做到德育渗透，立德树人的元素如何在学生身上体现，设计合理的访谈提纲和加入对比研究法等方面提出了宝贵的建议。

最后，张锦庭校长对参与此次课题指导的专家们表示热烈的欢迎和衷心的感谢，并高度重视体育组开展的该项德育课题研究工作，提出了详细的指导意见，表示学校会大力支持本课题的研究开展，希望课题成员珍惜本次机会，实现自我提升。

三位专家和张锦庭校长给予的肯定和提出的宝贵指导建议，为本课题的研究指明了方向。相信在学校的大力支持和课题成员的共同努力下，本课题的研究一定会顺利展开，教师的教研能力也会得到进一步的提升！

七、构建家校共育的新格局

家校共育是实施美好教育的重要举措，是落实立德树人的重要内容，更是推进素质教育的重要抓手。如何结合学校自身实际，积极发挥家校共育合力的促进作用，构建现代学校建设新样态是当前学校都在积极探索和实践的重要议题。

学校历来重视家校共育，倡导家校合作。在家校共育格局建设上，学校依托家校联合载体——家长讲座、问题解决载体——家委会、参与体验载体——德育活动，积极汇聚家校力量，助推每一个孩子的健康发展。在家校联合载体——家长讲座方面，学校除了特邀教育专家举办讲座报告会之外，还积极发挥学校名校长工作室、名教师工作室的引领作用，积极开展多次由张锦庭校长和江伟英副校长主讲的校长报告会，引导家长们正确了解、认识和发现孩子健康成长路上的拦路虎，为后期解决孩子出现的种种问题提供了可以参考的策略和方法。在问题解决载体——家委会方面，学校设有家委会，监督学校各项工作，如学生研学等，从而保障学校各项工作透明化、公开化、科学化。在参与体验载体——德育活动方面，学校结合自身实际，积极发挥学科教学特色，组织开展家校、师生共同参与的德育活动和非遗传承体验活动，如5·30家长开放日活动、非遗小剧场等，为学生的健康成长保驾护航的同时，充实家校共育新格局。

1. 教育改革与家校合作

——孩子成长的关键年龄和关键教育

2018 年 11 月 30 日下午，华东师范大学课程与教学研究所博士生导师刘良华教授莅临华南师大附小，作了一场题为“教育改革与家校合作”的专题讲座。刘教授主要从孩子成长的角度出发，讲述孩子成长的关键年龄和关键教育。

刘教授有着严谨的治学态度，首先从《科尔曼报告》和《威利斯报告》等报告出发，阐述“影响孩子成绩的主要因素不是学校而是家庭”的观点。家长的生活习惯、教育方式与孩子的学习成绩有着密切的关系，父母的陪伴影响着孩子的成绩、性格和身体发育。

其次，在孩子成长的每一个阶段，刘教授作了“关键年龄和关键教育”的相关阐述。他指出孩子成长的阶段：三岁前后，感性教育阶段；九岁前后，规则教育阶段；十三岁前后，要注重培养意志教育和理性教育。其中三岁前后的感性教育包括情感、语感和动感，主要是母亲的陪伴。这一阶段具有“潜能递减规律”，错过了再补救就很难了。刘教授把教育的规律性和严谨性融入幽默生动的语言中，让人受益匪浅，作为教育者有一种豁然开朗之感。

刘教授同时指出：九岁前后的教育要严厉，要讲规则，主要需要父亲的陪伴。他提出九岁前后有三个规则，分别是文武双全、劳逸结合和通情达理。其分别对应体育特长、艺术特长和交往特长。他强调：诚信和善良是孩子幸福的强大基础。刘教授非常关注兴趣与业余爱好，提出了许多别出心裁的教育观点，提倡劳动和运动是最好的教育，是远离拖拉和胆小懦弱的有效方法。

关于十三岁前后的关键教育，主要是意志教育和刚性教育。自信、自学和自食其力是关键，在孩子建立自信的过程中，要培养其学思关系和知行关系。

刘教授梳理了在孩子的关键年龄，家长应该如何进行关键教育。在教育的道路上，教育者该如何刚柔相济、感性教育与理性教育并存。刘教授的教育哲思贯穿中西，系统而严谨，讲座深入浅出、解析精到。他认为孩子的学科偏好、业余爱好和交往喜好都是由家庭教育决定的；三岁以前和成长时期母亲对孩子健全人格的影响功不可没；孩子三个成长的关键期组成孩子健康人格的发展。天底下最重要的职业是为人父母，因为不需要竞争上岗和持证上岗，有些父母养育孩子时难免困惑重重。作为教育工作者，我们应该把家庭教育的重要性传递出去，让越来越多的父母在正确家庭教育理念的引领下，以成长的姿态来陪伴孩子长大。刘教授的讲座留给我们教育者的，不仅是对于教育本体的思考，更有对“人”全方位发展的深思。

2. 成为有智慧的家长

——华南师大附小 2019 级专家报告会

2019 年 9 月 1 日上午，广东第二师范学院高慎英教授来到华南师范大学附属小学，为 2019 级新生家长进行了题为“成为有智慧的家长”的讲座。

讲座伊始，高慎英教授指出了家长们普遍的困惑与思考，从“我们想把孩子培养成什么样的人”“我们对孩子的期待”“怎么做才能让孩子向着期望的方向发展”三个方面进行讲述。

随后，高教授重点讲了三个问题。

第一，理想家长的角色。

高教授指出理想的家长要让孩子有亲近感，让孩子有敬畏感，让孩子保持良好的成长状态；强调孩子越小，家长的心态需要越好；讲解了印刻现象、哈洛的母爱实验，从而引出母爱的三个要素，并结合相关的理论指出育儿需要注意的事项。

第二，良好的家教方式。

高教授借用美国的《科尔曼报告》，强调“如果孩子在家里养成了坏身体、坏性格、坏习惯，那么，无论校长和老师多么能干，也改变不了孩子成为差生的命运”。

高教授指出家长要让孩子自信与快乐。首先，家长自身要充满信心与希望；其次，家长须陪伴并帮助孩子，尊重孩子的意愿和选择；最后，寻找孩子的“成长优势”，让孩子因优势而自信。

高教授认为关键年龄要提供关键的教育。结合儿童的发展特点，让孩子成为“有优势”的人，且父母须亲自陪伴孩子；强调“在做中学”是最有效的学习；培养孩子意志力，鼓励孩子坚持，不轻言放弃；家长须坚持原则，不轻易许诺，并树立底线规则，以“抓大放小”的原则教育孩子。

在讲座中，高教授特别强调了要让孩子有安全感与责任感。因为人的大脑最看重的是生存，安全感第一，满足安全感之后，才会有学习与发展；慎用奖励与批评，并注意奖励与批评的方式，不要让过度奖励的外部动机破坏学习的内在乐趣和内在动机。

第三，家长心态的自我调适。

高教授建议家长们要放平心态，放远眼光，耐心“守望”孩子的成长；身教重于言教，尊重孩子意见；让孩子更有激情地做事；认同孩子的互不相同，多与自己比较，少与他人比较。

讲座最后，高教授寄语 2019 级新生家长成为一名有效教子的家长，家校联盟，共同促进孩子健康成长，赢得了家长们的热烈掌声！

3. 家校通力合作，共筑美好教育

——华南师大附小 2019 级一年级新生家长会

2019 年 7 月 14 日下午，华南师范大学附属小学 2019 级一年级“家校合作，共筑美好教育”新生家长会在华师附小校本部举行。本次活动由我校江伟英副校长主持，张锦庭校长作“0—13 岁：儿童成长与教育的关键期”专题讲座。本届新生家长齐聚腾飞楼二楼阶梯课室，学习最新的教育理念，共叙家校合作新篇章。

讲座伊始，张校长即提出孩子成长的三个关键期：0—3 岁——宝宝阶段，3—9 岁——幼小低年级阶段，9—14 岁——小学高年级到初中阶段。张校长在教育的第一个关键期中谈到，3 岁前的孩子不宜管教太多，应多为孩子提供足够的玩耍时间和亲子互动时间，多些爱抚和关注，并提醒家长要注意孩子左右脑的开发。小学阶段由于课程设置的原因，可能比较侧重于左脑的理性训练，如文学、数学、语言等，而右脑是感性脑，又称为艺术脑、创意脑，右脑的开发会进一步促进左脑的发育。孩子 3—6 岁是教育的第二个关键期，是学前教育的重要阶段，是孩子的习惯养成阶段。这个阶段家长应多讲一些美好的故事，帮助儿童形成正面的价值观。父母可以多和孩子游戏，让孩子参与家庭决策，用好劳动教育和艺术教育这两个教育的基本方法。他还提醒家长要重视和孩子相聚的时间，如果父母无法挤出时间陪伴孩子，时间一长，孩子就会形成反叛心理。孩子要养成早睡早起和坚持运动的习惯，身体健康第一。家长每次在作业本上的签名，表示的是家长对孩子的关心和负责。张校长认为 5—6 岁是孩子空间视觉的开发期，他建议孩子在 6 岁前尽量把《弟子规》《三字经》和《千字文》等育儿经典读完，并鼓励爸爸们要成为孩子的重要他人，多陪伴和引领孩子成长，在家庭教育中扮演重要角色，发挥关键作用。

会议最后，由江伟英副校长对本次家长会进行总结概括，并说明我校“430 科技系列课程”的报名要求。会后，家长们表示收获匪浅，要好好利用暑假时间帮孩子调整作息，引导孩子主动锻炼身体，做好开学准备，并积极配合学校帮助孩子顺利度过开学第一个月的规则养成关键期。

4. 风雨同舟，家校携手，共祝复学

——华南师大附小 2019—2020 学年第二学期第一次家长会

为让家长们更好了解学校的防疫措施，明确班主任及各任课老师讲解返校的安全要求和教学安排，配合做好孩子们返校的各项准备工作，2020 年 5 月 15 日，华南师大附小召开了 2019—2020 学年第二学期第一次家长视频会议。

会议于晚上 8:00 正式开始。首先，张锦庭校长通过云端，以视频的方式向家长们报告学校在返校复课前所做的疫情防控措施。他提到，学校为返校复课做好了周密的部署，做好了校园清洁防疫消毒工作，全部教工已经进行并通过了核酸检测，充分的准备只为保障同学们安全的学习环境。视频中，张校长对孩子们的平安返校表达了衷心的祝愿。接着，江伟英副校长再次对参加此次线上家长会的各位家长表示感谢，感谢家长们在这个特殊假期对学校“线上教学”工作的大力支持。她向家长们详细介绍了学生返校前需要家长配合做好的准备工作，对复学当天学生到校报到流程、生活学习中的注意事项、在校常规管理等进行了详细的说明。

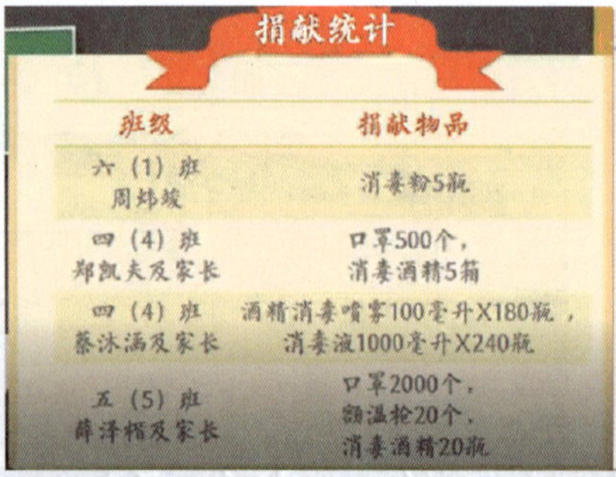

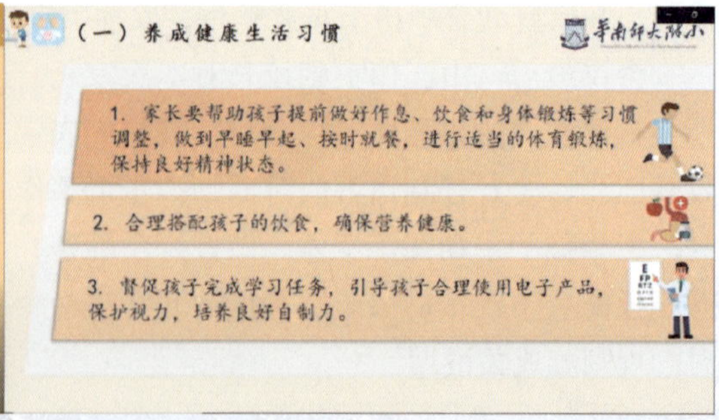

会议的第二个环节，由各班主任在班群里进行主持，对复学返校的一些注意事项、作息时间等进行说明。接着，语、数、英三科老师为家长总结了学生在家线上学习期间的学习情况，对本学期具体教学安排、重点难点及相关准备工作进行了细致的解释，并对复学后的学习和生活提出了多项要求，希望家长能给予支持和配合。

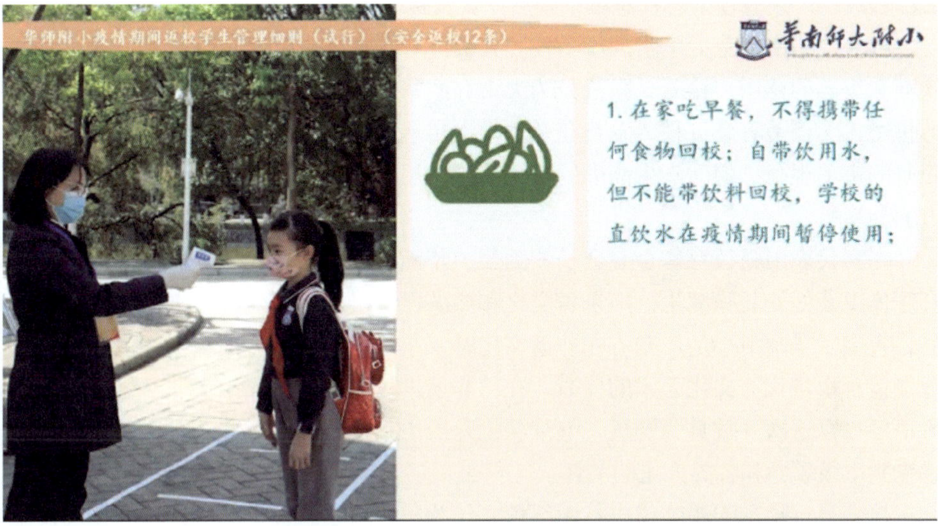

此次返校前的线上家长会，让家长和学生对返校的具体流程和相关事项有了更清晰的了解，也为家校沟通、合力共育搭建了新的桥梁。久别即将重逢，华师附小的校园也旧貌换新颜，以全新的面貌迎接即将返校的附小学子们。夏日已至，附小校园和全体教职工对学子们返校的热情也如夏日天气一样的高涨。我们期待家校携手共进，全力守护同学们的身心健康，一起重逢在最美的校园。

5. 感受非遗文化精妙，吸收民间艺术精华，传承中华匠人精神

——记华南师大附小 2019 年“小手牵大手”家长开放日活动

美好仲夏，高蝉远韵，又是一年儿童节。

2019 年 5 月 30 日上午，华南师范大学附属小学紧紧围绕“施行美好教育，成就教育美好”的工作思路，传承中华优秀传统文化，感受非遗的魅力，为培养学生传承中华民族传统文化的美德、美育习惯，使其成为德智体美劳全面发展的社会主义建设者和接班人，开展了2019年“传承中华优秀传统文化，争做心怀感恩的好少年”传承非遗体验之“小手牵大手”家长开放日活动。

上午 8:30 在腾飞楼二楼阶梯室举行了隆重的开幕仪式，出席本次活动的领导和嘉宾有广东省文化和旅游厅巡视员陈杭、华南师范大学副校长陈文海、碧桂园集团秘书长罗劲荣、广东省教育厅体卫艺处陈健生、广东省教育厅体卫艺处林柏春、广东省文化和旅游厅非遗处温星君、广东省少先队总辅导员李群英、华南师范大学社会服务

处陈培新、广东省教研院基础教育研究室原主任、正高级教师谢绍熺和来自碧桂园集团、加拿达国际教育集团、广东省文联、广东省传统文化促进会、广州民协、各非遗文化传承人、各兄弟院校的领导和嘉宾。

活动也得到了教育杂志、新闻媒体人士的高度关注，如《现代中小学教育》主编江桂珍，广东教育杂志社总编室副主任黄日暖，南方日报和新快报的记者朋友等。

首先，华南师范大学附属小学校长张锦庭对各位嘉宾领导莅临指导表示热烈的欢迎和衷心的感谢。接着，张校长为大家介绍华师附小切实将中华优秀传统文化全方位融入学校美育全过程，以及在引领学生传承中华优秀传统文化艺术、树立学生正确的审美观念、陶冶学生高尚的道德情操、用中华优秀传统文化浸润学生心灵等方面的举措。

嘉宾代表国强教育基金会会长罗劲荣、华南师范大学副校长陈文海、广东省教育厅体卫艺处处长陈健生、广东省文化和旅游厅一级巡视员陈杭分别为这次活动致辞，肯定了华师附小是广东省在非遗文化融入小学课程学习方面重要实践基地，承载着传承中华优秀文化艺术的使命，在“非遗进校园”方面作出了非常好的表率，寄语学校以这次开放日为契机，继续深化开展中华优秀传统民间艺术活动，让学校感受到上级领导和各界人士的关怀。

接着举行隆重的颁奖仪式：谢绍熺主任为华师附小颁发中小学特色学校建设成果一等奖荣誉证书；广东省文化和旅游厅一级巡视员陈杭授予学校非遗进校园“示范学校”荣誉牌匾。

领导和嘉宾观看了南国醒狮《狮跃龙门步步高》、米机王咏春拳《咏春·传承》、南国粤剧《彩云追月》、广东音乐《步步高》和京剧艺术《梨园娃娃》等五个非遗项目的展演。

我校 31 个班级有 31 个不同的非遗主题布置及环创设计，让孩子们在非遗的文化环境中潜移默化地受到艺术和美的熏陶。开放日当天，31 个班级为参加活动的嘉宾、家长和孩子们准备了各种各样的非遗体验活动，让大家近距离、全方位感受非遗的独特魅力和精彩纷呈。

本次开放日活动得到社会各界的大力支持，取得了圆满成功，一些话语仍在我们耳边回响——

“希望华南师大附小以‘非遗开放日’为契机，继续深化开展中华优秀传统民间艺术活动，让传承传统之风吹遍华师附小的每一个角落，甚至影响整个华师乃至全社会，培养非遗传承人，使非物质文化遗产世代相传，传之久远。”

“我们期望附小在开展非遗系列活动中进一步探索‘非遗进校园’的广东模式，通过‘定标准、强师资、育新人’，让非遗走进课本，走进家庭，走进每一个人的生活中。”这是上级领导对华师附小的殷切期望。

“非遗不应只是停留在纸面上的几行陌生名录，而应是鲜活地存在于人们日常用度和体验当中，每位学生都是一颗‘非遗传承’的种子，一个孩子影响一个家庭，一个家庭影响一个社区，社区合力辐射整个社会。”这是一直以来关心、支持我们的热心人士的美好愿景。

“美与想象，千年的历史和艺术魅力是非遗课程给孩子最美的馈赠。今天的活动非常精彩而且好玩，何时何地都令人赏心悦目。”这是家长参加了这次开放日的真切感受。

…………

今后，附小将继续大力开展传承非遗活动，通过艺术展演、开设校本课程等方式将非物质文化遗产引进校园，把校园建成一座非遗博物馆，让每一位孩子，每一位家长、每一位来宾，在校园内的每个角落都能受到我国优秀传统文化的熏陶。我们一定会把传承非遗文化当成是一种责任，不断提高华师附小学生对非遗项目传承和保护的参与感、获得感。我们相信，在广东省教育厅、文化和旅游厅以及华南师范大学等各级领导的关心和支持下，华师附小传承非遗的活动一定会越办越好！

八、拓展更美好的课余生活

好教育的内核，是唤醒和点亮，是激活每个学习个体的可能性。在张校长看来，实现美好教育就是让每一个孩子美好地生活在当下，使个体的人生因教育而美好。学校在组织小学生课余生活的策略和方式上，充分考量了学生的学习特点和心理特征，积极依托并发挥毗邻华南师范大学优秀师资的引领作用，加强高校专家和学校教师的沟通与合作。此外，学校把养成教育作为学校德育的核心内容，再以校园文化建设与班级文化建设为形式，以活动为载体，把养成教育渗透在日常的教育教学工作中，引导孩子身在校园，践行习惯，借着良好习惯的养成，启迪学生智慧生命，开启幸福人生之路向。

截至目前，学校已经形成了十二个“学会”、六个“走进”的德育实践体系。其中，十二个“学会”主要包括“学会感恩”“学会环保”“学会礼仪”“学会创新”“学会自护”“学会阅读”“学会运动”“学会爱国”“学会交往”“学会学习”“学会劳动”“学会守纪”；六个“走进”包括“走进校园学规范”“走进社区学感恩”“走进自然学科学”“走进团队学自主”“走进军营学纪律”“走进农村学朴素”。此外，学校结合非遗教学特色，组织开展了非遗小剧场、非遗少年说、非遗云展厅、非遗传承艺术节等活动，为学生的课余生活增添了别样的色彩。

1. 以生命影响生命，让孩子遇见美好的自己

——记学校与华南师范大学心理学院合作共建“大学生校外实践基地”

2019 年 4 月 15 日上午，华南师范大学心理学院刘学兰副院长和黄喜珊副教授带领心理学院 2018 级心理学师范班和心健班研究生共 100 位学生齐聚华南师大附小腾飞楼二楼阶梯课室，开展“大学生校外实践基地”启动仪式及生命教育主题的心理健康教育课程实践活动。在此之前，华师附小已经与心理学院友好签订了《本科生校外实践教学基地建设合作备忘录》，而本次活动的主题一方面是对此次共建活动进行一个庄严的授牌仪式和受聘仪式，另一方面是以“生命教育主题课程实践课”来启动本次合作共建活动。

首先，张锦庭校长对到来的老师、同学们表示欢迎。他表示，华师附小倡导美好教育的教育理念，美好教育应该是一个开放而有活力的系统，它与家庭、社区、社会团体等各方面形成积极的互动合作，引导社会力量走进学校，引领学生走向社会广阔的舞台，形成合力共进的美好态势。此次共建活动是美好的，是令人向往的！期望双方能够长期合作，共同进步！

学校聘请刘学兰老师为心理健康教育指导专家，对学校创办全国中小学心理健康教育特色学校做指导工作；聘请黄喜珊老师为心理健康教育指导专家，对学校心理健康教育工作团队进行课程指导及心理督导工作。

生命教育主题实践课程作为本次合作共建的启动，授课教师分别是研究生二年级的李怀玉及本科三年级的刘欣月。两位大学生根据小学三年级学生的心理发展特点设计了两个生命教育主题（保护自己的身体、死亡教育）的教案。刘老师以有趣的游戏调动了学生的积极性，通过连贯的眼、耳、口、手等部位的活动有针对性地让学生认识到身体各部位的重要性，促使学生在日常生活中有意识地保护自己。李老师则巧妙地利用《小灯泡的故事》视频讲述从生命的诞生到逝去，设置不同的情境引导学生感受生的喜悦并思考死亡的含义及情绪认知与处理。

两节精彩的课程结束后，两位授课老师先进行了自评，现场观看的大学生也对课程提出了自己的赞赏点及疑惑点，学校张锦庭校长、潘莉莉老师肯定了两位授课老师的表现，同时也对课程的进一步完善提出了意见与建议，张校长更是对大学生提出了殷切的希望，希望他们能不断突破自我，提高能力。心理学院的黄喜珊老师则非常专业地从生命教育课程设计的重点、难点、课堂语言的把握等方面进行了一针见血的点评，让整个评课环节高潮迭起。

华师附小不遗余力、积极推进与高校、社区、社会团体的真诚合作。学校表示，这次有机会能与学科力量雄厚、拥有心理学一级学科博士授权点、国家重点学科的华南师范大学心理学院共建大学生校外实践基地，是学校师生的福气，不仅符合学

校倡导的“美好教育”的理念，更是充分彰显了“美好教育”的本质。

“以生命影响生命，让孩子遇见美好的自己”，这是我们共同的奋斗目标。此次共建活动对华师附小的师生来说，将营造更丰富的教育氛围，丰富师生个性化的选择；对大学生来说，为他们提供了良好的实践平台，有利于他们提升专业素养和教学技能，这样的共建活动，更增进了双方的交流和发展。

2. 相约队旗下，两代人的队礼

——华南师大附小 2021 年少先队入队仪式

2021 年 5 月 20 日上午，“相约队旗下，两代人的队礼”华南师大附小 2021 年少先队入队仪式在华南师范大学手球馆举行。222 名同学在爸爸妈妈和五、六年级大哥哥大姐姐的共同见证下，光荣地加入中国少年先锋队，成为光荣的少先队员。

每位孩子在家长的牵引下，昂首挺胸穿过“入队门”，意气风发地走进会场。

主持人郑铉炫、肖灵峰宣布仪式开始。国旗队队长李梓莹、孙恬、闫恩泽出队旗，陈诺指挥全体师生齐唱《中国少年先锋队队歌》。

全体中队辅导员、少先队员、一年级学生和家长们观看视频《红领巾的故事》。一段段激励人心的红领巾故事，介绍了少先队队徽及红领巾的内涵，以及中国少年先锋队波澜壮阔的发展历程。

大队长刘鉴玲宣读《组建一年级少先队组织的决定》，并宣布新队员名单。

五、六年级少先队员代表为一年级家长和新队员授红领巾。

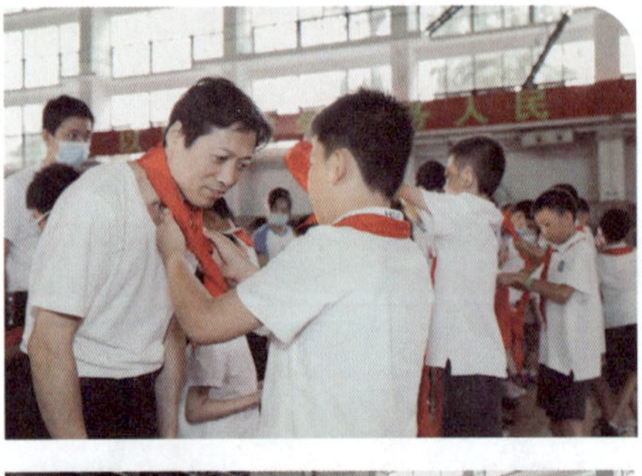

少先队大队辅导员殷虹梅老师带领全体少先队员宣誓。

少工委常务副主任江伟英为一年级新建中队授中队旗。

五年级少先队员代表为黄洁、潘彩滨、黎艺舟、陈容、钟艳娟、赵爽老师授红领巾，六位老师正式成为新建中队的中队辅导员。

少工委常务副主任江伟英为六位中队辅导员颁发聘书。

新少先队员代表林稚乔用稚嫩的声音表达了成为少先队员后心中的骄傲与自豪，并下定决心用积极的实践拥护胸前的红领巾。

大队长刘鉴玲作为少先队员代表，将红领巾的内涵娓娓道来，希望新少先队员能担当起自己的责任，努力学知识，学做人，自立自强，践行队旗下的誓言，成为展翅飞翔的雄鹰。

一年级家长代表谢宝剑叔叔（谢煜钰同学的家长）表达了对新少先队员的祝贺，叮嘱新少先队员们要牢记使命，志存高远，无愧于伟大的新时代，并祝福他们在未来的日子里健康幸福成长。

少工委常务副主任江伟英表达了对新少先队员的祝贺，希望新少先队员能为自己的新角色而感到骄傲与自豪，在未来的学习中更努力；同时学会感恩，学会与同学友好相处，为班级、学校争荣誉，让胸前的红领巾更鲜艳。最后，江校长对辛勤付出的中队辅导员表示感谢，感谢他们对孩子的无私付出。

每位家长录制了短视频，寥寥数语，至真至性，表达了对孩子的祝福、期待与鼓励。

两代人“四个一”活动，家长与孩子互敬一个队礼，体现革命精神的薪火相传；家长送孩子一句祝福，表达对孩子的殷切期待；家长送孩子一份礼物，表达对孩子的真挚肯定；家长给孩子一个拥抱，表达对孩子的衷心关爱。

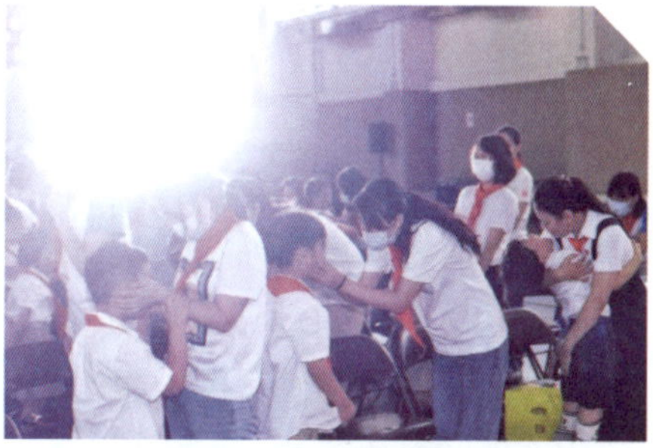

《追梦》舞蹈，鼓励孩子不畏挫折，不忘初心，努力追梦！

大队长刘鉴玲带领全体少先队员背诵《少年中国说》（节选）。

大队辅导员殷虹梅老师带领全体少先队员呼号，国旗队队员退旗。

各中队大合照后，伴随着跳跃的音符，中队员们脚踏铿锵步伐，手持队旗离开会场。至此，“相约队旗下，两代人的队礼”——华南师大附小 2021 年少先队入队仪式圆满结束。革命先烈的火种已经悄然播种到每位新少先队员的心中，相信这一团团的星星之火，终将成为燎原的熊熊烈火，燃亮新中国的新未来！

3. 背着小书包，扬帆新里程

——记华南师大附小 2020 年“书包节”表彰会

《目送》中说道：“你站在小路的这一端，看着他逐渐消失在小路转弯的地方，而且，他用背影告诉你，不必追。”

九月的秋风渐起，稚嫩孩童从爸爸妈妈的温暖怀抱里扬帆起航，告别夏天，告别幼儿园，欣欣然踏进华南师大附小的校门。在校门外迟迟不肯离去的大人们，目送着小小人儿背着大大书包渐行渐远。

书包，装着一本本图书，也装着无数珍宝，它鼓励孩子去探索知识的海洋，去感受华师附小校训“博学于文，约之以礼”的内涵，去传承中华民族上下五千年的优秀传统文化。为此，2020 年 9 月，学校启动 2020 年“书包节”一系列活动，让一年级的孩子们更快地融入小学阶段的学习中。

为肯定孩子们开学以来在各方面取得的显著进步，鼓励孩子们继续大步前进，2020 年 9 月 28 日上午，学校行政和一年级全体师生齐聚华师附小腾飞楼二楼阶梯室，举行 2020 年“书包节”表彰会。

首先，一年级各班正副班主任带领孩子们走入知识大门，寓意孩子们遨游在知识的海洋，汲取养分，健康成长！

接着，“全体起立！”随着主持人刘于铉一声令下，在大队委蒙卢小牛的指挥下，阶梯室回荡着稚嫩又响亮的歌声，孩子们庄严地齐唱起国歌和校歌。

本次“书包节”表彰会由张锦庭校长作开场致辞。张校长为一年级的孩子送去了最真挚的祝福和叮嘱，他微笑着告诉孩子们：“我们一年级的孩子为自己的成长而感到高兴，为自己的守纪而感到光荣，并为成为一名优秀的华师附小学生而努力奋斗！”

自古以来，衣冠不仅能保暖，更代表着一个人的精神面貌，《弟子规》中提道：“冠必正，纽必结；袜与履，俱紧切。”“同盟之学，始于衣冠”，因而要想明事理，方先正衣冠。在主持人的指令下，孩子们自正衣冠，互正衣冠，师正衣冠。

9 月 28 日是特别的一天，它代表着孩子们距离入学已经整整一个月，同时又是我国春秋末期伟大的教育家、思想家，儒家学派的创始人孔子诞生之日。为此，周婷老师带领孩子们向孔子和启蒙老师行拜师礼，向同窗行鞠躬礼。欧阳修曾言：“立身以立学为先，立学以读书为本”，周婷老师还带领孩子们齐读关于读书的名言警句，让学生在古人的智慧中感悟读书的意义。

在中华民族的传统文化中，读书人通过击鼓的方式表达自己读书的决心和毅力，为此我们秉承古代的优良传统，由张锦庭校长、吴启航副校长和王福华副校长带领全体师生击鼓鸣志。鼓声如雷，寓意着崭新的希望：“高山景行，学子如斯；博学于文，约之以礼；尊师重道，终成大器。”

随着鼓声的余声渐停，表彰会也随之进入关键时刻，三位校长向各班代表颁发此次“书包节”的“爱书小能手”“礼貌小天使”“整理小高手”“课堂小明星”“排队小标兵”的奖状和“学规范 正行为 养习惯好少年”证书。各班依次到“美好门”下合影留念。

2020 年“书包节”活动虽暂告一个段落，但本次活动的精神还在孩子们成长的每个时刻不断传承着。希望我们一年级的同学能够在华师附小求学生涯中惜时如金，奋发学习，为自己的梦想而拼搏奋斗，为自己创造最美好的岁月年华!

张锦庭校长带领大家击鼓鸣志

吴启航副校长带领大家击鼓鸣志

王福华副校长带领大家击鼓鸣志

一（1）班全体师生与校领导合影

一（2）班全体师生与校领导合影

一（3）班全体师生与校领导合影

一（4）班全体师生与校领导合影

一（5）班全体师生与校领导合影

一（6）班全体师生与校领导合影

4. 新起点，“心”征程

——记华南师大附小 2021 年“学会守纪，学做遵纪守法的好少年”四年级心理拓展活动

为响应国务院关于新时代爱国主义教育的号召，增强学生的民族自豪感，帮助孩子感悟生命、珍惜生命，使其树立正确的世界观、人生观和价值观，拥有健康的身体和心理，2021 年 4 月 21 日—23 日，华南师大附小组织四年级全体学生赴广州市比奇素质教育训练基地开展了三天两夜的心理拓展活动。

到达基地后，学生们换上训练服装，组队并设计团队徽章，建立团队规范，而后整齐列队，参加庄严的升国旗仪式。充实而丰富的各项活动，在张锦庭校长的国旗下讲话中紧锣密鼓地拉开了序幕。

“知识传递”是以小组为单位，小组成员手拿一根半圆形的球槽将小球连续传递到下一个队员的球槽中，以此接力到达终点，完成知识运输。通过团队之间的结果对比，学生意识到做任何事都不能马虎，稍有不慎，差距就会产生。

“步步高升”是成员之间手拉绳子，通过配合协作使在地面放置的木块依次顺序累积到一定高度，过程中不允许有掉落。此项活动要求孩子建立起与他人的信任，锻炼孩子与人相处的能力，培养了孩子的团队协作能力，提升了孩子们的沟通能力。

射击体验更着重考察的是自己的心态。举枪前如何能迅速静下心来？什么样的心态才能保证在瞬息万变的赛场上淡然心定？活动培养了孩子的耐力和专注力，增强了孩子的自信与勇气，也为第二天的活动奠定了基础。

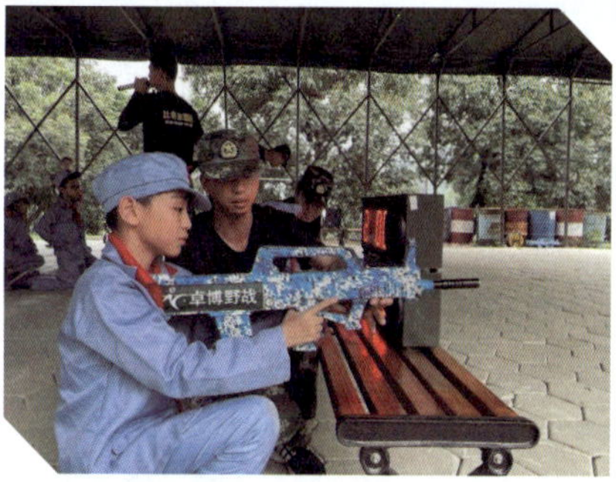

第二天孩子们早早地起床进行晨练，随后迎来了这一天的“重头戏”——重走长征路。长征路分为两段，途中学生们穿越烽火线和革命人梯、横渡“赤水”，了解了诸如湘江战役、遵义会议等历史事件的意义。

行程结束，时至晌午，“小战士”们以小组为单位，体验了红军时期的柴火灶，团队合作动手炒出美味佳肴。活动把爱国主义教育和团队拓展合作有机融合，既锻炼了学生的意志，又让学生学习到了革命先烈的事迹。

下午，“小战士”们顶着烈日，在主导师的引领下，以班级为单位列队集合，进行穿越火线的活动。同学们顺次通过重重关卡，展现出坚毅的品质和顽强的精神。

傍晚，月光之下，师生共赴一场音乐狂欢。熊熊的篝火映衬下，辽阔神秘的星空和自由奔放的音乐合二为一。此时，比奇军事乐园皓月当空、蛙叫虫鸣、律动欢腾。

活动在第三天进入尾声，下午就要返程。吃过早饭，整理完内务，同住两晚的伙伴就要分别，感谢伙伴们三天以来的帮助。同学们以班为单位，围成圆圈，蒙上眼睛，互相扶持，回顾活动中他人给予自己的帮助和支持。同学们手挽着手相互扶持表达感谢，感恩同学，感恩老师，感恩父母。回想这三天、四年，甚至出生以来值得感动的每一天，很多同学都哭了。

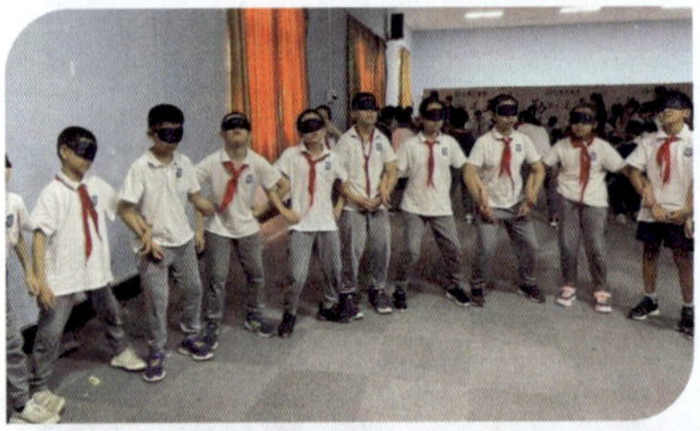

最后，全体四年级同学在广场的巨型画布上涂上了自己浓墨重彩的一笔，以此庆祝建党 100 周年，祝福祖国。

带着感恩和坚强，载着憧憬和希望，回程、起航！活动结束，是拓展的终点；回归附小，是心灵新起点。未来道阻且长，希望同学们把握当下，勇敢去闯！

5. 乘风破浪正当时

——记华南师大附小五年级学生学军活动

2021 年 5 月 10 日—14 日，华南师大附小五年级学生到广州市白云区穗华心素质教育培训基地参加了学军活动。

经过五天四夜紧张而有序的训练，同学们的精神面貌焕然一新。在军训期间，教师们尽职尽责；同学们以解放军战士为榜样，不畏炎炎烈日严格训练，对每一种军姿都认真领会、反复训练。做到队伍行列整齐，步调一致，嘹亮的口号声久久回荡在训练场上。

第一天主题：纪律、安全、自理

同学们乘坐大巴车来到培训基地后，在教官们的帮助下换上了迷彩军装参加开营仪式。穿上军装的同学们个个英姿飒爽，气宇轩昂。在雄壮的国歌声中，五星红旗冉冉升起，华师附小五年级军训开营仪式正式开始。仪式上，吴启航副校长和基地李校长对华师附小学生提出了殷切的希望，希望他们能拿出“不怕苦、不怕累、令行禁止、雷厉风行”的精神和劲头，在这次军训中收获进步，收获成长。在 5 名学生代表发表了精彩的演讲后，训练正式开始……

这天的训练内容有学习整理内务、队列队形练习和安全讲座。教官按军训内务规定对学生宿舍中被子的折叠、床铺整理、洗漱用品、鞋的摆放、室内清洁程度等提出了严格的要求。同学们在教官的指导下开始整理，一会儿的工夫就把宿舍收拾得干净、整洁。

下午终于迎来了队列队形练习，在教官的口令下，站军姿、立正、稍息、向左转、向右转、齐步走……到了晚上，同学们在用餐后进行了纪律训练和安全讲座。

一天下来，同学们懂得了纪律和安全的重要性，学会了自理。

五年级学生学军现场

同学们练习“站军姿”

第二天主题：自信、坚强、沟通

这天开始，每天早晨6点20分，同学们就开始起床做早操。当天的训练内容除了队列队形练习，还进行了国旗班选拔。同学们学习了军体拳、唱军歌，教官细致、耐心地指导纠正，同学们都非常认真地学习，进步飞快。

晚上，有的同学身体出现不适，有同学思亲之情浓烈，但是在老师和教官的鼓励和同学们的互相帮助下，他们咬牙坚持，很好地锻炼了自己的意志品质。

这一天，同学们学会了坚强，明白了沟通的重要性，越来越自信。

同学们学习军体拳

第三天主题：团结、信任、忍耐

这天的内容有队列队形练习、军体拳、国旗班正步走练习。在教官不厌其烦的指导下，同学们基本都可以把军体拳完整做完，得到教官们的一致表扬。

下午，同学们在教官的指挥下开心地玩起了拓展小游戏，有珠行万里和陆地龙舟。同学们玩得非常投入，意犹未尽。

这天同学们又有了新的收获，他们懂得了在班集体中应该互相信任，团结才是取得胜利的关键。

同学们在教官的指挥下玩陆地龙舟游戏

手语《感恩的心》练习

第四天主题：快乐、责任、勇敢

这天的训练内容有军体拳和国旗班升旗演练。学生们经过认真的一遍遍的练习，终于可以达到教官的要求了，个个脸上露出轻松的笑容。

下午，教官们带领同学们来到“真人CS野战”游戏场地，同学们穿好装备，端起枪，在枪声和呐喊声中进行了一场酣畅淋漓的攻防对抗赛。

晚餐后，同学们在大操场进行了军训会演彩排，然后在操场观看了一场露天爱国主题电影。

这一天，同学们学会了勇敢，明白了责任的重要性，同时也收获了快乐。

国旗班同学练习正步走

“真人CS野战”对抗赛

第五天主题：收获、成长、圆满

这天上午，军训活动即将结束，同学们在操场集合参加军训结营仪式。在雄壮的国歌声中，基地教官给大家展示了标准化的升旗仪式。

首先就是此次军训训练科目的汇报：队列队形、军体拳。接着同学们在教官的带领下进行振奋人心、慷慨激昂的爱国宣誓。一个个稚嫩的脸颊上充满着自信与坚韧。然后，训练营营长作了学军总结，并表彰了表现突出的学生。

紧接着，学校江伟英副校长高度表扬了全体同学，为他们的进步和收获感到开心和骄傲，并感谢了全体教官和带队老师们。

最后，同学们用一曲手语《感恩的心》来表达自己对教官和老师们的感谢，结营仪式圆满结束。

结营仪式

爱国宣誓

表彰优秀营员

国旗传递

“千磨万击还坚劲，任尔东西南北风”，通过此次军训活动，同学们在快乐中丰富了知识，增强了自信，提升了自理能力，相信他们会在日后的学习生活中时刻践行“自学、自理、自护、自强、自律”的原则，不断完善自我，提升自我，成为祖国的栋梁！

集体合影留念

6. 播撒青春汗水，浇灌成长之树

——记 2021 年华南师大附小“学会守纪，学做遵纪守法的好少年”六年级学农研学实践活动

根据上级部门有关学生综合实践的通知精神，为落实立德树人、德智体美劳综合素质全面发展教育宗旨，2021 年 5 月 6 日—8 日，华南师大附小组织六年级全体师生到广州市越秀区中小学生综合实践活动教育基地开展了三天两晚的学农实践活动。通过短短三天丰富而充实的实践课程，在基地教官的组织下，老师和同学们用热情与汗水耕耘，在这片充满希望的土地上谱写出一首优美的成长进行曲。

学农活动丰富多彩，同学们都有很多趣事想跟大家分享。我们一起来看看吧。

转眼间，为期三天的学农活动即将结束。在这期间进行了很多的活动，而我最感兴趣的是无土栽培。大家聚在一起，听着教官的教学，教官拿出一盆小花，一边科普一边轻轻地触碰花。霎时间，香气四溢，一下就激发了大家的兴趣。而大家最期待的还是种花。在种花环节，教官耐心地讲，我们认真地做。我们一勺一勺，小心翼翼地把土放进盆中，然后为花朵理发，令它们变得小巧玲珑，楚楚动人，最后将修剪好的花朵放入土中。成品一出，就像一个散发花香的小蛋糕，令人越看越爱。望着手中的小花，大家视为珍宝，紧紧握在手中，一阵阵清香在人群中扩散，吸入一口令人如痴如醉，这堂课在花香和欢声笑语中结束了。

一朵小小的花便让我们走进自然，走进科学，激发了我们的好奇心，也激发了我们对种植的兴趣。我们在快乐中学习，使学习更加快乐。

六（1）中队　谢舒凡

指导教师：邹　琳

我认为最令我受益匪浅的是野炊学农第二天。我们热血沸腾地冒着烈日来到了野炊区，一开始我们都手忙脚乱，我多次点不着火，就算火生起来了，不久也熄灭了。洗菜的时候，如娃娃般淘气的水不断地从水盆中溅出，切菜时我们把菜切得到处飞，最后零零散散地落在地上，好似无数花絮趁风而起，最后无力地往下垂。但是经过组员们团结互助，我们又重新鼓舞士气。我们切好了菜，煮好了菜，最后一阵阵饭香耐不住性子，兴冲冲地钻出锅，窜进我们的鼻子，使我们陶醉其中。通过这次野炊，我学会了团结互助，懂得了协助的重要性，还体会到了农民的辛苦与粮食的来之不易。

六（2）中队　李忆舜

指导教师：邝蔚祺

在学农过程中，最让我印象深刻的就是拔草活动，大家对于拔草的第一印象是什么呢？简简单单的劳作，或是枯燥无聊的事情？我以前也这么觉得，可前些天在同心果园的拔草活动，彻底改变了我对拔草的印象。那天教官带领我们来到同心果园，为什么它叫同心果园呢？因为它是由广州越秀区、香港、澳门三地学生共同打理的。这里绿树成荫，山上太阳热乎乎地晒着，还有个同学看到了只癞蛤蟆呢，我们不禁感叹，这里的生态真好啊！紧接着教官教我们区分南瓜的幼苗以及杂草，还为我们介绍了许许多多的果树，教官还特意说，小草的生命力十分顽强，让我们连根拔起，否则就无法根除野草，教官说完便让我们一起上山了。一上山我们就被烈日烤得不轻，紧接着蚊虫的叮咬也让我们难受不已，连拔草的时候，小草的倒刺也来捣乱，把我们的手都划破了。但是当看到我们的成果——一座座野草山时，我们感觉所有流下的汗水都是值得的，所有的伤口仿佛都已愈合，更让我们明白了：平时看上去简单的小事，也有着许多重要的大学问呢！

六（3）中队　彭子轩

指导教师：贺春芳

短短三天时间，我们参加了许多有趣的活动。其中我最喜欢的活动就是定向越野了。一开始，我们组选择了与众不同的方式，两个人为一小组分头行动。大家顶着炎炎烈日，努力地寻找着。可听着四周其他组此起彼伏的欢呼声，我们忽然发现，这与众不同的方式并没有提高我们的速度。发现这一情况后，我们迅速汇集在一起，找到这种方式的弊端，再制定新的方案，一起寻找。虽然前面的小失误导致我们耽误了一点时间，但经过我们的不懈努力，我们依旧获得了第二名的好成绩。这次经历告诉我们，只要大家多动脑筋，团结一致，哪怕再大的困难也能找到解决的方法。

六（4）中队　黄乐融

指导教师：吴彩虹

我想，最令我们班自豪的就是集体跳大绳的活动了。整队以后，教官给我们分配了跳大绳的练习任务，我们班便热火朝天地开始了。很快，时间在同学们的刻苦训练中过去了。比赛正式开始了。哨声一响，大家迅速进入状态，前面几位同学进行了连跳，我有些慌张。下一个就到我了，我鼓起勇气冲进去，一跳，慢了一点，绊倒了。我有些失落，可周围同学们都在呐喊：加油！加油！都在互相鼓励。一瞬间，我重整旗鼓，再次轮到我，我充满信心，轻松一跃，跳了过去，我欢呼雀跃。在这种气氛的烘托下，我们班其他同学也一个接一个顺利跳了过去，最终我们以两分钟 59 个的成绩获得了第一。除了兴奋以外我们还体会到了集体的温暖，团结的力量。

六（5）中队　卢思辰

指导教师：罗　清

这次学农研学实践活动，加强了同学们的素质教育，提高了同学们的创新精神、实践能力，培养了同学们吃苦耐劳、勤俭节约的良好品质。让同学们学会生活，懂得照顾好自己，为今后的学习和生活打下了坚实的基础。学农时间虽短，但同学们都收获满满。大家体验生活，走进大自然，用汗水浇灌成长之树，令其茁壮成长！

7.“非遗”小剧场：让“非遗”之花在童心间绽放

又到了粉色异木棉绚丽整个华南师大附小的季节，在这个美好的季节里，一朵朵美丽的“非遗”之花正在孩子们心间怒然绽放。

2019年12月18日下午2:30—4:30，华师附小各班在教室举行了“传承中华优秀传统文化，感受非遗文化魅力”——“非遗小剧场”的班级活动。各班学生以个人或小组为单位，编排与本班非遗项目相关，并适合舞台演出的文艺节目。我校32个班级有32个不同的非遗文化主题布置及环创设计，让孩子们在非遗的文化环境中潜移默化地受到艺术和美的熏陶。32个班级在班主任的带领下，准备了各种各样的“非遗小剧场”表演节目，让每个学生近距离、全方位、深体验地感受到非遗文化的独特魅力和精彩纷呈。

一（3）班“京剧文化”、二（1）班“龙舟说唱”，还有二（4）班“剪纸艺术”的同学们，换上了华丽的服饰，唱起了富有该班特色的旋律，孩子们还有模有样地比画着动作，摆起了姿势，颇有艺术家的风范；三（1）班“昆曲文化”的同学们身着华丽的戏服，头上戴着精美的头饰，脸上化着美丽的妆容，一人领舞，多人合作，给我们展现了著名的昆曲《游园惊梦》；“瞧！多美的汉服呀！”同学们惊叹道，原来是三（4）班的孩子们身着中国传统汉服，通过服装展示和朗诵等方式给我们展示了“汉服文化”的博大精深；二（5）班“岭南建筑”、三（5）班“二十四节气”，还有四（5）班“中国灯彩”的教室布置别具匠心，讲台变成了一个巨大的幕布，黑板上搭起了火红火红的剧场大舞台，教室顶上吊着孩子们亲手绘制的灯笼，门口处还悬挂着轻飘飘的中国山水画薄纱，让人一进教室就被这热闹的氛围感染；四（2）班的孩子们身着粉色的水袖汉服，伴随着优美的潮剧曲目，给我们展现了舞蹈《采薇》；二（6）班“周易文化”和四（3）班“太极拳”的同学们一身功夫装，伴随着音乐，打起了刚柔并济的太极拳；

“昆曲文化”展示——舞蹈《游园惊梦》

五（2）班“龙舞文化”的同学们伴随着音乐舞起了代表吉祥如意的龙舞；五（3）班的主题是“广东凉茶”，孩子们化身小老师，用精美的ppt讲授了很多凉茶小知识，学完知识还可以亲自品尝凉茶，真是一场视听加味觉盛宴；四（1）班“中国象棋”和五（4）班“中国围棋”的同学们也不甘示弱，当场铺起了电子棋盘，聊起了下棋的规则和方法，好不热闹；五（5）班“青花瓷”的同学们把文房四宝都带到了学校，将书法、舞蹈和青花瓷这三大艺术完美结合，展示了精彩的表演；六（2）班“川剧变脸”的同学们身着川剧变脸的表演服，给在场同学展示了精彩的变脸表演；三（3）班“木版年画”、四（4）班“传统漆画”、四（5）班“中国灯彩”和六（5）班“广东榄雕”的同学通过艺术再现，图片展示，才艺展示等方式，让孩子们感受传统工艺的精妙……精彩节目实在太多了，看了这个又害怕错过了那个。

“京剧文化”小剧场表演

“龙舟说唱”小剧场表演

“二十四节气”展示——歌曲《年画娃娃》

“川剧变脸”节目

“岭南建筑”节目表演

“太极拳”表演

“潮剧文化”——舞蹈《采薇》

“中国灯彩”节目表演

每个班级的“非遗小剧场”节目都非常精彩，在场的同学们各个目不转睛，掌声一阵接着一阵。“非遗”之花朵朵开，欢乐的童心和一张张灿烂的笑脸成了这个下午的主旋律。华南师范大学附属小学张锦庭校长、江伟英副校长和吴启航副校长也加入每个班级的活动中，和孩子们一起参与，一同享受“非遗小剧场”带来的精彩盛宴。

2019 年是非遗进入华师附小的重要一年，学校紧紧围绕“施美好教育，成就教育美好”的工作思路，把传承中华优秀传统文化，感受非遗的魅力作为学校思想道德建设的有力抓手，大力构建非遗课程体系，大力推进优秀传统文化教育。为了让学生通过参与丰富多彩的非遗体验活动，接受优秀传统文化的熏陶，培育广大学生深厚的民族情感，让他们记住我们文化的根，成为中华文明的薪火传承人。今后，我校将继续大力开展传承非遗的活动，通过艺术展演、开设校本课程等方式将非物质文化遗产引进校园，把校园建成一座非遗博物馆，让每一个孩子、每一位家长、每一位来宾，在校园内的每个角落都能受到我国优秀的传统文化的熏陶。我们一定会把传承非遗当成是一种责任，不断提高我校学生对非遗项目传承和保护的参与感、获得感。相信在广东省教育厅、文化和旅游厅以及华南师范大学等各级领导的关心和支持下，华师附小传承广东非遗的活动一定会越办越好！

如果你错过了当天的“非遗小剧场”，可自 2020 年 1 月 1 日起，通过扫描右边二维码的方式，随时点播、欣赏同学们的精彩表演！在非遗传承活动中，如果同学们和家长朋友们有一些有趣的故事或经历，可以记录下来，并发送给班主任老师。学校将选取优秀稿件刊登到传承非遗公众号“非遗润童心”上。

8. 非遗传承满校园，艺术陪伴我成长

——记华南师大附小 2020 年艺术节闭幕式暨 2021 年元旦庆祝活动

11 月，美丽异木棉花开，香透整座华师校园；11 月，艺术节的芬芳，浸润附小每处角落。当美丽木棉花的花瓣铺满了整个校园，艺术节也将献上最美的闭幕。2020 年 12 月 30 日上午 10 点，华南师大附小在华南师范大学手球馆举行“非遗传承满校园　艺术陪伴我成长”2020 年艺术节闭幕式暨 2021 年元旦庆祝活动。在做好周全的防疫安全工作基础上，各级领导嘉宾、全校师生以及家长代表参与了盛会。

首先是领导致辞。华师附小张锦庭校长表示学校一向重视艺术教育，以立德树人为根本任务，培育深厚的民族情感，增强文化自觉和文化自信。学校建立了广东省第一个校园内的非遗博物馆，藏纳经典，实现馆校合一，是为了让传统文化活起来，让非遗走进校园，植入师生心中。

主持人牛嘉鑫老师、殷虹梅老师

华南师范大学党委常委、副书记黄兆团肯定了华师附小开创的“一班一特色、一班一非遗”课程体系，将每间课室进行传统民间艺术特色的文化布置，营造浓厚的校园文化氛围。黄书记希望华师附小在全省 36 所“华附联盟”学校中起到带动示范作用，为广东实现教育现代化提供坚实保障。

广东省人民政府教育督导室主任督学李璧亮代表广东省教育厅，对华师附小非遗博物馆的建成以及在引领全省中小学校共同传承中华优秀传统文化艺术上所作出的贡献，表示认同和赞赏。

在悠扬的管弦乐中，艺术节闭幕式缓缓拉开序幕：

《罗马鼓号曲》起源于 16 世纪西方的战乐，节奏清晰，强弱分明。从 17 世纪起，它成为礼仪活动的一部分，很多歌舞剧中都能看见它的身影。

《节日幻想曲》旋律悠扬，节奏明快，音乐感强。它描述了人们投入节日当中喜悦的心情，展现出积极向上的情景。

学校艺术团管乐队演奏《罗马鼓号曲》《节日幻想曲》

《落雨大》是广州方言童谣，歌曲轻快活泼，富有南国生活情调，表现了轻松活泼的雨中情趣，展现了一幅小孩子眼中的雨中街景。

学校艺术团舞蹈队表演《落雨大》

车轮飞，汽笛叫，火车向着韶山跑，越近韶山歌越响，欢乐歌声冲云霄。

学校艺术团弦乐队表演《火车向着韶山跑》

幸福的人民遍布祖国各处。新中国成立后新疆人民过上了幸福生活。听，殷虹梅老师和汪熙老师带领弦乐队队员用一曲《新疆之春》表达了对祖国的热爱。

殷虹梅老师、汪熙老师、林曈、周先德演奏《新疆之春》

钢琴，总有一种独特的魅力吸引着我们。肖邦的《幻想即兴曲》，奔放激荡的曲调，溢满绚丽斑斓的色彩，华丽而富有诗意，演绎了人生最美妙的幻想。

钢琴赛特等奖获得者六（4）班商芷豪弹奏肖邦的《幻想即兴曲》

“钱鼓舞”是广东省汉族民间舞蹈之一，又称“踏钱鼓”，是一种历史悠久，艺术独特的民间歌舞。舞蹈队的小朋友们手持独具岭南特色的“钱鼓”，粉衣飘飘，载歌载舞。

学校艺术团舞蹈队表演“钱鼓舞”《月愿》

经典诵读、童谣舞蹈、粤语吟唱，展示了历史悠久、独具魅力的广州。唱粤语古诗，婉转悠扬，日啖荔枝三百颗；看千章古木，百尺飞涛，好一个花城广州！

四（2）班舞台剧《魅力广州我的家》

接下来是获得我校艺术节合唱比赛“优胜奖”的节目展示，童声嘹亮，唱出了祖国的大好河山，唱出了经典咏流传，唱出了中华少年的铿锵力量！

四（4）班合唱《国家》

六（3）班合唱《青花瓷》

六（4）班合唱《少年中国说》

二（4）班合唱《苔》

二（1）班合唱《江南》

二（5）班合唱《卢沟谣》

欣赏完各班异彩纷呈的合唱，校合唱队为我们带来三首合唱曲目，分别是《落雨大》《唱脸谱》和《读唐诗》，唱出了我校传承优秀传统文化，弘扬民族精神的心声。

学校艺术团合唱队合唱《唱脸谱》

学校艺术团合唱队合唱《落雨大》

学校艺术团合唱队与全校大合唱《读唐诗》

华师附小的艺术节是建立在非遗基础上的艺术节，是浸润过非遗气息的艺术节，让传统文化活起来，把传统文化唱出来、演出来，让人人了解、人人认同、人人热爱传统文化之美；使大家懂得欣赏传统之美，珍惜传统之美。

2014年10月15日，习近平总书记在文艺工作座谈会上指出："中华优秀传统文化是中华民族的精神命脉，是涵养社会主义核心价值观的重要源泉，也是我们在世界文化激荡中站稳脚跟的坚实根基。"中华文化源远流长，积淀着中华民族最深层的精神追求，代表着中华民族独特的精神标识，为中华民族生生不息、发展壮大提供了丰厚滋养。此次活动，虽然道不尽中华传统文化，诉不完中华民族的精神，但它却种下了一颗种子，一颗传承中华传统文化，弘扬中华民族精神的种子。

非遗不应只是停留在纸面上的几行陌生名录，而应是鲜活地存在于人们日常生活和体验当中的，每位学生都是一颗“非遗传承”的种子，一个孩子影响一个家庭，一个家庭影响一个社区，社区合力辐射整个社会。

传承中华优秀传统文化，感受非遗的独特魅力，作为一所坚守“博学于文，约之以礼”校训的名校，学校始终坚持立德树人根本任务，多措并举引导学生坚定文化自信。非遗之行，是在张锦庭校长美好教育理念引领下进行的，“施行美好教育，成就教育美好”，我们相信，给学生的心灵埋下真善美的种子，定会令爱国情、强国志、报国行在学生心中生根发芽，开花结果。

为了深化和扩大此次活动的影响力，拓展学生的全面素养，为学生的终生健康发展奠定基础，我们还在 2021 学年进行了华南师大附小主题场馆非遗研学活动。

成就美好教育

九、共享美好教改发展成果

历经美好教师、美好课程、学校科研、家校共育、课余生活等方方面面的改革，美好教育理念深入师生心中，也取得了斐然的教学成果。据统计，学校现有五项教学成果获国家级、省级基础教育成果奖。其中，江伟英老师的《利用思维导图提高小学生读写能力的研究与实践》、王继华老师的《为创作而教：小学信息技术课程与教学的新探索》、姚霞晖老师的《国学经典吟诵和“三步五径”教学模式的研究与实践》等成果荣获广东省基础教育教学成果一等奖、国家基础教育教学成果二等奖；孔珍老师的《小学数学“五四三”多元作业模式的构建与实践》荣获广东省基础教育教学成果一等奖；何向梅老师的《双线组元下统编小学语文读写结合的单元模式与环节创新》荣获广东省基础教育教学成果二等奖；以华南师大附小名义申报的《构建“三位一体”非遗进校园的中华优秀传统文化赋能育人新生态研究与实践》荣获广东省基础教育教学成果二等奖。此外，我校美术科组的“泥塑艺术的传承与创新”的美术特色课程案例荣获广东省“优秀美术课程案例”奖；我校心理科组的“学会保护自己”荣获中小学心理健康教育课程实施案例一等奖，“家庭生态系统对儿童心理健康发展的个案研究”荣获中小学心理辅导案例一等奖，《反对校园欺凌》荣获中小学心理健康教育宣传资料二等奖……

学校作为享有国际较高声誉，社会高度评价，学生极度热爱，教育行政部门和家长们高度认可的品牌学校，除了积极进行课改、教改的同时，还注重把优秀的教育教学成果进行资源辐射、推进，惠及更多学校的师生，如积极参与赫章二小、林芝一小等学校的交流学习活动等。

1. 导图导学，天生会表达

——华南师大附小江伟英名师工作室团队主讲的免费网络课程

疫情当下，这门网络课程——江老师的阅读写作课，火了！

这门课程专门针对 1—6 年级小学生，创造性利用思维导图学习方式，提高孩子的阅读写作能力，发展孩子科学的思维方法，培养全脑型人才。它由华南师大附小副校长、正高级教师江伟英带领团队经过十余年研究与实践，课程成果荣获首届国家基础教育教学成果二等奖。

每个孩子的小脑袋都装着满天的小星星，天生具有表达能力和丰富的想象力。“当老师，跟以前不一样了！”江伟英副校长在接受《羊城晚报》的采访时说，“以前读师范的时候被教导：老师要给学生一杯水，首先要自己有一桶水。”“现在不是了，大家都有网络的海洋在后面，老师不再是跟学生比谁的水多，而是三人行，必有我师。每个孩子、老师都从自己的角度查找相关信息，互相碰撞。”江校长主张，老师当点火人，“拼命去点火，星星之火可以燎原。”“老师自己首先得有打火石，有点燃别人的功力。点燃学生的思维、激情，调动兴趣，教给思维的工具和方法。”她说。

该课程分为赏佳作、画导图、写文章三个环节，应用思维导图直观指引学生赏析教材原文等熟悉的名篇佳作，紧接着绘制导图迁移应用，引导写作与表达，从而逐步培养学生字词句篇的建构、思维发展、审美鉴赏等语文素养。

（1）课程简介

①课程目标

提高读写能力，发展科学思维。

②课程内容

针对各年级学生，各课程分为赏佳作、画导图、写文章三个环节，应用思维导图直观指引学生赏析教材原文等熟悉的名篇佳作，紧接着绘制导图迁移应用，引导写作与表达，从而逐步培养学生字词句篇的建构、思维发展、审美鉴赏等语文素养。

③课程特色

创新性。首次提出应用放射模式、聚敛模式、环状模式、线性模式等思维可以加速学生把握不同文章的结构特点，并由此提炼出语文读写教学新模式。

权威性。荣获首届国家基础教育教学成果二等奖的课程，是华南师大附小十余年的研究与实践。

趣味性。通过画图导学，调动小学生图像认知能力强的先天优势，轻松阅读一篇文章或是写好一篇作文。

工具性。借助能整理思路、开发思维的导图工具，不仅发展语文阅读、写作思维，还可以迁移运用到其他学科的学习中。

④编排原则

依据小学新课标阅读写作能力的要求，遵循学生学习规律，从“内容与交际目的”“思维与结构”“修辞与言语”三个维度，纵横拉开七个星级，共七十八个专题的学习网络，覆盖小学整个学段。每一个专题既相对独立又相互联系，同时坚持做到字不离词、词不离句、句不离篇的原则。

（2）课程内容

课程内容设置

	字词学习系列	句子学习系列	文段学习系列	篇章学习系列	思考感悟系列	思维提升系列
一年级	学组词 巧用反义词 识叠词 巧用量词	学说完整句 学人称 学用逗号和句号	学写对话 说感受			
二年级		学会提问 学用问号 学用感叹号 有序叙述 学比喻学拟人 学排比	学联想 学夸张 说话有礼貌	学对比 展开想象		
三年级			动作描写 发现别人的优点 学写结尾	有序叙述 学审题 记事顺序 识结构 学布局 抓事例写人物 时空顺序 写景状物顺序 学复述 学会发现		
四年级			开门见山 动作细节 说明方法 承上启下 学过渡	学写信 表达情感 仔细观察 描写小动物 故意问一问 变化之美	摆观点 说看法 成长足迹	
五年级			自然环境描写 场面描写 侧面描写 开篇渲染气氛 神态描写 语言描写	欲扬先抑 写作立意 行文有线索 学写心理 借景抒情		
六年级			学写心理 肖像描写	环境描写 动静结合 学写游记 介绍民俗	虚实结合 学写启示 学写感受	撰写科技小论文 借物喻理
小升初				白描和细描 一波三折	引用典故和名句 写作角度	以小见大 托物言志

2. 泥塑艺术的传承与创新

——华南师大附小美术课程荣获广东省“优秀美术课程案例”奖

2020年广东省教育厅举办了“全省中小学校美育改革发展成果交流活动”，华南师大附小美术科组积极按照文件要求参加了此次交流活动，并投送了主题为“泥塑艺术的传承与创新”的美术特色课程案例，最终获得广东省“优秀美术课程案例”奖。

这几年来，学校大力推崇传承非遗文化，把许多优秀的传统文化带进校园，使学生对我国的传统文化有了更全面、更深入的了解。美术作为文化的重要组成部分，在文化传承上也发挥着重要的作用，尤其是在非遗文化方面。许多非遗项目都是与美术相关的，所以学校美术科组也在文化传承与发展方面展开了积极的探索，如：泥塑、剪纸、扎染、版画等。泥塑艺术就是学校三位美术老师共同探索的特色课程之一。三位老师都在泥塑艺术上开展了不同形式的课程，既有传统艺术上的传承发扬，又添加了现代艺术的创新，广受全校师生的好评。经过长时间的积极探索，获得了丰富的教学经验和丰硕的教学成果。

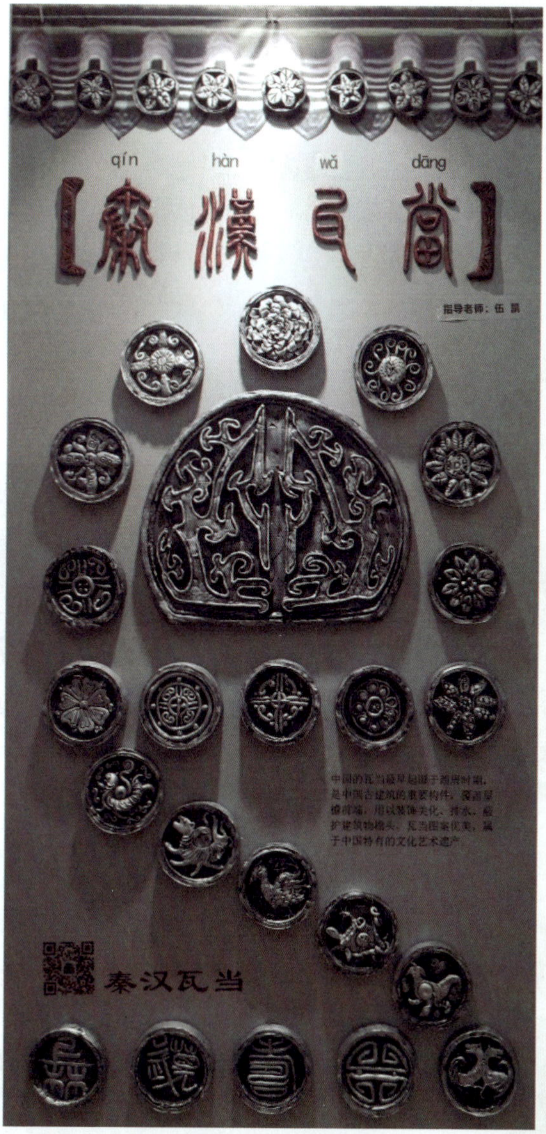

泥塑秦汉瓦当作品展板

泥塑这种独特的艺术表现形式有着悠久的历史，历久弥新，在新时代仍有很活跃的生命力，其生动、活泼、趣味的艺术形式深受学生的喜爱。从2017学年开始，学校美术科组三位老师在学科课程中进行民间美术特色课程渗透，在原有课本内容的基础上进行了创新和拓展延伸。

科组学科带头人伍凯老师所

开设的课程内容包括秦汉瓦当、图腾柱、泥塑动物造型、泥塑人物造型等，尤其在秦汉瓦当这样传统艺术的传承方面，伍老师带领学生学习了解秦汉时期的瓦当艺术，在学生对瓦当这一传统艺术有一定了解的基础上，教学生运用轻黏土来模仿古代瓦当。

学生正在制作泥塑兵马俑

张晓乐老师带领学校学生开展的相关课程内容有：浮雕泥板动物植物、铺首衔环、泥塑兵马俑、故宫的檐兽等。其中铺首衔环课程效果极佳。门环装饰艺术是中国民族建筑中传统装饰艺术的重要组成部分，是民族建筑艺术的瑰宝，也是民族文化的优秀遗产。

学生在泥塑铺首衔环作品展板前展示自己的作品

罗俊老师在泥塑特色课程方面也展开积极的探索，罗老师主要开展的相关课程是“泥塑黏土画”“立体动物泥塑”等，“泥塑黏土画”这一课程采用浮雕的艺术方式，运用轻黏土搓成各种物体造型，粘在不织布上组合成具有立体效果的作品。

学生创作黏土画

经过多年的探索实践，华南师大附小的泥塑美术课程已经形成了自己的特色，同时这一特色课程与学校所提倡的非遗紧密结合。泥塑课程促使学生动手去创作实践，提升了学生的动手能力，也让学生学到了一些泥塑的创新手法，培养了学生的创新精神，泥塑课程使学校学生更加全面、深入地了解了学国的传统文化，增强了民族文化自信。

学生与自己的黏土画作品合影

3. 华南师大附小四个项目在广东省教育研究院举办的“广东省中小学项目式学习案例征集”活动中均获二等奖

2020 年 5 月底，广东省教育研究院举办了“广东省中小学项目式学习案例征集”活动，华南师大附小校报送的四个项目均获二等奖！

（1）“源远流长的中华传统节日文化”：周婷、黄洁、赵立研、张启未。

（2）“金牌小导游”：常春丽、孔珍、万宝莹、黄潘文、陈熳、周园。

（3）“童年趣事”：黄洁、赵立研、周婷、张启未。

（4）“探秘保险箱”：张硕司、叶国辉。

PBL 项目式学习是以问题为基础的探究式学习，这是一种跨学科的学习方式，用书本的知识来解决现实中的问题，可以加深学生对知识的理解和应用。学生通过案例，在一段时间内对真实的、复杂的问题进行探究：提出问题，分析问题，解决问题，总结学习的过程，从中获得知识和技能，可以更有效地调动起学生的主动性与积极性。

学校语文、数学、科学、美术、信息技术等学科都开展了跨学科项目式学习。教师们不仅根据教学经验与理论学习所得去开展项目式学习活动，还结合 STEM 教育活动，以研促教，重视成果提炼，成功申报了与项目式学习相关的省级课题，共四个：

华南师大附小成功申报与项目式学习相关的省级课题名单

主持人	课题名称	批准时间	批准单位
张硕司	小学 STEM 课程体系构建与模式研究	2018 年 12 月	广东省教育研究院
赵立研	STEM 教育理念下小学语文项目式学习的探究	2019 年 5 月	广东省教育科学规划领导小组办公室
周育钦	核心素养视角下小学数学项目活动的教学研究与实践	2019 年 5 月	广东省教育科学规划领导小组办公室
温宇杰	STEM 教育理念下小学数学游戏化教学的实践研究	2020 年 3 月	广东省教育研究院

这些课题的开展实践，为学校积累了大量项目式学习及 STEM 教育案例与作品成果，也促进了学校项目式学习与 STEM 教育规范化、专业化。此外，教师们积极参加相关培训学习与交流，提升了自身的理论基础和实践能力。

这次广东省项目式学习案例征集活动的获奖项目，就是依托省级课题研究的阶段性成果。在这次项目式学习中，我校师生积极参与，群策群力，老师们对教育的真正意义有了更深层次的认识和思考，学生在项目式学习中懂得把课堂中学到的知识应用到解决生活中的实际问题。相信老师们以后会有更多的 PBL 项目式学习活动可以让大家尽情感受团队协作的乐趣，感受探究式学习的乐趣！

4. 华南师大附小在广东省 2020 年中小学心理健康教育优秀成果评选中荣获两项一等奖和一项二等奖

根据《广东省教育厅关于公布 2020 年中小学心理健康教育优秀成果的通知》，华南师大附小潘莉莉和孙露两名老师在本次评选活动中共获得两项一等奖和一项二等奖。

（1）成果一：“学会保护自己”荣获中小学心理健康教育课程实施案例一等奖　教师：潘莉莉

潘莉莉老师的“学会保护自己”课例作为小学心理示范课，在“2021 年广东省中小学心理健康教育活动月启动仪式暨心理健康教育工作推进会”当天进行了现场教学展示。

（2）成果二：《家庭生态系统对儿童心理健康发展的个案研究》荣获中小学心理辅导案例一等奖　教师：孙露

（3）成果三：《反对校园欺凌》荣获中小学心理健康教育宣传资料二等奖　教师：潘莉莉、孙露

近些年来，随着“美好教育 教育美好”的办学理念逐步深入学校师生心中，学校非常重视师生心理的健康成长，关注师生在生活和学习中的烦恼和困惑，不断学习新知识，探索课堂教学的转型与变革，期望促进师生健康人格的完善和良好心理品质的素质与陶冶。未来，将基于学校非遗特色，探索心理健康与非遗传承的融合途径，拓宽生命教育。

学校特向在广东省2020年中小学心理健康教育优秀成果评选中获奖的潘莉莉和孙露等两位老师致以最热烈的祝贺！

5. 不以山海为远，携手交流促进步

——华南师大附小与贵州省毕节市赫章县城关二小结对子帮扶活动

根据广东省教育厅粤教政务半函〔2018〕6号文件精神，广东省教育厅直属的唯一一所小学——华南师大附小与贵州省毕节市赫章县城关二小结成“教育帮扶对子”。

为了落实广东省与贵州省教育“对口帮扶”精神和要求，纵深推进粤黔两省学校“结对子”工程，加强两校间教师的交流，2019年4月25—30日，华师附小张锦庭校长率领本校常春丽、刘宁玲、张泽林、周婷、黄洁五位老师与赫章县城关二小进行了为期一周的支教帮扶活动。该活动得到了赫章县常委副县长王秀旺、赫章县教体局副局长冷发永、教研室主任王天恩的关心和支持，城关二小的肖赟校长、钱卫书记全程陪同。支教期间，张锦庭校长作了专题报告，常春丽等五位教师分别上了示范课，并对城关二小相应学科的课堂教学进行了有效的指导。

华师附小积极推进“我往你来”促帮扶见成效的行动，向赫章县城关第二小学发出邀请。2019年6月10日，赫章县城关二小况文豹副校长带领十位教师前来华师附小跟岗学习。6月11日上午9：30，华师附小为前来跟岗学习的贵州同行举行了热情而又隆重的欢迎仪式。学校副校长吴启航、江伟英以及全体行政人员出席了此次见面会。

6. 捧出一颗心，倾注满腔情

——华南师大附小与贵州省毕节市赫章县城关二小结对子帮扶活动

根据广东省教育厅粤教政务办函〔2018〕6号文件精神，广东省教育厅直属的唯一一所小学——华南师大附小与贵州省毕节市赫章县城关二小结成“教育帮扶对子”。

为了落实广东省与贵州省教育“对口帮扶”精神和要求，纵深推进粤黔两省学校“结对子”工程，加强两校间教师的交流，2019年11月10日—16日，华南师大附小梁承穗、王左青、周晓彤、周雪琼、黄晓琪五位老师来到了坐落于“风韵夜郎，韭菜花香”的古夜郎国之都赫章东南方、毗邻绵延流长的前河岸旁的赫章县城关第二小学，进行了为期一周的支教帮扶活动。该活动得到了赫章县常委副县长王秀旺、赫章县教体局副局长冷发永、教研室主任王天恩的关心和支持。赫章城关二小的肖赟校长、况副校长、赖副校长、钱书记、左主任、殷主任等多名领导及老师全程陪同。

支教期间，梁承穗老师、周晓彤老师、周雪琼老师分别上了示范课，并对城关二小相应学科的课堂教学进行了有效的指导并作了深入的学习交流。

梁承穗老师带来的是一节特别的国学课——《司马光》。梁老师亲切地与孩子们进行了课前交流，教他们如何根据声音长短高低来理解汉字的意思，领会汉字的美。梁老师的课堂书声琅琅，让听课的孩子和老师都仿佛身临其境，体会到了声音之美、国学之美。

周雪琼老师带来的是一节特别的英语课——“Pigs Are Amazing”。周老师通过生动的情景教学，让孩子们聚精会神地参与到课堂中来。通过形象的描述及一系列的相关练习、操作，让孩子们学会如何看绘本，如何更好、更快、更准地捕捉到文本的信息并激发孩子们的学习兴趣，从而达到让孩子们多读书，多看报的目的。

周晓桐老师带来的是一节音乐课——改编自安徽民歌《五声歌》。周老师以孩子们熟悉的贵州少数民族作为引入，教他们认识手号，并教导孩子们利用手号辅助自己的音准。周老师巧妙地将生活中日常用语的节奏带入歌曲，教孩子们如何使用基本节奏型为歌曲伴唱，并通过不同的打击乐器丰富自己的演唱。课堂灵活多变，让听课的孩子和老师感受到音乐独特的美。

课后，赫章县城关二小教师与华师附小一行人进行了深入的探讨。二小的老师说，听了三位老师的课，他们感悟颇深，感受到加强理论提升研究和学习的重要性，必须树立终生学习的紧迫感。在今后的工作中，将利用好各种机会认真学习和研究，提高自己的综合素养，促使教育教学业务能力不断提高。在工作中不断研究和反思，不断沉淀经验，为更好做好本职工作而不断努力。

11 月 12 日下午，华师附小一行人参加了由中国教育学会和赫章县人民政府举办的活动——“国家级教学成果奖推广系列之走进赫章活动”开幕式。开幕式上，县统战部部长安玲就赫章基本情况作了精准介绍；赫章县人民政府副县长王华对中国教育学会对赫章帮扶工作和帮助情况作了重要讲话；中国教育学会副秘书长游森对教师提出殷切期望。紧接着，来自巴蜀的优秀青年骨干教师龙凤老师与赫章县城关三小的孩子们在现场作了课堂教学展示“带刺的朋友”，给现场千余教育工作者们带来了一场精彩的语文课。最后，全国教书育人楷模、全国优秀教师丁小彦老师作了说课、评课以及“谈谈教师专业成长”专题报告。这场活动给各位教师带来了心智的启迪，情感的熏陶和精神的享受。

11 月 13 日上午，附小一行人应邀来到松林坡乡中心小学。梁承穗老师、周雪琼老师分别上了示范课，并对松林坡乡中心小学相应学科的课堂教学进行了有效的指导并作了深入的学习交流。课堂也受到了学生们的欢迎和喜爱，他们依依不舍地跟着华师附小教师到校门口，目送他们离开。这让教师们感受到大山里的孩子对知识的渴望，就像树木对阳光雨露的渴望！

城关二小学校的办学理念、领导管理策略、教师精神面貌以及学生各方面的素质都非常好。附小一行人感受到老师们的热情、淳朴，也看到了赫章老师们积极全身心地投入到教育教学中，不断地学习，不断地充实自己，提高自己的教学技能，为孩子们提供了更多的学习平台，丰富了孩子们的知识及生活常识，也尽最大努力对孩子们的生活提供帮助。他们的教育精神，无私的奉献精神值得华师附小教育工作者学习。

华师附小将充分发挥学校优质教育资源的辐射和带动作用，通过“结对子”校际的深层交流与帮扶，为赫章县城关二小教师的专业发展以及学校办学水平的提高提供更广阔的平台，精准落实两校结对帮扶任务。为不断缩小与发达地区的差距，实现教育均衡发展贡献自己的力量。

7. 粤藏互联，共促发展

——2019 年华南师大附小、林芝一小、墨脱县小学秋季教学交流活动

为加强粤、藏两地教育教学交流，推进资源共建共享，提升教师的职业素养及综合能力，2019 年 10 月 21 日—26 日，华南师大附小组织了孔珍、顾平、叶国辉、管宁、周园五名骨干教师参加了由林芝一小组织开展的秋季教学交流活动。此次赴藏交流团由学校科研室孔珍主任带队。

启动仪式上，林芝市教育局党组副书记、副局长吴珍珠对由华师附小科研室主任孔珍带领的华师附小赴藏交流团表示由衷感谢与欢迎。随后，同课异构活动于林芝市一小多功能报告厅正式开始。本次教研交流内容为道德与法治、语文及数学文化课、科学观摩课及专题讲座。三校采用手机直播形式实现异地听课、评课，同时，各课堂于“西藏林芝第一小学手机学堂”同步上线。林芝市教研室教研员、林芝市一小全体老师在林芝市一小教学现场进行公开课观摩、点评。

孔珍老师致开幕词

管宁老师的道德与法治同课异构课例《父母多爱我》，整堂课抓住了主题，以沟通为主线，结合有趣的课堂小游戏，让学生明白了沟通的重要性，并能够结合自身实际情况进行感悟、思考，成功地让学生学会了用适当的方式处理与父母相处时所产生的矛盾，理解了父母对自己的爱。最后通过首尾呼应的方式点明主题：孩子与父母相处时应该学会沟通，同时也要积极、正确地与父母进行沟通。

管宁老师正在授课

周园老师的数学与文化同课异构课例《李白买酒与逆向思维》，导入有趣，设计精妙，让课堂内容与历史文化相结合，不同学科巧妙融合。在探究主要内容“李白买酒”结束后，又进行了“农夫卖鸡蛋”这类与生活息息相关的题目延展，帮助学生巩固数学模型的应用，最后结合生活实际，体会逆向思维的运用，激发学生的学习兴趣。

周园老师正在授课

孔珍老师的专题讲座“小学数学作业多元化实践研究”得到老师们的高度认可。讲座一开始，孔老师先向学员们阐述了作业多元化设计的意义。接着，孔老师提出了作业设计应遵循的原则：趣味性、实用性、探究性、层次性等；正如我们所了解的，新颖、生动、灵活多变的事物更加容易引起学生的兴趣，促使他们的思维始终处于积极状态，从而更好地学习吸收新知识。最后，孔老师以实验型作业——探究蒜瓣的生长过程为例向学员们展示了作业多元化的设计流程与理念，探究过程的作业题型紧贴学生的日常生活，激发了学生的学习兴趣。在探究过程中，她鼓励学生运用已学到的数学知识解决问题，并随着探究的层层递进，不断动手实际操作。这样的设计既培养了学生发现问题、分析问题、解决问题的能力，又提高了学生的动手操作能力、思维能力、实践能力、合作能力、创新能力，引领孩子们用数学的眼光观察世界，用数学的思维分析世界，用数学的语言表达世界。

孔珍老师正在授课

孔老师的教学实践课，打开了学生心智的“天窗”，开启了师生、家校联手的创新教育之路。

叶国辉老师执教的是科学同课异构课《建高塔》。叶老师创新使用教材，巧妙利用实验引导学生掌握“上小下大，上轻下重”的物体稳定性好的科学原理。在分组实验时能细心观察每位学生的表现，并对每组的高塔给予及时的指导。在反思环节，给予学生充足的思考时间，让学生对工程设计有了初步体验。

叶国辉老师正在授课

顾平老师的语文同课异构课《爬天都峰》具有以下特点：准确把握部编版新教材编写意图，教学目标明确，重难点突出。老文新上，课堂设计新颖，对学生字、词、句、朗读、片段写话都做了扎实的训练；以文本为范文，教给学生“初步把事情写清楚”的方法，体现了单元训练重点。高原、异地上课，执教藏文班学生，顾平老师以极强的课堂掌控及应变能力，营造了和谐、活跃的课堂氛围，示范课效果良好，听课教师反响热烈，得到老师们的一致好评。

顾平老师正在授课

吴珍珠书记对此次交流活动成果进行了评价与肯定，五位老师的授课均得到听课老师的一致好评。

此次教研交流活动，通过手机网络直播技术，发挥了“互联网+”教育资源跨时空共享优势，进一步促进了粤藏两地三校教育教学水平提高，教育资源共建共享。

参加秋季教学交流活动的教师合影

华南师范大学附属小学百年校庆系列

百年印证

张锦庭 主编

南方日报出版社
NANFANG DAILY PRESS
中国·广州

图书在版编目（CIP）数据

百年印证 / 张锦庭主编 . —广州 ：南方日报出版社，2022.5
（华南师范大学附属小学百年校庆系列 ；1）
ISBN 978-7-5491-2495-4

Ⅰ . ①百… Ⅱ . ①张… Ⅲ . ①华南师范大学附属小学－校史
Ⅳ . ① G629.286.51

中国版本图书馆 CIP 数据核字 (2021) 第 273878 号

BAINIAN YINZHENG

百年印证

主　　编：张锦庭
出版发行：南方日报出版社
地　　址：广州市广州大道中 289 号
出 版 人：周山丹　　责任编辑：方　明
特约编辑：吕晓霞　　责任校对：肖　颖
责任技编：王　兰　　装帧设计：蔡见东
经　　销：全国新华书店
印　　刷：广州市东盛彩印有限公司
开　　本：787 mm × 1092 mm　1/16
印　　张：10
字　　数：214 千字
版　　次：2022 年 5 月第 1 版
印　　次：2022 年 5 月第 1 次印刷
定　　价：128.00 元（全三册）

投稿热线：（020）87360640　　读者热线：（020）87363865
发现印装质量问题，影响阅读，请与承印厂联系调换。

回首百年　阔步前行

2022 年，是华南师范大学附属小学（简称“华师附小”）建校 100 周年。

作为广东省唯一一所直属广东省教育厅并受广东省教育厅和华南师范大学双重领导的小学，华师附小既是华南师范大学培养优秀中小学师资的重要实践基地，也是开展基础教育改革试验的实验基地，更是创办高水平小学教育的重要窗口。在总结优良的教育资源与优秀的办学经验基础上，学校于 2003 年形成了“让学生享受一流的基础教育，使学生奠定终生发展的基础”的办学理念。近年来，学校适应新时代教育节点与学校发展现实，倡导以“美好教育”引领华师附小达成一流教育愿景，成就师生美好发展，展现了新时代华师附小教育人在小学教育领域致力于引领者的教育担当。

我们在上级领导的指导和关怀下，在社会各界人士的支持和帮助下，在历届校领导、教职员工、校友、在读学生的共同努力下，出版了《百年印证》《你的名字，我的故事》《遇见美好，遇见你》《非遗润童心》和《非遗在附小》等图书。

这是百年附小办学思想最深厚的沉淀。

回首，是为了阔步前行。

华师附小名师云集，群贤毕至。他们团结进取，爱岗敬业，慈爱严谨，专业过人，深受社会和学生的欢迎。100 年以来，学校规模迅速扩大，教学质量不断提高，逐渐开创学校发展的辉煌时期。

我们倡导“美好教育”，努力让每一个孩子的人生因教育而美好。我们认为，美好教育扎根于素质教育的土壤，应体现出对个体生命高度关注的人文情怀；它旨在实现师生的共同成长和发展，使师生拥有美好生活，与幸福同行。

为推进实施美好教育，学校在三个方面着力：

一是构建“教师”“学生”“教材”“环境”四个因素动态交互作用的美好课程体系，着力培养学生的核心素养，为学生的未来发展奠基。

二是构建“智慧·生命·高效”的美好课堂，让师生在美好课堂上共同成长。美好课堂是美好教育的应有之义，也是美好教育的明艳之花。我们期待，教师在成就学生美好人生的过程中，也能实现自己对美好人生的追求。

三是构建“科学、规范、精细化”的管理制度，向教师合理授权，为教师营造宽松的成长环境。

一流之心，需要日新之行，在美好教育理念的引领下，我们创新性地传承了学校发展理念、文化与经验，推动了学校、教师、学生三方面的共同成长。

历史从深处而来，历史传承着文化，文化负载着历史。

2018 年 2 月，华师附小被教育部评为全国中小学中华优秀文化艺术传承学校，传承项目为“传统民间艺术”。为了丰富华师附小的精神家园，沉淀华师附小的蕴意与魅力，让民族自尊心、自信心、自豪感和文化自觉、文化自信植根于每一位华师附小人的心中，学校创造性地提出“一班一特色，一班一非遗”的课程方案，开始了 46 项非遗项目的传承。这一举措切实将中华优秀传统文化全方位融入学校美育过程，引领全体师生共同传承中华优秀传统文化艺术，汲取中国智慧，弘扬中国精神，传播中国价值。

根已深，叶正茂，春发花，秋收果。在“培养拥有家国情怀和国际视野的卓越人”的目标引领下，华师附小结合传统与未来，融通生活与实践，在学校建设的园地上，展现出“百花竞放，春色满园”的迷人风采。

礼赞百年，祝福附小！

华南师范大学附属小学校长

目录 Contents

华师附小百年传承

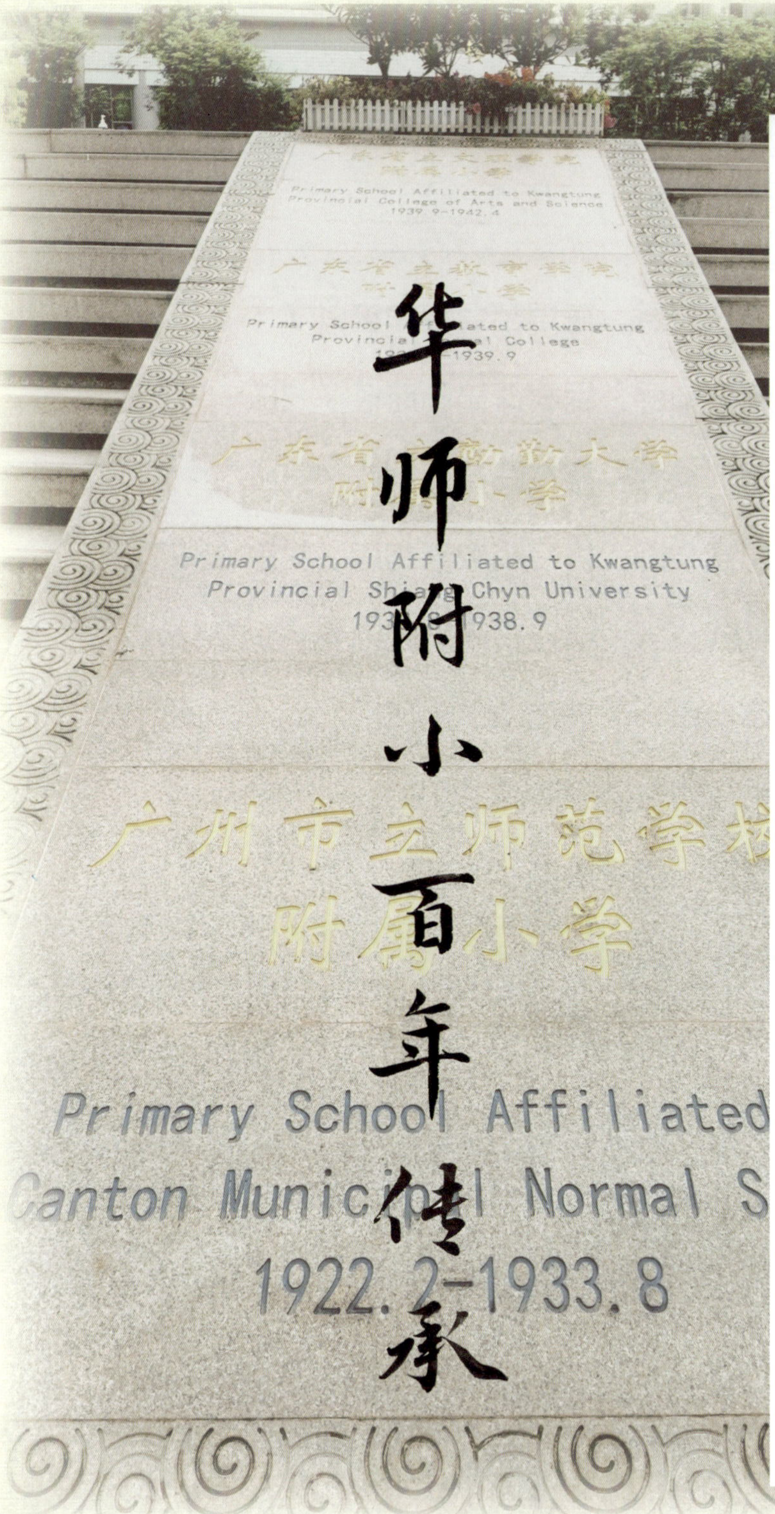

华南师范大学
附属小学

Primary School Affiliated to
South China Normal University
1982年10月至今

华南师范学院
附属小学

Primary School Affiliated to
South China Normal College
1978年2月—1982年10月

山鹰小学

The Eagle Primary School
1968年9月—1978年2月

华南师范学院
附属小学

Primary School Affiliated to
South China Normal College
1952年10月—1968年9月
1951年10月—1952年10月

广东省文理学院
附属小学

Primary School Affiliated to Kwangtung
Provincial College of Arts and Science
1950年10月—1951年10月

广东省立文理学院
附属小学(复办)

Primary School Affiliated to Kwangtung
Provincial College of Arts and Science
(Rerun)
1949年—1950年10月

广东省立文理学院
附属小学

Primary School Affiliated to Kwangtung
Provincial College of Arts and Science
1939年9月—1942年4月

广东省立教育学院
附属小学

Primary School Affiliated to Kwangtung
Provincial Normal College
1938年9月—1939年9月

广东省立勷勤大学
附属小学

Primary School Affiliated to Kwangtung
Provincial Shiang Chyn University
1933年8月—1938年9月

广州市立师范学校
附属小学

Primary School Affiliated to
Canton Municipal Normal School
1922年2月—1933年8月

渐进式发展，在艰苦卓绝中奋斗

华南师范大学附属小学（以下简称“华南师大附小”），百年名校，北望五山，南抱珠水。

华南师大附小于 1995 年晋升广东省一级学校行列，是由广东省教育厅和华南师范大学双重领导的公办小学，也是广东省教育厅唯一一所省直属小学。既是华南师范大学培养优秀中小学师资的重要实践基地，也是开展基础教育改革试验的实验基地，更是创办高水平小学教育的重要窗口。

近年来，学校从课堂变革开始，立足“岭南文化”的地域特色，践行“施行美好教育，成就教育美好”的办学理念，以“让每一个孩子美好地生活在当下，使每一个生命因教育而美好”为办学愿景，以立德树人为导向，以科研引领为抓手，根植儒学、立足儿童、放眼未来、大胆探索，全面深化学校德育、智育、体育、美育和劳动技术教育等综合改革，以美育人，以美化人，以美培元，构建“三位一体”非遗进校园的中华优秀传统文化赋能育人新生态，形成馆校合一的非遗环境生态、多元化的非遗课程生态、知行并举的非遗育人生态，在提质增效的基础上，努力实现“育名生，出名师，创名牌”的办学目标，在新时代努力成为小学教育的引领者与教育担当。

习近平总书记曾在讲话中提到，“观今宜鉴古，无古不成今。历史是一面镜子，它照亮现实，也照亮未来。了解历史、尊重历史才能更好把握当下，以史为鉴、与时俱进才能更好走向未来。”每一位附小人深知历史的重要意义，学史重史，不仅因为历史演绎的智慧具有借鉴意义，更重要的在于其传承意义，古为今用，铭记责任与使命才能更好地踏上未知的征程，奋发向上。

百年传承，不忘初心。华南师大附小创立于 1922 年，原名广州市立师范学校附属小学，历经“广东省立勷勤大学附属小学”“广东省立教育学院附属小学”“广东省立文理学院附属小学”“广东省立文理学院附属小学（复办）”“广东省文理学院附属小学”“华南师范学院附属小学”“华南师范学院附属小学（扩充）”“山鹰小学”“华南师范学院附属小学（恢复）”“华南师范大学附属小学”等多次更名，承载了学校从一所普通小学走向如今全国十大名校的发展史，承载着华南师大附小几代人的辛勤培育和付出。

一、校史沿革

1. 广州市立师范学校附属小学组建：1921 年广州市立师范学校组建，之后为满足师范生实习之需，在 1922 年 2 月设立广州市立师范学校附属小学。

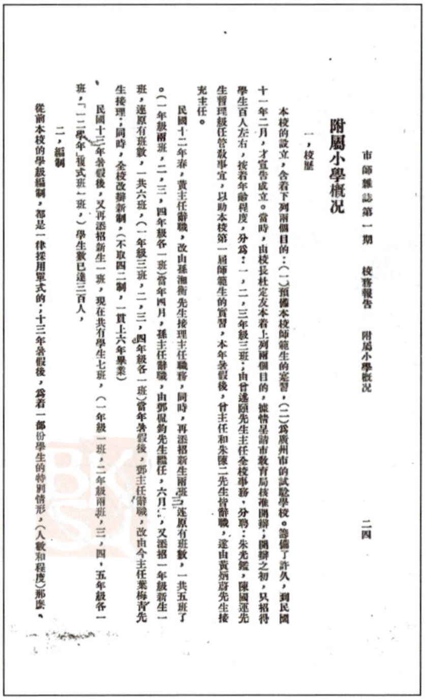

市師雜誌第一期　校務報告　附屬小學概況　二四

附屬小學概況

一，校歷

本校的設立，含着下列兩個目的：(一)預備本校師範生的實習，(二)爲廣州市的試驗學校。籌備了許久，到民國十一年二月，才宣告成立。當時，由校長杜定友本着上列兩個目的，據情呈請市教育局核准開辦，開辦之初，只招得學生百人左右，按着年齡程度，分爲：一，二，三年級三班，由曾逖顾先生主任全校事務，分聘：朱光鑑，陳國運先生暫理級任管教事宜，以助本校第一屆師範生的實習，本年暑假後，曾主任和朱陳二先生皆辭職，遂由黃炳蔚先生接充主任。

民國十二年春，黃主任辭職，改由孫湘衡先生接理主任職務，同時，再添招新生兩班，連原有班數，一共五班了。(一年級兩班，二，三，四年級各一班)當年四月，孫主任辭職，由鄧侃鈞先生繼任，六月二，又添招一年級新生一班，連原有班數，一共六班，(一年級三班，二，三，四年級各一班)當年暑假後，鄧主任辭職，改由今主任葉梅青先生接理，同時，全校改辦新制，(不取四二制，一貫上六年畢業)

民國十三年暑假後，又再添招新生一班，現在共有學生七班，(一年級一班，二年級兩班，三，四，五年級各一班，「一二學年」複式班一班，)學生數已達三百人，

二，編制

從前本校的學級編制，都是一律採用單式的，十三年暑假後，爲着一部份學生的特別情形，(人數和程度)那麼，

图 1

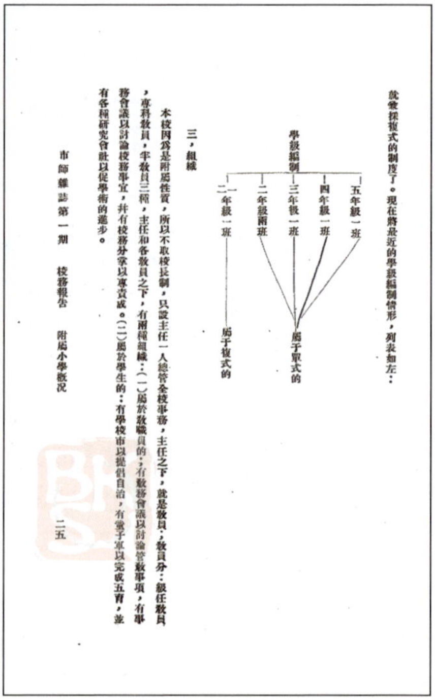

就會採複式的制度了。現在將最近的學級編制情形，列表如左：

三，組織

本校因爲是附屬性質，所以不取校長制，只設主任一人總管全校事務，主任之下，就是教員，教員分：級任教員，專科教員，半教員三種，主任和各教員之下，有兩種組織：(一)屬於教職員的：有教務會議以討論管教事項，有事務會議以討論校務事宜，並有校務分掌以專責成。(二)屬於學生的：有學校市以提倡自治，有童子軍以完成五育，並有各種研究會社以促學術的進步。

市師雜誌第一期　校務報告　附屬小學概況　二五

图 2

在 1924 年出版的广州市立师范学校校刊《市师》中，24—38 页专章（见图 1、图 2）讲述市立师范学校附属小学概况，据其“校历”部分记载：“本校的设立，含着下列两个目的：（一）预备本校师范生的实习，（二）为广州市的试验学校。筹备了许久，到民国十一年二月，才宣告成立。”可见，广州市立师范学校附属小学创立时间应为 1922 年 2 月

《广东省立勷勤大学概览》中的《附属小学概况》记载：“附属小学，创办于民国十一年春，以资广州市立师范生实习之用，初办时仅三班，生约八十余人，附设于市师校内，及后按年增招班额，学生日多，校地遂不敷用，十九年秋，政府始拨原日西湖路旧惠济仓为本校校址，面积稍广，学生人数遂增至六百余人。”（见图 3、图 4）

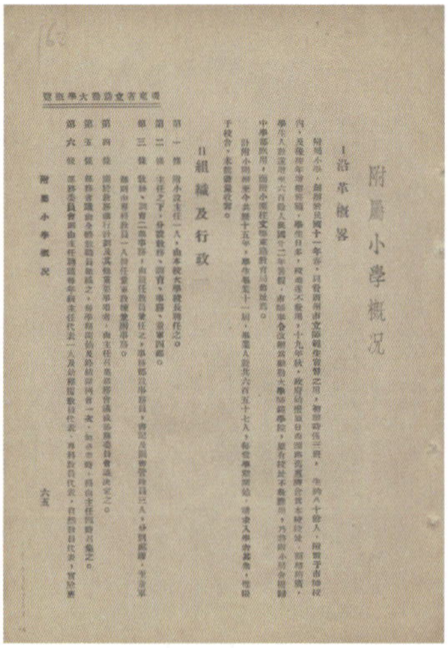
附屬小學概況
I 沿革概略
II 組織及行政

图 3

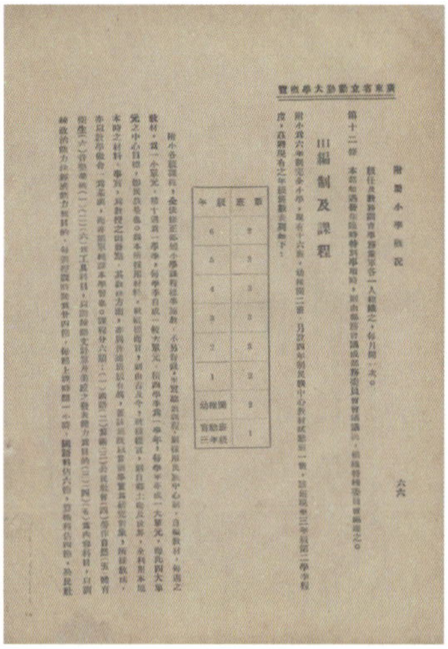

图 4

1937 年 3 月公开出版的《广东省立勷勤大学概览》中，专章讲述附属小学概况，其中沿革部分明确提出勷勤大学附属小学创办于 1922 年春，由市立师范学校附属小学演变而来

附小初设于永汉路粤秀书院街市师院内，后因场地渐紧，1930 年政府拨原西湖路旧惠济仓供附小办学之用。旧惠济仓毗邻市立师范，在粤秀书院街南面，和市立师范一街之隔。二者在 1933 年出版的广州市《经界图》中均有明确标示。

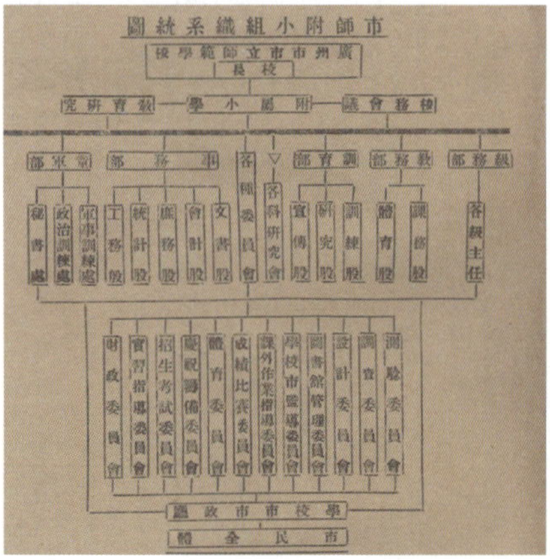

图 5

1932 年广州市立师范学校附属小学组织系统图，此时附小即位于西湖路旧惠济仓

2. **广东省立勷勤大学附属小学建立**：1933 年勷勤大学组建，广州市立师范学校升格为勷勤大学师范学院，市师的附小改归属于勷勤大学。

《广东省立勷勤大学概览》中的《附属小学概况》记载："民国廿二年暑假，市师奉令改办为勷勤大学师范学院，原有校址不敷应用，乃将附小房舍拨付中学部应用，而附小迁往文德东路教育局旧址焉。"据《广东省立勷勤大学概览》中的《新校建筑经过及现况》记载："本校成立之始，教育学院及附中，设于粤秀书院及西湖路前广州市立师范学校原址，工学院设于增步前省立工业专科学校原址，商学院及大学本部办事处，设于光孝路市工务局旧址，附小则设于文德东路三忠祠。"（见图 6）经查《经界图》，可以确定，文德东路教育局旧址和文德东路三忠祠系同一地址。

根据勷勤大学组织大纲，附小与教育学院一并直属校务会议，同时受教育学院指导，称为广东省立勷勤大学附属小学（见图 7、图 8 和图 9）。1936 年 10 月，勷勤大学师范学院和工学院迁入石榴岗新校址，1937 年，附小也迁入石榴岗新校，研究乡村小学教育工作成为附小的中心工作。

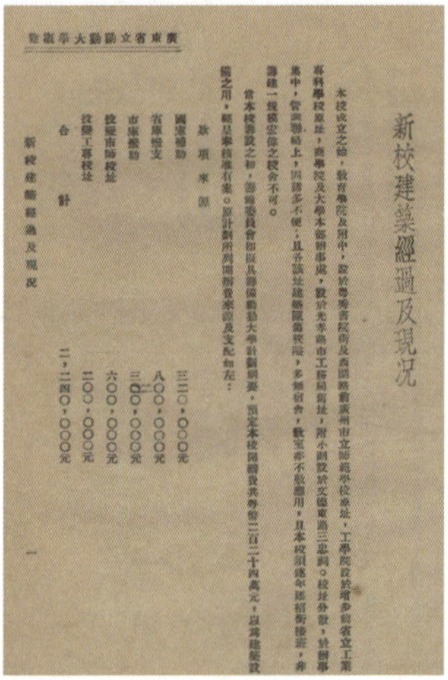
廣東省立勷勤大學概覽

新校建築經過及現況

本校成立之始，教育學院及附中，設於粵秀書院街及西湖路前廣州市立師範學校原址，工學院設於增步前省立工業專科學校原址，商學院及大學本部辦事處，設於光孝路市工務局舊址，附小則設於文德東路三忠祠。校址分散，於辦事集中，管理聯絡上，因諸多不便，且各該址建築陳舊狹隘，多無宿舍，教室亦不敷應用，且本校須逐年添招新生班，非籌建一規模宏偉之校舍不可。

當本校籌設之初，籌備委員會即擬具籌備勷勤大學計劃綱要，預定本校開辦費共粵幣二百二十四萬元，以為建築設備之用，經呈奉核准有案。原計劃所列開辦費來源及支配如左：

款項來源	
國家補助	三二〇，〇〇〇元
省庫撥支	八〇〇，〇〇〇元
市庫撥助	三〇〇，〇〇〇元
投變市師校址	六〇〇，〇〇〇元
投變工專校址	二〇〇，〇〇〇元
合計	二，二四〇，〇〇〇元

新校建築經過及現況　一

《广东省立勷勤大学概览》中关于教育学院和附小校舍的说明

图 6

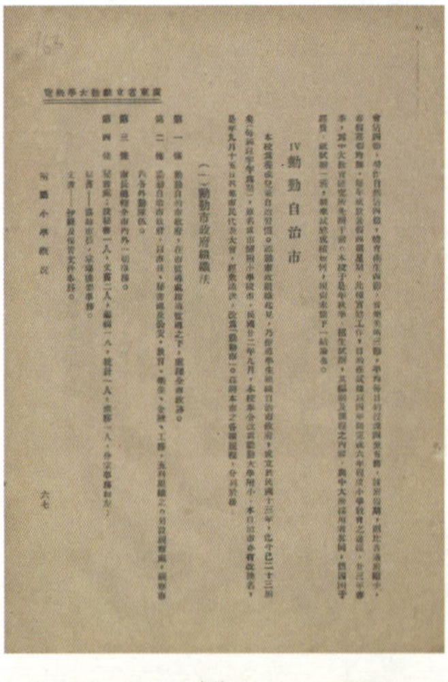
廣東省立勷勤大學概覽

IV 勷勤自治市

（一）勷勤市政府組織法

附屬小學概況　六七

图 7

《广东省立勷勤大学概览》在介绍其附小下设的"勷勤自治市"的组织时提及，"民国二十二年九月，本校奉令改为勷勤大学附小"，所以在勷勤大学期间，附小的名称直接使用的就是勷勤大学附小，而不加师范学院或者教育学院的院名

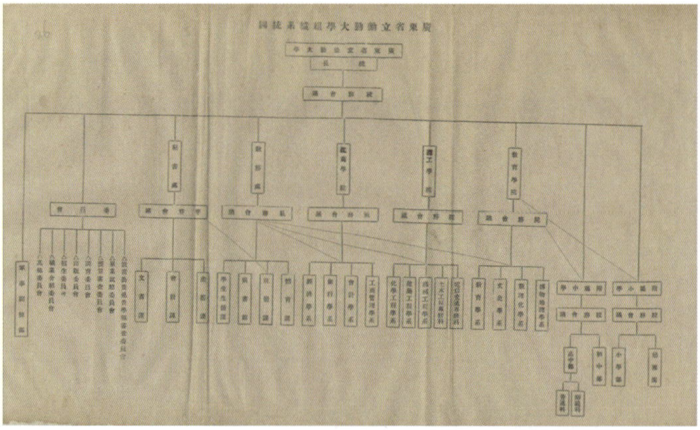

图 8

在《广东省立勷勤大学概览》中，大学的组织大纲明确了附小在整个大学组织体系中的地位和与其他机构的关系

《广东省立勷勤大学概览》“教育学院”一部分中详细说明了教育学院与附中、附小的关系：“在原则上应为一体，而本学院与附中附小之关系，因历史之进程，恰符此旨”

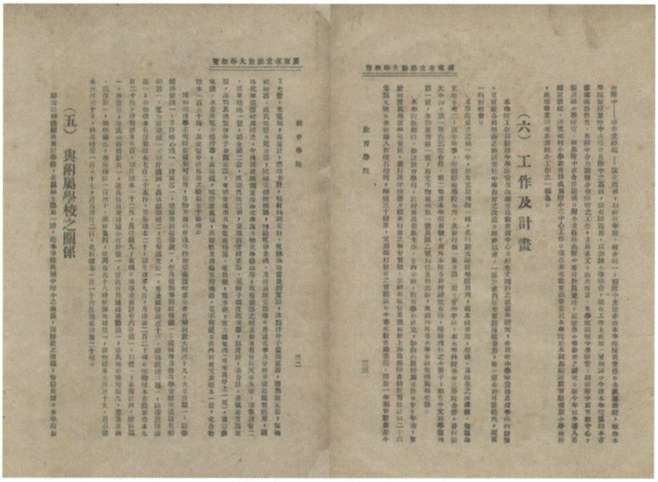

（六）工作及計畫

（五）與附屬學校之關係

图 9

图 10

广东省立勷勤大学附属小学（文德东路旧址）照片，图中附小童军正在进行旗语练习

图 11

广东省立勷勤大学附属小学幼稚生课余照片

3. 广东省立教育学院附属小学存续：1937 年勷勤大学教育学院迁往梧州，勷勤大学附小初未随迁，1938 年广州沦陷前夕，附小停办，附小老师迁到梧州。1938 年附小老师到达梧州后不久，勷勤大学改组，原勷勤大学教育学院和商学院分别独立改办为广东省立教育学院和广东省立勷勤商学院，原广东省立勷勤大学附属小学由此隶属于广东省立教育学院，成为广东省立教育学院附属小学（见图 12、图 13、图 14），但当时条件不允许，附小实体未能复办，随迁的附小教师由学院安排在当地教学。真可谓是“虽名亡而实存”。

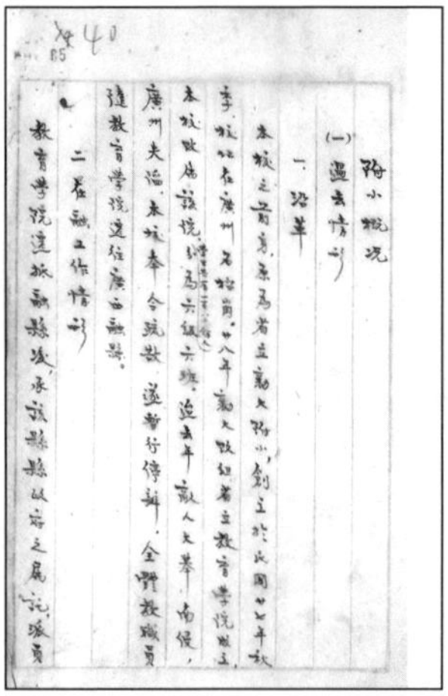
图 12

图 13

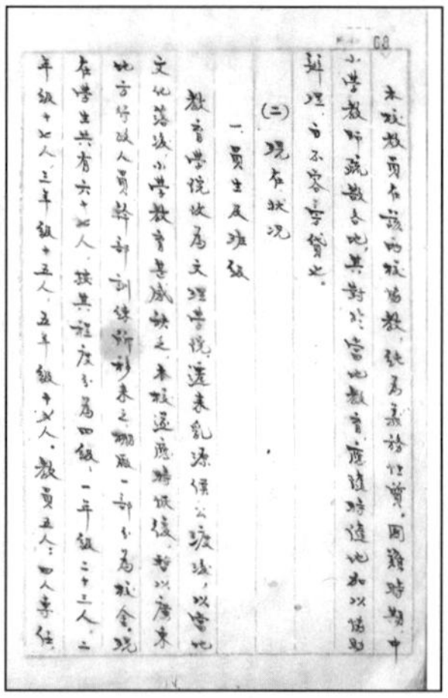
图 14

《附小概况》中详细说明了广东省立教育学院附小、广东省立文理学院附小之间的沿革关系，及附小教师在广西时的工作情况，在乳源复办附小的情况（广东省档案馆馆藏档案）

4. 广东省立文理学院附属小学成立（抗战时期）：1939 年广东省立教育学院由广西融县迁回广东乳源，附小才得以复办，使用原广东省行政干部训练所的一部分为校舍，并用其遗留之桌椅板凳。附小在 1939 年重办，定名为广东省立文理学院附属小学。1940 年 11 月下旬，由时任国民政府省主席李汉魂颁发手令，限期广东省立文理学院迁往连县东陂，附小随学院一同迁往连县东陂，校址设在下山坪。1941 年 5 月林砺儒院长被迫辞职，1942 年 5 月学院又迁往韶关曲江桂头，附中未随迁，并在之后改名为粤秀中学，附小停办。

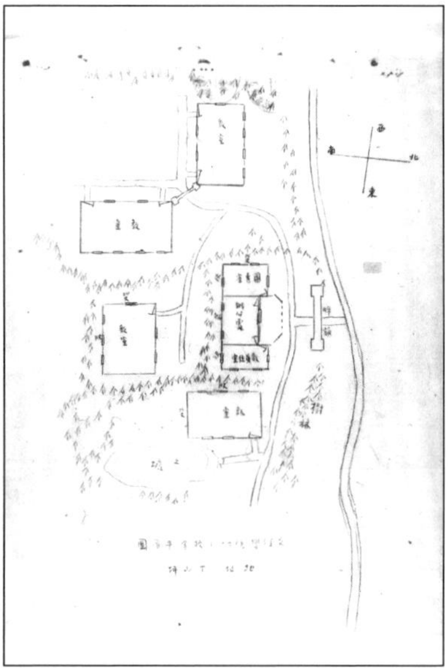

图 15

1941 年 1 月 6 日《承建广东省立文理学院附属小学校舍合约》中广东省立文理学院附属小学在连县东陂下山坪时的校舍平面图（广东省档案馆馆藏档案）

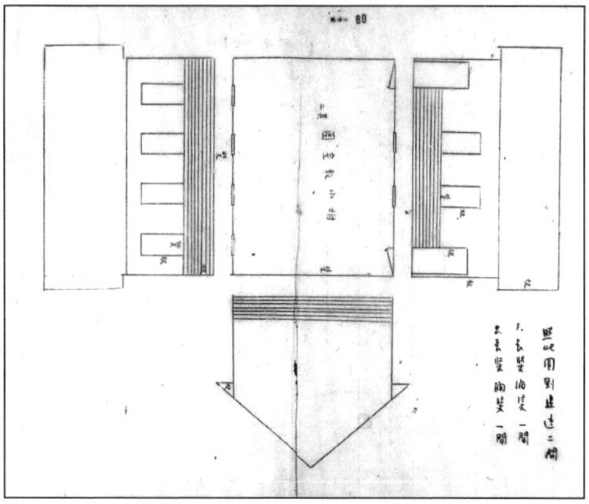

图 16

1941 年 1 月 6 日《承建广东省立文理学院附属小学校舍合约》中东陂时期文理学院附小拟增建校舍设计图（广东省档案馆馆藏档案）

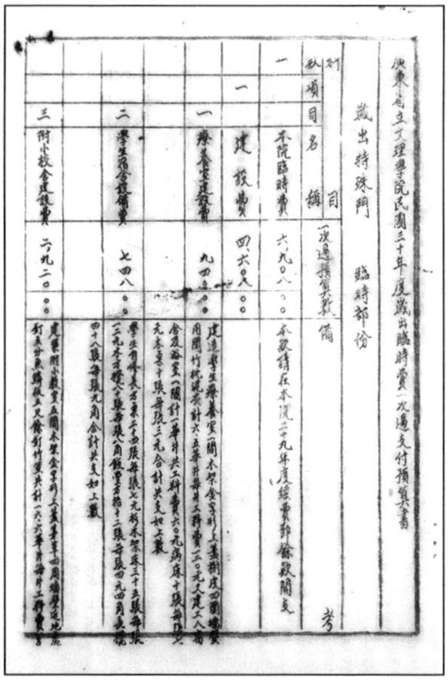

廣東省立文理學院民國三十年度歲出臨時費一次過支付預算書

歲出特殊門 臨時部份

款	項	目	科目名稱	一次過預算數	備考
一			本院臨時費	六,九〇八,〇〇〇	本款請在本院二十九年度經費節餘款開支
	一		建設費	四,六〇八,〇〇〇	
		三	附小校舍建設費	二,九二〇,〇〇〇	

图 17

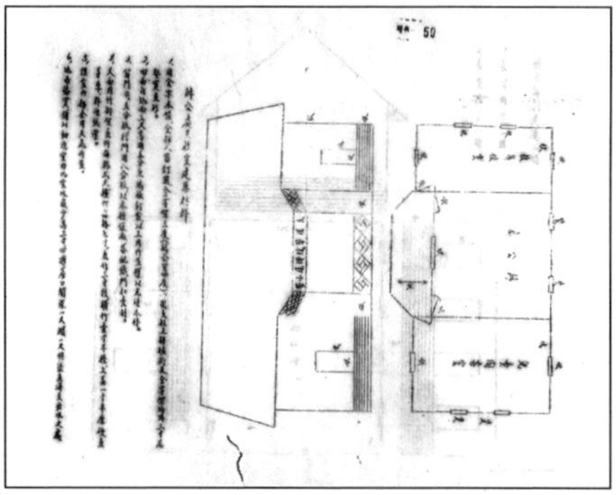

图 18

1941 年 2 月 28 日《广东省立文理学院民国三十年度岁出临时费一次过支付预算书》中附小校舍建设费用详情和拟建附小校舍设计图（广东省档案馆馆藏档案）

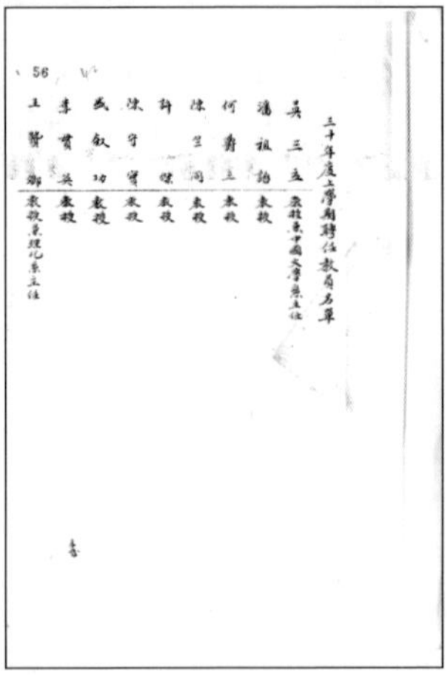

图 19

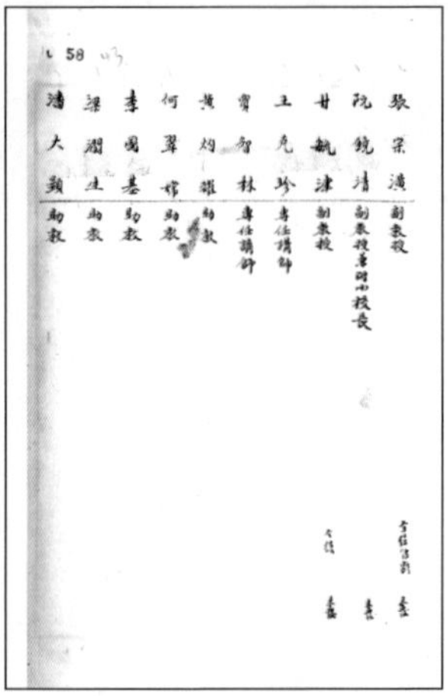

图 20

1941 年《三十年度上学期聘任教员名单》中记载阮镜清副教授兼任附小校长（广东省档案馆馆藏档案）

5. **广东省立文理学院附属小学复办（抗战胜利后）**：1948 年 11 月 17 日，学院将本院教育学会的呈文《据本院教育学会呈请恢复本院附设中小学各一所以资实习等情转呈核示由》上呈国民政府广东省教育厅，请求批复同意学院附设中小学各一所，以资实习。呈文中明确提及学院从东陂迁移前往曲江桂头时，因战时物力艰难，未能多筑校舍，附小停办。该文希望批准恢复附小的设置，以便文理学院学生实习之用，同时也方便文理学院和勷勤商学院教工子弟入读。但广东省教育厅在 1948 年 12 月 9 日复文说："查现在省府库财力未充，所请应从缓议，仰即知照。"随后学院在 1948 年 12 月 22 日转发了这份指令给学院教育学会，所以，可以确定 1948 年确实有动议恢复设立附小，但是最终未能实现。

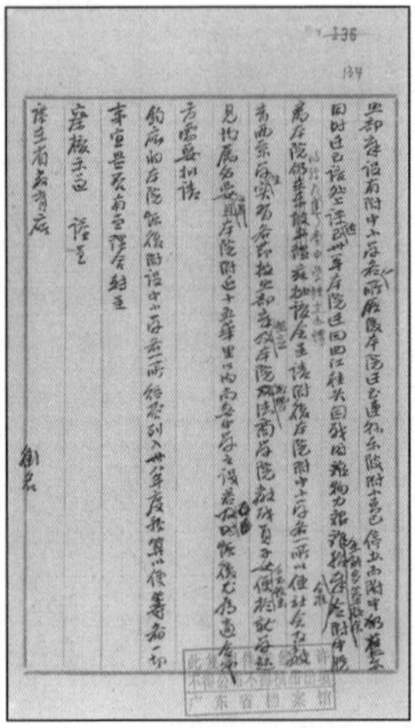

图 21

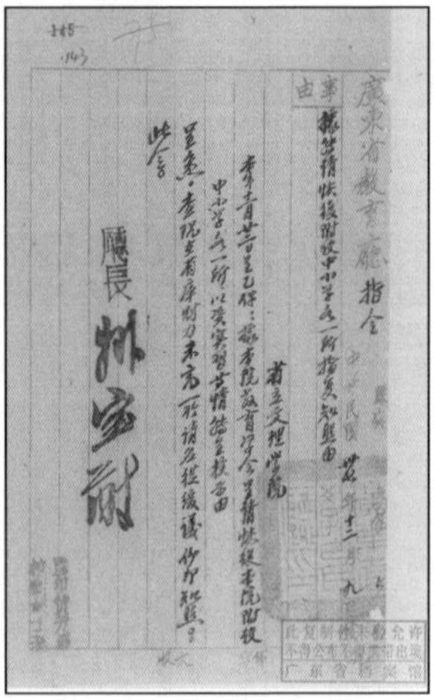

图 22

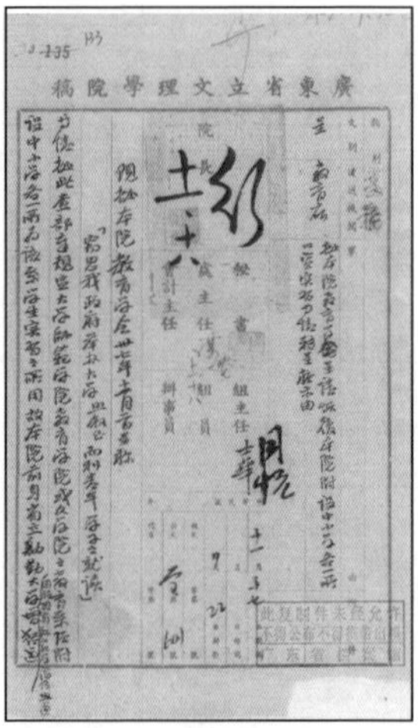

图 23

广东省立文理学院 1948 年 11 月给粤教厅的请示《据本院教育学会呈请恢复本院附设中小学各一所以资实习等情转呈核示由》记载，1942 年学院从连县迁走时，附小停办。但是广东省教育厅在 1948 年 12 月 9 日复文说："查现在省府库财力未充，所请应从缓议，仰即知照。"

直到 1949 年，附小复办之事才最终得以落实（见图 24）。1949 年复办后的文理学院附小设在文理学院石榴岗校址内学院科学馆中，1950 年时已经有一至五年级各一班。

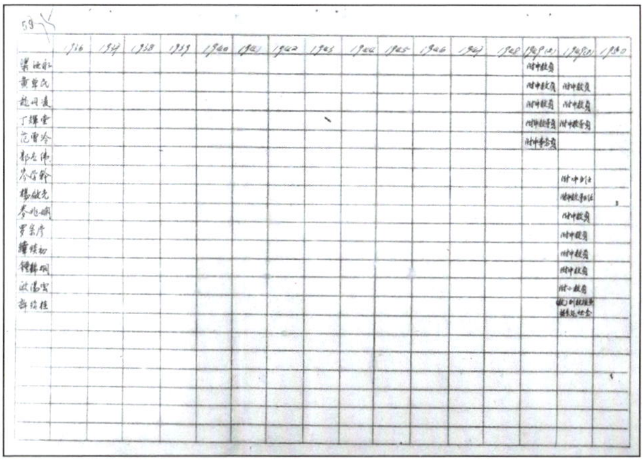

1948 年 8 月 29 日《发教职员证登记簿》中，1949 年下学期开始出现附小教员欧汤云，在此之前的名册中暂未见其他 1948 年之后的附小教员情况（广东省档案馆馆藏档案）

图 24

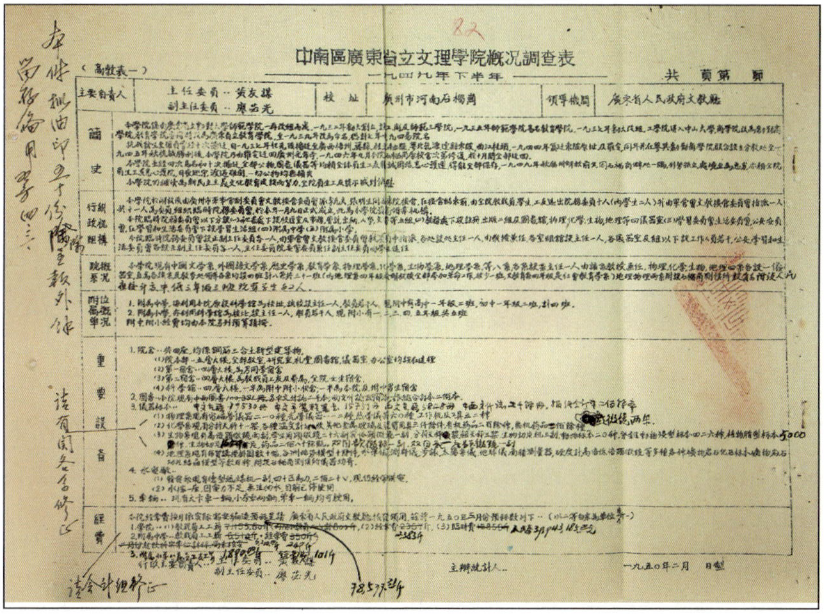

中南區廣東省立文理學院概況調查表

一九四九年下半年

图 25

1949 年下半年的《中南区广东省立文理学院概况调查表》对附小的情况有记载：附小，亦利用科学馆为校址，设主任一人，教师若干人，现附小有一、二、三、四、五年级共五班，附中附小经费均由本院另列预算请拨（广东省档案馆馆藏档案）

6. **更名为广东省文理学院附属小学**：1950 年 10 月，广东省立文理学院改称为广东省文理学院，附小遂改名为广东省文理学院附属小学。

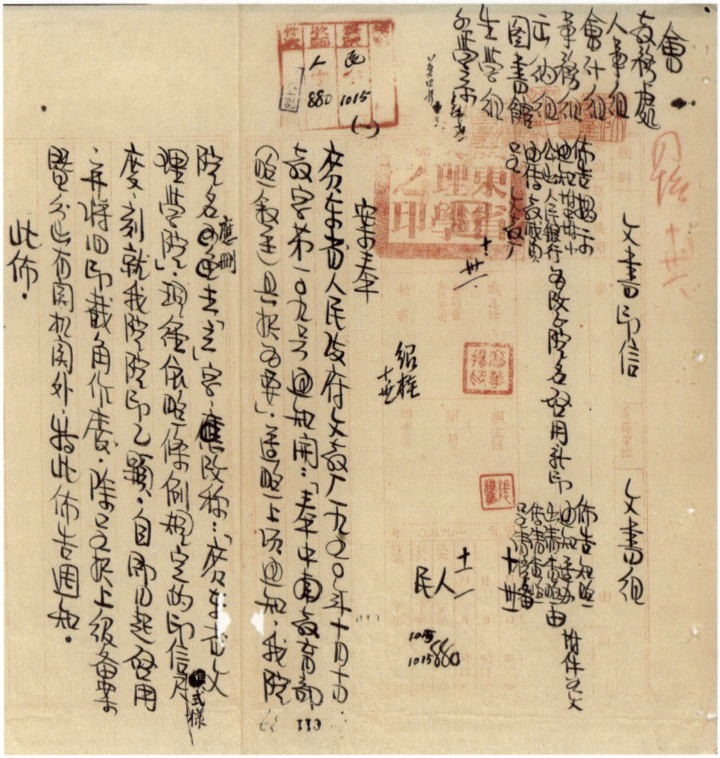

案奉
广东省人民政府文教厅一九五〇年十月十日教字第一〇九号通知开：「奉中南教育部[illegible]」，遵照上项通知，我院院名应删去「立」字，应改称：「广东省文理学院」，现依照条例规定的印信尺度，刻就我院院印乙颗，自即日起启用，并将旧印截角作废，除已报上级备案暨分函有关机关外，特此布告周知。
此佈。

图 26

《改广东省立文理学院为广东省文理学院的公告》，公告注明广东省立文理学院改名为广东省文理学院（华南师范大学档案馆馆藏档案）

7. **更名为华南师范学院附属小学**：1951 年 10 月，中南教育部以广东省文理学院为主体，加入中山大学师范学院、私立华南联合大学教育系共同组建了华南师范学院，广东省文理学院附属小学改名为华南师范学院附属小学。

8. **华南师范学院附属小学扩充**：1952 年在院系调整过程中，将中山大学附小、私立华南联合大学附小和原华南师院附小合并组建新的华南师范学院附属小学，校址设在文明路中大附小原校址（见图 27）。

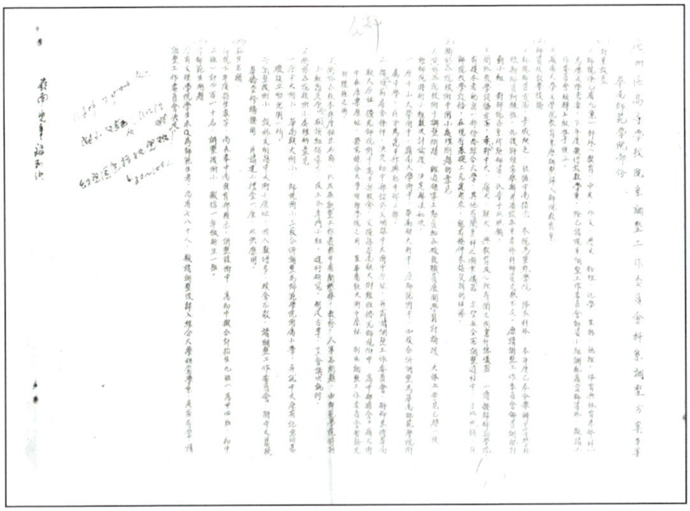

《广州区高等学校院系调整工作委员会科系调整方案草案华南师范学院部分》，其中记载，1952年院系调整时，新华南师范学院附属小学由中大附小、华南联合大学附小和原华南师范学院附小合并组建，并将校址设在文明路中大附小原址（华南师范大学档案馆馆藏档案）

图 27

1952年南方大学完成使命，奉令停办，华南师范学院于1952年10月由黄华路校址迁入石牌原南方大学校址，附小也由文明路迁入石牌新址办学。学校名称仍为华南师范学院附属小学，但是为将这一阶段的学校与文明路校址的华师附小区分开，一般称文明路校址的华师附小为华南师范学院广州附属小学，而将迁入石牌后新设的附小称为华南师范学院石牌附属小学。

图 28

《华南师范学院1952年发展和建校计划草案》（1952-XZ-1.0003）记载了1952年学院在石牌新址为附小建设的校舍情况以及计划增建校舍情况

9. 更名为山鹰小学：1966年5月，党中央发布“五·一六”通知，标志着“文化大革命”的爆发。华南师范学院在“文革”期间逐渐瘫痪，但小学正常开办。1968年9月，附小改名为“山鹰小学”，在此期间，华南师范学院老师和附小（也就是当时的山鹰小学）的部分老师到韶关芙蓉山分教处（1969年2月改为华南师院芙蓉山五七干校）劳动，其中就有吴楫宏老校长（当时只是普通教师）。

10. 恢复华南师范学院附属小学校名：吴楫宏老师从干校回校后调任教导处主任，之后向广东省教育厅发文申请将“山鹰小学”恢复为“文革”前的名字——“华南师范学院附属小学”。1978年4月，教育厅正式批复同意学校改回原名“华南师范学院附属小学”，学校归广东省教育厅直管。

11. 更名为华南师范大学附属小学：1982年10月，经广东省人民政府（粤府函〔1982〕191号）批准，华南师范学院易名为华南师范大学，简称华南师大。附小同时改名为华南师范大学附属小学，简称华南师大附小，校名沿用至今。

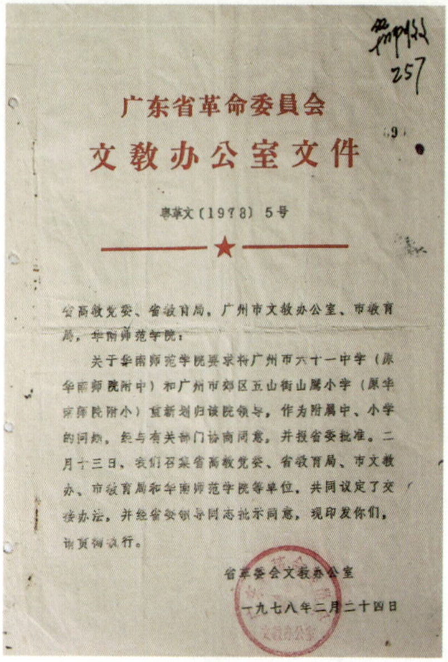
广东省革命委员会
文教办公室文件
粤革文〔1978〕5号

省高教党委、省教育局，广州市文教办公室、市教育局，华南师范学院：

关于华南师范学院要求将广州市六十一中学（原华南师院附中）和广州市郊区五山街山属小学（原华南师院附小）重新划归该院领导，作为附属中、小学的问题，经与有关部门协商同意，并报省委批准。二月十三日，我们召集省高教党委、省教育局、市文教办、市教育局和华南师范学院等单位，共同议定了交接办法，并经省委领导同志批示同意，现印发你们，请贯彻执行。

省革委会文教办公室

一九七八年二月二十四日

图29

《关于批准华南师范大学附属小学等32所中小学为第三批广东省一级学校的决定》（1978-DQ-14.0038，华南师范大学档案馆馆藏档案）中记载省委领导同志批示同意将山鹰小学重新划归华南师范学院领导，作为其附属小学

广东省人民政府
粤府函〔1982〕191号

关于华南师范学院改为华南师范大学的复函

省高教局：

粤高教报〔1982〕63号报告收悉。为进一步提高教学质量，加强科研工作，适应对外学术交流的需要，根据国发〔1978〕68号文件规定，省人民政府同意华南师范学院改名为华南师范大学。

一九八二年十月六日

抄报：教育部。

抄送：省委办公厅、组织部、宣传部，省计委、文教办、人事局、财政厅，华南师范学院并各高等院校。

（共印56份）

图30

《关于华南师范学院改为华南师范大学的复函》（1982-9.0002，华南师范大学档案馆馆藏档案）

二、对华南师范大学附属小学各历史节点续接之考证

以上为我们认定的华南师范大学附属小学校史沿革情况，而要支撑以上结论，需要对几个重要历史节点仔细考证。认真梳理附属小学的11次变迁，可以分为以下几种情况：

第一种是伴随所附属的学校名称变更而变更。这种更名比较简单，只是因为附小属于大学、学院或学校的附属学校，所以附属的学校更名，附小随之更名，存续关系很明确，不存在争议。这类更名如第四次广东省立文理学院附属小学，此次在《附小概况》中记载广东省立文理学院复办附属小学，但实际上按照《广东省立教育学院组织大纲》的机构设置，广东省立教育学院时期，附小已经在其组织架构之中，只是没有实体承载而已，在学院迁移到乳源后，实体得以确立，而学院也由广东省立教育学院改名为广东省立文理学院，所以此次虽然看似复办，实则仅为更名之举（见图31、图32、图33）；第六次更名为广东省文理学院附属小学，是因为广东省立文理学院在新中国成立后应政府要求改名为广东省文理学院，所以附小随之更名；第七次更名为华南师范学院附属小学是因为1951年广东省文理学院加上中山大学师范学院、私立华南联合大学教育系改组为华南师范学院，原广东文理学院附属小学对应改名为华南师范学院附属小学；第十一次更名为华南师范大学附属小学，也是因为1982年华南师范学院更名为华南师范大学，师院附小随之改称华南师范大学附属小学。

第二种为特殊历史环境下更名。如“文革”期间更名为山鹰小学，而“文革”结束之后恢复原名华南师范学院附属小学。这种更名也仅为纯粹的更名，学校继承关系未受到影响。

第三种为伴随所附属的学校改组而变更。这种情况相对复杂，需要详细论证其继承关系。这几次变更包括第二次学校由广州市立师范学校附属小学变为广东省立勷勤大学附属小学，第三次改为广东省立教育学院附属小学，这两次均为隶属关系变动而变。

首先探讨第二次变更。1933年勷勤大学附属小学与1922年创办的广州市立师范学校附属小学之间的关系方面，在1937年3月由勷勤大学官方出版的《广东省立勷勤大学概览》中，有专章讲述附属小学概况，在“概况”第一部分沿革概略中有以下描述：“（勷勤大学）附属小学，创办于民国十一年春，以资广州市立师范生实习之用，初办时仅三班，生约八十余人，附设于市师校内，及后按年增招班额，学生日多，校地遂不敷用，十九年秋，政府始拨

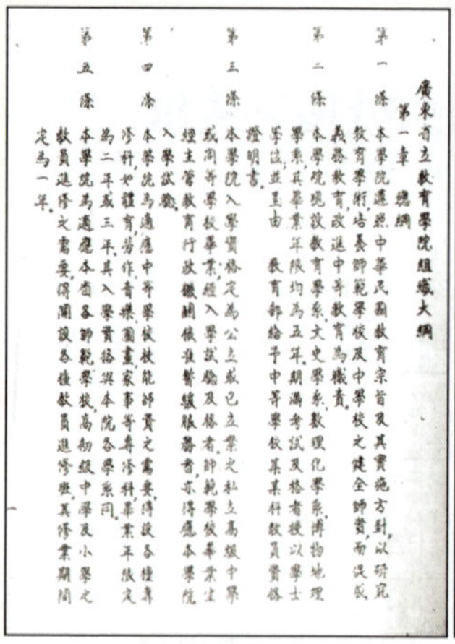

廣東省立教育學院組織大綱

第一章 總綱

第一條 本學院遵照中華民國教育宗旨及其實施方針，以研究教育學術，培養師範學校及中學校之健全師資，而促成義務教育，改進中等教育為職責。

第二條 本學院現設教育學系、文史學系、數理化學系、博物地理學系，其畢業年限均為五年，期滿考試及格者授以學士學位，並呈由教育部給予中等學校某某科教員資格證明書。

第三條 本學院入學資格定為公立或已立案之私立高級中學或同等學校畢業，經入學試驗及格者；師範學校畢業生經主管教育行政機關核准暫緩服務者，亦得應本學院入學試驗。

第四條 本學院為適應中等學校技能師資之需要，得設各種專修科，如體育、勞作、音樂、圖畫、家事等專修科，畢業年限定為二年或三年，其入學資格與本院各學系同。

第五條 本學院為適應本省各師範學校、高初級中學及小學之教員進修之需要，得開設各種教員進修班，其修業期間定為一年。

图 31

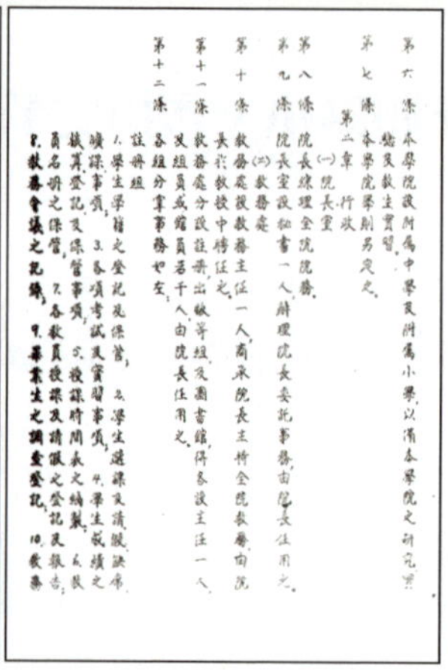

第六條 本學院設附屬中學及附屬小學，以備本學院之研究實驗及教生實習。

第七條 本學院學則另定之。

第二章 行政

(一)院長室

第八條 院長綜理全院院務。

第九條 院長室設秘書一人，辦理院長委託事務，由院長任用之。

(二)教務處

第十條 教務處設教務主任一人，商承院長主持全院教務，由院長於教授中聘任之。

第十一條 教務處分設註冊、出版等組，及圖書館，得各設主任一人，及組員或館員若干人，由院長任用之。

第十二條 各組分掌事務如左：

註冊組

1.學生學籍之登記及保管， 2.學生選課及請假、缺席、曠課事項， 3.各項考試及實習事項， 4.學生成績之統計、登記及保管事項， 5.授課時間表之編製， 6.教員名冊之保管， 7.各教員授課及請假之登記及報告， 8.教務會議之記錄， 9.畢業生之調查登記， 10.教務

图 32

《广东省立教育学院组织大纲》第六条记载："本学院设附属中学及附属小学，以备本学院之研究实验教生实习"。并且在省立教育学院组织系统图中明确了附属小学在学院的层级关系（广东省档案馆馆藏档案）

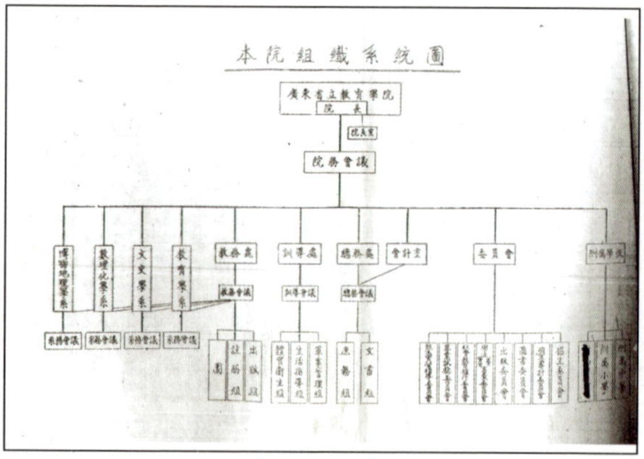

图 33

图 34

图 34 为勷勤大学附属小学组建之初的校徽。1931 年，中国国民党第四次全国代表大会决议由广东省教育厅、广州市政府筹议，拟就省立工业专科学校，以及市立师范学校，分别改办工学院、师范学院，并开设商学院，合组勷勤大学。1933 年 8 月，市立师范学校完成改组，勷勤大学师范学院成立，其时，勷勤大学师范学院仍在原市师校址办学，同时，依据广东省政府训令要求，勷勤大学工科、师范科两学院分别暂由广东省教育厅和广州市教育局监督。此时，完整的勷勤大学尚未建立起来，勷师只是名义上属于勷勤大学，而校址未变，实际隶属关系未变，具有较强的独立性。直到 1934 年 7 月，经校董会推选并经西南政务委员会派任正副校长，商学院正式开办后，完整意义上的广东省立勷勤大学才正式成立了，各学院也于此时开始由勷勤大学直接统辖。作为由原市师附小更名而来的勷勤大学附属小学，在 1933 年也受到这种相对独立性的影响，仍跟着勷师一起自称勷师附小，所以会有"广东省立勷师附小"字样的校徽，但无论勷师还是勷师附小，都是勷勤大学下设组织，根据 1933 年 7 月通过的《勷勤大学组织大纲》，附小与师范学院一并直属勷勤大学，此阶段附小的规范名称就是勷勤大学附属小学。

原日西湖路旧惠济仓为本校校址，面积稍广，学生人数遂增至六百余人，民国廿二年暑假，市师奉令改办为勷勤大学师范学院，原有校址不敷应用，乃将附小房舍拨付中学部应用，而附小迁往文德东路原教育局旧址焉。”1936年第一学期，勷勤大学石榴岗校舍先后落成，工学院和教育学院迁入新校舍，而附小校舍尚在三期建设中，直到1937年9月，在文德东路三忠祠的附小才迁入石榴岗新校舍。从以上记载来看，勷勤大学附属小学就是原来的广州市立师范学校附属小学，只是因为市师升格为勷勤大学师范学院，即由中专升格为大学的一个学院，这对市立师范学校而言是质的飞越，但是附属小学仅仅是隶属关系的改变、校址的变迁，其性质仍然是小学，隶属的也仍是原来学校，只是其名称改变，级别提升了，对于附小而言，并无其他变化，这里面的继承关系也很清晰，所以将勷勤大学附小的创办时间前推至市立师范学校附小的观点是站得住脚的。

然后再来探讨勷勤大学附属小学改为广东省立教育学院附属小学的问题。1938年勷勤大学被要求改组，工学院并入中山大学，商学院独立为广东省立勷勤商学院，教育学院则独立为广东省立教育学院。1938年10月广州沦陷前夕，“本校（勷勤大学附属小学）奉令疏散，遂暂行停办，全体教职员随教育学院迁往广西融县。”以上内容载于学院迁移到乳源后附小所写的《附小概况》中，该文件现存于广东省档案馆，不过该记载与史实略有出入。1938年，附小教员疏散应是先行到达梧州，随后勷勤大学改组，附小彻底改隶属于广东省立教育学院，之后再跟随学院迁徙到广西藤县、广西融县。伴随着附小教师的西迁，附小从此开始了“名亡实存”的阶段。不过，《广东省立教育学院组织大纲》第六条记载：“本学院设附属中学及附属小学，以备本学院之研究试验及教生实习”。并且，在大纲之后所附的组织系统图中也有附属小学的架构（见图31、图32、图33、图34），所以，此时的教育学院是设置了附属小学的机构的，比较特殊的情况在于，学院当时与省政府断了联系，经费非常紧张，难以开办实体的附属小学，学院只能派随迁的附小教师前往当地小学任教，但是其经费仍是由学院开支。可见，虽然此时未开办实体机构，但人员、经费保障、教学活动开展均有进行，广东省立教育学院附属小学基本上是在正常运作的，所缺的只是一个躯壳罢了。

1939年9月广东省立教育学院奉令迁回广东粤北乳源办学，并在9月初奉令将院名改称为广东省立文理学院，而附小的实体机构也由此得以复办，“教育学院改为文理学院，迁来乳源候公渡，以当地文化落后，小学教育甚感缺乏，本校遂应时恢复，暂以广东地方行政人员干部训练所移来之棚厂一部分为校舍，现在学生共有六十七人，按其程度分为四级：一年级二十三人，二年级十七人，三年级十五人，五年级十二人。教员五人：四人专任，一人兼任。”（见图 14）从这一段来讲，1939 年在乳源办起来的广东省立文理学院附属小学，其实就是原勷勤大学附属小学的复办，原因有两点：一方面，其教师是原勷勤大学附属小学随迁过来的教师，而其附小本身也伴随着勷勤大学的改组而划归广东省立教育学院，之后又随着学院改名而称为广东省立文理学院附属小学；另一方面，虽说抗战期间附小“暂行停办”，但是学院层面上始终保留着附属小学的编制，这一点从《广东省立教育学院组织大纲》中即可得到证明，所以我们讲“名亡”这一说法都是出于严谨表述的考虑而使用的说法，抗战期间学院附小一直都保留着编制和名称。

最后，还有两次比较特殊的变动。一个是第八次变动，仅为附小的扩充，名称未变，办学性质未变，存续关系也很清晰明确；另一个则是 1949 年广东省立文理学院附属小学的复办，此次附小的校名未发生改变，但是问题的关键就在于如何确证 1949 年的这个附小与 1942 年的附小是一所学校在前后的继承发展关系。

1949 年文理学院附属小学的复办，是因为 1942 年附小的停办，所以首先需要了解 1942 年附小停办的原因。这里有个历史背景，林砺儒先生曾经专门讲起此中艰难：“自民十一学制改革之后，全国师范教育遭了劫运，全国高等师范次第停办改为大学，硕果仅存的只有北平师大一校。”国民政府教育部并不认同师范教育独立的主张，在他们看来，普通大学的毕业生即可充任中小学师资，无须专门的培养，所以在 1922 年之后，全国各类师范院校纷纷改办为普通大学，勷勤大学师范学院成立之后没多久，先后更名为勷勤大学教育学院、广东省立教育学院、广东省立文理学院。就是在这样的背景下，林砺儒院长在坚持师范教育办学理念的过程中与国民政府教育部之间艰难拉锯，不断斗争。因为在林先生看来，中小学师资的培养是非常专业的教育，绝非普通大学所能承担的，师范生需要广博的知识与见闻，需要经历严格的实习训练，所以林先生在学院期间非常注重师范生综合素质的培养，并且非常重视附属学校的建设。从他任市立师范学校校长起，到 1941 年被迫从文理学院离任，始终凭借个人在教育界的威望和两广特殊的政治环境坚持这两点，不断与国民政府教育部的官僚们进行斗争。但是，伴随着他的离开，这种坚持也就难以为继，“在 1941 年 8 月至 1946 年 8 月，文理学院没有创办学术刊物。1942 年，文理学院附属中学撤销。1945 年 8 月，教育部令广东省立文理学院增设外国语言文学系，并将史地学系分为历史学系和地理学系，理化学系分为物理学系与化学学系，体育专修科拨回广东省立体育专科学校办理。当时因经费缺乏，学系调整未能实现，直到 1947 年才得以完成。这些做法完全是按照全国统一模式而执行，原来林砺儒苦苦坚守的地方特色和师范特色已不复存在。”

正是在这样的历史背景下，文理学院对师范生专业技能的培养逐渐淡化，同时正赶上1942年文理学院从连县迁往韶关曲江桂头，因经费紧张，外加学院的不重视，附属中学和附属小学均未随迁。

而1948年，正是何爵三先生任院长时期，他从勷勤大学初创之时即在学院任教，见证了学院师范教育的繁荣，也深受林砺儒先生的影响，加上1948年学界对于师范学院专业化的探讨日渐增多，而且对受到充分专业训练的中小学师资社会需求日渐加大，在这样的背景下，广东省立文理学院提出恢复办理附属中学和小学，以资师范生实习之用。可见，附小是教育界在追求培养合格专业师范生的过程中，伴随着人们认识的转变而由停办到复办的，其目的是给师范生提供教育实习，以及教育科学研究试验场所，再加上恢复办理后，其主体仍然是广东省立文理学院，虽然1948年省教育厅以省府库没钱为由令复办一事缓议，但文理学院附小最终还是在1949年得以复办。而且，1949年复办之后的附小，沿用了以往的旧制，如附小的主任要从文理学院的教育系的毕业生中选任（见图35、图36、图37）。由此，可以认定两所附属小学实为前后相继的继承关系，而并非毫不相干的各行其是。

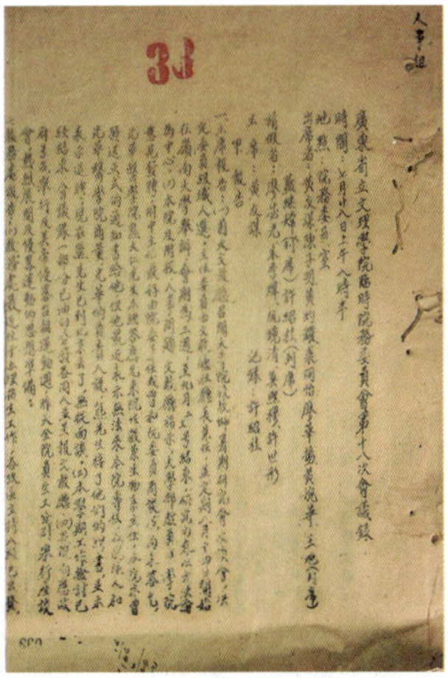

图35

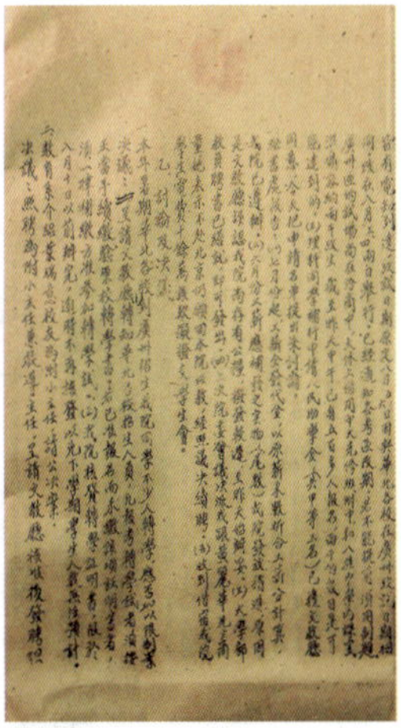

图36

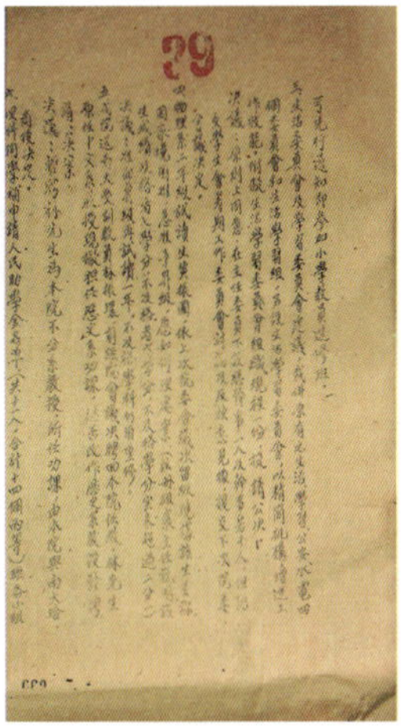

图37

《广东省立文理学院临时院务委员会第十八次会议录》记载了会议中讨论关于附小主任兼教导主任的事项，其人选为文理学院教育系推荐的毕业生叶瑞意（华南师范大学档案馆馆藏档案1950-1.0018）

三、华南师范大学附属小学校史查阅与论证

2022 年是华南师范大学附属小学建校 100 周年（1922—2022），在领导、师生、家长以及社会各界的倡议下，学校准备举行 100 周年庆祝活动。在筹备校庆活动过程中，我们通过华南师大附小退休教师、现任教师、历届毕业生和家长，多方搜寻学校的历史资料，发现相关照片和资料几乎没有。后来通过各种渠道，联系了广州市国家档案馆和广东省立中山图书馆。

江伟英副校长（右二）带队前往广州市国家馆档案查阅资料

2021 年 4 月 12 日，华南师大附小德育主任黄健聪老师、学校档案馆曾燕飞老师一起前往广州市国家档案馆，查阅民国时期档案中关于华南师大附小的历史资料。随后，档案馆提供了 1937 年勷勤大学附属小学阶段的相关档案和复印件。其间，档案馆相关部门工作人员告知。1937 年 3 月出版的《广东省立勷勤大学概览》一书对学校历史有较为详细的记叙。该书原件保存在广东省立中山图书馆和华南师范大学，建议进一步查阅确认，复印件可以在“孔夫子旧书网”购买。

2021 年 4 月 25 日，华南师大附小德育主任黄健聪老师和学校非遗博物馆馆长刘行棠老师前往广东省立中山图书馆查阅华南师大附小历史资料。两位老师在广东省立中山图书馆何蕾主任的指导下，在图书馆古籍中找到了《广东省立勷勤大学概览》的原件，并查阅学校历史的相关资料。

黄健聪老师（左一）、刘行棠老师（右一）和何蕾主任查阅资料后留影

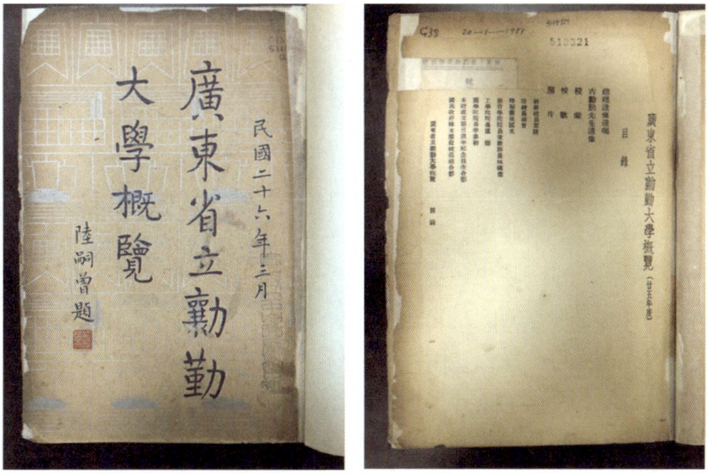

广东省立中山图书馆《广东省立勷勤大学概览》的原件

2022 年 3 月 29 日，黄健聪、陈海平到广东省立中山图书馆查阅《市师附小概览》，并回校补充相关校史资料

2021 年 5 月 23 日，华南师范大学档案馆、华南师范大学校史文化研究中心副研究馆员陈海平在了解学校相关需求后，调阅和研究了广东省档案馆有关勷勤大学到文理学院期间附小的相关档案材料和华南师范大学档案馆馆藏的附小相关档案资料，对学校办学历史进行了系统全面的梳理，并以档案和史料为依据，对各时期附小的传承关系做了充分的论证，同时将学校各个历史时期的历史档案资料扫描件全部提供给附小，为学校论证百年办学历史的结论，以及建立附小校史馆提供了坚实的支撑。

四、一个“初衷”：从历史走向未来的幸福味道

华南师大附小 100 年的发展史，既是一部自我探索的艰辛创业史，也是一部为祖国培养莘莘学子的奋斗史，更是一部华南师大附小人同甘共苦的团结奋进史。正如吴楫宏老校长说的一样，“附小是从无到有建设起来的，当初的条件非常艰苦，现在附小发展起来了，青年教师们应当珍惜这样的环境，努力为附小而奋斗。”

吴楫宏校长（任期 1979 年 9 月—1987 年 7 月）

曹宜南校长（任期 1993 年 11 月—2002 年 11 月）

赓续经验求突破，勇于创新开先河。曹宜南校长积极响应“创建教育强省”的号召，带领附小行政班子，秉承“只争朝夕”的精神，抓机遇补短板，终使附小在 1996 年 9 月 28 日顺利地迈入省一级学校的行列。同时，秉承“示范引领　辐射推广”的初衷，开启了华南师大附小发展历史上校企合作办学的先河。

逐梦起航新探索，一方水土成就一方人。吕以新校长以“要为发展而学习，通过学习求发展，建立学习型学校”为指导，带领学校行政班子开展了一系列建设学习型学校的丰富实践。也是在此基础上，确立了华南师大附小校训、校歌、教风、学风，为学校校园文化的建设打下了坚实的基础。

吕以新校长（任期 2002 年 11 月—2017 年 2 月 ）

华南师大附小办公楼

华南师大附小校园树林

华南师大附小校道

华南师范大学附属小学历任领导任期图

学校名称及时间	历任领导及任期
广州市立师范学校附属小学 1922年2月22日—1933年8月	曹述顾 校主任 1922年2月—1922年9月 黄炳蔚 校主任 1922年9月—1923年春 孙湘衡 校主任 1923年春—1923年4月 邓侃筠 校主任 1923年4月—1923年9月 叶梅青 校主任 1923年9月—1925年暑假 曹述顾 校主任 1925年暑假—1929年9月 丁鸿训 校主任 1929年9月—1932年8月 丁毅庵 校主任 1932年8月—1933年7月 陈廷圻 校主任 1933年7月—1937年3月
广东省立勷勤大学附属小学 1933年8月—1938年9月	阮镜清 主任 1936年9月—1938年9月
广东省立教育学院附属小学 1938年9月—1939年9月	阮镜清 主任 1938年9月—1939年9月
广东省立文理学院附属小学 1939年9月—1942年5月	阮镜清 校长 1939年9月—1942年8月
广东省立文理学院附属小学（复办） 1949年—1950年10月	欧汤云 老师 1949年—1950年10月 叶瑞意 校主任 1950年9月—1950年
广东省文理学院附属小学 1950年10月—1951年10月	叶瑞意 校主任 1950年10月—1951年10月
华南师范学院附属小学 1951年10月—1952年10月	叶瑞意 校主任 1951年10月—1952年9月 邓峻璧 校主任 1952年8月—1952年10月
华南师范学院附属小学（扩充） 1952年10月—1968年9月	邓峻璧 校主任 1952年10月—1954年8月 黄瑞轩 校主任 1954年9月—1958年8月 叶珠云 校长 1957年9月—1968年9月
山鹰小学 1968年9月—1978年2月	叶珠云 校长 1968年9月—1978年2月
华南师范学院附属小学 1978年2月—1982年10月	叶珠云 校长 1978年2月—1979年6月 吴梓宏 校长 1979年9月—1982年10月
华南师范大学附属小学 1982年10月—2022年2月	吴梓宏 校长 1982年10月—1987年7月 刘金莺 校长 1989年8月—1993年10月 曹宜南 校长 1993年11月—2002年11月 吕以新 校长 2002年11月—2017年2月 张锦庭 校长 2017年2月—2022年2
华南师范大学附属小学教育集团 2022年2月	张锦庭 校长 2022年2月

2020年4月，在现任华南师大附小张锦庭校长指导下，由现任华南师大附小副校长江伟英牵头，号召学校英语科组李向炜老师、沈晓燕老师以及档案室曾燕飞老师，联合华南师范大学外国语言文化学院成镇权和陈璧云两位老师、华南师范大学宣传部李宁老师、广州日报记者李鑫，以及已退休的吴楫宏老校长和简桂芳副校长等人，了解附小史实，追溯附小的发展史。经多方查询，反复修改，2020年5月16日，华南师范大学附属小学校名沿革石刻阶梯顺利竣工。该沿革石刻阶梯铭刻着学校不同历史时期中英文版的校名，记录着学校99年光辉岁月史，象征着华南师大附小艰苦奋斗，走出广东，走向全国，争创世界的拼搏之意。

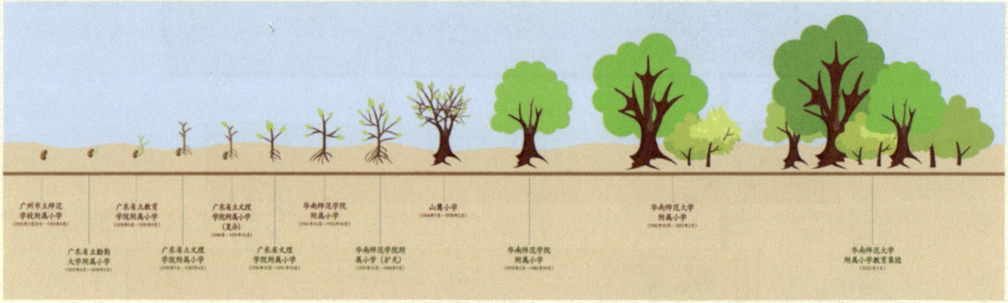

五、六次“教改”，从常规教学走向特色教育的华丽转型

敢闯敢试、敢为人先是华南师大附小快速成为名校的关键因素。

自学校创立起，历经多番探索和实践，先后进行了五年教育学制、启发式教学方法、景山教材试验、思想品德课教学大纲、沿海版教材建设、素质教育整体优化等多次实验，总结形成了一条以“美好教育、教育美好”为办学特色的名校之路，在全省乃至全国均享有广泛的声誉。

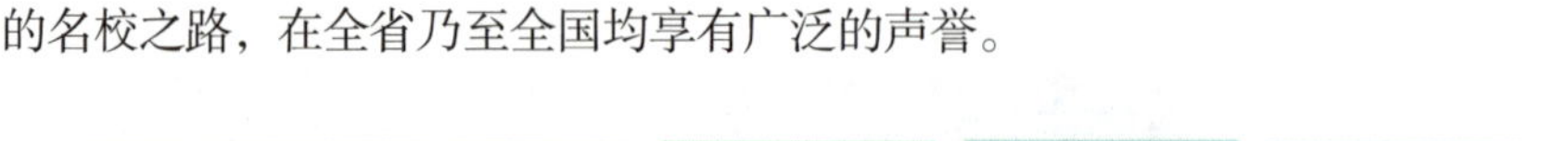

时至今日，华南师大附小成功实现了华丽转身，从坚守始终如一的教育初心，到同甘共苦、艰苦奋斗的教改试验，无不记录着华南师大附小成长路上的点点滴滴，无不彰显着华南师大附小深厚的文化底蕴和历史渊源，无不激励着华南师大附小的青年教师要发扬艰苦奋斗的传统，坚守教育初心，践行顽强拼搏的职业操守和敢闯敢试的优秀品质，争取再造华南师大附小辉煌。

六、为发展而学习，通过学习求发展
——对华南师大附小创建学习型学校的思考

学习型学校是指通过培养教师的自主学习和团体学习，形成学校的学习气氛，进而充分发挥教师的创造性思维能力，为实现学校的共同愿景而创造性工作的学校。

2003年，吕以新校长率先在华南师大附小提出要为发展而学习，通过学习求发展，建立学习型学校的管理理念，并组织各种培训，请专家到学校讲学。他反复强调：在学习型学校中，全体教师要把学习作为生存方式，作为工作和生活中不可缺少的组成部分，在全身心投入工作的同时，通过坚持不断的学习，创造自我，拓展创造未来的能量。

发展是现代学校的根本性特点。华南师大附小的生存和发展，是由多方面因素决定的，但人力资本是决定性因素，而学习是决定人的发展潜能的主要因素。终生教育是对21世纪教育的核心观念，它把学习视为一个过程，即每一个人必须终生不断地学习。作为决定教育质量主体的学校和教师，更应该确立为发展而学习的目标。吕校长正是坚持这样的学习发展理念，引领每位华南师大附小人自觉把终生学习作为教育工作的有机组成部分。

（一）创建学习型学校的重要性和必要性

1. 建设学习型学校，是建设学习化社会的需要

学习化社会是指以学习者为中心，以终生教育体系和学习型组织为基础，社会全体成员学习意识普遍化和学习行为社会化的社会。在学习化社会中，学习是构成人类生活的根本方式。学习型组织是学习化社会的组成部分，学校应当率先建设成为学习型组织，在推进学习化社会建设中发挥作用。

知识经济时代，终生教育成为教育改革和发展的潮流，学习是贯穿人一生的工作和生活方式，是参与社会竞争和自我超越的必需的能力。在这个过程中，学校教育正从以知识教育为本向培养学生获得终生持续发展能力的目标转变。作为人的启蒙和发展的摇篮，作为承担继承、传递和发展文化知识，促进经济发展和社会进步重任的学校，只有把学校建设成为学习型学校，把教师家庭建设成为学习型家庭，才能以这种模式去示范于教育对象并长久地衍射于社会。在建设学习化社会中发挥重要作用，为学习化社会奠定扎实的基础。另外，学校的教育功能具有明显的开放性，在学习化社会中，学校不仅是青少年的学习场所，还是社区教育资源的中心，其教育资源要向

社区开放，使学校教育资源与社区教育共享，成为学习化社会中每个人终生学习过程中可以充分利用的场所；学校的人才资源应该成为学习化社区建设的智力资源。因此，学习型学校建设要融入学习化社会的创建中去。

2. 建设学习型学校，是提高办学水平的需要

学校自身发展的需求和满足人民群众日益增长的对教育的需求，都需要学校不断提高办学水平。学校差异是客观存在的，尽管这种差异是由多种原因造成的，但是，教师学习的差异是造成学校办学水平差异的主观原因。学校要顺应教育改革和发展的变化，不断调整管理的策略，持续稳健地发展，学习是关键的支撑，它能形成学校发展的造血机制。

办学水平是动态的，学校事业的每一个进步或每一次质的飞跃，都是通过学习实现的。今天的学习是明天的质量。学校每引进一种新的教育理念、新的教育技术、新的教育方法，都需要教师吸收并创造出新的知识，这些都是学习的过程。办学水平的核心标志是教育质量，面对日新月异的教育要求，教育质量的内涵不断丰富，应对教育发展不仅需要教师个体全面更新教育观念和技能，更需要全员性新观念和新技能的有机组合。因此，学校只有不断地吸收新的教育信息，调整发展理念，强化发展能力，形成学校的全员智力、教育教学艺术、管理和文化的综合优势，才能应对自如地迎接新时代的挑战。基于此，教师的学习能力显得尤为重要，它是学校和教师可持续发展的前提和基础。

3. 建设学习型学校，是提高教师素质的需要

教师是教育改革和发展实践的主体，提高教师素质是教育改革和发展以及学校管理的永恒的话题。现代学校的竞争是教育质量的竞争，归根结底是学校核心教师的竞争。学校的发展，离不开每一位教师的发展。

知识是不断增长和更新的，一个人就业前所接受的教育无法满足终生工作和生活的需要，只有不断学习，才能适应未来的工作和生活。因此，在当今的教育工作中，教师在发展教育对象的同时，要重视自身的发展，使“育人”和“育己”有机结合。学习，是教师提升自我、改变自我、超越自我、实现自我价值的重要途径。只有通过持续的学习，才能使每一位教师自觉接受新观念、新知识，提高技能、智慧和素质，不断完善自己，拓展自我发展的空间，使潜能得到最大限度的开发。

目前所开展的各种类型的教师教育，包括“校本培训”都是提高教师素质的有效途径。但建立在建设学习型学校新理念上的提高教师素质，它强调的是在对学校共同愿景认同、向往和为之奋斗基础上的全员性学习，即学习不仅是为了更好地胜任眼前的工作，更是为了长远的发展；不是把持续不断的学习作为“谋生”的手段，而是通过学习提高“谋事”的能力。每一位教师只有把“学习，学习，再学习”作为内在的紧迫要求和自觉行动，通过积极、主动的学习和实践，不断提高业务能力和学习水平，提高自身素质，增强竞争力，才能适应教育对教师日益提高的专业要求。

（二）创建学习型学校的内涵和目标

学习型学校的核心是学习。“学习”的成熟，是一所学校和一个教师成熟的重要标志。创建学习型学校，必须通过团体学习来传递学校的教育理念和价值取向，促进教师心灵的转变。树立共同的价值观念，形成学校的共同愿景，并通过改善心智模式和实现自我超越，明确奋斗的目标和方向，从而以开放的心态容纳新的思想观念，为实现共同愿景而自觉学习，主动工作，真诚奉献。

1. 确立共同愿景，激发学习愿望

学校发展是学校愿景的出发点和归宿，而学校愿景又是统整学校发展的生命线，它需要与学校教师的个人愿景形成有机的“愿景链”。这种联结的紧密度和绩效度，归根到底是由教师的认同度，即是否将其作为“耐挫性”需要所决定的。只有每一位教师都把学校愿景视为维系学校发展和个人发展的生命线，才会将学校发展和个人发展作为自己的精神支柱和追求，其事业指向的主动性和创造性才会不断萌发且持久。

共同愿景是一个群体力量愿为之奋斗，可实现而又有挑战性的，具有召唤及驱使人向前的使命的愿望、理想、远景或目标。学校的共同愿景来源于教师的个人愿景而又高于个人愿景，它是个人愿景的有机结合，是教师的共同理想。要将学校愿景贯穿于教师的愿景、将教师的愿景融于学校愿景之中，使个人愿景与共同愿景和谐一致。以学校共同愿景潜移默化地影响教师，以共同愿景构建教师共同的价值体系，完善群体的事业指向，才能产生有利于共同愿景实现的行为。学校愿景唯有基于教师的个人愿景基础之上，才有科学性、可操作性和发展的持久性。建立一个统整和超越教师个人愿景的共同愿景，能激发个体的积极性、主动性、创造性和追求卓越的本性，从而使不同个性的人凝聚在一起，自觉地将自己与学校融为一体，朝着学校的共同愿景前进，形成学校发展的强大生命力。学校共同愿景的实现既要靠教师现有的事业心、责任感和知识技能作基础，也要靠全员性的持续不断的学习作支撑。因此，学校要重视开发教师的知识资源和智慧资源，激发教师的学习欲望和持久学习的动力，培养教师自觉和自主的学习态度，强化终生学习、工作、生活的技能和方法的观念，开发和提高个体自我教育的能力，提升理性生存的精神价值，使其成为自觉学习的“学习人”，并以这种自律性的学习动力作为学校发展的助推力。

2. 改变心智模式，勇于超越自我

心智模式是指心理素质和思维方式；自我超越是指人对自身潜能的开发和对极限的自我突破，它们直接决定了人的发展程度。人的可持续发展取决于人的主观能动性，而建立在人的主观能动性基础上的个人愿景是人的可持续发展的原动力。不思进取、小进则满、小成即安、自以为是等自我设限，是影响学校和个人竞争力提高的大敌；学习的懈怠是持续发展的最大障碍。个体只有以特有的广阔的生存视野去认识和丰富生存的生命意义，以无止境的学习过程不断完善自己，把握自己的命运，才能勇于超越自我。

3. 形成团体学习氛围，善于共创智慧成果

学会合作是 21 世纪生活的重要内涵。学校的发展有赖于团体智慧的生成和开发，因为团体比个体更有智慧，而团体智慧是一种宝贵的无形资产。学习型学校强调团体和合作精神，不但重视个体学习和个体智力的开发，而且强调教师的团体学习、合作学习及群体智力的开发，即让每一位教师发挥主动性和创造性，以集体智慧来发展学校和个人。

（三）华南师大附小创建学习型学校的策略和方法

1. 学校领导要确立学校和教师共同发展的观念

发展教师是学校的功能之一，教师的发展水平是衡量学校办学水平的重要标志，也是影响学校发展水平的重要因素。教师是学校发展的主体，教师个人的充分发展是学校发展的基础和关键，只有建立在教师发展基础上的学校发展，才具有可能性和持续性。同时，学校发展又是教师发展的依托，离开了学校发展，教师的发展在一定程度上就会受到限制。

因此，学校领导首先要完整地把握发展的全部内涵，既要重视教育对象的发展，又要重视教育者和学校自身的发展，使学生发展、教师（包括校长）发展和学校发展实现最优化结合。管理首先是发展教师，其次是发展学生，因为教师的充分发展是学生发展的基础和条件。因此，要正确处理学生发展与教师发展的辩证关系，从学校及其派生出的教育对社会发展的持续效应而言，要把教师的发展放上重要的位置。

其次要确立学校的最大发展，每一位教师都发展，形成个人与学校发展一致的愿景是学校最大的目标的观念。从用人干工作转向通过工作培养人。要以教师发展为基点去设计学校发展，把教师发展特别是教师的专业发展贯穿于整个学校发展的管理过程之中，做到学校与教师同生同长、共同发展，最终达到既实现学校办学目标，又培养一流教师和团队的双重目的。

2. 教师要不断提高自身的学习能力

学习能力是个人或组织学习的动力、毅力和能力的综合体现，它是学习型组织的根基，是支撑学校竞争力的核心，也是学习化社会中人的基本素质。未来社会是以创新能力和综合运用信息能力为核心的人才资源的竞争，其实质是学习力的竞争。因此。教师要不断提高自身的学校能力。

(1) 要匡正学习的目的。作为教师继续教育的明确指向，教师应该既重学历，又重能力，即从为学历而学习的短暂性学习向为提高能力而学习的持久性学习转变。其含义是在工作中学习，为工作而学习，通过学习促进工作。学习观念要从“要我学”的被动学习向“我要学”的超前主动学习转变，从一纸文凭定终生的传统思维定式向终生学习转变；学习目标要从为了获得形式上的学历向重在开发个体潜能的智慧

和才能转变；学习内容要从“缺什么补什么”和单一的业务培训向进一步更新观念，提升学习能力和吸收新知识、新技能转变。

（2）要不断完善知识结构。随着课程教材改革的深入，学科间的相互渗透、交叉互动日益明显。为了适应教育改革的需要，教师除了要精通所教学科的专业知识外，还应把自己的视野放宽，多懂得一些非本专业的知识。特别是当今社会，学生的信息来源是多渠道的，教师应当对世界上的一切事物都不陌生，不断用新知识补充自己、完善自己，同时有意识地培养一两项特长，提高自己的综合素质，使自己的教学内容达到深度和广度的统一。

（3）要有娴熟的教学实践能力。实践能力是一种将知识与实际密切结合而体现出的有助于改革工作对象的技能和艺术。通过学习和实践形成新的教学技能是“学习”的根本目的。要研究并掌握把教材内容转化为教学过程中能操作的教学策略与技能，通过对课堂教学模式、课堂教学活动的组块、学生学习策略、学习方法的指导和现代教育技术的应用，特别是信息技术与各科教学的整合的研究，提高课堂教学效率。

（4）要有教育研究能力。要自觉参与教育科研，积极投入教学改革，大胆实践，勇于探索，敢于创新，主动敏锐地在教育教学实际中发现和研究问题，独立地、创造性地解决问题，根据教育教学实践中的实际问题确立课题。以课题研究促教学，以课题研究促教改，以课题研究促自身素质的提高，努力探索出一套自己的教育方法。教师成为研究者，使教师工作获得尊严和生命力。

3. 学校要为教师的发展创设良好的氛围

首先，学校领导不仅自己要有不断发展和创新的愿景意识，更要善于激发和培养教师的愿景意识，帮助教师确立为实现共同愿景而努力的切合个人实际的个人愿景。要在明了个体层次性和差异性的基础上，既善于帮助教师把个人愿景定位于合理的层面，又鼓励教师发展个人愿景，并在实现共同愿景的过程中充分发挥个体的潜能，使个体愿景的实现成为共同愿景实现的有机组成部分，而共同愿景的实现也同步促进个体愿景的实现。

其次，要尊重教师的个性特点、抱负志向和个人意愿，发挥每一位教师的才干，尽其天赋之所能。要围绕学校当前和长远发展目标，根据教师不同层次的岗位需求和发展潜能，力求将其安置在与其能力相匹配的位置上，提出不同层次和不同类型的学习要求，利于其充分发挥才能，使其内隐的发展潜力外显为创造性张力。

第三，要创设重学习、重知识、重人才的氛围，为教师搭建价值追求和实现的平台，提供创造辉煌的机会和智慧外化的舞台。营造全新的激励机制，激发教师的积极性和创造性，并使其创造能量的释放达到最大化和最优化，从而把教师的智慧和力量最大限度地凝聚到教育事业上来。创建学习型学校是永无止境的，它是一个随着社会进步和学校发展而不断完善、不断提高的过程。同时，学习型学校的创建也没有固定的模式，应根据我们天河区和华南师大附小学校文化的特征去探索、创新和发展。

（本文摘自华南师范大学附属小学校刊《日新集》2005 年第一期，略有改动）

七、与时俱进　文化升级

党的十七届五中全会明确提出：文化是一个民族的精神和灵魂，是国家发展和民族振兴的强大力量。在100年的发展历史长河中，华南师大附小一代代教育人传承中华文脉，涵养育人之魂，用青春和热血创造奇迹，用真诚与热情绘就壮丽画卷，用才学和智慧奏响动人乐章，铸造成华南师大附小的文化，这是华师附小的精神和灵魂，是学校发展和师生成长的强大原动力。

学校文化的建设，在保留了一贯传统的校训、校风、校歌、教风、学风等重要精神文化的基础上，建立健全相关机制和规章。把五育贯通作为立德树人的重要载体，结合中华优秀传统文化，创设富有文化气息的校园生态环境，建成了“一班一非遗、一班一特色”的班级环创，提出“五园八馆一湖”的校园文化二期改造规划，期望形成兼容并包、和而不同、健康和谐的校园文化。

学校文化可以细分为物质文化、行为文化、制度文化和精神文化等四个层面。其中，精神文化是校园文化的内核。因此，在新的形势下，我校在学习中华优秀教育文化精髓的基础上，根据学校品牌新定位的需要，以严肃认真的态度对学校的校训、校风、学风和教风做了新的修订。

【校训】博学于文，约之以礼。《论语·颜渊》第十二条记载，子曰：“博学于文，约之以礼，亦可以弗畔矣夫！”孔子认为，要以“礼”来约束自己的行为，不使自己的行为越轨。孔子把“礼”作为修身的最高境界，同时也把它作为做人的起码要求，认为人们必须知礼、守礼，以礼为立身标准，这样才能修养成为仁人。“博学于文，约之以礼”是孔子的一个重要教育思想。对此，孔子的学生颜渊这样评述：“夫子循循然善诱人，博我以文，约我以礼，欲罢不能。”这句话的意思是，老师善于用古代的文献来丰富我的知识，用礼仪、礼节来约束我的行为，使我想停

止前进都不可能。

“博学于文，约之以礼”这一古训，既是对教师的总体要求，更是学校教育的培养目标，即我们培养的学生要德才兼备。

【学风】明德、博学、行健、日新。“明德”取自《大学》：“大学之道，在明明德，在亲民，在止于至善。”寓意要学到高层次的学问，必须从道德修养开始。“博学”取自《中庸》：“博学之，审问之，慎思之，明辨之，笃行之。”就是要广博地学习，尽力去学习，不到融会贯通，不肯停止学习。广博地学习，然后才能明白事物的道理，掌握事物发展的规律。“行健”取自《易经》：“天行健，君子以自强不息。”大意是天体运行刚健不息，有才德的人应该像天体运行那样自强不息。这是鼓励人奋发有为、努力进取的警句，意在提示学生：一个人要想事业有成，要有健壮的身体，行动敏健，不畏困难，时刻自我激励，永远自强奋进。“日新”取自《礼记》：“苟日新，日日新，又日新。”大意是如果能每天除旧更新，就要天天除旧更新，不间断地更新又更新。据说这是商朝的建立者汤刻在浴具上的铭文，旨在激励自己不断创新，每天都有所作为。

“明德、博学、行健、日新”基本上涵盖了德、智、体和创新这几个素质教育的主要要求。

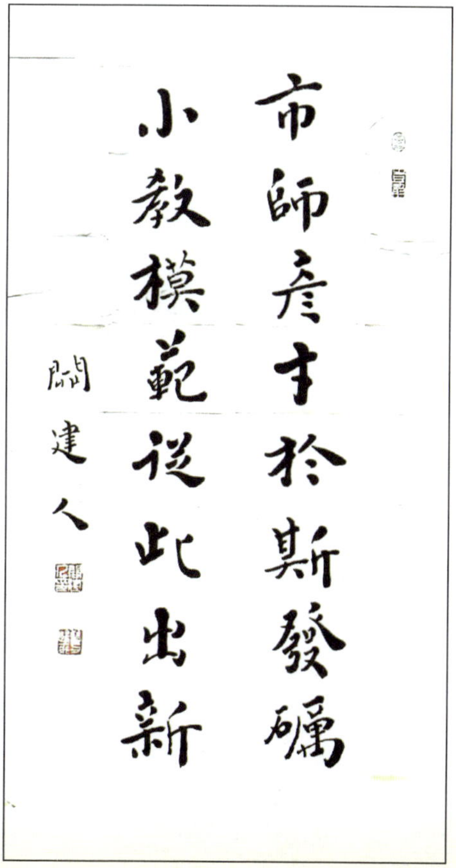

【教风】学而不厌，诲人不倦。《论语•述而》第七条记载，子曰：“默而识之，学而不厌，诲人不倦，何有于我哉？”孔子说：“默默地记住所学的知识，坚持学习而不厌烦，教导别人从不厌倦，这三个方面，我做到了哪些呢？”“学而不厌，诲人不倦”是我国古代最伟大的教育家、思想家孔子一生的写照。这句格言既体现对教师的职业道德要求，又体现学校建立科研型师资队伍，打造学习型学校的新举措。

【校风】尊师爱生，教学相长。“教学相长”语出《学记》：“学然后知不足，教然后知困。知不足，然后能自反也；知困，然后能自强也。故曰：教学相长也。”“教”与“学”是相互联系、相互制约、相互促进的两个方面，是一个对立统一的过程。学生的学需要教师的教，而教师的教正是为了学生的学。学生从教师的教中获得知识，通过“学”的实践，才会发现自己学业方面的差距和不足，而教师“教”的过程也是自己进一步学习的过程。教师应该认识到学生既是教学的对象，又是学习的主体。在教育教学过程中，要求教师必须尊重学生，爱护学生，必须充分调动学生的积极主动性；师生之间要平等协作，互相尊重，互相爱护，发扬教学民主。只有这样，才能建立良好和谐的“教”与“学”的关系，达到“教学相长”的目的。师生关系是一个学校校风最主要的体现。现代教育学理论认为，在教育教学过程中，最佳的师生关系就是“尊师爱生，教学相长”。

【校歌】《校园圆舞曲》。校歌是一所学校办学理念、校园文化和办学特色的集中体现。为确定适合我校的校歌，在各级领导的亲切关怀下，学校邀请了国内著名词曲作家陈小奇和学校音乐教师创作了名为《校园圆舞曲》的校歌。每当举行升旗仪式前，学校操场上总会响起“沐浴着华南灿烂的阳光，童年的梦想高高飞翔……”的歌声。

学校的校歌、校风、教风、校训等都是学校办学理念和办学目标的体现，是学校精神文化的灵魂。调整办学目标，使师生人人皆知、个个遵从，以之为共同的行为准则和道德规范，启迪教师形成积极向上的敬业风貌。学校通过开设“国学”“传承传统民间艺术，感受非遗瑰宝的魅力”等课程，营造浓厚的校园文化氛围，提高学校文化品位，引导学生学习传统文化，开发学生智力，拓展学生知识面，提高学生的人文素养，培养有理性、有学问、有深度、有内涵，负责、守法、合群、乐观、活泼，自立自强、堂堂正正的人，使学校形成一种巨大的精神力量，合力向“办全国一流学校”的目标奋进。

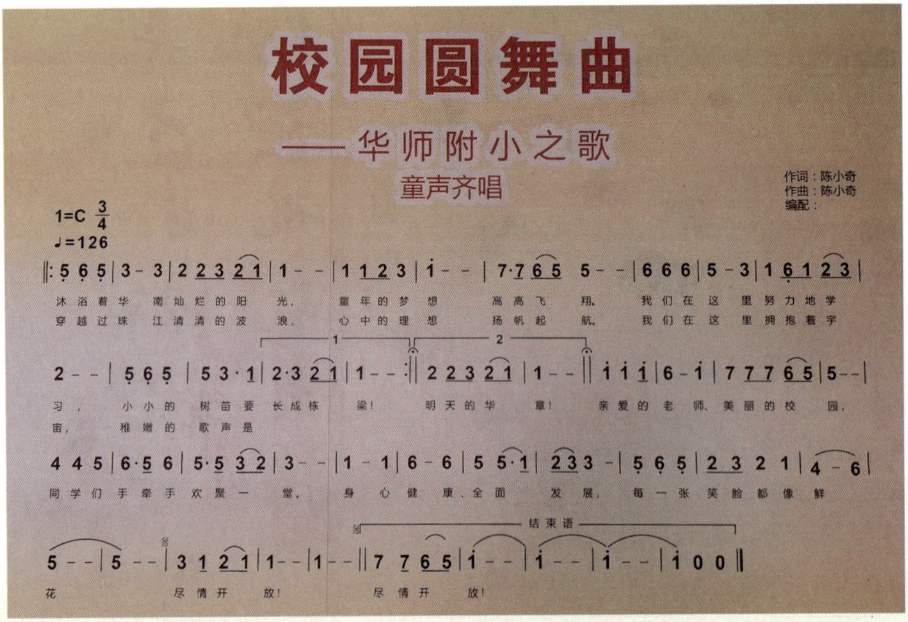

八、强化常规管理　挖掘办学潜能　加大课改力度　提升整体实力——华南师大附小 2003—2004 学年度工作要点

为全面贯彻党的教育方针，全面推进素质教育，全面提高育人水平，以整合教育资源、提高队伍素质为目标，以强化常规管理、深化课程改革为重点，以加强制度建设、实施目标管理为突破口，以管理体制改革、优化资源配置为切入点，以“德育为首，教育为主，科研为先，育人为本”的思路来开展学校的各项工作，努力实现“育名生，出名师，创名牌”的办学宗旨，努力创造华南师大附小更辉煌的明天。

（一）实施管理体制改革，提高师资队伍素质

1. 加大学校管理体制改革力度，完成学校组织结构及功能的调整，提高学校的管理效能，建立一支高效、务实、富有服务意识的干部队伍，不断提高干部队伍的责任心和工作水平。

2. 积极贯彻落实并完成人事制度改革工作，实行全员聘任、竞争上岗的用人制度，形成“人员能进能出，待遇能高能低，职务能上能下”的用人机制，推动我校师资队伍的可持续发展和整体素质的不断提高。

3. 更新教育思想，转变教育观念，大力弘扬陶行知先生“爱满天下”的精神，开展“立高尚师德，树教育新风”为主题的职业道德教育活动，创建一流的师资队伍。全体教职员工课余要坚持自学，广泛阅读好书，丰富人文精神；在工作实践中注重自我学习、自我意识、自我觉悟、自我约束、自我调控，通过内化形成高尚的师德行为。

（二）建立健全规章制度，切实推进依法治校

1. 按照先立后破的原则，加快制度建设步伐。在本年度内，学校将对已有的规章制度进行必要的整理、修订、充实、完善，并最终形成《华南师大附小规章制度汇编》，在全校颁布执行。

2. 变人治为法制，切实推进依法治校。各部门和全体教职工要严格遵守规章、制度，自觉维护规章、制度的严肃性，行政干部要严以律己、率先垂范。

3. 坚持“以人为本”原则，不断提高行政干部的管理水平。行政干部在管理过程中，要正确处理严格管理与艺术处理之间的关系，体现人性化管理的理念。

（三）充分认识德育地位，切实提高德育实效

1. 全体教职工要充分认识德育在工作中的重要地位，树立以培养学生健全

人格为目标的大德育观，加强工作的针对性和实效性，不断提高德育的层次和水平。

2. 各年级和大队部要制定具体的德育目标和实施方案，有效落实德育课程化的要求，认真研究各年级德育工作的目标，积极创设德育的有效载体，有效拓宽德育时空，促使学生行为由他律到自律的转变。

3. 各班主任要抓好班风、学风建设，树立“对学生一生负责”的教育思想，结合校内外各种重大活动，不失时机地对学生进行爱国主义、集体主义等方面的教育，面向全体学生，促进学生全面发展，做到既教书，又育人。

（四）推进全面课程改革，人人参与教育科研

1. 以全面课程改革为契机，通过研究型会议、研究型公开课、研究型座谈、研究型总结等方式，使“在研究状态下工作”成为全校教职工的自觉行动。

2. 以科研促教学。各科教师都应积极参加课题实验研究活动，做到人人参与实验研究，学年末写出自己的研究体会、阶段性总结或专题报告。鼓励教师个人或按年级，或按学科，根据自己特点，结合学生实际，开展前沿性的小学课题探讨和研究，积累素材，撰写论文，提高自己的教育教学能力。通过研究提高教师教育教学水平和科研能力，促进教师由“经验型”向“科研型”转化，逐渐实现变“教书匠型”教师为“专家型”教师的目标。

3. 充分利用校园网络资源和多媒体电教手段进行教育教学和教育科研，扩大教学容量，提高教育教学效率，大力推进我校教育现代化的进程。

（五）强化教学常规管理，确保质量稳步提升

1. 根据学校的发展目标和质量定位，把学校对教学质量的目标和要求分解、落实到每一个班级教师，确保教学质量稳步提高。

2. 在建立教育教学评价体系的基础上，加大教学常规管理力度，加强目标管理和过程监控，提高全体教师的质量意识。

3. 认真落实学科竞赛主教练负责制，切实加大对学科竞赛的管理力度，使学科竞赛的获奖层次有所提高，并力争有新的突破。

（六）搞好校务后勤工作，狠抓校园文化建设

1. 充分调动全体教职员工民主参与、民主管理、民主监督的积极性，实现有效的内部监督，促进党风廉政建设，促进学校管理科学化、决策民主化。

2. 认真抓好学校环境建设，进一步美化校园，营造充满现代风格和人文气息的校园环境氛围。

3. 定期举行学校运动会、科技节、校园文化艺术节等大型活动，丰富全校师生的校园文化生活。

九、“金星凌日”等观测活动，为华南师大附小校园综合实践活动开拓新路子

2004 年 6 月 8 日午时起，天空上演举世瞩目的稀奇天象——金星凌日，这是 19 世纪以来第一次发生金星凌日现象，广东天文学会和华南师范大学附属小学将联合举办人类历史上首次金星凌日网上直播。

金星凌日可分五个阶段：凌始外切、内切、凌甚、凌终内切、外切。在广州，金星凌日的凌始外切是明天 13 时 12 分 24 秒（金星刚好接触日面）；内切是 13 时 31 分 12 秒（金星恰好全部进入日面）；凌甚是 16 时 14 分 46 秒（金星与日面中心相距最近）；凌终内切是 19 时 00 分 18 秒（金星刚好冒出日面）；外切是 19 时 19 分 31 秒（金星恰好完全脱离日面）。但由于广州日落时间是 19 时 11 分，因此，广州看不到凌终外切。

据介绍，金星是地球的内行星。当太阳、金星和地球排成一条直线，就有可能发生金星凌日，它发生的原理与日食相似，而在金星凌日时，金星就像太阳面庞上的一粒黑痣。金星凌日上三次分别发生在 1796 年 6 月 4 日、1874 年 12 月 9 日和 1882 年 12 月 6 日；下三次将出现在 2012 年 6 月 6 日、2117 年 12 月 11 日和 2125 年 12 月 8 日。

为了搞好这次百年不遇的金星凌日观测活动，广东天文学会和华南师大附小联合举办金星凌日网上直播活动（广东天文学会的网址是 www.epmax.com，华南师大附小的网址是 infoedu.cn/sun）。在华南师大附小（石牌）的校园内，将架设 13 台天文望远镜投入观测，举办金星凌日科普讲座，并开启多台电脑，供师生观看金星凌日网上直播。

广东天文学会还和广州儿童活动中心天文台（童心路）联合举办金星凌日观测活动。上述两处金星凌日观测活动的开放时间是明天的 13 时至 16 时，天文爱好者可前往参与。

如何观看金星凌日？

观看金星凌日与观看太阳黑子的方法相似。通常采用投影法，即借助望远镜，把太阳投影到白色的板面上进行观察。又可采用目视法，即在望远镜的物镜（前面）装上滤光镜观察。无论采用何种方法，都必须注意保护眼睛，不能让阳光伤害眼睛。

（本文摘自 2004 年 6 月 7 日《新快报》）

十、实践陶行知品德教育理论，建造小学生人格长城

科研是教学的先导，也是提高教师教育教学水平的有效途径。为了进一步提高学校教师的科研水平，促使全体教师从“教学型”教师转变为“科研型”教师，我校组织教师进行了多项课题研究，用课题研究解决教育教学的实际问题。

2005 年起，我校开始逐步进行“实践陶行知品德教育理论，建造小学生人格长城”“儿童英语故事教学法新探”等九个省级以上的课题研究。

已经结题的课题“科学探究学习活动的理论与实践研究”取得了丰硕的成果。参加试验的数学教师重点引导学生进行小专题研究，激发他们探究的热情，开拓他们的思维。在这些活动中，孩子们能够充分表现，并可以享受成功的喜悦。

在学校领导的带领下，全体教师积极参与课题研究。可以预见，教育科研将为我校迈上新台阶，实现跨越式发展，办出特色、办出风格打下坚实的基础。

“实践陶行知品德教育理论，建造小学生人格长城”课题，是中国陶行知研究会“十五”教育科研立项课题，是中陶会“十五”全国教育科学规划教育部重点课题“陶行知教育思想与新世纪基础教育改革与发展研究”的一个子课题。课题于 2002 年 1 月申报，2002 年 5 月立项。

（一）选题的意义

（1）落实江泽民总书记关于以德治国与以法治国相结合的治国方略，在依法治校的同时，倡导、实践以德治国、以德治校的新鲜经验，具有很强的现实意义。

（2）实践此题具有现实针对性。小学生身心幼稚，品德不够成熟，“小皇帝”的弱点带来教育的难点；改革开放前沿的广东省小学生，在思想品德上出现一些新的特点；中国加入世界贸易组织后，给小学教育和小学生品德思想带来新问题。加强对小学生品德教育，建造人格长城基础工程，更具迫切的现实意义。

(3) 实验此题，在学术上具有从理论与实践结合上拓宽研陶领域，补充、发展陶行知品德教育理论，多视角、多维度、全员探索新世纪小学品德教育科学性和新尝试的意义。

（二）选题内容

本实验研究要以江泽民总书记以法治国与以德治国相结合的治国方略为指导，灵活运用陶行知人格长城理论，采取民主、对话、灵活的新方法，寻找入世后小学品德教育的新问题、新亮点，实践、探索改革开放前沿地区小学品德教育科学性、可行性的新经验、新理论，希望通过 2—3 年的实验，使全校学生爱国爱校的主旋律唱得更响，优良“公德”、“私德”、好人好事更多，优秀人格典型不断涌现，一代“四有”新人幼苗茁壮成长，全校品德教育更上一层楼。

本实验研究分为三个阶段：

第一阶段：武装思想，统一认识阶段（2002 年 2 月—5 月）。组织全校老师、陶研会全体会员认真学习毛泽东、邓小平、江泽民同志有关德育工作的指示，研读

陶行知人格长城理论书籍，明确指导思想。在此基础上组织教师深入调查研究，加强针对性，制订人格长城教育的三年计划。建议邀请黎克明教授作关于陶行知德育理论实践的辅导报告。

第二阶段：全面实验研究阶段（2002年6月—2004年12月）。多渠道、全方位实践陶行知先生人格长城理论，务求讲求实效，盛开“陶花”，结出硕果，真正取得探索性的实践理论成果。

在做法上实施六个结合：

（1）把实践陶行知德育工作的知、情、意、行的理念与贯彻落实《公民道德建设实施纲要》《小学生品德行为规范》结合起来，着力形成小学生良好的行为习惯。

（2）把实践陶行知“教育训育一元论”的主张同各科教学的教书育人结合起来，每个教师在第一课堂、第二课堂教学中渗透人格长城教育。

（3）把实践陶行知人格长城理论与入世后切实推进小学德育工作结合起来，切实创造改革开放先行一步地区的小学德育新经验、新方法。

（4）把实践陶行知人格长城理论与发扬传统优秀道德文化结合起来，选择对于培养优秀人格有重要作用的古文古诗片段语句，可邀请陈汉才教授做朗诵古诗文的学习辅导，让师生人人参与诵读，开展朗诵古诗文比赛活动，培养优秀人文精神，坚定意志、人格和国格。

（5）把整个实验与推进小学德育工作结合起来，拟在动员、组织全体会员、全体老师参与建造人格长城实验研究的基础上，挑选六个班（高、中、低年级各2个班）进行重点实验研究，做到点面结合，获得大面积丰收。

(6) 专家与实际工作者相结合，一方面动员全体老师积极参与，一方面聘请陶研专家黎克明教授、孔棣华副教授、周毅副会长、何国华副教授和陈汉才教授为本课题实验研究的顾问，请他们来检查，定期蹲点，指导实践，做到理论与实际结合。

六个学期的试验期，每期有重点，有检查，有评估，务必切实做出阶段性成果。

第三阶段：总结经验，升华理论阶段（2005年1月—6月）。拟在第五、六个学期陆续总结实践经验，组织各教研组、各位老师都撰写自己实践的小论文，最后编辑成一本约有20万—25万字的专著。书名初定为《华南师大附小实践陶行知人格长城理论，加强小学品德教育的新探索》，交出版社正式出版。

（三）选题价值

本实验从理论与实践结合上阐明改革开放地区小学德育的必要性、主要途径和方法，总结了加入世界贸易组织后小学生思想品德、人格长城建造的新挑战、新应对、新经验，不仅具有可行性、普遍性，具有推广应用价值，而且具有深入改革、革故鼎新、拓宽陶研领域的学术开拓意义。它雄辩地证明，陶行知人格教育理论具有客观真理性，具有新的生命力。在新的时代精神阳光照耀下，在社会主义小学德育园地中，“陶花”能够盛开得更加热烈、灿烂！

（本文引自华南师范大学附属小学校刊《日新集》2005年第一期，略有修改）

创新式发展，探索改革新路径

在技术赋能和跨学科教学兴起的时代，基于互联网开展教与学活动的智慧学习环境逐渐成为当前教育环境搭建的价值追求，如何革新学科教学成效成为当前教育教学发展的方向。学校从课堂变革开始，进而走向课程构建，尝试国家课程校本化，争取实现校本课程特色化，即从“博学于文，约之以礼”的校训出发，确立了新的办学目标与美育课程目标，根植儒学，立足儿童，放眼未来，大胆探索，以国学的视野、课程的视域、儿童的视角全面深化课程改革，努力为每一个学生设计课程，实现“美育课程”的教与学，实践“孝悌亲仁，博学于文，约之以礼，止于至善”的教育精神，期望通过课程文化的浸润、课程体系的改革、课程内容的创新，实现教育品质的优化。

一、班有特色，文化育人显个性

校有品牌，班有特色，人有个性，国有栋梁——这是指引华南师大附小进行特色班级建设的航标。在 2018 年 2 月学校被教育部评为全国中小学中华优秀文化艺术传承学校后，张锦庭校长注重特色班级建设，带领全校师生根据学校实际、师生特点以及家长特长，大力推动学校构建渗透于整个班级的特色文化模式，确立班级和而不同的精神追求。在班级布置上，开设了 33 项非遗课程，以自然班为单位，每个年级一个系列，各班项目不一样，各具特色：一、二年级以熏陶传统文化，普及了解传统文化知识为主，从根源开始学习，主要有戏曲、戏剧、古乐、书法等；三至六年级以传统手工艺为主，如扎染、剪纸、陶艺、刺绣、布艺、木艺等，切实将中华优秀传统文化全方位融入学校美育过程，引领全体师生共同传承中华优秀传统文化艺术，汲取中国智慧，弘扬中国精神，传播中国价值。

班级	（1）班	（2）班	（3）班	（4）班	（5）班	（6）班	（7）班
一年级	古琴艺术	纸雕艺术	京剧文化	皮影戏	民族扎染	民间口技	中国珠算
二年级	龙舟说唱	吟诵书法	剪纸艺术	岭南建筑	周易文化	景泰蓝	
三年级	昆曲文化	传统刺绣	木版年画	汉服文化	二十四节气	广东早茶	
四年级	中国象棋	经典潮剧	太极拳	传统漆画	中国灯彩	工夫茶艺	
五年级	鲁班传说	中国围棋	广东凉茶	龙舞文化	青花艺术		
六年级	南国风筝	川剧变脸	传统节庆	南国粤剧	广州榄雕		

为进一步满足新时代广大家长对中小学生校内课后服务的迫切需求，学校还积极开展有别于学校正常课程教育和社会培训班的“430课程”，重在普及知识，激发兴趣，陶冶性情，主要进行课业辅导、绘画、书法、手工制作、自主阅读、体育运动、艺术、科普活动等，丰富学生的课余生活，拓宽视野，发掘潜能，培育个性。

● 开展“传承传统民间艺术大堂——大师与你面对面”系列活动

2018 年 9 月，华南师大附小开始定期开展“传承传统民间艺术大学堂——大师与你面对面”系列活动，帮助学生近距离享受和体验非遗瑰宝盛宴，提高了学生们的艺术鉴赏能力，更让学生们对祖国和广东的非遗瑰宝有了更深层的了解。

举行“小手牵大手”家长开放日活动，师生家长齐参与

2019年5月30日，华南师大附小紧紧围绕“施行美好教育，成就教育美好”的工作思路，为培养学生传承中华民族传统文化的美德、美育习惯，感受非遗文化的魅力，传承中华优秀传统文化，使其成为德智体美劳全面发展的社会主义建设者和接班人，开展了2019年“传承中华优秀传统文化，争做心怀感恩的好少年”传承非遗文化体验之“小手牵大手”家长开放日活动。开放日当天，31个班级为参加活动的嘉宾、家长和孩子们准备了各种各样的非遗瑰宝体验活动，让大家近距离、全方位、深体验地感受非遗瑰宝的独特魅力和精彩纷呈。

举行“非遗小剧场”活动，丰富学生非遗体验

2019 年 12 月 18 日，华南师大附小各班在教室举行了“传承中华优秀传统文化，感受非遗瑰宝魅力”——“非遗小剧场”的班级活动。各班学生以个人或小组为单位，编排与本班非遗项目相关，并适合舞台演出的文艺节目。我校 32 个班级有 32 个不同的非遗瑰宝化主题布置及环创设计，让孩子们在非遗的文化环境中潜移默化地受到艺术和美的熏陶。32 个班级在班主任的带领下，准备了各种各样的“非遗小剧场”表演节目，展示了孩子们对非遗的理解和创新，在融会贯通中感受传承非遗的快乐！

● 举行“非遗少年说”和“非遗云展厅”活动，强化师生非遗输出

2020 年 1 月至 5 月，为培育学生深厚的民族情感，增强其对非遗文化的传承意识，华南师大附小举办了“非遗少年说”的非遗项目展示活动和“非遗云展厅”的非遗项目活动，促进师生输出非遗成果，增强师生对非遗传承价值的认同感。

● 馆校合一，藏纳经典筑华台——建成广东省首家校园非遗博物馆

传承是中华民族的固本工程。习近平总书记明确指出："让收藏在博物馆里的文物、陈列在广阔大地上的遗产、书写在古籍里的文字都活起来，丰富全社会历史文化滋养。"华南师大附小继创设"一班一特色，一班一非遗"之后，2020 年 12 月 27 日建起非遗博物馆，藏纳经典，实现馆校合一。活动得到了全校师生、全体家长以及社会各界的一致好评，南方日报、广州日报、新快报等多家新闻媒体进行了报道。

●“非遗传承满校园　艺术陪伴我成长”——华南师范大学附属小学2020年艺术节闭幕式暨2021年元旦庆祝活动

2020年12月，华南师大附小举行“非遗传承满校园 艺术陪伴我成长”2020年艺术节系列活动。各级领导嘉宾、全校师生以及家长代表参与盛会，让大众了解华南师大附小传承非遗的阶段性成果，促进华南师大附小传承非遗能力的提升。

二、德育为首，养成教育塑品质

古人云："士有百行，以德为首。"理想的教育，必定以人为本，崇德尚礼。那么，怎样才能更好地推进德育呢？在华南师大附小的教育人看来，德育的关键，就在于帮助学生养成良好习惯，促进学生健康成长。对此，华南师大附小以"养成教育"作为德育的核心内容，以十二个"学会"——"学会守纪、宽容、学习、自主、锻炼、自护、诚信、合作、助人、感恩、环保、创新"作为它的具体目标，通过开展"伸出你的手，垃圾找朋友"垃圾分类宣传活动，参观垃圾填埋场和焚烧厂等方式，加强学生环保意识。通过开展"我们伴着感恩前行"大队主题会，引导学生认识同学之间和睦相处的重要性，培养学生尊重他人、感恩他人的良好品质。随后，在创建"十二个学会"系列课程的基础上，设置"六个走进"。

（一）十二个学会

● 学会感恩

华南师大附小通过开学典礼暨感恩教育启动仪式、“体验亲情，感恩父母”主题班会、“尊师重教”、“寻找同桌的3个优点”主题班会、“我们伴着感恩前行”大队主题会等活动，教育学生讲文明用语，遇到老师自觉问好，引导学生理解教师的教育和辛勤培养，并以实际行动感谢老师的教诲之恩。

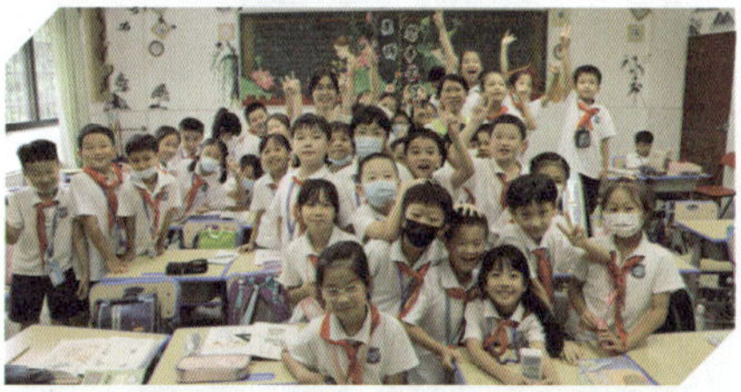

● 学会环保

华南师大附小通过开展“伸出你的手，垃圾找朋友”垃圾分类宣传活动、参观垃圾填埋场和焚烧厂、垃圾分类讲座等活动，增强学生环保意识，从自身做起，以“小手拉大手”，带头从源头减少垃圾，并积极宣传垃圾分类知识，通过实际行动提高美化生活环境的责任感。

主持人宣布“伸出你的手，垃圾找朋友”——华南师大附小

石牌街道垃圾分类办公室副主任方丽谭为启动仪式致辞

学会礼仪

华南师大附小从校园礼仪、家庭礼仪、社会礼仪三个方面，分别对学生提出详细的文明礼仪要求，并分阶段对队员进行针对性的引导和教育。

学会创新

华南师大附小通过开展“走进高校学科技”——参观动物标本馆活动，使学生认识多彩自然界，开展四、五年级插花比赛、科普知识大讲堂等活动，培养孩子热爱科学、勤于思考、大胆探索、严谨求真、发展求变的创新意识和开拓进取精神。

学会自护

华南师大附小通过开展交通安全知识讲座、地铁安全知识讲座、消防应急演练、“广东红领巾足脊健康操”进校园主题队会等以“安全自护记心上，珍惜生命我成长”为主题的系列活动，培养孩子自我保护意识和自我保护能力。

学会阅读

华南师大附小通过开展“学会阅读”系列活动，进一步提升学校文化氛围，营造浓厚的书香校园环境，引导学生养成“在读中学，在读中乐，与书为友”的良好读书习惯，使读书成为学生学习和生活中的一部分。

学会运动

华南师大附小通过开展“运动，使我更健康”主题班会、“一班一品一特色”班级特色运动项目评比活动、“学会运动，做健康阳光的好少年”会演等活动，提高学生的身体素质，培养学生经常运动的好习惯，也为学生展示个性特长提供了广阔的舞台。

●学会爱国

华南师大附小通过开展“学会爱国”系列活动，引导孩子们从历史的财富中寻找源头，从祖国的发展与进步中汲取力量，从爱国英雄的奋斗历程中寻得启示，知国史、明国情，而后以实际行动为国添彩。

学会交往

华南师大附小通过开展“学会交往”系列活动，让学生学会理解他人，乐于帮助他人，学会合作与分享，学会与人相处，讲诚信、会沟通、传友谊，成为有交往智慧的好孩子。

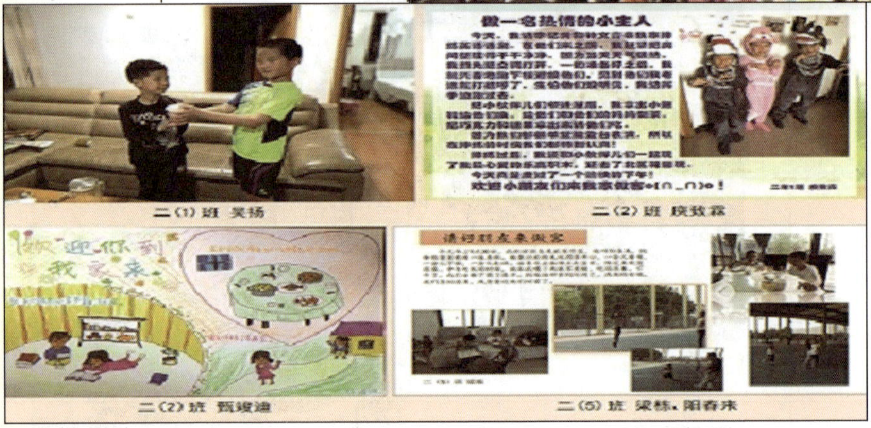

二(1)班 吴扬 二(2)班 庾致霖
二(2)班 甄竣迪 二(5)班 梁栋、阳春来

学会学习

华南师大附小通过开展“学会学习，让学习成为终生的习惯”系列活动，引导学生明确学习目标，培养学习兴趣，掌握正确的学习方法，养成良好的学习习惯，多一份思考，多一份观察，勇于探索，主动学习。

● 学会劳动

华南师大附小通过开展“学会劳动”系列活动，提高学生的劳动素养，促进学生形成“自己的事情自己干，家里的事情主动干，别人的事情帮着干”的良好劳动习惯和积极劳动的态度。

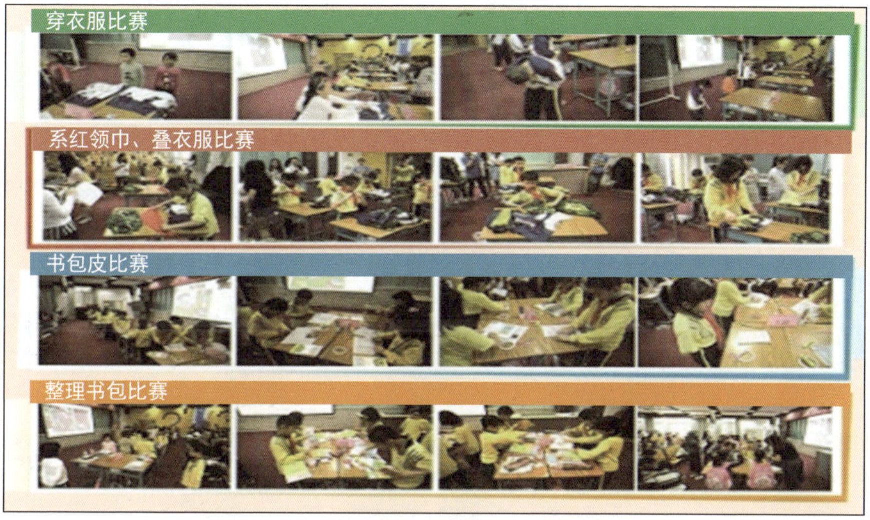

学会诚信

华南师大附小校通过开展诚信教育活动，引导学生从小做到诚实守信，理解在学校诚信就是展现真实的自己，一次考试，诚信就是我们真实的自己；在家里，诚信才能维持一个和睦的家庭；在社会，诚信可以赢得自己的人生。

（二）六个走进

一年级规范活动 —— 走进校园学规范（学会守纪）—— 规矩塑造美
二年级感恩活动 —— 走进社区学感恩（学会感恩）—— 爱心传递美
三年级科技活动 —— 走进自然学科学（学会创新）—— 科技创造美
四年级拓展活动 —— 走进团队学自主（学会交往）—— 团队串联美
五年级学军活动 —— 走进军营学纪律（学会爱国）—— 军营铸造美
六年级学农活动 —— 走进农村学朴素（学会劳动）—— 朴素彰显美

“‘养成教育’让学生更懂礼貌，更会感恩。看着孩子健康成长，是为师者最大的幸福。”华南师大附小德育处主任黄健聪说。

三、智育为重，学科特色促成效

在推进“养成教育”的同时，华南师大附小敢闯敢试，以学科教学创新为契机，积极开展提质培优工作。在短短的几年里，学校初步形成了图解语文教育特色、国学吟诵教育特色、数学思维特色、英语融通特色、科技教育特色、劳动教育特色等学科特色。

（一）图解语文教育特色

“导图导学，是用图式语言，使知识趋于‘显性’，使文字内涵图像化。”“导图导学”教学法创立者、特级教师江伟英如是说。围绕图解语文，江伟英副校长带领学校语文教师刻苦钻研，形成了语文思维课堂的生成路径、语文思维课堂的基本步骤、多元居家学习情境的线上教学应用流程、数字阅读环境下面向思维培养的导图导学教学模式、智慧学习环境下小学语文读创写写作教学模式等教学成果。

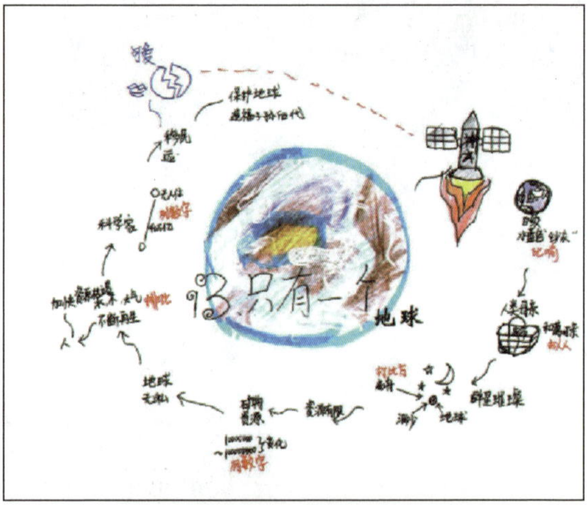

语文思维课堂的生成路径

思维课堂的“生成”，指课堂中自然形成的思维训练，主要是在学习过程中，借助导图工具引导学生学习知识的同时，激活学生与生俱来的思考潜力，培养学生良好的思维品质。其具体的生成路径主要包括四个，分别是：①自主探究，激发学习动机。学生直面文本，借助导图工具，经历知识建构和阅读思维变化的全过程，即边思考边画导图，记录自己读课文知道了什么，想到了什么，为什么这么想，还想知道什么，等等。②生成多层次的问题，促认知冲突产生。借助导图支架去思考、学习，引发多层次问题，激发认知冲突，期望在后续解决认知冲突的过程中训练发散思维、逻辑思维、想象力和创造性思维。③反思解决问题的框架，形成元认知。在导图导学中，无痕地融入思维能力的训练，引导学生进行导图讨论，反思学习过程，掌握问题解决框架，发展思维品质。④应用迁移，进入新的学习。在进入新的学习中，学生需要根据个人的学习经验、学习习惯、能力水平、兴趣爱好，应用导图工具，迁移学到的解决问题的框架，并自主调整关注的内容和学习的节奏。

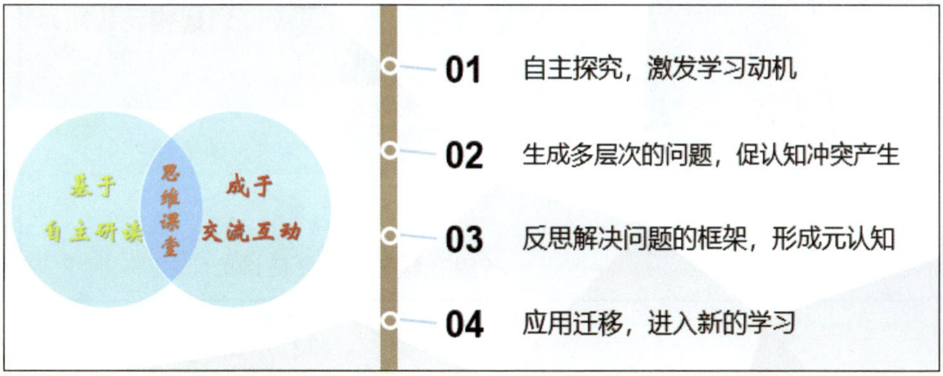

● 语文思维课堂的基本步骤

思维课堂主要包括五个基本步骤，分别是：①生成问题。借助导图，引发学生进行自主探究、思考，在自发提出新问题、发现新知识与已有认知结构的认知冲突中完成自我思维的激活，激发学习动机。②合作探究。针对认知冲突，引导学生在自主思考的基础上，通过合作探究，分析那些以一己之力无法解决的复杂问题，找到解决问题的办法，最终培养学生解决复杂问题的自信心。③直观交流。借助思维工具解决复杂问题的阅读实践过程，能直观整合各人从不同角度、不同途径去品读所形成的全方位、多方面的理解。④应用迁移。在新一轮的学习中，应用迁移学过的思维框架进行直观思考，用结构化的思维理性分析同类问题；迁移所学知识，解决新问题，引发新的交流讨论；用导图不断反思，不断完善思考；用导图直观记录自己的思维过程，展示课文的思路和结构，呈现自己的学习要点。⑤拓展创新。边读课文边画图的过程本身，就是引导学生大胆地从不同的角度思考，从不同的途径去解决阅读中产生的问题的过程。

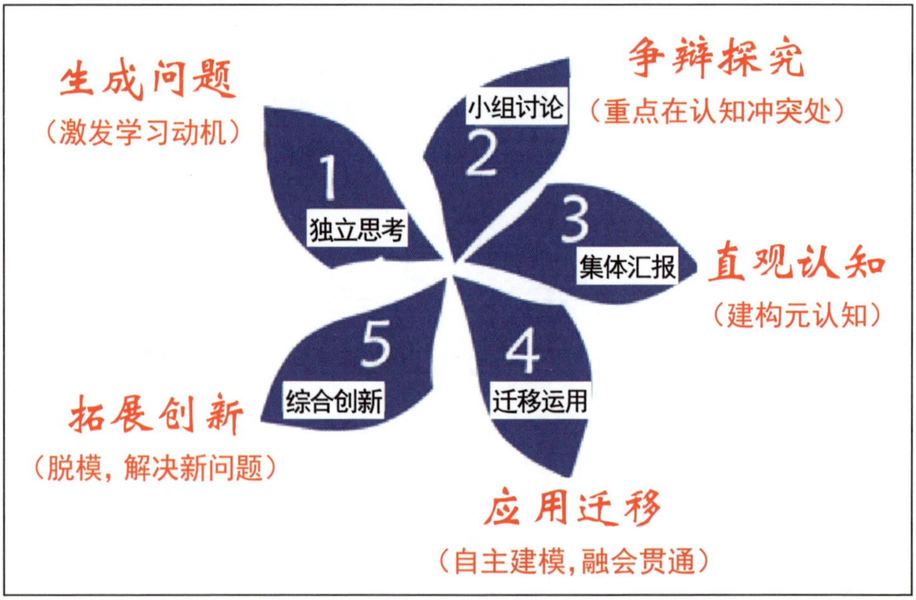

数字阅读环境下面向思维培养的导图导学教学模式

在数字阅读环境下面向思维培养的导图导学教学模式中，以导图导学法为基础，以导阅读和导写作为核心进行教学，旨在培养学生逻辑思维、发散思维、批判思维以及问题解决思维。

其中，导阅读教学过程包括确定主题、绘本推荐、自主探究、问题生成、反思实践和导图绘制等六个环节。①确定主题。确定主题是开展基于导图导学的思维训练课堂的起始。主题是依据小学生习作要求选定的特定主题，而非阅读的主题。②绘本推荐。在确定主题后，教师需要根据主题，结合多样化的数字绘本材料，给学生推荐需要完成习作要求的绘本阅读材料。③自主探究。主要是学生根据绘本材料，结合阅读体会，进行个性化的导图绘制，在可视化呈现知识建构全过程的基础上，培养学生的发散思维。需要注意的是，学生的阅读思考角度和方向不同，就会导致多样化的导图和理解的生成，这也为下阶段的问题生成进行了铺垫。④问题生成。借助导图支架进行深度学习和思考，形成多层次的问题，进行基于认知冲突的思维训练。⑤反思实践。通过对多层次问题的解决，回顾之前的导图，反思学习过程，积累习作素材和习作方法，同时培养学生的批判思维和问题解决思维。⑥导图绘制。根据写作主题，结合同类阅读主题中可利用的习作素材和习作方法，利用导图表达习作构思，呈现写作思路，同时反映学生对阅读的深层理解。

同时，导写作教学过程包括教师指导、导图优化、按图撰文、习作反馈和作文完善等五个环节。①教师指导。教师对学生的习作导图进行个别化指导，以形成导图意见。②导图优化。学生根据导图意见，进行习作导图的反思，优化习作导图。③按图撰文。学生以修改后的导图为指导，撰写自己的习作。④习作反馈。教师按照习作水平的评价标准，对学生完成的作文进行指导，形成作文指导意见。⑤作文优化。学生根据教师的指导意见进行作文的反思，并按照意见进行作文修改和完善。在此过程中，培养学生的逻辑思维。

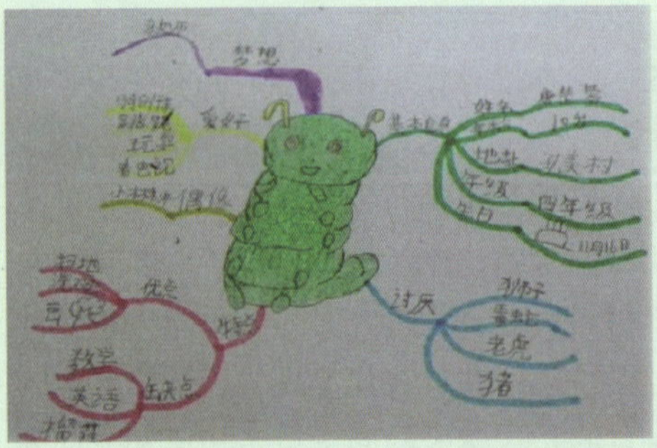

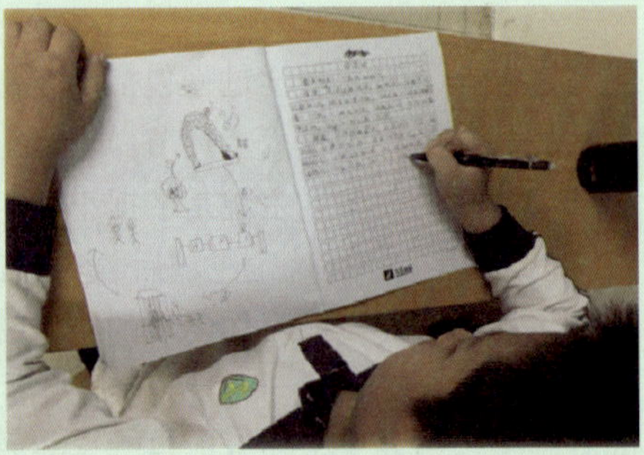

此外，在该模式中，教学环境是指以数字绘本和平板教学为重点的数字阅读教学环境。其中，数字绘本是为了给学生提供同类更多的阅读主题材料。平板教学是为了给予学生数字化阅读和写作环境，旨在帮助学生在平板上可以实现多种多样的习作导图样式，并完成导图绘制和习作表达。

多元居家学习情境的线上教学应用流程

该教学应用流程主要以导图导学、混合式学习和以读促写为指导，设计的多元的适合居家学习的线上教学应用流程，主要包括以学生为主体的自主学习、以教师和学生为主体的混合式学习、以家长和学生为主体的亲子互动式学习。其中，以学生为主体的自主学习适合那些无家长在家督促的学生。其学习流程是：学生自主选取自己最喜欢的文章，按照相配套的案例视频进行微课学习，边看导图边赏佳作，聆听优秀名师引导，进行高效阅读，从而促进阅读能力的提升。在每单元的学习后，课程安排了学生画导图环节，让学生学以致用，自行画导图记读书笔记、构思作文，迁移在阅读中学到的写作知识运用到自己的写作表达中。再组织学生完善导图、按图索骥，完成一篇基于思维导图的习作。此学习过程既激发了学生的学习潜能，满足了学生的求知欲，又提供了平台，让学生自主画导图探索发现、自导创作，由此发展个性，拓展思维，提升阅读素养。

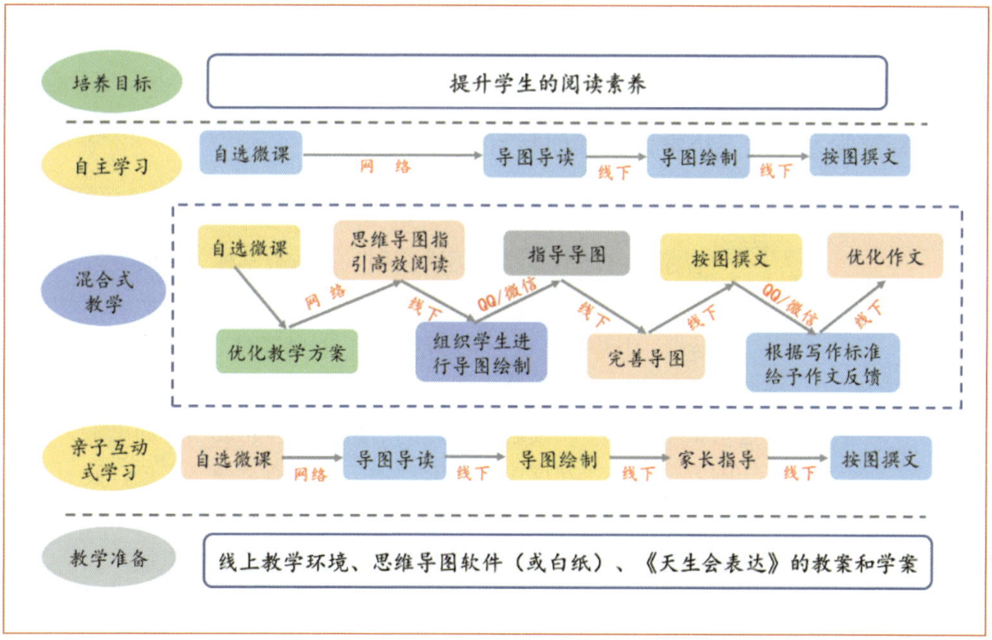

以教师和学生为主体的混合式学习应用流程是：首先，教师根据教学进度计划，选择合适的文段或篇章的微课，将其应用于自己的在线教学中。其次，组织学生进行指定微课的学习，凭借导图导学，帮助学生深化阅读理解。再组织学生按课程要求画导图，将阅读中学到的写作方法迁移到学生线下写作导图的绘制中，以丰富自己的写作思路，解决学生因长时间进行在线学习而导致的视力下降的问题。再次，教师利用QQ、微信等通信工具对学生的写作导图进行个性化指导，并组织学生完善导图，按照自己画好的导图进行写作。最后，教师根据“星级写作水平标准”对学生作文进行有针对性的指导与反馈，并组织学生修改优化作文。同时，还利用QQ群日志、群空间等平台，让学生展示自己的导图和作文，增强学生习作的自信。由此，真正从本质上实现学生阅读水平和写作水平的双提高，促进学生阅读素养的提升。

以家长和学生为主体的亲子互动式学习适合那些有家长在家指导的学生。在这种学情下，可以发挥家长的积极性。这种亲子互动学习的流程是：家长针对孩子询问到的一些关于语文阅读积累和写作中遇到的问题，可以直接查找所需要的课程，引导学生进行相应的微课学习和导图绘制，学生家长指导下丰富和完善导图，再以图为纲进行习作。这样，有效地解决了学生阅读写作中遇到的困难，开发了孩子的创作潜能，教会了孩子科学的思维方法和系统性的思考方式。

智慧学习环境下小学语文读创写写作教学模式

智慧学习环境下小学语文读创写写作教学模式，教学过程可以分为课前阅读活动、课中创作活动、课后撰写活动等三个阶段。其中，在课前阅读活动中，教师通过“电子书包”抛出习作主题，并将数字阅读平台上有关习作主题的书籍推送给学生，学生阅读教师推送的书籍，并且完成相应的思维导图习作任务；在课中创作活动中，教师通过分享交流、设计任务、小组合作，创作作品、评价修改、教师小结等教学环节，充分调动学生的学习积极性，促进学生创编童话；在课后撰写活动中，学生们按照课后作业的要求，自己撰写全新的故事，并将撰写的作文分享到数字阅读平台上。学生们相互浏览同学们的作品，可以对同学写出的作品进行修改，同时评选出优秀的写作作品。

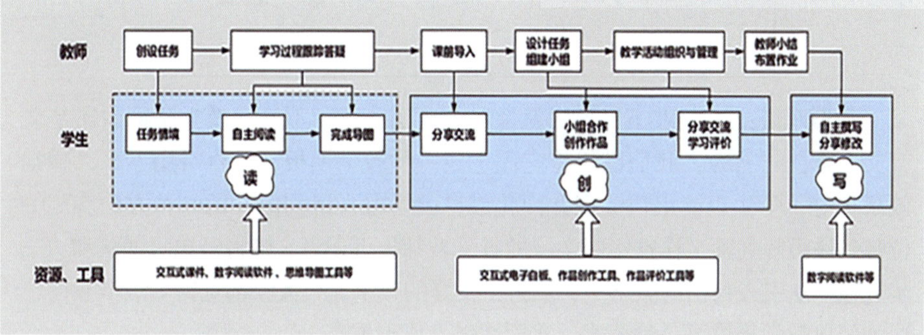

（二）国学吟诵教育特色

“我们学校十分重视国学经典教学。学习国学经典文化，可以帮助学生长见识、增智慧、修品行，为个人终生发展打下基础。”广东省名师工作室主持人、华南师大附小语文高级教师姚霞晖如是说。

●“三步五径”古诗词曲文赏读教学模式

以姚霞晖老师为首的国学经典研究团队为学校创建了以经典吟诵法和“三步五径”法为核心的国学经典课堂教学模式。“三步五径”法通过引导学生循序渐进地进行课前自学、课堂研讨、课后巩固等活动，完成五个环节的诗歌学习任务，即“知诗人，解诗题”“读诗文，正诗音”“释诗意，明诗境”“想诗画，诵诗情”“拓诗篇，悟诗魂”，从而达到吃透诗歌内涵，提升学生国学素养的教学目标。

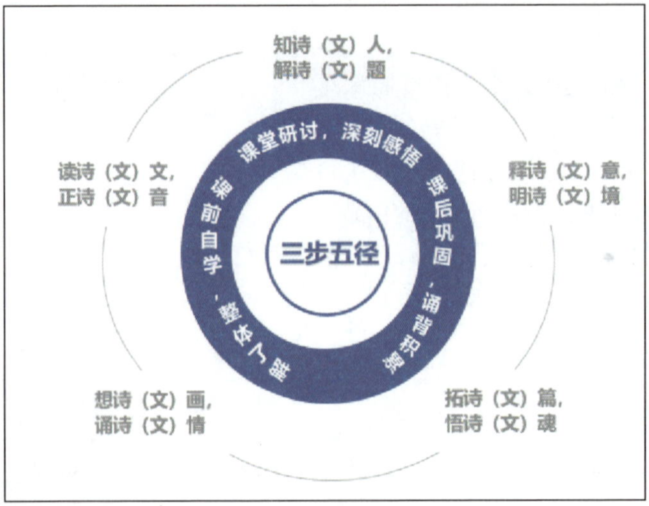

姚霞晖说：“‘三步五径’法就像一个通用公式，不管是教学诗词曲还是文言文，都同样有效。我们已经将它固定成一种教学模板，一直沿用下来，感觉效果很好，学生也能很快掌握并内化成自己学习古诗词曲文的一种方法。”一位曾到姚霞晖名师工作室跟岗学习的骨干教师告诉记者，她将经典吟诵法和“三步五径”法引入自己的教学中，取得了良好的效果。“大家都觉得‘三步五径’法为经典教学提供了一种范式，实用性强，值得推广。”

（三）数学思维特色

“必须增强数学与现实生活的联系，引导学生从周围的事物中发现数学问题，通过自己的观察和思考来探究问题，解疑释惑。”这是数学科组全体教师的共识。基于实践创新能力的具体目标，数学科组在小学数学综合实践活动课中开发并应用了“双结合”教学模式和面向小学数学思维培养的设计型教学流程。“双结合”主要是指在教学模式的选择与开发中，既要结合具体的教学内容属性，又要结合不同年级阶段对应的认知发展特点。数学科组开发了以下五种“双结合”教学模式。

“双结合”生活数学教学模式

其中，“双结合”生活数学教学模式针对数学综合实践活动课程中的生活数学教学内容，以不同年级阶段学生的不同生活经验为背景，开发相应的教学策略，具体包括如下步骤：观察发现—自主探究—交流讨论—总结提升。在具体的教学情境中，这四个环节会根据不同年级阶段学生的认知水平特点设置不同的要求。

观察发现	自主探究	交流讨论	总结提升
通过学生自己的细心观察，发现生活中与所学内容有联系的数学信息和问题，培养学生用数学的眼光观察生活。	低年级阶段，个人独立探究，以口头说的形式记录探究结果。中高年级阶段，分组合作探究，以文字日记报告形式记录探究结果。	低年级阶段，让学生在四人小组讨论中分享自己的发现。中高年级阶段，以小组为单位向全班汇报探究结果，拓展学生的视野，促进学生的共同进步。	通过老师和学生的共同点评，给予学生对比思考的机会，高年级阶段撰写活动总结和体会，形成经验，提升能力。

数学游戏类课程的“双结合”教学模式

数学游戏类课程的“双结合”教学模式以游戏为媒介，以不同阶段学生的兴趣爱好为根本，通过如下教学流程开展教学活动：观情境—释规则—试方法—玩游戏—作评价—溯根源。这几个环节中，对不同阶段的学生有不同的要求，如“玩游戏”要求低年级阶段的学生完成一个图文结合的游戏总结，而高年级阶段的学生则需要用思维导图等工具进行概括。

观情境	释规则	试方法	玩游戏	作评价	溯根源
多媒体播放过往的游戏情景让学生观看，引起学生的好奇心，激发学习兴趣。低年级阶段侧重看过程，中高年级阶段侧重看结果。	师生共同解读游戏规则，提出问题和游戏组织形式，对自己在游戏中的角色形式有好的预期。低年级阶段以形象解读为主，中高年级阶段以文字解读为主。	尝试游戏方法，探究其中的数学方法、数学思想和同学协作方式。低年级阶段逐步分解尝试，中高年级阶段小组尝试后汇报。	开展全体参与的数学游戏活动，并记录和思考在游戏中的困惑和发现。低年级阶段以简单的图文（拼音）结合记录，中高年级阶段可采用表格和思维导图记录。	活动评价分三方面，一是游戏中的思考所得，二是协作情况，三是游戏比赛结果。低年级阶段评价侧重于全体正面激励，中高年级阶段评价侧重于鼓励中反思。	介绍该游戏的起源和发展，让学生感受数学与游戏的关系，感受人类文明的诞生与游戏的关系。低年级阶段以教师介绍为主，中高年级阶段师生共同追根溯源。

● 数学文化类课程的“双结合”教学模式

数学文化类课程的“双结合”教学模式主要是针对数学综合实践活动课程中的数学文化内容，一方面，以数学知识与文化加以整合为关键点，设置如下教学环节：独学—交流—小结—创作；另一方面，根据不同年龄段学生的数学知识与文化的不同储备情况，四个教学环节的具体操作也存在差异，如在“独学”环节中低年级阶段，引导学生能听懂“数学”文化素材，而高年级阶段则鼓励其自主阅读相关材料。

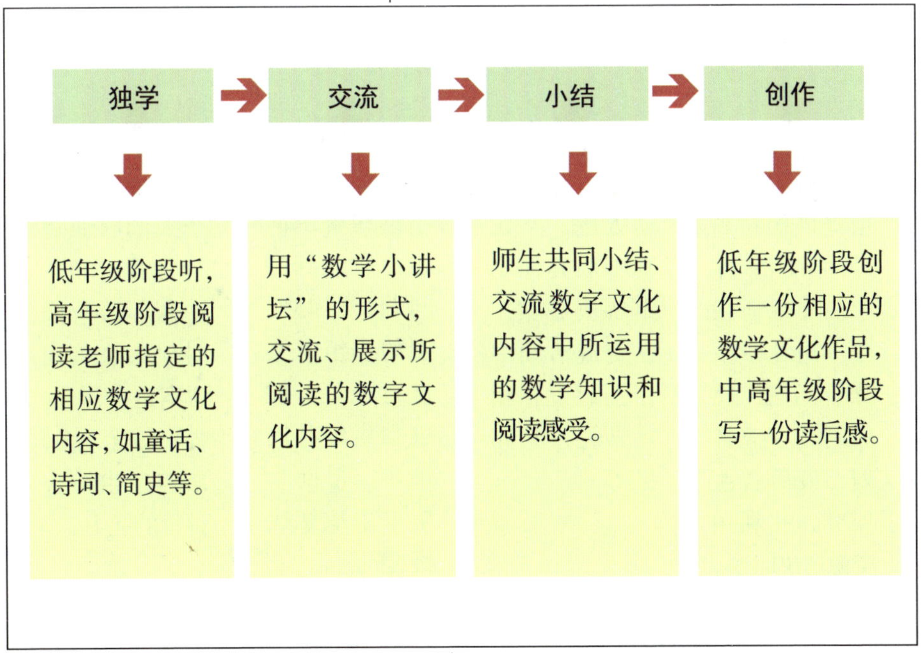

高阶思维类课程的“双结合”教学模式

高阶思维类课程的“双结合”教学模式是针对数学综合实践活动课程中的高阶思维教学内容。这部分教学内容强调问题解决的过程，该教学模式流程也彰显了该属性，具体包括如下环节：自主探究—交流互动—质疑问难—评价反思。同时，在这四个教学环节中，教师需要考虑到不同年级阶段学生在问题解决中的特点，分别设置不同的活动或任务要求，如在“自主探究”环节，针对低年级阶段，要求学生根据提供的材料进行探究活动；而对于中高年级阶段，通过分小组让学生分析问题，然后制订探究计划。

自主探究 →	交流互动 →	质疑问题 →	评价反思
低年级阶段根据提供的材料进行探究活动；中高年级阶段分小组让学生分析问题，然后制订探究计划，最后自主探究，并利用资源解决问题。	各小组分享活动方案，并认真听取其他小组解决方案，在交流活动中相互启发、相互补充，共同提高。	学生提出自己小组在解决问题中所遇到的问题，同时对别的小组方案进行质疑，促进学生的共同进步，帮助学生自主地解决疑难问题。	低年级阶段对个人的收获进行自我评价，中高年级阶段对他人或其他方案进行评价，提出最优方案，培养学生综合评价的能力。

科技创新类课程“双结合”教学模式

科技创新类课程“双结合”教学模式是实施教学综合实践活动课程中科技创新教学内容时所采用的模式，它以科技主题为桥梁，其教学流程具体包括：自主探究—合作交流—归纳概括—应用创新。同时，针对不同年级阶段学生的科技素养，各个环节的开展略有不同，如应用创新，低年级阶段主要引导其能够以绘画的方式呈现科技创新作品，而高年级阶段的学生则须开展系列调查活动，形成调查报告，撰写小论文等。

自主探究 → 合作交流 → 归纳概括 → 应用创新

自主探究：学生通过细心观察，发现问题，提出推理，经过调查实践，有效地解决与构建知识的教学方式，经历知识的形成和应用过程，积累个人的经验，从而获取知识、应用知识、解决问题，树立正确的学习态度与价值观。

合作交流：将学生分成若干组，让他们在学习中通过交流合作，提升思维的活跃度。低年级阶段在小组讨论中分享自己的发现，中高年级阶段以小组为单位向全班汇报探究成果，拓展学生的视野，促进学生的共同进步。

归纳概括：低年级阶段口头说，中高年级阶段做笔记，给予学生对比、思考和探究的时间，把发现的权利还给学生，培养学生概括归纳的能力，领悟数学思想方法，体现数学活动充满探究与创新，带给学生严谨求实的科学精神的启迪。

应用创新：低年级阶段采用绘画的形式完成，中高年级阶段以小调查、小论文的形式完成，拓展学生的思路，增强学生学习数学的主动性，发现求异思维，不断增强学生将课本知识运用到实际生活中的能力，培养学生的实践创新素养，促进学生的全面发展。

面向小学数学思维培养的设计型教学流程

结合化归思想的要求，以逆向思维模型为主，结合不规则图形的周长与面积，重构了面向小学数学思维培养的设计型学习教学流程。在该教学流程中，主要围绕问题解决进行情境创设，确定要解决的问题，并通过问题分解，确定难度适合的有意义的挑战，最后，结合每一个挑战展开讲解规则、制定标准、动手实践、教师指导和交流分享等活动，旨在促进学生化归思想的掌握。需要注意的是，该教学流程是一个迭代循环的过程，直至问题解决。

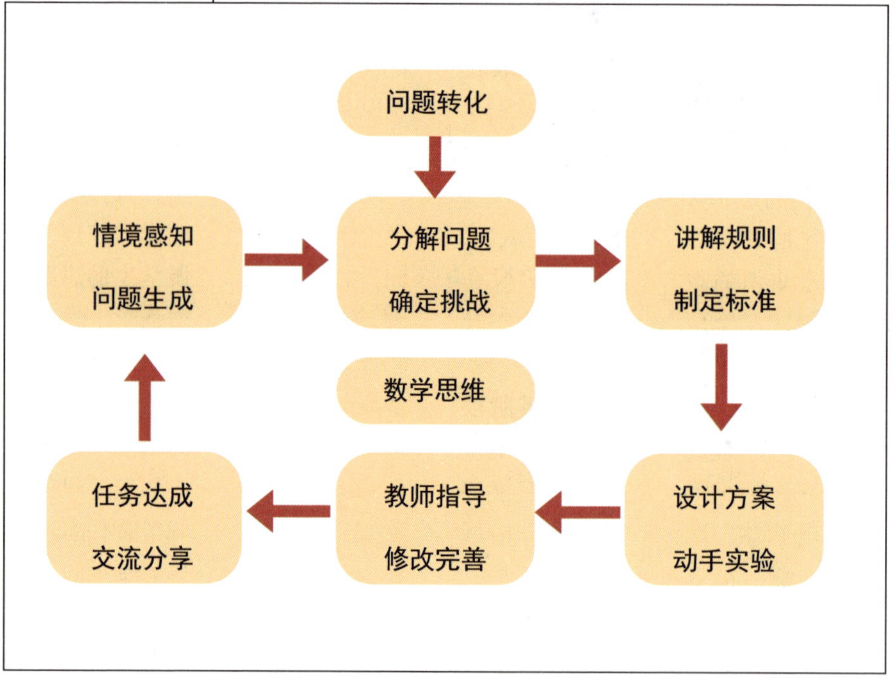

（四）英语融通教育特色

“风采达人”英语能力展示活动是华南师大附小的品牌活动之一，它根据各年级学生学龄特点，设置不同的表演形式。讲演英文故事不拘泥于单纯“讲”，而重在边讲边演，要求学生换上表演服装，调动情感因素，通过肢体动作，利用表演道具，尽情展现个人风采，让学生在合理运用英语的过程中提升英语核心素养。

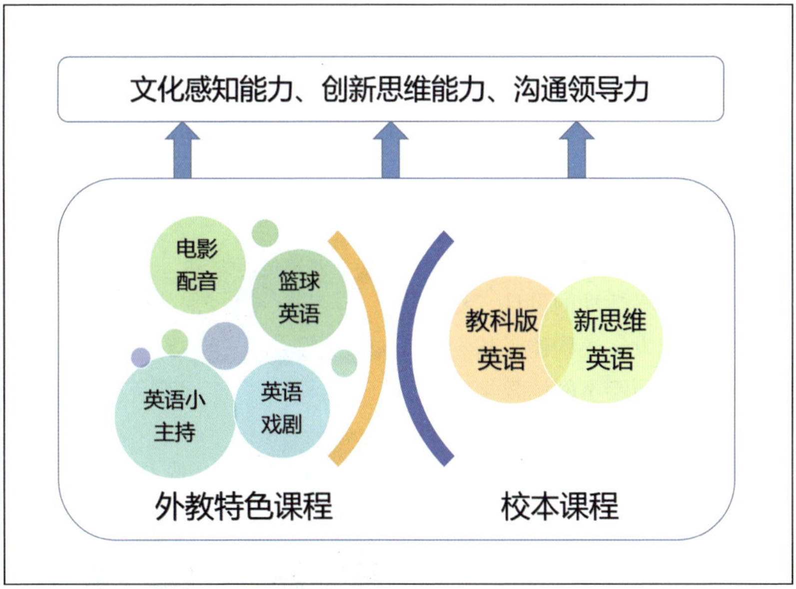

为适应社会对国际人才的需要，吸收发达国家和地区的英语教学经验，深化英语教学改革，英语科组教师大胆推进教材改革。2008年9月，学校开始进行英语课程改革，在教材内容的选择上，实行本地教材与引进教材相结合的模式，在使用国家教材教科版英语课程的基础上，选用新思维英语教材（NEW Welcome to English）作为英语校本教材：采用Phonics（自然拼读法）促阅读入门的低段教学模式、“三结合”模式的课程体系以及“三突一拓”模式的英语评价体系，全面提高学生的综合语言运用能力。

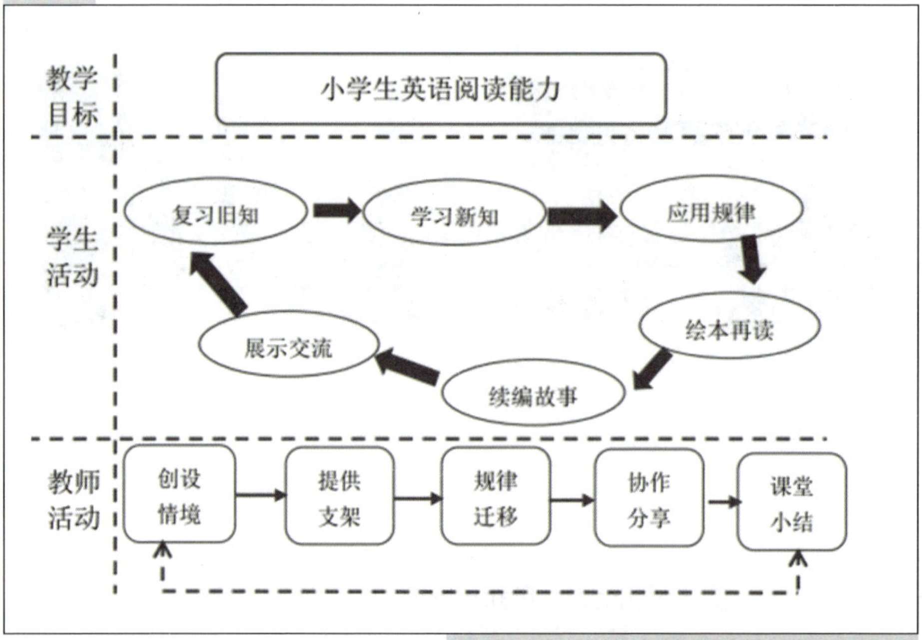

同时，英语科组老师以培养小学生英语阅读能力为核心，结合绘本阅读，主要采用自然拼读的教学方法，围绕教学活动的设计，从师生活动角度出发，还构建了基于自然拼读法的英语绘本阅读教学模型。其中，学生活动是围绕绘本阅读和自然拼读法教学流程而设计的，一共包括六个环节。需要说明的是，这六个环节相互促进，相互影响。

（五）科技教育特色

机器人编程课程、创意机器人设计课程、无人机课程、3D设计课程……这些课程令人耳目一新，它们是华南师大附小信息技术科组所创设的“430科技系列课程”，代表着小学信息技术教学的前沿。本着“为创作而教”的理念，信息技术科组着力培养学生适应未来社会生活所需的能力，让学生通过参与丰富多彩的“430科技系列课程”，既动脑又动手，不断提高实践能力。

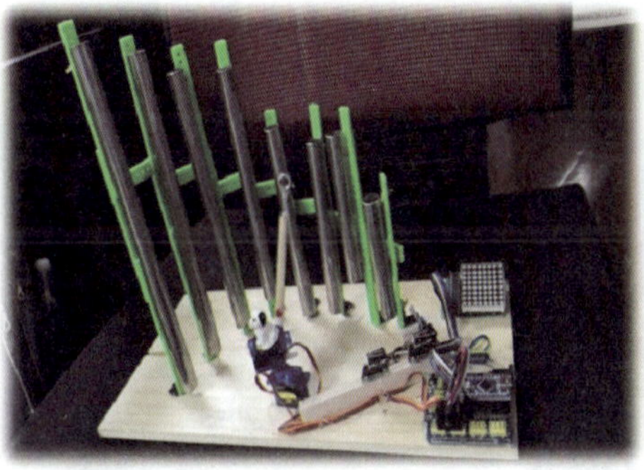

科学幻想绘画

人类的幻想是推动科技发展的原动力。在这个以信息与生物科技为特色的时代，科学幻想绘画的构想是艺术与科学的结合，也是人文与科技在一种互动的氛围中的相互渗透、相互影响和相互推动，它无疑是具有前瞻性的，并为其他学科的建设、发展提供了一定借鉴模式。科学幻想绘画既培养学生的科学主义精神，锻炼学生的理性思维，又为学生树立科学观念，让学生感受绘画这一令人愉悦的过程，掌握绘画最基本的构成元素，为提高学生的想象力奠定基础。

生物与环境科学实践活动

学校充分利用社区的人才资源优势，借助华南师大生命科学学院、环境保护研究所、省农科院等单位有关专家的指导，开展生物与环境科学实践活动。学生在自然状态下观察生物，开辟一个了解生命的空间，并关注身边的其他生命，学习有关生物与环境的科学知识，理解生命的意义，从而使学生萌发尊重生命和热爱生命的情感，学会和地球上的一切生命和谐相处，保护生物及其人类的生存环境，在全校师生中形成“关爱生命，共同营造共存的和谐美好生活环境”的良好风尚。

“广佛肇”观鸟比赛

天文观测科普活动

学校安装 GPS 全球定位系统与电脑导星系统相结合的全自动跟踪的大口径天文望远镜，利用专业数码摄影摄像设备和苹果公司全球领先的 Quicktime 流媒体技术和 Apple G5 64 位服务器的强大运算能力，实现天文观测影像的网上实时传播，提升学生业余天文观测水平。学校开展星座、太阳黑子、月亮、行星、星云星团等观测记录和天体摄影活动，以及运用网络学习天文、创作星座故事等活动。学校天文小组与全校性天文普及相结合，教育学生树立正确的宇宙观，破除迷信，抵制邪教。

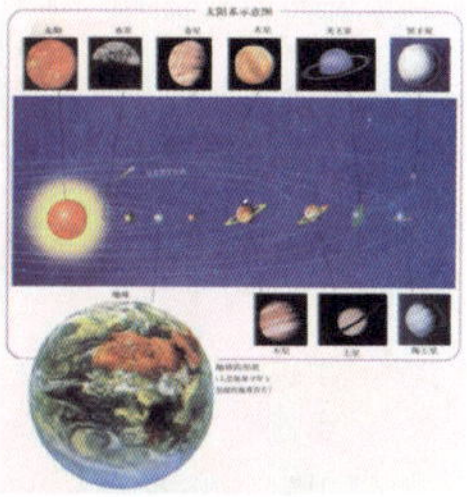

学校组建天文兴趣活动小组，从四年级开始严格选拔兴趣小组成员，调查分析学生现状，着重从有兴趣、有精力、有坚持不懈的精神、有良好的心理素质、数学基础好等方面选拔成员，每两年选拔一次。在活动中，教师教学生学习天文知识，进行相应的入门理论指导，认识星座等，讲授望远镜的基本原理并指导学生制作简易的天文望远镜。同时，以观鸟为主题指导学生熟悉天文望远镜的基本操作，指导学生学习天文观测及以天文观测中的注意事项，包括如何安全观测太阳，月球观测指南，行星观测指导，流星观测新手入门，流星和流星雨的观测等。在校内，组织每周一次的基础知识学习，每个月 1—2 次的校外观测活动，每年举行一次校内天文知识竞赛及组织学生参加各级天文竞赛。

科技创新活动

学校一贯注重培养学生的科学兴趣，培养学生的自主创新能力和实践能力，以及动手、动脑能力，让学生真正做到学科学、讲科学、用科学，并形成爱科学、讲科学、用科学的浓厚氛围。根据活动计划，学校从实际出发，开展内容丰富多彩、形式多样的科技活动，如航空模型、创意搭建自然科学实验室 STEM、创客编程入门、创客机器人、3D 打印设计、儿童编程（AI 初、高）、无人机等活动。

广东省青少年科技创新大赛

▲ 广东实验中学校长创新奖

▲ 华南师范大学附属中学科技创新奖

▲ 中瑞创客奖

▲ 林亦扬、尤戈飞获广东实验中学校长创新奖、华南师范大学附属中学科技创新奖、中瑞创客奖

▲ 林亦扬、尤戈飞受奖现场

▲ 林亦扬、尤戈飞研发出大数据支持下的智能健康监控及定位装置

学校从四、五年级挑选 15—20 名学生组成科技创新班，定期组织学生制作手抄报，张贴在校园宣传栏，宣传校园科技文化，提高校内学生的科学素养，并挑选以往 DI（头脑创新思维）比赛中创造性较强的题目对学生进行训练，提高学生的创新思维。学校以“创客电子”为核心鼓励和指导学生动手进行科技小制作，分成三个阶段进行：趣味性制作、家庭实用型发明制作和科技发明制作。同时组织学生参加各种科技比赛，如广州市青少年科技创新大赛、广东省青少年儿童发明、全国青少年科技创新大赛等，根据每次比赛反馈的结果来改善作品。

手抄报

网络教育活动

让学生确立“终生发展”的竞争优势，就要突破原来传统教学的封闭状态，让学生置身于一种开放、主动、多元的动态学习环境中，着力培养学生终生学习的愿望和能力，促进学生全面、持续、和谐发展。

未来的学校，必须把教育对象变成自己教育自己的主体，受教育的人必须成为教育他自己的人。为此，学校以新课程的教学理念为指引，开发动态的专题学习网站和科研网站，构建通畅的信息沟通风格，让学生利用网上丰富的资源，以创造性的方式进行探究、学习，实现信息共享，使教学和技术达到有机的整合。这样既提高了课堂教学效率，又磨炼了学生发现问题、解决问题的综合能力，为培养学生的生存能力、实践能力和创造能力打下良好的基础。

（六）劳动教育特色

劳动教育是中国特色社会主义教育制度的重要内容，对于培养社会主义建设者和接班人具有重要战略意义。我校开齐开足劳动教育课程，并统筹安排课内外劳动实践时间，安排好劳动教育课程内容，不断改进劳动教育方法和组织形式，注重激发学生内在需要和动力，让学生树立劳动最光荣、劳动最崇高、劳动最伟大、劳动最美丽的观念，体会劳动创造美好生活，体会劳动不分贵贱，热爱劳动，尊重普通劳动者，培养勤俭、奋斗、创新、奉献的劳动精神。学校鼓励孩子自觉参与、自己动手、随时随地、坚持不懈地进行劳动，每年掌握1—2项生活技能；鼓励孩子利用节假日参加社会劳动，让学生切实经历动手实践，出力流汗，接受锻炼，磨炼意志。

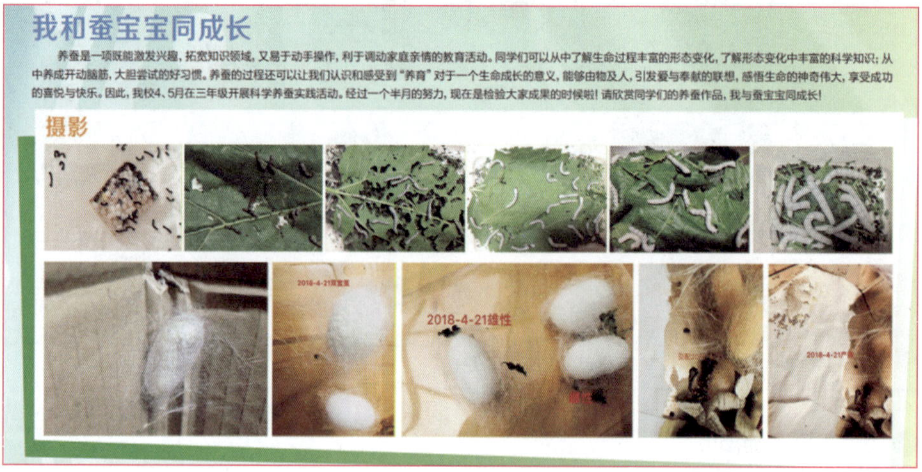

融合非遗传承教学元素，培养孩子的劳动技能

2020年新冠肺炎疫情期间，学校为了增强学生的非遗劳动创造能力，以“寻找心中最美非遗”为主题，组织教师和家长指导学生以个人或团体形式录制3—5分钟非遗视频，演绎形式包括非遗小主播和非遗小达人。活动结束后，据不完全统计，收到来自学生的非遗视频79个。在此过程中，学生通过完成非遗作品，不仅强化了其对非遗瑰宝传承的认同感，还学到了非遗知识和劳动技能。

建立班级公共图书角管理制度，培养孩子的劳动意识

为强化学生的劳动观念，学校组织学生成立学校图书管理小天使，其职责是图书管理员轮流值岗，参与图书角管理活动，主要任务是每天负责整理、摆放图书，使书架整齐、干净、有序，保持清洁卫生，负责检查和监督不爱护图书的不良现象。公告一经发出，各班学生争相报名。由此，亦可看出学生的劳动意识得到了极大提高，学生的劳动能力也将得到很好的锻炼。

●开展劳动主题活动，陶冶孩子的劳动精神

为了让学生感受劳动的快乐，明白“劳动最美丽”的道理，学校教师设计了一套古诗文、吟诵、劳动教育三位一体的主题活动内容，让学生在劳动中体验并获得诗意的生活教育。围绕预设的目标，主题活动主要从四个小主题展开，分别是“诗中悟劳动”“劳动最美丽”“家有小能手”和“劳动的雅趣”。

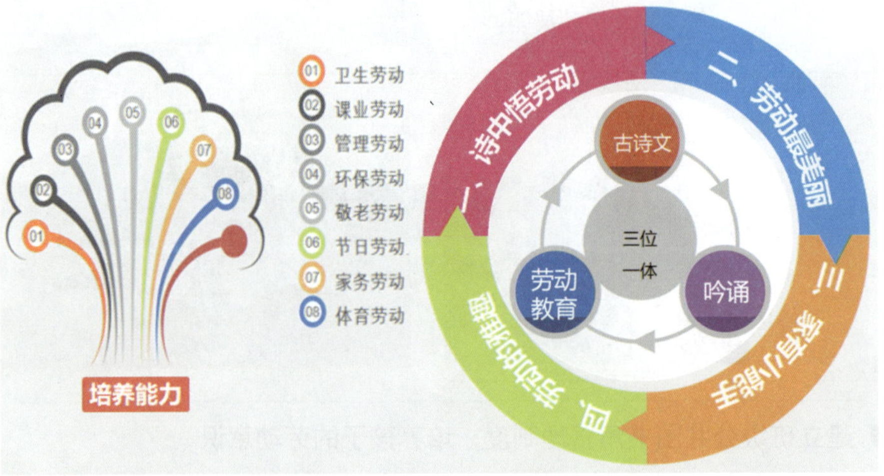

劳动主题活动把卫生劳动、课业劳动、管理劳动、环保劳动、敬老劳动、节日劳动、家务劳动和体育劳动八个方面融入过程中，以吟诵诗歌为劳动思想教育的打开方式，引导孩子们在劳动中自主自发爱上诗歌吟诵和自主劳动，进而促进孩子们诗歌吟诵的学习。

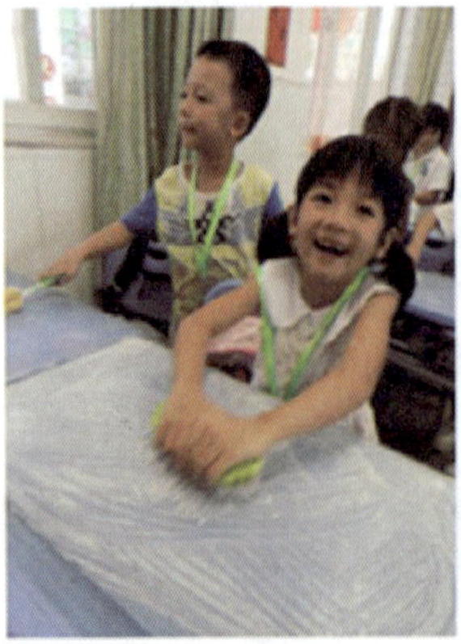

四、体育为魂，身心和谐助成功

高尔基说："理想的人是品德、健康、才能三位一体的人。"生命在于运动，运动助力健康。为此，华南师大附小大力推行阳光体育，丰富校园体育文化。一方面，广泛开展适合学生身体发展需要的课外体育活动，如田径、跳绳、趣味毽等各种活动，学生参与率达100%。另一方面，制订5年发展计划，开展阳光体育活动，丰富校园体育文化，积极推进体育特色建设。通过开展田径特色活动——"小飞人"短跑比赛，让学生体会"更快、更高、更强、更团结"的奥林匹克精神；举行"体育节"特色活动，邀请家长参加，促进"家校联合"，等。一位学生家长表示，"体育节"让她走进了孩子的心灵深处，也让她深刻了解到培养孩子终生体育习惯的重要性。

华师附小
运动会!
SPORTS MEETING

一年一班，非同一般
一年一班
非同一般

五、艺术为魄，陶冶情操扬激情

艺术可以成就孩子美好的未来。因此，激发兴趣、陶冶情操、启迪智慧、挖掘学生艺术个性、培养学生艺术特长成为华南师大附小音乐教师教学的重要任务。多年来，学校本着“立德树人、活动育人”的原则，开设艺术体操、啦啦操、街舞、拉丁舞、民族舞、形体训练、语言表演艺术、诗词朗诵、形体礼仪、语艺小主持等课程，提高学生的艺术修养，开展声乐、管乐、弦乐、舞蹈等艺术项目的比赛和展演，提升学校整体的艺术教育办学层次。同时，学校成立由合唱、舞蹈、管弦乐队组成的艺术团，每两年举行班际合唱比赛、歌唱比赛、器乐比赛等，培养浓厚的校园文化氛围，使学生在高品位的精神氛围中，自信得到树立，情操得到陶冶，心田受到滋润，身心得到健康发展。

内涵式发展，跨入变革新征程

教育就是为了发展人，学校的发展、课程的建构都离不开最为核心、最为关键的“人”的要素。学校只有在真正意义上为每一位学生设计课程，尊重每一位学生的学习方式与思维方式，给予每一位学生自由学习、学术争鸣的空间；珍视每一位学生的生存状态与发展姿态，给予每一位学生自由成长、个性张扬的舞台，方能承担起让每一位学生个性成长的教育使命。

2018 年，在习近平总书记关于教育的重要论述指引下，我校张锦庭校长结合华南师大附小近 100 年的发展，深入思考附小的办学特色，全面发掘附小的品牌效力，着眼学校未来，提出“美好教育 教育美好”的办学理念，建立附小的“美好教育”课程体系。

自此，“美好教育 教育美好”作为附小的教育理念产生了广泛的影响，《人民教育》《文化月刊》《广东教育》《德育报》等多份国家、省部级核心报刊都对我校进行了大篇幅的采访和报道。我校“美好教育”的课程与系列活动的策划和开展情况，受到上级领导及社会各界的高度关注和认可。

一、美好校园

为推动美好校园的形成，实现“走出去、引进来”，学校认真聆听专家教授的意见，结合自身实际，提出了“五园八馆一湖”的建设规划。其中，“五园”分别是琢园、昆园、丁园、赓园、旨园；“八馆”分别是非遗博物馆、华南师大附小校史馆、阅读空间、汉字数字博物馆、天光云影劳技馆、艺术实践美育馆、科技馆和体育馆；“一湖”是指立湖。

2020 年，我们建成了“一校五园，一园四时”的美景。

走进华南师大附小，就是浸润在中华优秀传统文化之中，时时可见、处处可感的非遗氛围，颐养我们的精神，陶冶我们的性情。

昆园：三棵罗汉松伫立在昆园东南角，与“博”字石刻遥遥相对，述说着对华南师大附小师生的守护与期望。昆园还有桃树、李树、樱花和美丽异木棉，到了开花季节，所见都是一树美丽娇嫩！桃李吐艳，春有樱花，秋有异木棉，象征春华秋实，桃李芬芳！

丁园：丁园由在晴天收集太阳能，逢雨季收集雨水供自动灌溉学校花木的99支大伞覆盖而成。每支大伞状如丁字，因丁在天干的第四位，这些伞也寓意壮盛、强大。

琢园：琢，出自《三字经》：“玉不琢，不成器；人不学，不知义。”取雕琢之意，主要是因为琢园里展示了《弟子规》《千字文》《大学》历代印章等篆刻作品，穿梭其中，必定让人驻足流连，鼻尖似乎流淌着一丝丝墨香！

赓园：赓，含继续、传承之意。赓园里红棉粗壮、龙眼端庄，还有青瓦花窗。青瓦花窗前有英石假山，这是以“苔花老屋”典故做的小景。“苔花老屋”典故源自清代袁枚的《苔》：“白日不到处，青春恰自来。”

旨园：旨，指美味、美好。旨园中有树桌供大家休憩学习，有圆形拱门。圆形拱门是中国传统建筑文化的一个标志和符号。

非遗博物馆：在包罗万象的文物展陈中，品味独具岭南特色的粤剧、潮剧、英歌舞；欣赏源自大江南北的京剧、昆曲、川剧变脸和醒狮舞龙；领略全民族共享的文化珍宝：古琴艺术、周易文化和二十四节气等，让师生和来宾朋友们有机会在耳濡目染中，在体验活动中一点点了解、一点点感悟泱泱中华，赫赫文明。

设计单位：广州华地组环境艺术设计有限公司　主案设计：曾冬荣

二、美好教育课程

课程应该是学校办学的核心特色。美好教育课程以《基础教育课程改革纲要（试行）》为纲，以各科课程标准为标尺，在新课程理念指导下，扎实有效地开展教育教学课程改革和切实转变教师的教学行为，进行教与学模式的变革和学生学习方式的转变，从学校、地方特点出发，整合、融合、重构出适合学生终生发展的完整课程体系。

（一）美好教育课程改革发展思路

● 组建美好教育课程项目领导小组

为了更好地开展特色课程建设，学校拟组建试点项目改革领导小组和校内综合课程改革小组；由各学科带头人与课程开发骨干人员召集课程实施教师，形成各综合课程开发实践小组，行政跟进；聘请专家成立项目理论研究小组，对项目研究所需的素质教育和课程改革的理论与实践进行系统梳理、指导。

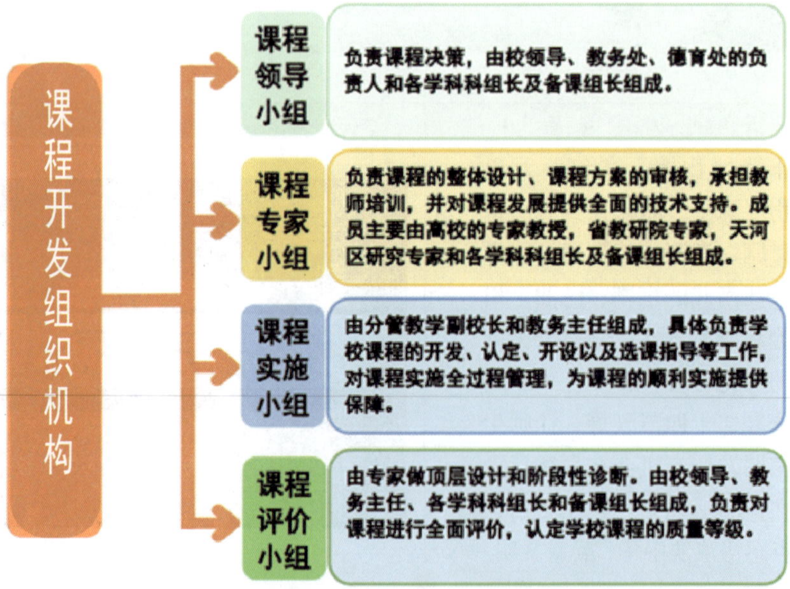

探索美好教育课程与素质教育契合的实施路径和方法

围绕素质教育，学校美好教育课程项目领导小组结合美好教育理念，深度挖掘“美好教育”和“素质教育”的内涵，深度剖析与素质教育和美好教育理念契合的图解，探索美好教育课程的构成模块。

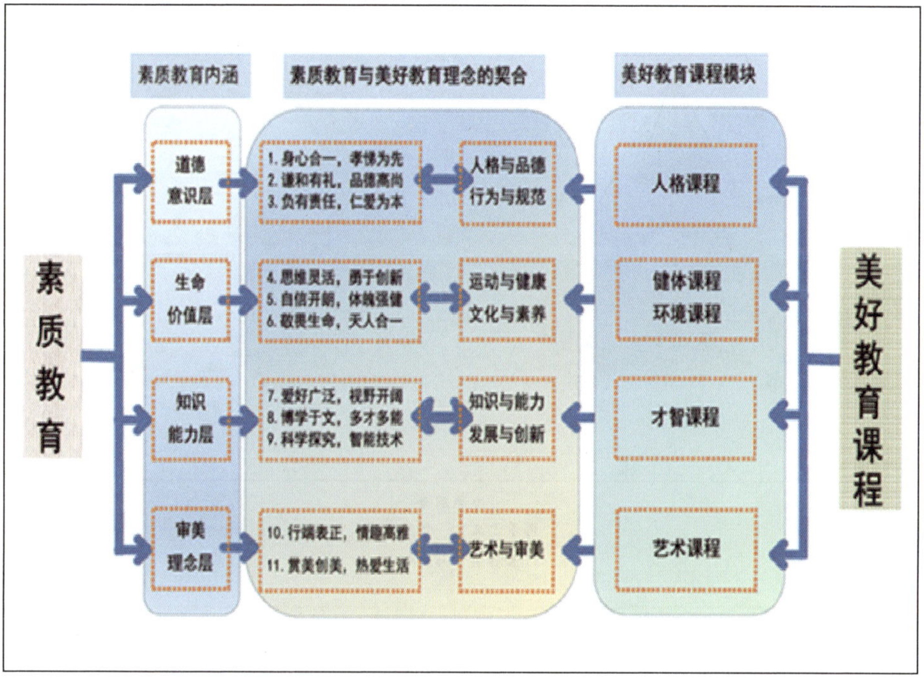

做好顶层设计，构建美好教育课程体系框架及其主要模块

学校以小学素质教育的人才培养目标及“美好教育”为课程设计出发点，从美育与自身、美育与自然、美育与社会三个维度系列出发，根据课程目标与内容，全面对国家课程、地方课程、校本课程进行整合，划分了人格课程、才智课程、健体课程、艺术课程和环境课程五大领域。

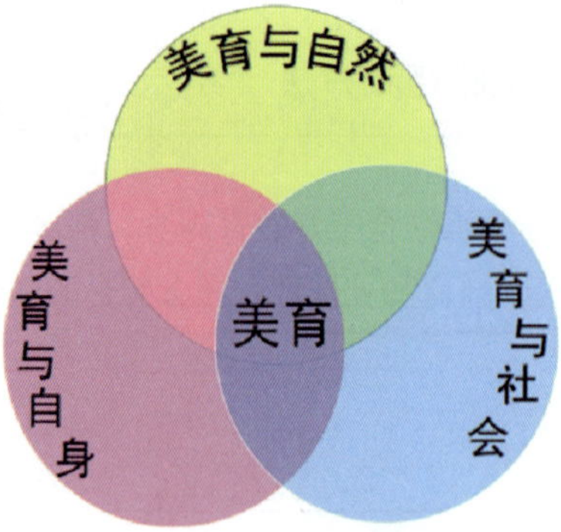
美育与自然
美育与自身
美育与社会
美育

美好教育
人格教育
才智教育
健体教育
艺术教育
环境教育

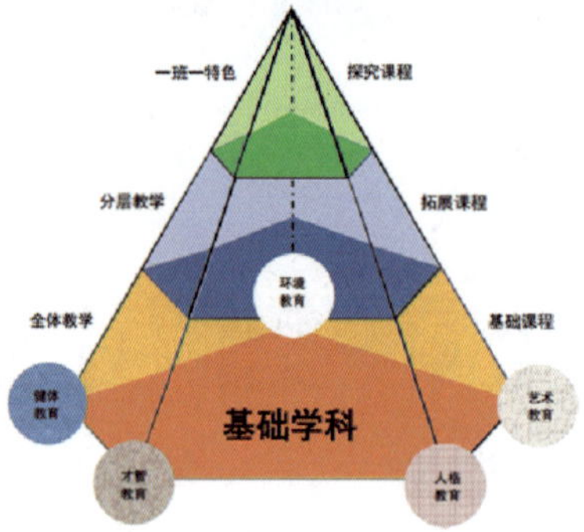
一班一特色
探究课程
分层教学
拓展课程
全体教学
基础课程
环境教育
基础学科
健体教育
才智教育
人格教育
艺术教育

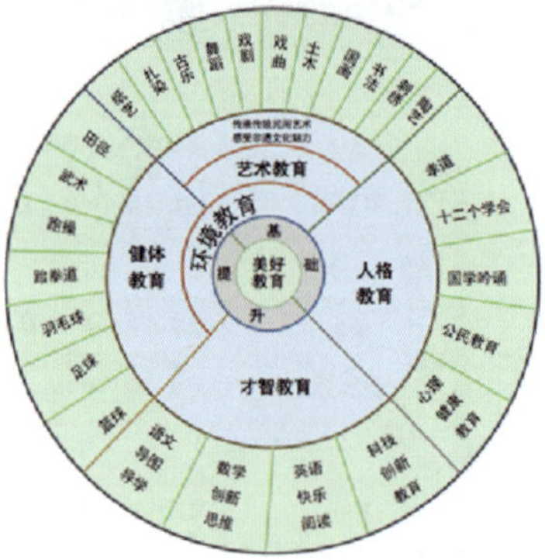
美好教育
艺术教育
环境教育
健体教育
人格教育
才智教育
十二个学会
国学吟诵
公民教育
心理健康教育
科技创新教育
英语快乐阅读
数学创新思维
跆拳道
羽毛球
足球
篮球

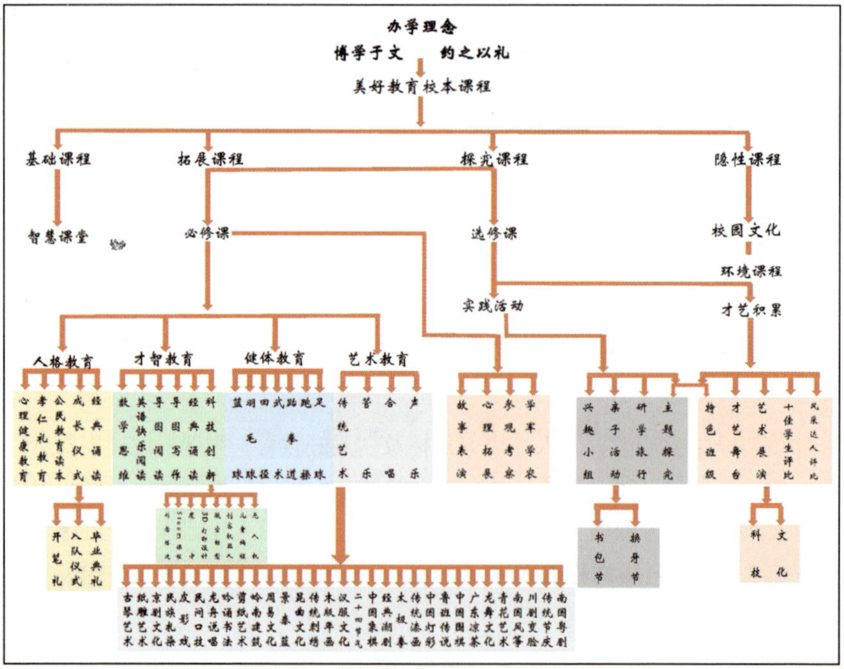
办学理念
博学于文 约之以礼
美好教育校本课程
基础课程
拓展课程
探究课程
隐性课程
智慧课堂
必修课
选修课
校园文化
环境课程
实践活动
才艺积累
人格教育
才智教育
健体教育
艺术教育
心理健康教育 孝仁礼教育 公民教育读本 成长仪式 经典诵读
数学思维 英语快乐阅读 导图阅读 导图写作 经典诵读 科技创新
篮球 羽毛球 田径 武术 跆拳道 跳操 足球
传统艺术 管乐 合唱 声乐
故事表演 心理拓展 参观考察 学军学农
兴趣小组 亲子活动 研学旅行 主题探究
特色班级 才艺舞台 艺术展演 十佳学生评比 风采达人评比
开笔礼 入队仪式 毕业典礼
书包节 换牙节
科技 文化
古琴艺术 纸雕艺术 京剧文化 民族扎染 皮影戏 民间口技 龙舟说唱 吟诵书法 剪纸艺术 岭南建筑 周易文化 景泰蓝 昆曲文化 传统刺绣 木版年画 汉服文化 二十四节气 中国象棋 经典潮剧 太极拳 传统漆画 中国灯彩 鲁班传说 中国围棋 广东凉茶 龙舞文化 青花艺术 南国风筝 川剧变脸 传统节庆 南国粤剧

● 探索“五育贯通”的育人体系，构建非遗课程体系

结合当前学校非遗开展的实际情况，学校以非遗瑰宝项目为基础，以立德树人为培养目标，运用STEAM（科学、技术、工程、艺术、数学）教学理念与方法，将非遗项目、学科教学和德育、智育、体育、美育、劳动技术教育有机结合，设计非遗教学内容，并对其进程安排进行生态整体教学规划，设计和开发五育贯通视角下的非遗读物，开展非遗教学，凝练非遗进校园的校本典型案例和典型育人范式，打造学校非遗品牌。

类别	名称	非遗简介	人物、经典	德育	智育	体育	美育	劳动技术教育
一 民间文学	1. 五羊传说	五羊传说，古代广州神话传说故事，是流传于广东省广州市及其周边地区的民间文学。其基本内容为“五羊衔谷，萃于楚庭”（楚庭即广州），反映了广州先民携带牲畜、农作物落籍岭南和种植水稻的历史。 五羊传说是广州市别名“羊城”“穗城”及广州市内若干地名等的来源。唐诗中已经开始使用五羊称呼广州城。作为岭南地区产生最早、流传最广、影响最深的口头文学，有珍贵的民间文学价值。2007年5月9日，五羊传说入选广州市第一批市级非物质文化遗产名录；2007年6月18日，入选广东省第二批省级非物质文化遗产名录。	裴渊《广州记》	羊与善的关系，培养像羊那样的勤劳、善良、奉献的德行	了解羊图腾崇拜，引导学生思考或探索神话传说背后的成因，以及人们对美好生活的向往	掌握“跳山羊”动作要领	羊与美的关系（羊大为美）可以通过实地参观或照片等领略五仙观和番禺塑造的五羊雕像之美	了解先民开拓垦荒、种植水稻，养育牲畜的过程
	2. 鲁班传说	鲁班传说是山东地方民间传说之一。鲁班是春秋末期的一个工匠，原名公输盘，由于技艺超群，又是鲁国人，所以又称“鲁班（般）”。古代生产力极度低下，鲁班在机械、土木、手工等方面的发明提高了生产力。他是我国历史上著名的工程师、伟大的发明家，被尊为百工之祖。现在，刨根溯源、一丝不苟、专注专研、创新成就的精神，又被称为“鲁班精神”。2008年6月7日，鲁班传说经国务院批准列入第二批国家级非物质文化遗产名录。	代表人物：鲁班 经典作品： 《考工记》 《木经》 《鲁班》 （营造法式） （鲁班经）	工匠精神	通过鲁班锁等益智游戏开发智力			制作小家具 木工制作

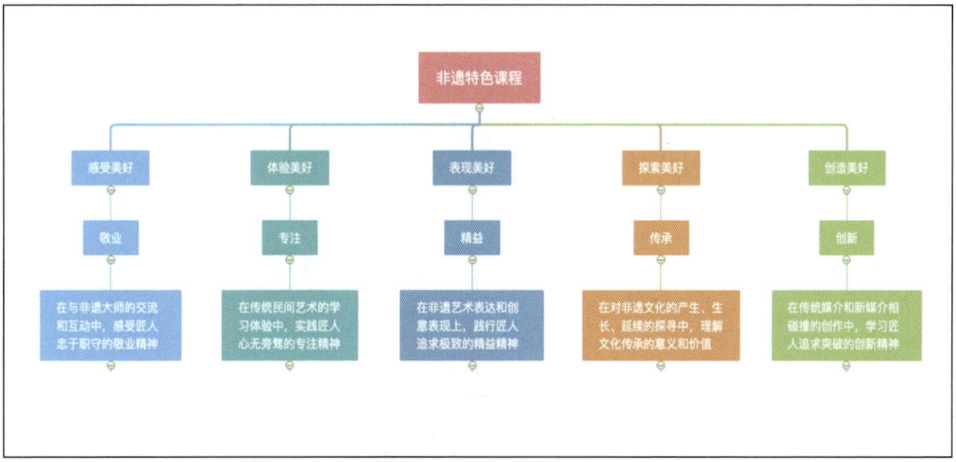

三、美好教师

美好教师有三重境界。始境，形胜，形象上的悦目；又境，气胜，当有书卷气，当有生活气息，当有高雅之气，并透着不俗的审美力；至境，格胜，灵魂上的高贵立足于其心地的善良，取决于其思想的丰富，根植于其灵魂的高贵。

四、美好学生

一班一非遗，一班一特色，非遗传承在华南师大附小体现得淋漓尽致。有一种美好，叫作学生时代；有一种美好，叫作我的学生时代在华南师大附小。

五、美好教学设施

截至2022年2月，学校占地面积16 200平方米，建筑面积13 859平方米，共有腾飞楼、行健楼、日新楼3栋楼。以广东省一级学校的标准，建有高标准的校园信息网和闭路电视系统，每间课室都装有多媒体教学平台，有音乐室4间、美术室3间、舞蹈室1间、科学实验室1间、计算机教室1间，图书馆1间，师生阅览室1间，多媒体教室2间、心理咨询室1间、心理活动室1间、广播室1间、少先队队部室1间、卫生室1间、体育器材室1间、综合档案室1间及生物园1座等。各科教学设施设备齐全，教师的教学办公条件优越，学生的学习环境优美，为全面实施素质教育提供了有力的保障。学校还规划三年内规模扩大一倍，教学设施将更为先进。

设计单位：广州华地组环境艺术设计有限公司　主案设计：曾冬荣

六、美好家长

家校友好合作，营造健康的教育成长环境，促进孩子自然、自己、自由、自觉成长；家校相互支持，树立共同的价值追求，培养适应未来社会、未来生活的人；家校合二为一，担当新时代赋予的责任与使命，为中华民族培育合格的建设者、可靠的接班人；家校温暖牵手，营造激情向上、充满活力、富有诗意的童年教育氛围，为孩子终身幸福发展奠基。

跨越式发展，打开历史新格局

截至目前，学校有 54 人次获得国家级和省级的荣誉称号，其中全国优秀校长 1 人，全国优秀教师 1 人，全国优秀大队辅导员 1 人；国家“万人计划”教学名师 1 人，广东省“特支计划”教学名师 2 人，广东省特级教师 7 人，广东省中小学名校长工作室主持人 1 人，广东省中小学名教师工作室主持人 6 人，南粤优秀教师（教育工作者、教坛新秀等）17 人，广东省名教师 2 人，广东省“百千万人才培养工程”培养对象（名教育家、名校长）9 人，广东省“十佳”少先队辅导员 1 人，广州市“十佳”少先队辅导员 1 人，广东省优秀少先队辅导员 3 人，广东省师德标兵 3 人，广东省优秀共产党员 1 人。正高级职称 4 人，副高级职称 35 人，硕士研究生 25 人。全校老师中共有 8 人持广东省心理健康教师 A 证，25 人持广东省心理健康教师 B 证。截止目前，学校累计共获 6 个广东省基础教育教学成果奖，分别是：（1）2013 年，江伟英老师的《利用思维导图提高小学生读写能力的研究与实践》获广东省基础教育教学成果一等奖、国家基础教育教学成果二等奖；（2）2013 年，王继华老师的《为创作而教：小学信息技术课程与教学的新探索》获广东省基础教育教学成果一等奖、国家基础教育教学成果二等奖；（3）2017 年，姚霞晖老师的《国学经典吟诵和“三步五径”教学模式的研究与实践》获广东省基础教育教学成果一等奖、国家基础教育教学成果二等奖；（4）2021 年，孔珍老师的《小学数学“五四三”多元作业模式的构建与实践》获广东省基础教育教学成果一等奖；（5）2021 年，何向梅老师的《双线组元下统编小学语文读写结合的单元模式与环节创新》获广东省基础教育教学成果二等奖；（6）2021 年，以华南师范大学附属小学名义申报的《构建“三位一体”非遗进校园的中华优秀传统文化赋能育人新生态研究与实践》获广东省基础教育教学成果二等奖。

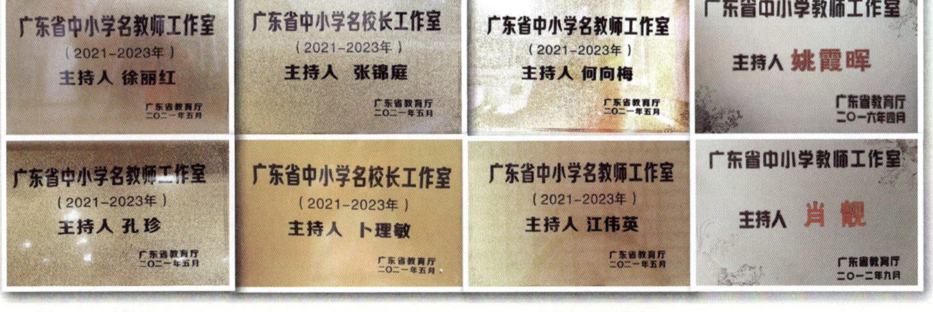

一、学校名校长、名教师工作室建设特色

自张锦庭名校长工作室、江伟英名教师工作室、孔珍名教师工作室、何向梅名教师工作室、姚霞晖名教师工作室和肖靓名教师工作室成立以来，各工作室主持人都积极发挥示范引领作用，带领学科老师形成了工作室建设特色，包括基于导图导学的“二元五次”教师跟岗培训模式、“三四四六”教师工作室活动模式等。

导图导学的“二元五次”教师跟岗培训模式

江伟英名教师工作室跟岗培训的学习重点聚焦在学习应用丰富的可视化思维工具解决具体的语文教学问题，有效地培养小学生的高阶思维能力。在团队培养方面，借鉴美国学者、著名学习专家爱德加·戴尔的“学习金字塔”理论，并尝试将其应用到教师跟岗培训过程中，创立“二元五次”教师跟岗培训模式。

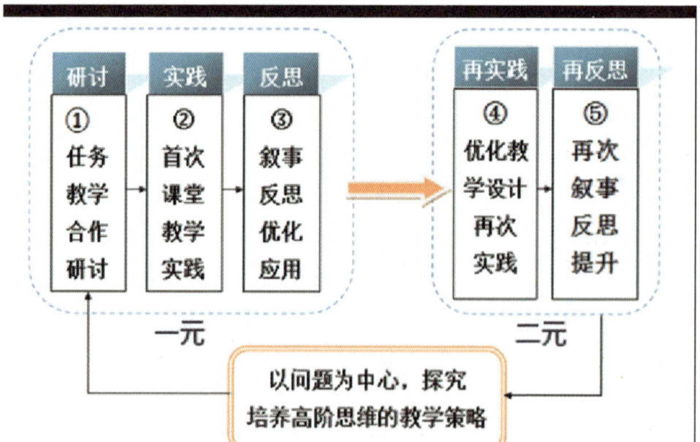

该模式主要由两个培训单元、五次主动学习和参与式学习组成。第一培训单元，是先布置特定的教学任务，推动合作研讨。激励跟岗教师走出尝试的“第一步”，首次实践应用可视化思维工具的课堂教学，然后进行叙事性教学反思。以真实教学问题为中心，调动跟岗学员主动体验，主动反思，习得解决问题的策略，并在反思策略应用的过程中，不断优化应用可视化思维工具培养小学生高阶思维的教学方式。在该培训单元中，有三次探究活动，分别是任务教学，合作研讨；首次课堂教学实践；叙事反思，优化应用。

第二培训单元，是在优化教学设计后，再次进入新一单元的教学实践探索，然后再次进行叙事性教学反思，从而实现自我提升。在该培训单元中，有两次探究活动，分别是优化教学设计，再次实践；再次叙事，反思提升。

●“三四四六”教师工作室活动模式

广东省教育厅的文件对中小学教师工作室进行了清晰的定位，认为其主要职责在于承担省级骨干教师的实践培训任务。工作室按照学段和学科进行设置，工作室由一名主持人（简称“名师”）和若干核心成员组成，主持人通常由特级教师担任。可见，工作室的价值诉求主要在于实践培训，即以实践培训为主。但是，对于如何开展培训以保障工作室的发展和良好的培训效果，文件并未给予指明。事实上，工作室不可能成为独立运作的机构，需要贯通内外部因素，最大限度地激发内部活力，即必须重新界定和探明它的价值、运行机制、主体结构，才能真正地起到应有的作用。华南师大附小孔珍名教师工作室正是基于此，本着联系、系统、发展、整合的思路，对工作室的定位、结构、运行、实施步骤、特性进行了界定与梳理，整理出“三四四六”教师工作室活动模式。

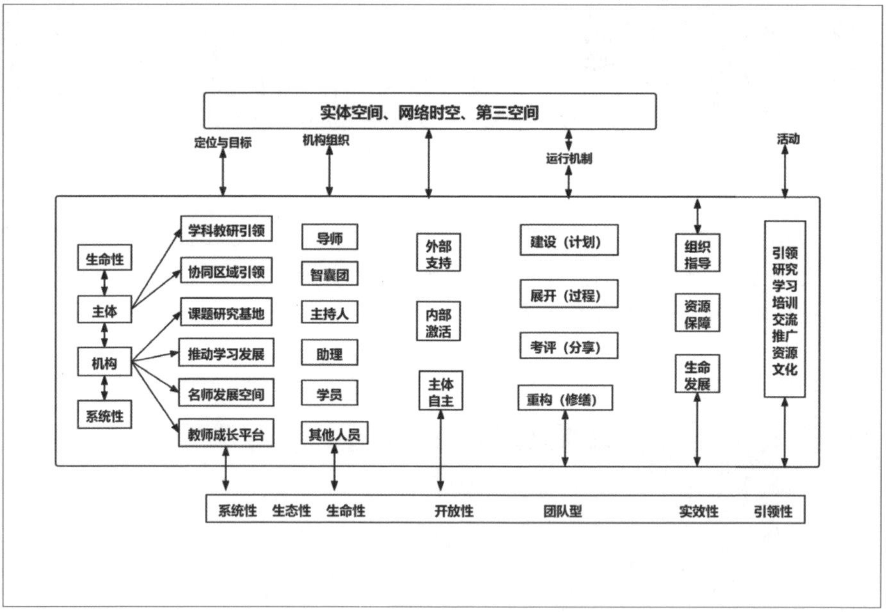

二、做好传帮带，多种途径寻发展

●“青蓝工程”师徒结对活动

多渠道、多层次、立体式地开展师徒结对工作，以“入门式”“协作式”“提高式”“造才式”评定师徒的结对定级。分析教材、编写教案、双向听课是“青蓝工程”师徒结对活动的主要形式。师傅上好示范课，并在分析教材、研究教法、编写教案方面对徒弟进行全面扶持。徒弟的备课质量由师傅全面负责，徒弟多问、多听、多记录、多总结，积极主动地、虚心地向师傅求教。除了认真听好师傅的示范课外，徒弟多听其他师傅的随堂课、教研课，并上好规范课，“同课异构”研讨课或优质汇报课。

师徒结对活动充分发挥我校名师、骨干教师和优秀班主任的传帮带作用，进一步促进学科带头人、骨干教师自身素质的提高。加强中青年教师的培养，努力营造有助于教师专业成长的良好氛围和健康向上的系统文化，激励不同层次教师的成长，逐渐形成一支基础扎实、专业精湛、素质优秀的教育教学人才队伍，推进我校教育教学工作快速、和谐发展，造就一批在省市乃至全国有影响的学有特色、教有特色的名师，形成金字塔式的教师队伍结构，实现我校教师队伍素质的动态提升。让华南师大附小教师教育教学的先进理念真正在全省乃至全国起到引领和辐射的作用。

“一师一优课、一课一名师”活动

教师通过在国家教育资源公共服务平台上传自己的教学课例进行“晒课”，参加省级、国家级的“优课”评选，进一步增强我校教师对信息技术推进教学改革、提高教学质量重要性的认识，充分调动各学科教师在课堂教学中应用信息技术的积极性和创造性，进一步发挥教师的个体创新力量，使每位教师能够利用信息技术和优质数字教育资源上好一堂课。努力建设一支善用信息技术和优质数字教育资源开展教学活动的骨干教师队伍。

获评省部级“优课”名单列表

序号	优课名称	学科	版本	册	教师	获奖年份
1	第四组——口语交际习作四——习作	小学语文	人教 2001 课标版	五年级上册	江伟英	2019
2	识字 4——17 酸的和甜的	小学语文	人教 2001 课标版	二年级上册	钟艳娟	2017
3	第八组——语文园地八——习作	小学语文	人教 2001 课标版	三年级上册	陈柳	2017
4	第七组——语文园地七——习作	小学语文	人教 2001 课标版	三年级上册	邹琳	2017
5	第八组——26 月光曲	小学语文	人教 2001 课标版	六年级上册	牛嘉鑫	2017
6	识字——7 大小多少	小学语文	人教 2011 课标版（部编）	一年级上册（2016 年 7 月第一版）	邓冠虹	2017
7	识字——8 小书包	小学语文	人教 2011 课标版（部编）	一年级上册（2016 年 7 月第一版）	冯露珠	2017
8	课文——20 雪孩子	小学语文	人教 2011 课标版（部编）	二年级上册（2017 年 7 月第一版）	罗清	2018
9	识字——语文园地五——字词句运用 + 日积月累	小学语文	人教 2011 课标版（部编）	一年级下册（2016 年 7 月第一版）	张启未	2019
10	第四组——15 生命生命	小学语文	鲁教五·四学制 2001 课标版	四年级上册	邝蔚祺	2019
11	第三单元：一座城市的好孩子——诚实故事会	小学品德与生活	北师大 2001 课标版	二年级上册	解小羽	2017
12	识字——大小多少	小学语文	人教 2001 课标版（部编）	一年级上册（2016 年 7 月第一版	邓冠虹	2017
13	一块奶酪	小学语文	人教 2001 课标版（部编）	三年级下册	邹琳	2022
14	拼音——z c s 第一课时	小学语文	人教 2001 课标版（部编）	一年级上册（2016 年 7 月第一版	张铭伟	2021

教师外出学习考察活动

为开阔我校教师视野，积极汲取先进教育理念，提高课堂教学质量，学校每个学期安排教师分批参加外出考察学习活动，组织老师们赴北京、南京、江苏、上海等教育发达城市进行学习，以更直接的方式观摩学习优秀的教育实践，加强学校教师队伍的建设，提升教育教学水平。使老师们与现代最先进的教学理念近距离接触，在名师的指导下进行相关的理论学习和研究，提升自身的课堂教学策略和教学评价能力。

教师终生阅读

学校鼓励教师用“一本书读十遍”的批注式阅读方法，阅读教育教学名著以及相关社会科学、自然科学著作。学校通过建立分享机制，开展“读书汇报会”的方式，支持教师把最深刻的读书体会和思考与全校或全科教师分享，尤其鼓励教师用阅读收获指导教育教学，让读书成为教师学校生活的常态。

三、优质资源共享，引领示范促成长

● 做好校际合作　跟岗交流促发展

2020 年 12 月 17 日下午，江伟英名教师工作室展示暨天河区小学语文六年级教研活动在华南师大附小腾飞楼二楼阶梯教室举行。天河区各小学派一名六年级语文老师现场参与，其他六年级语文教师通过扫二维码观看网络直播。

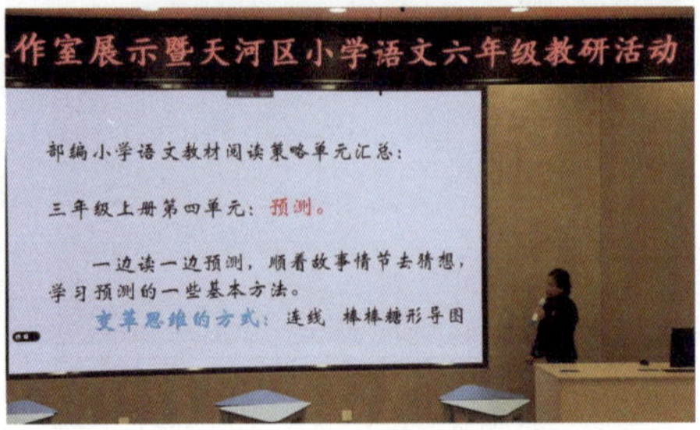

● 做好区域帮扶，支教研培促发展

为加强粤、藏两地教育教学交流，推进资源共建共享，提升教师的职业素养及综合能力，华南师范大学附属小学多次组织学科优秀骨干教师参加由林芝一小组织开展的教学交流活动，旨在为林芝一小传递先进的教育理念和教学方法，促进林芝一小教师们的成长。

此外，教师们积极发挥示范引领作用，搭建学习共同体，基于华南师范大学网络教育学院研发的手机直播网实现资源的共享和普及。如今，学校利用“手机直播课堂”积极开展常态化校本研究与教研活动。

目前，华南师大附小已经逐步将其教学经验辐射到其他学校，包括与贵州省毕节市赫章县城关二小结成教育帮扶对子。“如何把附小优质的教育资源辐射到全省，这也是我们要承担的责任。所以附小不仅提供探索、实践功能，更要起到示范的作用。”张锦庭说。

外延式发展，继往开来集团办学

2022 年，华南师大附小教育集团成立，从此附小走上了集团化办学之路。附小的百年职责更加明晰，附小之发展更加任重道远。

目前，华附联盟系列学校有近 37 所，几乎遍布广东省每个地级市，这些学校办学质量高，管理水平好，深受人民群众欢迎。其中有 6 所小学是由华南师大附小直管，充分证明华南师大附小办学质量好，在全省的影响力大。

华师附小百年职责：研普通教学之法、图教育之进步

务实教育 服务社会 探索教学 家国情怀 坚守初心 继往开来

传中华优秀文化，承百年华附精神——华南师大附小2021—2022学年度第二学期开学典礼师生合影

2022年，华南师范大学附属小学（下称“附小”）将迎来百年校庆。广州不乏百年名校，但附小却是其中特别的一所，它承载着中国师范学校附属小学的历史使命：研究普通教学法以图教育进步、规范教学以成普通学堂之模范，教学相长以资本校学生实习之基地。百年前附小秉持这样的理念创办，一百年来始终恪尽职守、兼善他校，成为引领中国小学教育的标杆。

从市立师范学校附小，到勷勤大学附小、省文理学院附小，一直延续到今天的华南师范大学附属小学，一个世纪薪火相传，耀眼的成绩谱写教育华章。

百年初心　服务幼童矢志未渝

师范为何独立设置大学，而非并入综合性大学？师范类高校为何都办附属学校？且大多办得鼎鼎有名？

回溯民国，1921年广州市政府成立，教育局长许崇清认为“都市之所以发展进步，端赖良好之市民，故就职数月，即锐志于市民教育之普及改革，而以培植师资为急务”。当时公安局在调查中发现广州市“失学及受不完全教育之儿童，尚有五万余人”，小学教育资源匮乏的主要原因是教员十分紧缺，因此创建广州市立师范学校成为当务之急。

1921年，广州市立师范学校创建，市教育局委任杜定友先生担任校长，1922年，为了师范生实习和教学研究，广州市立师范学校决定设立附属小学。初办时仅三班，约八十位学生，任务一是预备本校师范生的实习，二是作为广州市的试验学校。在军阀“你方唱罢我登场”的连年混战中，市师附小“数年一日，教者不倦于导训，生徒无忧乎绝学，虽烽烟遍地，而弦诵在堂”。

1933年，勷勤大学创办，广州市立师范学校升格为勷勤大学师范学院，著名教育家林砺儒先生出任师范学院院长，市师附小也改为勷勤大学附属小学。勷师与北京高师南北相望，成为当时中国师范教育的“双绝”。但国民政府认为师范教育不必独立设置专门高等学府，全国大多数师范学校停办并入大学，“教师缺乏”成为影响中国小学教育发展的瓶颈。

20世纪30年代初期广东的政局稳定，经济发展，推动了广东中小学教育的发展，加之海外华侨捐款办学的热潮出现，小学师资短缺的矛盾进一步凸显。

林砺儒院长始终坚持师范学院的独立办学，他认为“一个国家要维持自己的生命”不能没有教员，教员是“为国家发展生命”，他积极主张师范学校开办附属学校，认为“附属学校有领导所在地方普通教育之使命，谋本地方普通教育之改良进步，而示之以模范”。林砺儒院长还认为师范的教育研究成果和理论、培养人才实践于附属学校，附属学校不止独善本校还要兼善他校，地方学校参考借鉴而谋地方各中小学之改良。

潜心教研　服务社会兢兢业业

小学教育目的是滋润幼童的心田，附小的老师以水为德，建校百年来全体同仁始终把目光投射到社区，像水一样不断地改变自己的形状来适应和服务社会，努力为中国的幼童教育探索教学方法、寻找解决方案、提供研究样本。

勷勤大学附小在文德东路校址进行童语训练

1922年，附小创办之初采用“单式教学”，只有一年级1个班的学生。但随后发现现实之中不少孩子读书晚、年龄偏大，又受到师资和班额限制，因此从1924年秋，除一年级1个班，二年级2个班，三、四、五年级各1个班之外，还有一、二年级复式班1个，开始探索复式教学法。

勷勤大学附小幼稚生的课余生活

1936年，附小搬至石榴岗，当时周围全是农村，失学儿童多，农民也迫切需要扫盲教育，附小就将研究乡村小学教育作为中心工作。为了缩短学制，尝试开办四年制小学实验班，叫作“民族中心制实验班”，“民族”为中华民族之意，教材内容纵向“由古及今”，横向“自乡土而及世界”，教法以当前事实为研究对象，教、学、做合一为基调，每周授课24节，其中国语 6 节、算术 4 节、公民社会 4 节、劳作自然 4 节、体育卫生 4 节、音乐美术 3 节，取消春假寒假，每年只放暑假 4 周。

当时，对于广大的农家子弟，乃至农村民众来说，最迫切的需求是最短时间内能掌握基本文化知识，针对年龄稍长的孩子须为家庭谋生计。因此，附小经过探索开设一年制小学实验班，在石榴岗附近的荅涌、土华招收 9—15 岁失学儿童，分为 2 个班，不同班级采用自编教材和商务印书馆发行的《混合课本》，进行教学和对比研究。

砥砺坚守　辗转迁徙历尽磨难

从 1937 年 8 月 31 日日军派 6 架飞机轰炸广州机场开始至 1938 年 10 月 21 日广州沦陷，日机轰炸广州目标 300 多个，炸死、炸伤我同胞 3 万余人。1937 年勷勤大学教育学院迁往梧州，由于附小学生年龄尚幼，不像大学生可以随校迁移，所以附小的老师坚守广州教学，直至 1938 年广州沦陷前夕被迫停办，老师们才迁往梧州。

1938 年，原勷勤大学教育学院改为广东省立教育学院，附小改称广东省立教育学院附属小学。当时学院经费非常紧张，难以开办实体的附属小学，附小老师到达梧州后不久再迁融县，在国家生死存亡的关头，老师们不顾颠沛流离的艰辛，秉承"有一份热，发一份光，不必等候炬火。倘若此后竟没有炬火，我便是唯一的光"的信念，在融乐镇及东廓乡中心国民基础学校开设小学 7 个班开展教学，工资由教育学院支付，尽管在语言、生活等方面存在诸多困难，但仍然为乡村小学教育贡献力量。

1939 年 9 月，广东省立教育学院迁乳源侯公渡，附小得以复办，随着学院更名为广东省立文理学院，附小也随之更名为广东省立文理学院附属小学。1940 年 11 月再次迁往连县东陂下山坪。1941 年 1 月国民党制造"皖南事变"，在"统一军令、政令"的口号下撤换大批高校校长，广东省政府也准备撤换林砺儒，文理学院的中共地下党组织成立"挽林委员会"，通过通电、宣言、印发传单等方式表达对林砺儒院长的支持，但最终林砺儒院长还是被撤换，于 1941 年 5 月离校，同年学院迁往韶关曲江桂头，附小停办。1945 年抗战胜利后，广东省立文理学院迁回广州，但附小仍处于停办状态，直至 1949 年才得以复办。

1951 年 10 月，以广东省文理学院为基础加入中大师院和华南联合大学教育系，组建华南师范学院，附小随之更名为华南师院附小。1952 年，广东省将中山大学附小、私立华南联合大学附小和原华南师院附小合并组建新的华南师范学院附属小学。

华南师大附小校门（1952—1995 年）

1982 年 10 月，经广东省人民政府批准，华南师范学院易名为华南师范大学，简称华南师大。附小同时改名为华南师范大学附属小学，简称华南师大附小，校名沿用至今。

华南师大附小校门（1995—2003 年）

继往开来　美好教育硕果累累

1995 年，华南师大附小晋升广东省一级学校行列，是广东省教育厅唯一一所省直属小学。它既是华南师范大学培养优秀中小学师资的重要实践基地，也是开展基础教育改革试验的实验基地，更是创办高水平小学教育的重要窗口。

华南师大附小校门（2003—2022 年）

美好教育 教育美好（石刻）

一百年前，虽然“粤省连年用兵，地方深受影响”，但附小创办者笃信“美言不信、信言不美，言不求美、事取征信”，教育“虽不足以臻醇美，亦可告无罪于社会”，把“美”育的基因注入到了附小。

一百年后，在中国改革开放事业取得伟大胜利，中华民族追寻伟大复兴的时代大背景下，附小的办学者再次出发，全面阐释“美”育教育：将非遗文化融入到教学和班级建设中，开设了 46 项非遗课程，被评为全国中小学中华优秀文化艺术传承学校；以 12 个“学会”和 6 个“走进”为抓手，让学生养成良好习惯、健康成长；教学方面提质培优，形成了图解语文、国学吟诵、数学思维、英语融通、科技教育、劳动教育等学科特色，强调体育为魂，艺术为魄，积极构建“美好教育”课程体系，推进“五园八馆”建设。践行“让每一孩子美好地生活在当下，使每一个生命因教育而美好”的办学愿景，实现“育名生，出名师，创名牌”的办学目标，在新时代努力成为小学教育的引领者。

档案见证华南师大附小百年校史专访

时间：2022 年 3 月 29 日

采访方式：面谈

地点：华南师范大学档案馆

采访者：附小老师 刘行棠

受访者：陈海平，华南师范大学档案馆、华南师范大学校史文化研究中心副研究馆员（副高），中山大学情报学硕士研究生，从事高校档案管理工作十一年，负责多个门类档案的整理及档案的查询利用工作，同时负责档案编研工作。

刘行棠：陈老师，您研究附小校史有多长时间了？

陈海平：2021 年 1 月 21 日，学校成立校史文化研究中心（挂靠学校档案馆），承担校史资料的收集整理、文本撰写、活化利用和相关的外联协调等工作，我作为中心史料收集部的工作人员，负责收集档案史料服务校史研究，因此前往广东省档案馆查档半年有余。

华南师范大学（以下简称华南师大）可追溯至 1933 年创办的勷勤大学师范学院……所以在此期间，我主要调阅了勷勤大学至文理学院期间的档案材料。这一时期学院的档案因故无法在用户系统中电子化检索，因此我以简单的案卷目录为线索，逐页翻查缩微胶片，其间得到省档案馆工作人员的大力支持，所以过程虽繁但获益良多，通览全部档案后，我对华南师大前身院校档案的总体情况有了更系统全面的了解。其间，我着重查阅的是大学部的档案，不过正如《广东省立勷勤大学概览》中所言，作为一所师范院校，“师资训练机关（师范学院）与实验学校（附属学校），在原则上应为一体”，因此我同样不曾忽略附属中学和附属小学的档案资料。查询完毕后，我还向省档案馆申请复制了大批重要档案。同时，考虑到华南师大师范教育的历史渊源，我还多次前往广州市国家档案馆调阅和复制了有关广州市立师范学校相关文件资料。

机缘凑巧，在我获取这批珍贵史料后不久，附小领导找到了我，希望我能协助考证附小的办学历史，我欣然答应。随后，我开始将收集回来的与附小相关的档案史料做了系统的整理，以时间为线，从今到古反推，经过了一年多，我逐步梳理出了附小的历史发展脉络。

刘行棠：陈老师，请您介绍一下华南师大附小的历史发展脉络的考证过程吧！

陈海平：经过细致研究，我发现，附小的办学历史可追溯至广州市立师范学校（以下简称市师）于1922年2月创办的广州市立师范学校附属小学（以下简称市师附小）。

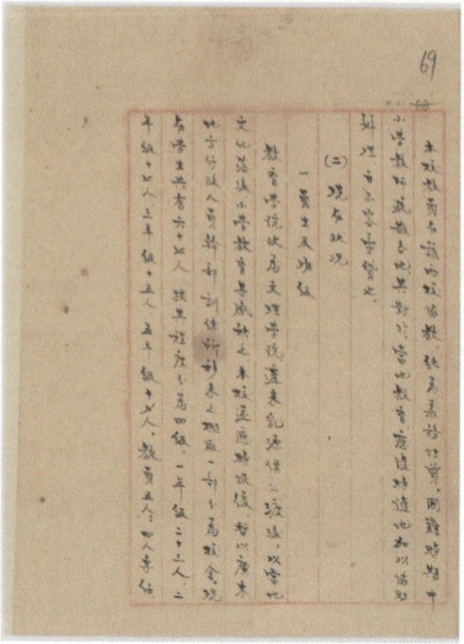

文理学院附小编写的《附小概况》部分内容

之后，华师附小随着市立师范升格、改组、迁徙，最终扎根于石牌这片土地，校名由广州市立师范学校附属小学、广东省立勷勤大学附属小学、广东省立教育学院附属小学、广东省立文理学院附属小学、华南师范学院附属小学，一直到华南师范大学附属小学，学校的历史脉络清晰、史料充分。即便是在抗战烽火中，学校文脉依旧不曾断绝，其中最让我感动的，莫过于附小教师在抗战烽火中奔波流离之际，仍不忘随时随地协助当地办理教育，并坚信这是“不容旁贷”的。

不过由于查询档案之初关注的重点是大学部，因此，与附小相关的档案资料还是存在一定的欠缺，比如，附小在 1942 年前后曾一度停办，有关复办附小的情况，在当时手上缺乏必要史料，而这对于论证附小的办学历史至关重要，因为之前和之后各时期，附小校名虽改，但办学始终不曾中断，唯有此次。

为此，我先查询了大量研究论文，历尽艰辛，终于找到线索：学院在 1948 年前后复办了附小，为进一步确证相关信息，我又再次前往省档案馆。根据此线索调阅档案，经查证，1948 年学院向民国广东省教育厅申请恢复附中、附小，但得到答复为“省府财库未充，所请应从缓议”。直到 1949 年，附小终得以复办，复办的文理学院附小位于石榴岗校址科学馆一层。根据档案记载，复办的附小仍是文理学院的附属学校，办学之目的，仍是为了便利“社会及教育两系学生实习各节按照部章规定”及方便“本院暨法商学院教职员子女二百余名”就学。同时，附小主任的人选仍然沿用旧制，由学院教育系推荐人选任用。可见，复办的附小仍然是对 1942 年停办的附小的延续，附小的传承从来未断。

2021 年 6 月 3 日，我有幸受邀，参与了华南师大附小建校年份及校庆工作论证会，并在会上向与会专家详细汇报了我的考证情况。最终，与会专家一致认定，华南师大附小的起步时间是 1922 年 2 月，这是史料充足，有理有据的。

刘行棠：原来华南师大附小校史是经过这样的一番严谨论证的。那么建校史馆过程中，有遇到什么困难吗？

陈海平：根据论证结果，华南师大附小将 2022 年定为百年校庆，并开始积极筹建校史馆，全面梳理附小历任校领导名单及任职时间表。由此，困难出现了：部分时期校领导任免情况在已有的资料中并没有记载，为此，我又借助华南师大的综合档案和人事档案，确定了建国后历任校领导的任职情况。但是，建国前的几位校领导的任职信息仍是不全，一再翻阅已掌握的史料，却始终不得详情。于是，我又多次前往广东省档案馆和广州市档案馆，但仍然无法找到相关资料。

最终，我抱着试一试的心态，在广东省立中山图书馆（简称“省图”）检索，竟发现广州市立师范学校附属小学，在1929年时曾经编写过一份《市师附小概览》，这真是意外收获！经与省图相关负责人联系了解，确定该书仍存于图书馆，这让我颇为欣喜！因为，长期以来，有关附小的史料基本是以大学部的名义印发的，这回是首次找到附小自行编印的资料，实属难得。

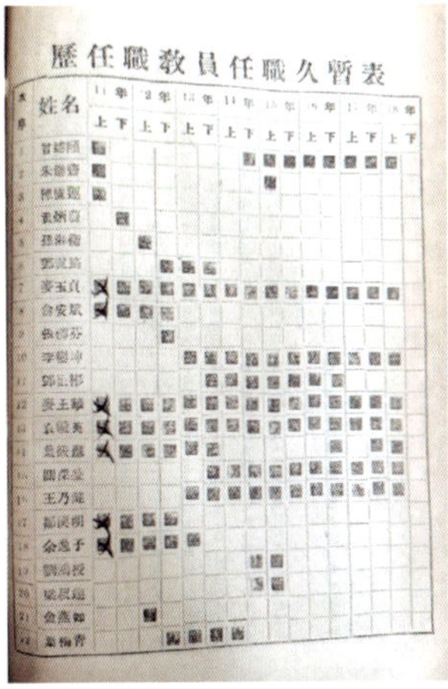
歷任職教員任職久暫表

教职员表

到馆查阅后，我才发现，其中内容异常丰富，书中对附小办学历史和历任领导入职、离职时间及原因等作了清晰的说明，并详细介绍了其课程设置情况、学生情况及设备情况等，极具研究价值。得此一书，如获至宝！

刘行棠：经历了一百年风风雨雨，您能说说附小有哪些方面的巨变吗？

陈海平：我觉得附小的历史责任、教育使命一直没变。市师附小成立之初，已经明确“本校为市师附校，设立主旨，一在试验小学最新教育，一在谋求市师学生实习之便利，故本校办理有无进展，直接影响师范生，即间接影响全市小学教育，关系诚属重要”。林砺儒先生在其《附属学校之使命及其与师范本部之联络》一文中，将师范与附属学校的关系形容为骨和肉，同时指出附属学校具有四项效用：国民教育所、普通教育模范所、普通教育研究所以及教生练习所。文章发表后不久，他即携此理念南下广州，并很快出任市师校长及勷勤大学师范学院院长等职，其相关教育理念也得落实。

时至今日，华南师大附小依旧是小学教育师范生的实习基地和全省小学教育实验基地，始终引领着广东乃至华南小学教育的潮头。长期以来，华南师大附小既是师范生实习场所，又是普通教育的试验场所，具备很强的示范性、引领性、创新性，这种引领示范作用体现在学校不同历史时期的方方面面。当然，华南师大附小在课程设置、校舍设备、教师和学生人数方面的变化是巨大的。

一、课程设置方面

早在1931年，市师附小的课程安排上就已经强调“社会自然各科初级小学仍暂照小学各科教材研究会所定以常识一科，包括公民、历史、地理、卫生、自然科目”。

看课程分配，当时的自然学科与历史、地理等加起来总共100个课时，排得比国语还要多8节，可见其对此的重视程度。而现在，广州市的课程分配文件几经调整，到近年才重新要求从一年级开始开科学课，把自然科学重新重视起来。

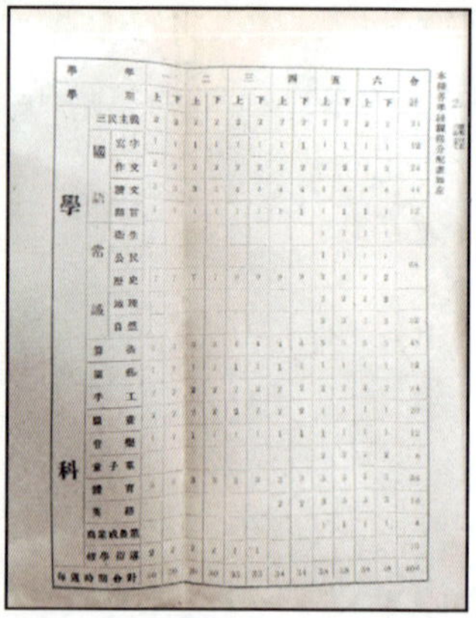
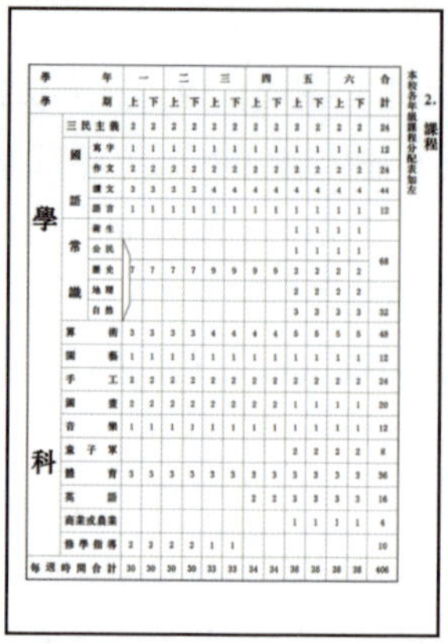

课程设置表

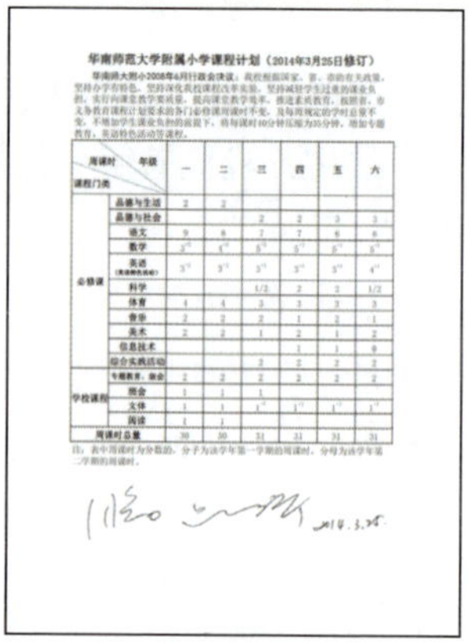

近年课表

二、校舍设备方面

市师附小初建于市师校内，地方狭窄，后迁往临街之惠济东仓，地方稍广而设备仍属简陋，即便如此，附小各项功能用房仍能得到保证，除普通教室外，还设有特别教室（音乐教室、形象教室、手工教室），另外还开辟有园艺场、粤秀园，以及其他校舍若干。

单就齐全度而言，市师附小的校舍情况，就算以目前的标准观之也不算落后。不过无论是附小自身还是市师，抑或是前来参观的暨南大学附属小学，都认为市师附小校舍设备严重制约了附小的发展，这显然受到当时经济社会条件的影响。

时至当下，华南师大附小在保证基础教室及特殊功能教室外，还努力打造五园八馆，致力培养学生综合素质，馆舍育人的理念传承创新跃然纸上。

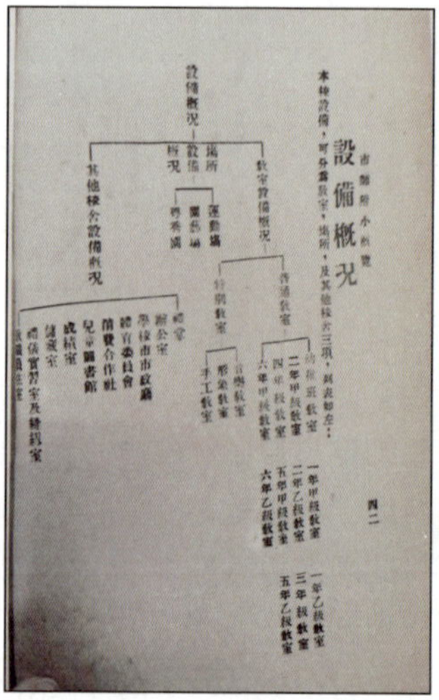

设备旧表

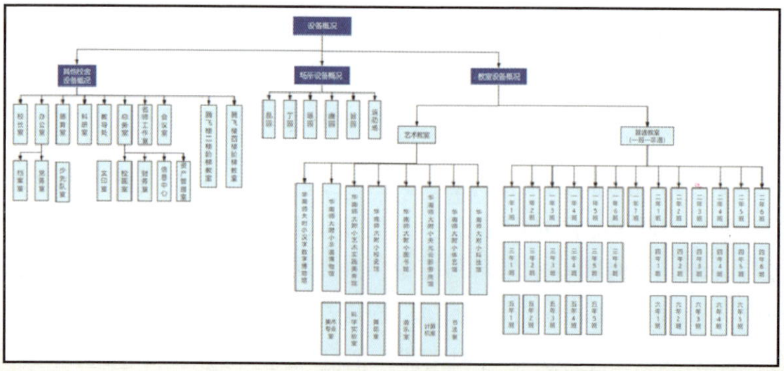

设备新表

三、家长职业和生源情况方面

市师附小和勷勤大学附小的生源主体排名前三的均为商、政、教育界，其中尤以商界出身的生源为最，政界和教育界总和尚不及此，总体而言，市师附小学生的覆盖面是比较齐全的，有助于提升其作为实验学校的代表性和适用性。而当前条件下，华南师大附小的招生重点保证大学教工子弟入学，所以生源大都来自大学教职工群体及部分广东省引进的人才子弟。华南师大附小建校至今，学生人数从初创时仅三班 80 余人，到 1931 年 498 人，再到 1936 年 767 人，发展到当前华南师大附小本部 1487 人，实现了跨越式发展。按目前规划，学校的办学规模还将在 3 年内扩一倍。

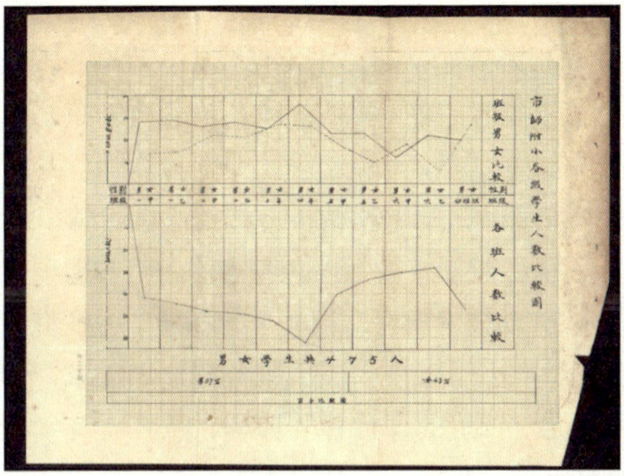

市师附小各级学生人数比较图

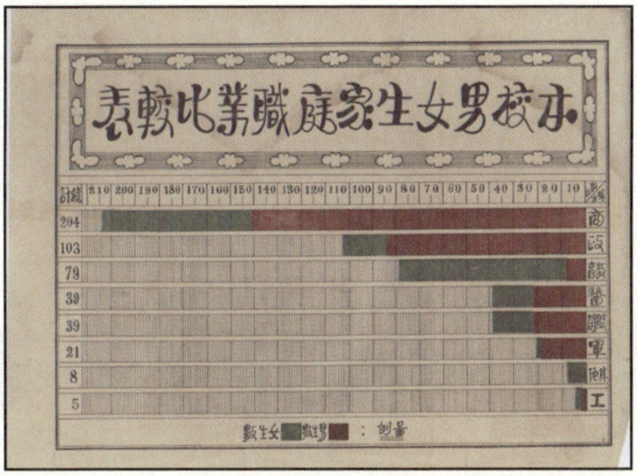

市师附小的生源情况

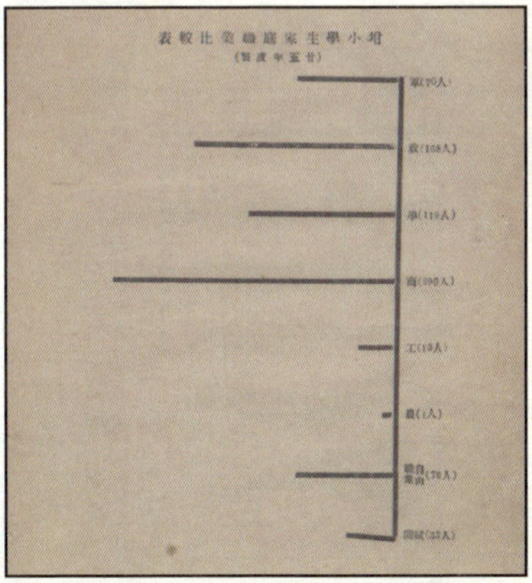

勷勤大学附小的生源情况

刘行棠：谢谢陈老师！那么您还有什么话想说说的吗？

陈海平：随着研究的深入，华南师大附小形象日渐丰满，一座具备百年积淀的历史名校呈现在我面前。

学校以小学素质教育的人才培养目标及“美好教育”为课程设计出发点，从美育与自身、美育与自然、美育与社会三个维度系列出发，根据课程目标与内容，全面对国家课程、地方课程、校本课程进行整合，划分了人格课程、才智课程、健体课程、艺术课程和环境课程五大领域。例如，为了丰富孩子们的精神家园，华师附小推行“一班一特色，一班一非遗”的课程方案，开始了46项非遗项目的传承。每个年级一个系列，各班项目不一样，各具特色：一、二年级以熏陶传统文化、普及了解传统文化知识为主，从根源开始学习，主要有戏曲、戏剧、古乐、书法等；三至六年级以传统手工艺为主，如扎染、剪纸、陶艺、刺绣、布艺、木艺等，切实将中华优秀传统文化全方位融入学校美育过程，引领全体师生共同传承中华优秀传统文化艺术，汲取中国智慧，弘扬中国精神，传播中国价值。学校运用STEAM（科学、技术、工程、艺术、数学）教学理念与方法，将非遗项目、学科教学和德育、智育、体育、美育、劳动技术教育有机结合，构建“五育贯通”的育人体系。为满足新时代广大家长对中小学生校内课后服务的迫切需求，学校还积极开展有别于正常课程教育和社会培训班的课后托管课程，重在普及知识，激发兴趣，陶冶性情，主要进行课业辅导、绘画、书法、手工制作、自主阅读、体育运动、艺术、科普活动等，丰富学生的课余生活，拓宽视野，发掘潜能，培育个性。

作为档案工作者，能以我之所长参与到这百年盛会之中，幸甚！作为一名附小学生家长，我的孩子能在具备如此深厚历史底蕴的名校就读，幸甚！

广州市立师范学校校徽

广东省立勷勤师范创校纪念章正反面

广东省立勷勤师范校章

广东省立勷勤师范教职员证

勷勤校章

广东省立勷师附小徽章

华南师范大学校徽

百年传承，不忘初心

——华南师大附小建校年份及校庆工作论证会圆满举行

观今宜鉴古，无古不成今。历史是一面镜子，它照亮现实，也照亮未来。了解历史、尊重历史才能更好把握当下，以史为鉴、与时俱进才能更好走向未来。作为广东省教育厅唯一一所省直属小学，华南师范大学附属小学究竟创办于哪一年？中间经历了哪些曲折？有着怎样的前世今生？2021年6月3日，儿童节刚过，华南师大附小建校年份及校庆工作论证会便如期举行。

出席当天论证会的专家有中国教育学会副会长、广东省小学校长联合会首任会长、广州中学名誉校长吴颖民，华南师范大学副校长陈文海，广东省教育厅体卫艺处副处长康天东，广州市国家档案馆档案编研部部长雷国颖，广州市国家档案馆档案编研部副部长向前，华南师范大学附属小学老校长吴楫宏，华南师范大学马克思学院副院长胡国胜，华南师范大学档案馆、华南师范大学校史文化研究中心副研究馆员陈海平，等。华南师范大学附属小学张锦庭校长、江伟英副校长等参加了论证会。

缘起：1937年？1922年？

张锦庭校长首先向与会专家简要介绍了华南师大附小的概况和近年来取得的成绩和荣誉，接着说明了举办此次论证会的背景及原因。他说，在大家的印象中，华南师大附小建校于1937年，至2022年即将迎来85周年校庆，学校自2020年开始启动了校庆的筹备工作，包括校园环境的改造，编写校庆图书等。但在《百年印证》一书的编纂过程中，2021年4月12日，学校德育主任黄健聪老师、档案室曾燕飞老师在前往广州市国家档案馆查阅民国时期档案中关于华南师大附小的历史资料时，发现华南师大附小的办学历史可以追溯至1922年，“1922到2022，就是100年的时间了，百年校庆，可是一个大事件了，对附小，甚至对华师，都有着不同寻常的意义。究竟是不是100年，如果是，这个百年校庆该如何举办，这是今天召开论证会的原因。”

吴颖民校长被推选为专家组组长，他说，在华南师大附小面临新的发展机遇和迎来新的发展前景的今天，对学校的办学历史追本溯源，在尊重历史的基础上进行论证，不仅有必要，而且有意义，这不仅丰富了学校办学历史积淀，对学校未来的发展也有着极大的助推作用。

在吴校长的主持下，广州市国家档案馆档案编研部副部长向前博士和华南师范大学校史文化研究中心陈海平副研究馆员两位专家分别介绍了他们基于档案材料对华南师范大学附属小学的建校起点及发展历史的考证过程。

陈述：尊重历史，有理有据

向前博士在查阅了民国时期的档案资料，以及上海图书馆和国家图书馆的相关数据库之后，发现了一些重要线索。1937 年 3 月公开出版的《广东省立勷勤大学概览》有专章讲述了附属小学概况，其中沿革部分明确记载广州市立师范学校附属小学创办于 1922 年春，后来因组建勷勤大学，成为勷勤大学附属小学。此后，历经了勷勤大学附属小学、省立教育学院附属小学、省立文理学院附属小学、省文理学院附属小学、华南师范学院附属小学、山鹰小学、华南师范大学附属小学的办学历程，“勷勤大学当时是把市立师范学校附小视为勷勤大学附小的前身，所以 1937 年出版的《广东省立勷勤大学概览》写勷勤大学附小的校史是从市立师范学校 1922 年设立附小写起，其中也才会有‘计附小开办至今共历十五年’的叙述。”

向前博士认为，华师附小的创办时间应该认定为 1922 年，从市立师范学校附小到勷勤大学附小，再到以后的省文理学院附小，一直延续到今天的华南师范大学附属小学，承继关系清晰，因此，对于今天的华南师范大学附属小学而言，勷勤大学附小还不是起点，起点要追溯到 1922 年创办的广州市立师范学校附小。

陈海平副研究馆员以来自广东省档案馆和学校档案馆的档案资料为依据，对华南师大附小的创办历程进行了系统的梳理。在他的陈述中，1922年春设立广州市立师范学校附属小学，1933年勷勤大学组建，广州市立师范学校升格为勷勤大学师范学院，市师的附小改归属于勷勤大学。1935年3月，勷勤大学师范学院奉教育部令改称勷勤大学教育学院。1937年出版的《广东省立勷勤大学概览》中的组织大纲显示，附小与教育学院一并直属校务会议，同时受教育学院指导，称为广东省立勷勤大学附属小学。小学初设于永汉路粤秀书院街市师院内，后因场地渐紧，于1930年迁入原西湖路旧惠济仓。勷勤大学组建后，附小迁出到文德东路教育局旧址（文德东路三忠祠）。1936年10月，勷勤大学教育学院和工学院迁入石榴岗新校址，1937年附小也迁入石榴岗新校。1937年勷勤大学教育学院因避战乱迁往梧州，勷勤大学附小初未随迁，1938年附小停办，附小老师迁到梧州。其后勷勤大学改组，原勷勤大学教育学院和商学院分别独立改办为广东省立教育学院和广东省立勷勤商学院，原广东省立勷勤大学附属小学由此改隶属于广东省立教育学院，成为广东省立教育学院附属小学，但当时附小实体未能复办，随迁的附小教师经学院联系安排在周边小学上课，经费由学院提供。1939年8月广东省立教育学院由广西融县迁回广东乳源，同年9月，学院更名为广东省立文理学院，附小实体复办。1942年4月文理学院由连县迁往曲江，附小再度停办。直到1949年，附小复办之事才最终得以落实，复办后的文理学院附小设在文理学院石榴岗校址科学馆中，1950年时已经有一至五年级各一班。此后虽经改名、并校等，但传承关系清晰。1982年10月学校改称现名“华南师范大学附属小学”，沿用至今。陈海平副研究馆员认为，华南师大附小的历史脉络清晰、史料充分，建校可以追溯至1922年。

论证：遵循科学，实事求是

“校史的起点是一个非常严肃的问题，要在遵循科学的前提下做严谨的考证。”吴颖民在听完两位专家的陈述后，提出了以下问题：附小建校的起点推至1922年是否成立？市立师范学校附小能否作为华南师大附小的起点？附小的建校时间是否能早于华南师范大学的建校时间？附小在20世纪40年代有过中断办学的过程，这个中断的过程能否并入附小的办学历程中？

对华师附小有着挚爱情结的附小老校长吴楫宏认为自己更关注的是学校的内涵和发展前景。“一所学校的口碑，并不在于办学时间的长短，不管是85年还是100年，今天的华南师大附小已经是全省、全国乃至世界一流小学，有着很好的口碑，我觉得这已经足够了。但是，华南师范大学附属小学建校历史源远流长，它与勷勤大学血脉相连，有不可分割的历史，经查阅有关资料，勷勤大学师范学院的前身创设于1921年，勷勤大学师范学院附小创办于1922年春，它起源于广州市立师范学校附属小学。史实明确，因此，我认为2022年是华南师范大学附属小学建校100周年纪念是正确的。”

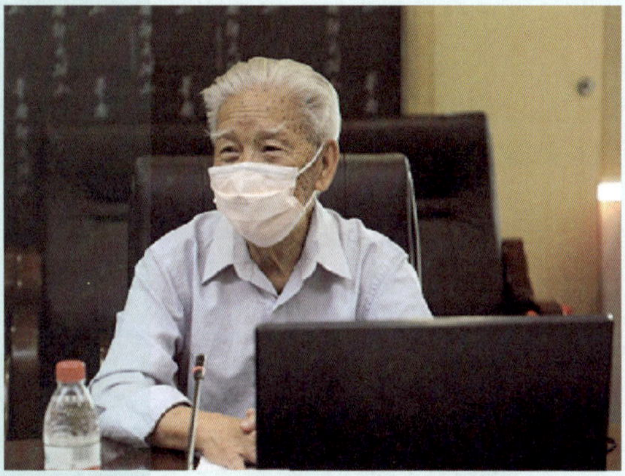

康天东副处长表示，华南师范大学附属小学作为广东省教育厅唯一一所省直属小学，其历史溯源具有非常重要的意义。附小的办学成绩也是一直处在全省领先的地位，特别是近几年学校在美育方面更是成效显著。华南师大附小的百年校庆是大庆，是属于我省基础教育领域的重要庆典，是值得庆祝的，厅里会大力支持。

陈文海副校长提出，要追溯华南师大附小的历史，首先应该梳理清楚华南师大自身的历史。陈文海认为，“华南师大的办学史有一个从起步到成熟的发展历程。从举办高等教育这个角度来说，华南师大的起点1933年建立的广东省立勷勤大学师范学院，当然是没有问题的，但是，如果从这个‘师范学院’中的‘师范’这两个字来说，它的起始点显然不是1933年。”他认为，勷勤大学师范学院并不是在一片空地上新建起来的一个学院，其直接源头和建院基础是1921年创立的广州市立师范学校。“我们做校史源流的梳理，绝不是为了和其他学校攀比谁的历史更悠久，那样做没有任何实际意义，校史的长短和学校的实力、学校的声誉没有任何直接的关系。我们做校史研究，主要目的就在于厘清源流，避免历史虚无主义。”

作为研究历史的专家，陈文海认为，华南师大附小的早期办学史是与广州市立师范学校紧密相连的。对于《广东省立勷勤大学概览》中提到的“勷勤大学附属小学创办于1922年春，由市立师范学校附属小学演变而来”这段文字，他做了进一步解读。“1922年春”，这个“春”字，究竟是指哪个月份？他介绍说，为了弄清这个问题，他专门委托他的同事、历史文化学院胡列箭博士查阅相关史料，最终得出明确结论：广州市立师范学校附属小学成立于1922年2月，至于更为精确的时间，还须进一步考证。“那一年的2月11日是元宵节，筹办附小的工作会不会是在节后才开始？当然，这只是猜测，需要材料佐证才行。”陈文海认为，“从源头来说，将华南师大附小的起步时间定在1922年2月，是有理有据的，是说得通的。”

研究中共党史的胡国胜副院长认为，两位陈述者的佐证材料和时间脉络清晰有条理，是可以证明附小的创建时间的。胡院长说，不管是最初的广州市立师范学校附属小学，还是今天的华南师范大学附属小学，不管其经历过停办还是迁移，中间都没有其他单位来接手，所以将1922年作为起点是可靠的，也是值得大力宣传的。

广州市国家档案馆雷国颖部长认为，向前博士和陈海平副研究馆员花费大量的时间和精力，在查阅大量的档案史料基础上进行严谨考证，参阅的有关历史档案资料内容翔实，论证充分，逻辑严密，结论可靠，也充分体现了档案的历史价值和凭证价值。她赞同将华南师大附小的建校时间确定为1922年。雷国颖部长表示，广州市国家档案馆作为全国中小学档案教育实践基地和省、市爱国主义教育基地，十分期待与华南师大附小共建共享学生发展实践教育基地，为附小校史研究提供档案支持，让档案资源在服务研学实践教育方面发挥更大作用。

展望：百年传承，初心不忘

百年传承，不忘初心。每一位华南师大附小人深知历史的重要意义，学史重史，不仅因为历史演绎的智慧具有借鉴意义，更重要的是其传承意义，古为今用，铭记责任与使命才能更好地踏上未知的征程，奋发向上。

近年来，华南师大附小为适应新时代教育节点与发展现实，倡导以“美好教育”引领华南师大附小达成一流教育愿景，成就师生美好发展，以“德育为首，教育为主，科研为先，育人为本”的思路来开展学校的各项工作，努力实现“育名生，出名师，创名牌”的办学目标，展现新时代华南师大附小教育人在小学教育领域致力于引领者的教育担当。

时至今日，学校已成功实现华丽转身，既是华南师范大学培养优秀中小学师资的重要实践基地，也是开展基础教育改革试验的实验基地，更是创办高水平小学教育的重要窗口。从坚守始终如一的教育初心，到同甘共苦、艰苦奋斗的教改试验，无不记录着华南师大附小成长路上的点点滴滴，无不彰显着华南师大附小深厚的文化底蕴和历史渊源，无不激励着华南师大附小的青年教师要发扬艰苦奋斗的传统，坚守教育初心，践行顽强拼搏的职业操守和敢闯敢试的优秀品质，争取再创造华南师大附小辉煌。

马兴瑞省长莅临我校

2021年3月12日上午9时，马兴瑞省长莅临华南师范大学附属小学视察。他在华南师范大学朱孔军书记、王恩科校长和附小张锦庭校长的陪同下沿着华南师大附小的主校道进入学校，拾级而上。只见主校道的中间，大理石刻着学校的发展沿革，张锦庭校长向省长汇报了华南师大附小从1937年8月至今已经更名7次，并汇报华南师大附小的办学理念是“美好教育”，核心思想包括美好校园、美好师资、美好课程、美好学生和美好家长。学校正按“五园八馆一湖”规划学校的校园建设。

马兴瑞省长走入华南师大附小腾飞楼，见到优美雅致的阅读环境和孩子们做的非遗手工，赞叹不已。他还表扬了正在剪纸和做泥塑的孩子们。

接着，马兴瑞省长又参观了非遗博物馆。在博物馆门前，两位孩子在写书法，省长问了他们就读的班级和年龄，并夸他们很用心。步入非遗博物馆，馆内有学生在上下引针刺绣，省长问孩子在做哪种刺绣，学习了多久等，孩子一一做了回答。省长还观看了孩子们的汉服表演、潮州茶艺展示、象棋比赛等，省长跟孩子们亲切地问好，孩子们也向省长问好。

省长问张锦庭校长：“广东的基础教育在全国排名多少？”张校长回答：“附小是全国十大名校。”省长又问：“附小的基础教育水平在全国

排名多少？”张校长回答：“按照美国华盛顿中国研究中心研究的中小学排名数据，附小排名是全国第四。”

省长问张校长：“广东的基础教育在全国处于什么位置？”张校长回答说：“大约处于中上水平，十五或十六名。”省长问张校长：“对于广东基础教育高质量发展有什么策略？”张校长回答：“首先要加强校长队伍建设；其次要加强师资队伍建设；再有，应该做好课程建设，还有，要破解盘活教育发展的机制。”

对于此次参观华南师大附小，马兴瑞省长非常满意，他特别肯定华师附小在传承中华优秀传统文化，在教育领域的领头和示范作用，鼓励附小要继续努力，要办得更好。

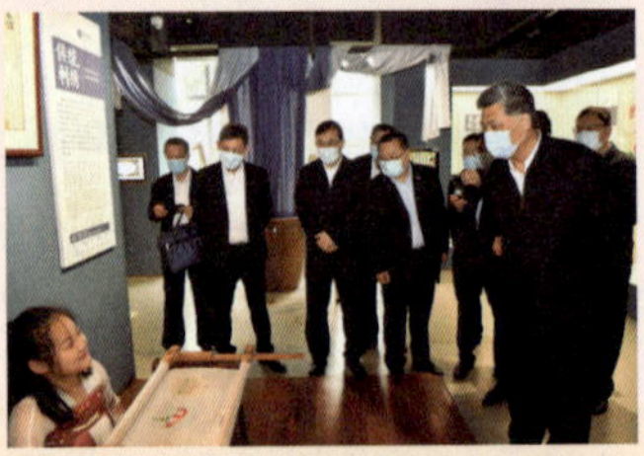

2018年5月31日，广东省少先队主题队日活动在华南师范大学附属小学举行，广东省政府副省长余艳红出席并接见第三届“最美南粤少年”获得者。团省委书记池志雄，华南师范大学党委副书记、校长王恩科，团省委副书记、广东省少工委主任武一婷，省文明办副主任刘海斌，省教育厅思想政治工作与宣传处副调研员陈丽霞，华南师范大学附属小学党总支书记、校长张锦庭等单位代表，各地级以上市少先队代表，以及华南师大附小师生共600余人参加活动。

忆往昔，晨光熹微

20世纪60年代

20世纪70年代

20世纪80年代

20世纪90年代

千禧年

部分校友名录

1988 届六年级（1）班
班主任：陈长青

校友姓名	性别
林玮平	女
李志梅	女
徐宇强	男
陈 强	男
张晓阳	男
方瑞鹏	男
庁 莹	女
罗丹翌	女
冯开强	男
陈敏玉	女
许 峰	男
刘 正	男
肖凯生	男
黄海建	男
林 栋	男
吴丹宁	女
吴晓明	女
梁穗明	女
陈清娴	女
周 健	男
张俊峰	男
邓 滔	男
高月嫦	女
刘少云	女
陈磊明	女
陈绮衡	女
张红艳	女
梁 捷	男
吕春盛	男
甄新育	男
冯 雷	女
蒋 穗	女
冯友雫	女
朱剑云	男
古红樱	女
邝莉红	女
李夏然	男
叶青山	男
曾 洁	女
张崇明	男
陈俊强	男
陈 鹏	男
王 健	女
林 骏	男
简辉斌	男
张凯军	男
张克胜	男
刘志明	男
钟敏庄	女
方莺华	女
郭金凤	女
邵 伟	男

1988 届六年级（2）班
班主任：江芥珍

校友姓名	性别
方碧泉	女
方 磊	男
王永宁	男
文丽霞	女
孙湘军	男
冯小兰	女
叶永强	男
许聆彦	女
向海燕	女
汤健珍	女
陈 锐	男
陈 琴	女
陈文乐	男
陈晓嫚	男
陈碧兰	女
陈文斌	男
杨 楷	男
张 芃	男
李晔明	男
李锦洪	男
李 艳	女
李岷峰	男
林达广	男
邹锦宏	男
孟晓丹	女
罗敏熙	男
林乔楚	男
林 瑜	女
林泽安	男
林炜丽	女
郑羽晖	男
岳俊生	男
赵建炜	男
赵进超	男
洪 毅	男
洪文斌	男
唐 力	男
龚海荣	男
梁 皑	女
黄 迅	男
黄海峰	男
黄愈敏	女
黄 瑛	女
童丽芸	女
喻 晖	女
彭 涛	男
董志军	男
赖伟刚	男
潘永庆	男
潘晓媚	女
黎旭华	男
戴勇娟	女

1988 届六年级（3）班
班主任：梁莲

校友姓名	性别
何 靖	男
许敏君	女
伍乐斯	男
方 翔	男
陈晓红	女
何志军	男
刘 贵	男
黄 伟	男
李碧娟	女
傅卫波	男
何凯茵	女
李应春	男
沈华珊	女
柯老阳	男
刘宇辉	男
叶 茵	女
郑晓宇	男
曹小玲	女
张穗明	男
池远辉	男
刘 宇	男
罗嘉嘉	女
黄启萦	女
钟 潜	男
陈智勇	男
吴翔宇	男
刘未名	男
朱凯旋	男
余 晴	女
郑文英	女
曹燕青	女
黄 健	男
李 明	男
陈 炜	男
劳 迪	男
王振耀	男
林 燕	女
何海山	男
郑穗芳	女
陈 旭	女
关惠梅	女
陶素媚	女
朱 江	男
叶森葵	女
贺春芳	女
何文敏	女
饶 亮	女
许 平	男
江少波	男
欧家钊	男
欧雁燕	女

1988 届六年级（4）班
班主任：张粤玲

校友姓名	性别
郑宏征	男
林 璐	女
段一卉	女
朱元军	男
王东宁	男
洪 晖	男
曾 宜	女
陈 雷	男
林育穗	女
苏晓华	女
罗科伦	男
陈 敏	女
何志文	男
郑晓捷	男
区 锐	男
潘晓华	男
谢 峰	女
林 挺	男
邱建强	男
蒋菁华	女
吴俭瑜	女
蒋 明	男
李智斌	男
裘翌昕	男
林礼宣	男
刘丽莉	女
孙庆妍	女
谢 雪	女
蔡 觉	男
唐 勇	男
毛俊峰	男
常秀玲	女
蒋天飓	男
艾钰娇	女
李方铭	男
李智勇	男
骆志辉	男
戴勇萍	女
雷思杨	女
艾旭宁	男
蔡 峻	男
蒋 楚	男
李佳媚	女
黎声泉	男
李敏锐	男
肖海珊	女
谢伟斌	男
陈爱华	女
兰 澜	女
古雪梅	女
杨敏仪	女
秀 萍	女

1989 届六年（1）班
班主任：郭依依

校友姓名	性别
吴燕文	女
卫振宇	男
关晓辉	男
文明刚	男
吴　琪	女
曾昭如	男
黄璐宁	女
刘燕华	女
邓晓涛	男
李　华	男
白　冰	女
黄少梅	女
杨晓丹	女
张　扬	女
张　健	男
伍洁仪	女
胡美玲	女
江　凌	男
徐　健	男
梁穗冬	男
邓　荣	男
钟　焰	女
陈　昊	男
黄　颖	女
纪　卿	男
董泳源	男
崔东樱	女
黄　炜	男
陈景彪	男
黄　宁	女
陈翠玲	女
申沙林	女
刘建国	男
苏映苹	女
陈伟宁	男
徐健宁	男
高　勇	男
罗晓翔	男
符志华	男
王　弢	男
李　雷	男
郭世恒	男
黄　可	男
邹宇鹏	男
胡娟英	女
李　昊	男
周　辉	男
周智英	女
黄象华	男

1989 届六年（2）班
班主任：张湘娥

校友姓名	性别
罗健红	女
李　莉	女
蔡　彧	女
刘心颖	女
杨健勇	男
梁　抗	男
李　伟	男
梁树仁	男
徐睿丽	女
朱嘉薇	女
张　斌	男
巫　峡	男
陈楷浩	男
伍丽玫	女
吴　典	男
钟　宁	女
曹　静	女
潭汝星	女
张小晖	女
卫　红	女
杨铁城	男
李结菁	女
古文杰	男
张励征	女
翁益淼	男
李翠彦	女
陈旭明	男
何　勃	男
姚昌辉	男
常俊璞	男
潘赛祺	女
林伟强	男
罗宁宁	女
苏世挺	男
周希承	女
林志坚	男
曾　桦	女
陈　铭	男
王　琳	女
刘永全	男
郭桂斌	男
何慧艳	女
何筱瑜	女
蔡迅杰	男
黄　恺	男
郭　铭	男
曾　卉	女
陈　峯	男
周海萍	女
张　琪	男

1989 届六年（3）班
班主任：李天华

校友姓名	性别
陈海鹏	女
杨健红	女
朱　澳	男
廖　明	女
张　镭	男
游可铨	女
王耿新	男
黄　弢	男
伍志微	女
江俊毅	男
胡仰东	男
谢瑞瑜	女
林洪伟	男
卢毓敏	女
陈宇峰	男
张华红	女
蔡燕妮	女
许颖贤	女
梁志标	男
段司宇	男
林湘闽	男
纪　竑	男
潘　平	男
彭　盛	男
吴晓媚	男
张华阳	男
关迎雷	女
黄穗军	女
秦璐滢	女
覃东明	女
闽　京	女
何杰明	男
陈　坚	男
曾俊燕	女
张　微	女
李　斌	男
黎智鸿	男
陶宇飞	男
江丽妍	女
杜俊实	女
叶　骏	男
陈　莉	女
沈锡泉	男
陈　洲	男
黄丹丹	女
杜耀林	男
柯穗光	男
徐　禤	男
陈　晖	男

1989 届六年（4）班
班主任：徐志辉

校友姓名	性别
陈　菲	女
许忠敏	男
陈　军	男
邓敏珊	女
谭穗兰	女
邓敏珊	女
叶　晖	男
马云山	男
孔丸玲	女
杜蔚敏	女
柳　莹	女
朱展航	女
陈春集	男
李蓓蓓	女
陈瑞贤	女
叶稚颖	女
曾国聪	男
徐　佳	女
黄丽军	男
钟浩栋	女
李　华	男
李敏琳	女
成　宇	男
李雪晖	女
郑卓强	男
陈科峰	男
贺秋芳	女
刘　星	女
陈智锋	男
郭秀龙	男
骆丽晖	女
陈瑞瑜	女
龙建华	男
欧智敏	女
谭雄华	男
杨光明	男
李玉兰	女
黎　嘉	女
梅　桦	男
黄杰生	男
向　明	女
冯　穗	女
杨海山	男
张耀鹏	男
江华姿	女
沈博前	男
洪文钰	女
徐庆园	女
黄　浩	男

1992 届六年（1）班
班主任：梁莲

校友姓名	性别
陈 艳	女
郑 哲	男
黄粤贾	男
傅满琳	女
罗文斐	男
谭立栋	男
胡晓捷	女
蔡文杰	男
吴敏玲	女
刘彩璐	女
谢志金	男
林 俊	女
郭伟明	男
林万州	男
杨伟杰	男
林育贞	女
彭 琳	女
马小慧	女
郑宇晟	男
刘 芳	女
谢智勇	男
谢家殷	男
肖晓鸣	女
黄竞霏	男
温智彬	男
胡 锋	男
梁婉莹	女
梁淑敏	女
姚 晖	女
何慧敏	女
杨晓迪	男
梁 斌	男
曾燕翔	男
陈超鹏	男
黄晓明	男
蔡志美	女
王志伟	男
陈 哲	男
罗 嘉	男
肖 莹	女
黎晓冰	女
胡丽明	女
谢 阳	男
杨嘉琳	女
伍艳妮	女
曾 隽	男
黎汉雄	男
杨 洋	男
张郁绪	男
黄穗兰	女
李明霞	女
周鹏梅	女

1992 届六年（2）班
班主任：李琼

校友姓名	性别
万小莹	女
卢志斌	男
叶 靖	女
刘月莲	女
刘嘉英	女
刘 晖	男
陈文静	女
李 薇	女
李秋安	男
李民韬	男
李智华	男
许 燕	女
邢蓬华	女
孙琪琛	男
陈雪玲	女
陈 颖	女
陈继柏	男
陈纪州	女
沈汪泷	男
苏映琳	女
邹穗怡	女
张琥珀	女
张斯琪	女
林 石	女
林兴中	男
钟 琪	男
林湘玉	女
郭秀莲	女
张福波	男
林 艳	女
罗 政	男
罗 穗	女
罗 慧	女
徐 彦	女
黄健辉	男
谢 智	男
邓 筠	女
雷 霏	男
雷 霖	男
蔡彧昕	女
陈 瑜	男
颜德兴	男
聂一鸣	男
曾德秀	女
潘欣欣	女
骆树辉	男
吴 娟	女
杨轶敏	女
黄 平	男
邝一珊	女

1992 届六年（3）班
班主任：周燕容

校友姓名	性别
韩 冰	男
钟少云	男
陆晓华	女
罗宇平	男
林 云	女
江凯涛	男
李智杰	男
吴宇辉	男
彭 颖	女
周慧怡	女
张焕珏	女
曹志强	男
李 燕	女
钟伟恒	男
陈洁文	女
李宇飞	男
孙 静	女
郭 峰	男
曾燕萍	女
龚清平	男
陈立加	女
谭启明	男
陈 慧	女
余锡聪	男
罗燕红	女
林书昊	男
李 昱	女
邝俊华	男
贺 丹	女
欧阳晟	男
叶洪国	男
关艺深	男
周经文	男
肖 琼	女
刘 昕	男
罗敏慧	女
林 蓁	女
黄 琨	男
黄 立	男
冼雪琳	女
徐辉宇	男
关兆琼	女
叶洪泰	男
叶慧娟	女
邓 琴	女
利 莉	女
应 灏	男
朱海清	女
胡艳筠	女
杜信城	男
周穗强	男

1992 届六年（4）班
班主任：白德惠

校友姓名	性别
曹 亮	男
钟 政	男
彭 宇	男
王俊苹	女
何旭元	男
刘佐琳	男
吴 戈	男
李松添	男
王昊扬	男
邓向荣	男
黄志军	女
朱伟江	男
徐苏妍	女
叶腾远	男
朱艳华	女
王 澍	女
张宇焜	男
彭永华	男
郑华莹	女
肖慧芳	女
黄建玉	女
岳敏丽	女
林文骏	男
杨 健	男
邓 颖	女
梁颖强	女
王耿旺	女
徐欲晓	女
李 丽	女
李柱良	男
张克方	女
霍隽超	男
黄 浩	男
梁东波	女
邱京品	女
陈文达	男
李 广	男
邱斯琪	女
詹晓飞	男
叶 丹	男
林 涛	男
林 彬	男

1994 届六年（1）班
班主任：李琼

校友姓名	性别
王贤东	男
王 晨	女
丛硕鸣	男
叶伟彬	男
史小云	女
宁致远	男
田超寅	男
龙振华	男
刘云龙	男
刘 琦	男
刘 慧	女
关志锦	男
邵嘉琦	男
许苗苗	女
李 萌	女
李 淇	男
李嘉宁	男
李景行	男
李文皓	男
李 榔	女
吴嘉琨	女
吴嘉琳	女
张 奕	男
张天力	男
张玮焘	男
林 硕	男
杨晓婕	女
陈昕东	男
邹 珺	女
周 韵	女
周雪霆	女
郑泽标	男
金 昊	男
姚欣南	男
钟 琳	女
郭 静	女
徐 净	女
高雨田	女
黄嘉颖	女
黄合韵	女
梁锐敏	男
温洁芸	女
温万象	男
蔡智毅	女
魏颖崴	男
赖 炜	男
曾菁华	女
潘 航	男
李应虹	女
梁文君	女
陈 静	女
林楚毅	男
张 枫	男
吴绍青	女
朱伟航	男
张 珊	女
彭子芯	女
彭若雪	女

1994 届六年（2）班
班主任：徐志辉

校友姓名	性别
丁丽敏	女
卫 伟	女
王 扬	男
刘 薇	女
丁 莹	女
刘信海	男
黄秉株	男
邝袄华	男
李 敏	女
李燕华	女
张 超	男
杨 蕾	女
林 杰	男
周 贤	男
柯 聪	女
郑美杰	男
夏安妮	女
伦一杰	男
吴嘉智	男
岑锐坚	男
何国福	男
陈杰玲	女
陈 佳	女
陈 晖	男
陈 舜	男
陈文安	男
罗晖成	男
胡圆圆	女
胡小圆	女
宫 喆	女
莫 妍	女
郝宁宁	女
梁妮莎	女
梁馨丹	女
谢 哲	女
黎 卓	男
刘 玮	女
郑 昶	男
李 义	女
李承武	男
刘 智	男
徐 峰	男
钱奕怡	女
张 婧	女
彭天祥	男
周明剑	男
胡妍玥	女
曹 炜	男
王 政	男
陈婉芬	女
李伟亮	男
马 涛	男
刘志斌	男
郑柏洪	男
赖宇斌	男
朱华彬	男

1994 届六年（3）班
班主任：江芥珍

校友姓名	性别
马夏俊	女
王 晋	女
王会斌	女
王 慧	女
王 莹	女
方 茅	女
刘志玮	男
刘 恒	男
刘 羽	男
叶振中	男
龙国颖	男
汤 哲	男
庄伟晴	男
许忠林	男
邹晴柔	女
李燕欢	女
李 欣	男
李 可	女
李 辉	男
李 桦	女
吴婷婷	女
杨海华	女
陈绮明	女
周智莹	女
郑丽君	女
林立婷	女
欧永辉	男
胡颖善	女
杨 颖	女
简锦聪	男
姚 波	男
徐洁婷	女
秦 穗	女
郭晓辉	男
黄一笑	女
王菲莉	女
程 喆	男
覃东海	男
甄伟崑	男
谭碧莹	女
谭永燊	男
黎汉华	男
余炳伽	男
李 冬	男
欧 健	男
邝蔚涛	男
麦树军	男
张 蕾	女
马 骏	男
黄 惠	女
南恒佳	男
谢 凯	男
曾 元	男
张 艳	女
邓小勇	男
陈晓荣	男
何广思	男
刘慧雅	女
孙 博	男
洪泽楷	男
胡 敏	女
王向军	男
李 亮	男

1994 届六年（4）班
班主任：张小南

校友姓名	性别
林宏生	男
黄智坚	男
杨 杰	男
郭 健	男
冼俊炜	男
郑 岩	男
谭颖鹏	男
陈佳民	男
罗卓林	男
林 峰	男
邝治全	男
姚奋生	男
林 君	男
李杰良	男
赖 文	男
陈婷婷	女
黄 帆	女
李晓霞	女
辛 莹	女
熊思茹	女
岳 文	女
严玉卿	女
容志维	女
陈 璐	女
杨见嫦	女
胡咏欣	女
李颖怡	女
陈宝莹	女
莫 丹	女
廖 彬	女
潘晓昀	女
李慧敏	女
张周文	女
张楚君	女
谢洁英	女
张喆星	女
周若茵	女
邓 茹	女
林晓璐	女
王 薇	女
张丽文	女
刘 勇	男
李 欣	男
李健兴	男
钟 涛	男
周 琨	男
李 欢	男
容 斌	男
谢俊南	男
张 健	男
吴 迪	男
蔡 粤	男
尹 盛	男
舒 然	男
陈 湖	男

1996届六年（1）班
班主任：梁莲

校友姓名	性别
赖文婷	女
曾庆雯	女
余 川	男
梁晓毅	男
梁 猛	男
黄 雷	男
黄 硕	男
黄浩明	男
彭 骋	男
郭长嘉	男
高倩雯	女
唐玉婷	女
唐 洁	女
罗 莹	女
周荣钊	男
周 莹	女
赵致宁	女
田裕芳	女
张 敏	女
张远航	男
陈穗清	女
李蔚民	男
李 翔	男
李旭莹	女
李钟升	男
李莹莹	女
李先帆	男
李 媚	女
冼诗扬	男
吴文彦	女
吴 婧	女
吴韫琳	女
吴蔚容	女
关新正	男
刘永健	男
刘小薇	女
刘 杰	男
刘思隽	男
任鹏维	男
古 典	男
冯悦悦	女
序葳琪	女
云 浩	男
向道庆	男
王慧婷	女
周宇秋	男
刘超江	女
马卓慧	女
黄维洁	女
庄锦虹	女
钟慧芳	女
岑 昆	男
卢啟锋	男
李利斌	男
陈永烨	男
郑恩宁	女
梁碧华	女
邓志超	男

1996届六年（2）班
班主任：梁承穗

校友姓名	性别
区晓鹭	女
王善锦	男
王梓蔚	女
吴 岛	女
叶晓敏	女
叶 媚	女
李 联	男
李 烨	男
江俊超	男
洪海宁	男
何 涛	男
林药山	女
林晓君	女
周佳宁	女
曾庆慧	女
罗斯灵	女
佟 剑	男
杨碧君	女
杨晓霞	女
张梦秀	女
张 莹	女
邱园园	女
范雯仪	女
房韵莉	女
黄伟强	男
黄 翔	男
钟娅芝	女
黄名岛	男
陈 崧	男
陈 聪	男
陈 宇	女
陈 妍	女
陈莉敏	女
陈赫男	男
符晓风	男
付 婷	女
麦永曦	男
梁嘉恺	男
程伟健	男
钟智宇	男
司徒放	男
庚君杰	男
熊雪萍	女
吴平珠	女
陈姗姗	女
王贤安	男
赵 青	女
曾功昶	男
朱 君	女
张君璇	女
刘拓宇	男
谭桂贤	男
梁皓超	男
张 璇	女
华 鸥	女
贺 璞	女
姜 玲	女
李上上	男
徐 斌	男
冉 昊	男

1996届六年（3）班
班主任：江芥珍

校友姓名	性别
江 颖	女
李海昕	男
何颖丹	女
伍 亮	女
罗 杰	男
梅一多	女
陈孟峰	男
郭 卉	女
赵秋鸣	男
黄紫韵	女
徐海青	男
冯颖华	女
赵 昕	男
游利琚	女
李广君	男
邓 辛	女
陈大猷	男
钟思婕	女
谭乐丰	女
温 微	女
梁 劼	男
蔡思瑜	女
林 乐	男
莫淑仪	女
梁旭明	男
伍伟平	女
孙学敏	女
刘恺劼	男
肖曦梦	女
方 岳	男
陈瑞晶	女
李向科	男
秦 力	男
林 琳	男
花泽方	男
伍锦荣	男
黄卓君	女
胡达森	男
郭晓文	女
吴旭明	男
杨 彤	女
牛庆巍	男
黄文斌	男
刘 洁	女
邓 璐	女
甄建辉	男
孟婷婷	女
默晓伟	男
施仲谋	男
黄展毅	男
陈志宇	男
余德馨	女
张 欢	女
陈倩仪	女
朱文捷	男
冯睿莹	女
夏 菁	女
黄琴花	女
林 琳	男

1996届六年（4）班
班主任：张洁

校友姓名	性别
王煦宁	女
丘正清	女
卢树斌	男
江华凌	女
米捷帆	女
陈唯晟	男
陈坦君	女
陈多伦	男
张白羽	女
张嘉杰	男
张佩恩	女
吴 映	女
余秀明	女
李晓磊	男
各晓玉	女
肖莹莹	女
林伟健	男
林 莉	女
陈 婉	女
郑智斌	男
洪 宁	女
钟楚维	男
钟微韵	女
郭嘉睿	男
莫春媚	女
莫文刚	男
倪 苹	女
容 辉	男
刘 晶	女
袁俊超	男
袁鼎敏	男
康斯雅	女
鲁 翔	男
林 煜	男
董 蕊	女
程志红	女
谢伟立	男
覃静丽	女
梁 劲	男
梁志华	男
詹栩祯	女
蓝 飞	男
龚 音	男
郑冬萌	男
何志宏	男
郭晓慧	女
陈 莉	女
傅伊人	女
雷 静	女
沈豪哲	男
于 翔	男
金 昊	男
杨 智	女
陈嘉君	男
黄 煜	男
占圣武	男
金尹华	男

2000 届六年（1）班
班主任：张洁

校友姓名	性别
王梦如	女
廖 宏	男
邓俊平	男
邓志伟	男
叶梦琪	女
刘晓华	女
古燕灵	女
卢济廷	男
羊 羽	女
江 颖	女
刘 璟	女
李云飞	男
李元卿	男
李奕俊	男
李 琳	男
阮嘉州	男
刘婷婷	女
张依林	女
张 慧	女
何国健	男
何嘉宁	男
陈燕云	女
陆 茵	女
宗文菁	女
郑 晨	女
郑 毅	男
林敏超	女
罗杰欢	女
曲天姣	女
邹文悦	女
赵碧玲	女
刘赟浩	男
钟海成	男
郭唐宏	男
俞 骏	男
柯炯亮	男
凌 立	女
梁 爽	女
黄炜瑜	女
黄荇茜	女
黄 龙	男
曹文海	男
董 沂	女
温意灵	女
吴珊珊	女
曾 蔚	男
谢文钧	男
谢韵华	女
蒋小冬	女
赖文欣	女
戴志勇	男
张任哲	男
杨 茜	男
黄 猛	男
邱 劲	男
贾一飞	男
耿 倞	男

2000 届六年（2）班
班主任：梁莲

校友姓名	性别
黄俊熙	男
叶晓慧	女
李恒正	男
骆晓婷	女
朱丽嘉	女
梁剑凡	男
罗宇轩	男
曹 昕	男
吴晶灵	男
黎慧敏	女
陈 洁	女
鹿 野	男
吴 倩	女
陈伟杰	男
江丽莹	女
潘建国	男
张艺珠	女
陈林曦	男
卓 岱	女
陈仕贤	男
司徒慧中	女
刘 堃	男
张闻彦	女
董 星	男
冯 聪	女
王晨宇	女
李俊杰	女
钱 悦	女
宋婧文	女
陈 希	女
于 凌	女
肖 颋	女
何嘉毅	男
罗嘉蕴	女
杉建婉	女
余浩然	男
朱伟航	男
李一凡	男
黄昊飞	男
黄静雅	女
曾翰翔	男
胡淑莹	女
温 馨	女
岑映雪	女
周思桥	女
吕 磊	男
叶美玉	女
林 捷	女
张汉莹	女
宋 瑶	女
刘 钊	男
胡淼菲	女
陈 磊	男
陈耀强	男
温锐锋	男
陈 欣	女
朱文希	男
李云龙	男

2000 届六年（3）班
班主任：梁承穗

校友姓名	性别
宋阳波	男
李子堃	男
叶晓芳	女
李东博	女
邓 元	男
霍少波	女
叶一舟	男
郑 黎	女
蒋晓安	男
吴丹丹	女
简耀泉	男
酒文清	男
龚荣庚	女
陈哲华	女
谭清川	男
梁宇斌	男
尹子禹	男
吴维思	男
卢 珊	女
张 岱	男
欧宇昆	男
温瑞鹏	男
周赖清亮	女
梁慧姬	女
蔡 健	男
林 健	女
黄 璐	女
郭贤光	男
张 奕	男
蔡嘉翔	男
邱旖琪	女
王 冲	女
杨晓帆	男
何嘉伟	女
苏玉妍	女
孙 珺	男
张 瑛	女
林雨晨	男
杨 莹	女
贺 凯	男
郑凯丽	女
江 河	男
麦伟贤	女
徐 璐	女
叶虹红	女
李 墉	女
徐君珠	女
李嘉文	女
徐 茜	女
谢雅知	女
林云稚	女
张 洋	男
张 怡	女
肖运芃	女
陈 晖	男
吕 薇	女

2000 届六年（4）班
班主任：张粤玲

校友姓名	性别
王 鹏	男
王 雨	男
王 敏	女
王 微	女
邓 昊	男
王冬霓	女
刘 莹	女
叶 斯	女
李 强	男
李杰毅	男
李元媛	女
李秋霞	女
李 术	女
刘 慧	女
刘穗湘	女
乔 侃	男
吴小楠	女
吴 俊	女
何 杰	女
何晓勉	女
何淑娴	女
杨忆东	男
杨 帆	女
杨 倩	女
余 欣	女
张瑟凌	女
林 梵	女
林 清	女
郑 哲	男
欧俊华	男
周伟健	男
钟 炟	男
郭立玮	男
符杰帅	男
钱 呈	男
黄志强	男
袁家乾	男
黄 颖	女
曾 瑞	男
曾 婷	女
曾 怡	女
鲁 韬	男
谢 芸	女
赖绮雯	女
廖恺明	男
廖隽然	女
潘文思	男
郑林栋	男
温 涵	男
姜晓晴	女
沈婉婷	女
冯昊亮	男
陈明诗	女
何雪峰	女
吴雨浓	男
白靖宇	男
吴 凡	女

2001届六年（1）班
班主任：江芥珍

校友姓名	性别
万　鑫	女
万　恺	男
马洪飞	男
王志纯	女
尹　熹	男
古　悠	女
石　晛	男
叶盈盈	女
卢志辉	男
刘隽欣	女
江　雪	女
江　海	男
朱一灏	男
李倬媚	女
李蕴菲	女
杨骏野	男
杨俊杰	男
肖嘉琳	女
何婉莹	女
陈梦秋	女
陈南燕	女
陈茵茵	女
陈　頔	男
陈典泉	男
陈劲松	男
陈嘉昊	男
吴　睿	男
张泽林	男
陈　崇	女
陈浩然	男
周钜东	男
郑轶玮	男
郑思行	男
林　星	男
欧文浩	男
周韻琪	女
周　航	女
贺　立	男
胡笑芳	女
胡婷婷	女
姚裕聪	男
郑志生	男
梁素超	女
梁明宇	男
郭　玮	女
胡　玥	女
翁斯蔚	女
袁晖至	男
袁　潇	男
夏莹浩	男
黄　旭	女
黄昱滨	男
崔星汉	男
鲁　坦	女
谢　玟	女
曾　蕾	女
童　加	男
彭建聪	男
黎煌璨	男
颜　铭	女
钟桂樑	男

2001届六年（2）班
班主任：梁莲

校友姓名	性别
董文昊	女
陈　诺	男
陈锦翔	男
陈龙源	男
庄云龙	男
许梦琳	女
陈卓珍	女
陈　洵	男
刘　勇	男
彭宇冼	男
于　晖	男
吴广志	男
司徒莹莹	女
陆文宇	男
张彩霞	女
李文龙	男
陈燕艺	女
孔文杰	女
李寅达	男
刘方超	女
李　妍	女
刘衍昕	男
邹　奕	男
凌华娟	女
郑　琰	女
孟雯雯	女
郑天佑	男
张　弛	男
梁　豪	男
范超尘	女
赵　玮	女
王曼莹	女
李振邦	男
吴文嘉	男
郭　萌	男
柯瑞达	男
章逸洲	男
张思韵	女
刘　凯	男
莫　测	男
曾　辰	女
徐韫婷	女
侯梦琳	女
冯逸诗	男
伍建业	男
黄璐璐	女
梁宇昕	女
黄　微	女
黎晔翘	女
朱嘉蕊	女
关凯燕	女
李　准	男
陈　智	男
许泽熙	女
陈睿敏	女
周　悦	女
何荣斌	男
李颖文	女
梁　音	男

2001届六年（3）班
班主任：张洁

校友姓名	性别
于　歌	女
马彧舒	女
王晓敏	女
王　婧	女
王伟鹏	男
文　亮	男
邓　卓	男
冯　栋	男
叶晓晖	男
叶穗超	男
许　特	男
季立斐	女
朱芯怡	女
李丝璐	女
李海剑	男
李一斌	男
李　臻	男
何燕诗	女
何嘉璐	女
何穗华	男
劳嘉颖	女
麦丽婷	女
苏纳尔	男
吴龙娃	女
汤学智	男
陈淑敏	女
张冬妍	女
张　璐	女
张俊龙	男
杜　夏	女
周欢微	女
周瑛琦	女
林　琳	女
易资颖	男
郑家桢	女
范智超	男
钟恺鸣	女
钟　昊	男
姜　钧	男
姜　鹭	女
信　鑫	男
张天琪	女
祝　今	男
耿　轩	男
徐凯茜	女
黄　熙	女
黄　瑾	女
黄　煜	男
谢鑫华	男
谭　潇	男
廖　婧	女
马加宁	男
刘　磊	男
吕洁莹	女
诸鸿图	男
朱桔榕	女
吕婧欣	女
章妍捷	女
马睿思	男
关　键	女

2002届六年（1）班
班主任：封亚君

校友姓名	性别
方天纵	男
王家驹	男
王　恺	男
卢车鹏	男
陈志敏	男
刘制弘	男
孙全杰	男
孙立扬	男
汤　舒	男
许亿鑫	男
何　宇	男
沈俊尧	男
术　青	男
肖　丁	男
苏　峻	男
吴小骥	男
吴彬林	男
彭　力	男
周傲轩	男
周乾刚	男
周偲祺	男
郑彦斌	男
胡顺平	男
高元豪	男
徐航航	女
高淳亮	男
黄超超	男
黄　健	男
魏晓杰	男
丁泽义	男
王劲懿	女
邓文馨	女
邱豆豆	女
朱　坚	女
余中乃	女
李　璐	女
苏施雅	女
吴听彧	女
陈唯伊	女
张　菁	女
张　影	女
宋晓星	女
郑　凡	女
郑舒婷	女
郑瑞云	女
钟秀清	女
黄嘉仪	女
周　潺	女
高士吟	女
刘沐慧	女
冯文佳	女
彭　菁	女
黎　炅	女
陆纬菲	女
郭晓波	男
许穗岚	女
陈志敏	男

2002届六年（2）班
班主任：张粤玲

校友姓名	性别
王卓思	女
王振鹏	男
冯高发	男
叶晓斌	男
刘宇水	男
郑阳熙	男
汪一聪	男
李力玮	男
陈子道	男
陈文杰	男
张玉龙	女
宋　杰	男
杨　骏	男
李国燚	男
杨　倩	女
陈晋安	男
李健波	男
吴海曦	男
张　捷	男
陈　斌	男
李　晶	女
何琪婧	女
吴德超	男
庞　江	女
林华冰	男
林宇翔	男
姜　珑	女
林秋凌	女
林珈嘉	女
林笑斌	女
钟宇健	男
姚　夏	男
赵穗枝	女
袁　明	女
涂婉希	女
黄口升	女
黄俊戈	男
梁思蓉	女
崇秋雯	女
梁思衡	女
曾子豪	男
王　欣	女
蒋豪杰	男
蔡宇雄	男
蔡　威	男
谭　燊	男
谭　梓	男
潘文杰	男
戴玲玲	女
戴健斌	男
谭　迅	男
蒲晓颖	女
王　潜	男
李惠东	男
徐威音	男
苏盛涛	男
江子立	男

2002届六年（3）班
班主任：梁莲

校友姓名	性别
张嘉莲	女
赵　蒙	男
王见严	男
陈　戈	男
张俊先	男
谢嘉学	男
程　溪	男
陈嘉玮	女
邬永韶	女
吴子枫	男
周静宜	男
谭　西	女
郑纯琪	女
张　慧	女
房文森	男
许兴瑞	男
李　逸	男
黄　威	男
董振辉	男
陈一楠	男
周　思	女
梁　健	男
梁迪安	女
麻洛旭	男
张凝南	男
温夏珊	女
刘韦华晶	女
刘　意	男
周　鹤	男
谢昊泽	男
郭晓俞	女
曹梦妮	女
曹　磊	男
郭　靖	男
莫　衡	男
曾雅君	女
李俊明	男
李少欣	女

2004 届六年（1）班
班主任：邓冠虹

校友姓名	性别
萧浩然	男
吴颖雯	女
陈靖芸	女
陈龙彪	男
顾　翔	男
张益嘉	男
卢　彦	男
梁欢新	男
徐楚君	女
叶远彬	男
龚　竺	女
林一帆	男
蒋梦虞	女
邵综晖	男
陈佳鑫	男
许嘉妤	女
朱玉玲	女
郭　铮	男
赖怡伶	女
余魏嘉	女
周　彤	女
曾晓文	男
陈　长	男
谢　晨	女
周智良	男
陈文聪	男
卢镓如	女
钟帅琥	男
聂嘉玮	女
刘　畅	男
王　悦	女
陈斐瞳	女
魏晓宾	男
程思嘉	女
庄应星	男
吴嘉宜	女
吴　鹏	男
陈俊安	男
陈　茜	女
陈斌斌	男
陈　垒	男
杨子朋	男
何　倩	女
李俊丽	女
汪诗薇	女
林泽瀚	男
罗　燕	女
茹　斯	女
陶　涛	男
夏梦雪	女
黄慧仪	女
黄锦中	男
解世尧	男
谭翔羚	女
谭　静	女
黎照翔	男
郑沛鑫	男
伍俊威	男

2004 届六年（2）班
班主任：姚霞晖

校友姓名	性别
司徒慧慧	女
江嘉颖	女
陈梓睿	女
张碧菁	女
胡　碚	女
谷宇萌	女
李弦蔚	女
朱洪光	男
陈丹霞	女
张子林	男
郑　源	男
覃文诗	女
何劭泉	男
陈璐瑶	女
刘　洋	女
刘嘉臻	男
刘思君	男
许昕怡	女
陈慧婷	女
陈雨晖	女
陈怡然	女
陈浩庆	男
罗潇韵	女
黄紫琚	女
黄可韵	女
颜铭彰	男
刘之亮	男
魏子洋	男
王　蕾	女
李成蹊	女
张自楚	女
李想	女
李雪婷	女
邓珍圆	女
吴心舟	男
刘志伟	男
刘辰晟	男
关海山	男
利晓童	女
杜博文	男
邱　洪	男
杨景丽	女
李浩洋	男
林子淇	女
林斯杰	男
钟　山	男
谢麟子	男
彭胜广	男
陈思竹	女
李成蹊	男

2004 届六年（3）班
班主任：端木立蓓

校友姓名	性别
区鸣飞	男
唐珮珺	女
吴佳莲	女
杨　阳	女
梁　昊	男
杨芷婧	女
李宇娟	女
张冰青	女
谢　珉	女
梁兴来	男
张芃芊	女
林伟杰	男
贾笑然	男
刘智恒	男
陈琦超	男
张　佳	女
闭楚琪	女
何玄梦	女
祝楚翘	女
杨石磊	男
李梦洁	女
贺照人	男
李恺宜	女
胡　祥	男
刘黎瓦	女
林珈漪	女
郑棉泽	男
郑霁芃	女
李孟德	男
陈　能	男
李　宝	男
曾宝滢	女
陈夏驰	女
林依桐	女
李文灏	男
赖逸韬	男
刘　毅	男
关兆健	男
许万豪	男
张珊珊	女
张甲勇	男
张　敏	女
张连鹏	男
张　媚	女
余思睿	男
汪　曦	女
苏兰婷	女
陈柏桦	男
何　叶	女
郑瑞霞	女
郑思维	男
郑昕羿	女
胡顺权	男
胡梦华	女
康百惠	女
唐鑫涛	男
黄逸轩	男
曾圣麟	男
温昊臻	男
杨　璟	男
陈　灵	女

2004 届六年（4）班
班主任：张粤玲

校友姓名	性别
高婧雯	女
林小亮	男
苏　珺	女
黄明海	男
蔡芝婷	女
刘东岳	男
陈思灵	女
胡晶玮	女
廖森洋	男
郑穗君	女
黄佳琪	女
郑哲民	男
郑　筠	女
楼　洋	男
曾彦婷	女
张君弘	男
刘碧茵	女
李奕都	男
张　雯	女
廖　晨	女
段梓伯	男
甘雯荟	女
卢维斯	男
杨家俊	男
黄一沙	男
张诗雨	男
李梓见	男
高　攀	男
冯　征	男
叶伟诚	男
彭　谦	女
毛铁铮	男
杨非伊	男
谢健清	男
马怡聪	女
文一帆	女
刘　栋	男
许明达	男
关嘉怡	女
向鲁奇	男
吴　洋	女
吴子曦	男
张　超	男
张　潇	男
张逸然	男
李逸洋	女
陈敏瑞	女
陈楚欣	女
邵　蕾	女
郑力铭	男
林　莹	女
段　群	女
姚颖怡	女
徐永杰	男
黄子迅	男
黄守斌	男
彭荣鑫	男
李俊翔	男

2005 届六年（1）班
班主任：孙寒梅

校友姓名	性别
王子样	男
王　娟	女
陈文月	女
龙展鹏	男
冯雪莹	女
石琳玉	女
刘丹青	男
孙怡苑	女
池韵恰	女
李叶子	女
张　俏	女
张文戈	男
李启尧	男
张彩虹	女
孙肇一	男
陈旭琦	女
宫大千	男
吴梦帆	女
张梦珂	女
张洪滔	男
何苑琦	女
李凯明	男
杨瑞荣	男
陈舒婷	女
陈子堉	男
邱梓杰	男
张鹤然	男
张嘉雯	女
李粤吉	女
蒋瞰阳	男
麦韬毅	男
陈睿安	男
郑思昀	女
李霆锋	男
罗梓豪	男
庞佳璐	女
周加利	男
范永坚	男
郑林燊	男
付思宇	男
徐智彬	男
钟达威	男
容诗婷	女
徐　晨	男
戚子慧	女
黄　铭	男
黄奕为	男
黄威仪	女
温　妮	女
彭康松	男
彭秀颖	女
曾嘉威	男
曾杨铭	女
熊　恺	男
谭侃然	男
廖文佳	男
彭　烨	女
李纹洋	男

2005 届六年（2）班
班主任：张玲红

校友姓名	性别
邓　格	女
伍嘉豪	男
池静怡	女
李忻盈	女
李　圆	女
李惠仙	女
李子健	男
李　纬	男
沈心仪	女
杨　关	男
陈　意	女
陈米洁	女
陈梓毅	男
吴玮欣	女
吴伟鹏	男
邱子健	男
周璐翊	女
冼骏钊	男
林偲奇	男
林华粤	男
林宇东	男
赵苑伶	女
郭　俏	女
钟晓璇	女
钟素云	女
秦莉君	女
梁晓珊	女
梁子韵	女
梁妙翎	女
黄凯茜	女
谢镇滔	男
温子豪	男
彭鹏	男
彭新辉	男
蔡文卓	女
邝浩杰	男
王　卫	男
汪益鑫	男
杨钰涵	男
王晓敏	女
李俊辉	男
陈梓健	男
陈晓彤	女
陈栋恒	男
高鹏宇	男
柯秋灵	女
李旭东	男
刘希奇	男
陈思宇	男
焦　隽	女
郭　佳	男
赵丹阳	男
张　路	男
姚智煜	男
张　骜	女
杨嘉欣	女

2005 届六年（3）班
班主任：黄笑清

校友姓名	性别
马彧菁	女
方　圆	女
邓惠鹏	男
文　瑜	女
王晓艺	女
王欣欣	女
冯锦先	男
冯应昕	男
龙晓明	男
兰薏宁	女
叶怡利	女
龙剑锋	男
许一平	男
刘大地	男
朱　艺	男
刘逸凡	男
刘　峰	男
刘子豪	男
刘家碧	女
孙芷盈	女
成雪莹	女
吕　珺	女
刘旭莹	女
张斯越	男
方梓丞	男
何若晖	女
陈素雯	女
杨迎晓	女
李子豪	男
李俊龙	男
吴煜华	女
吴雪妮	女
吴伟斌	男
杨家政	男
肖　挺	男
张思思	女
张志成	男
张思研	女
陈康宁	男
陈枫红	女
饶琳玥	女
林　帅	男
郑凯泽	男
赵　祎	女
凌彭穗	男
骆　丹	女
曹嘉俊	男
黄泽航	男
梁奕超	男
黄鸿斌	男
黄心彦	女
黄　博	男
谢　敏	女
覃海山	男
康百杰	男
潘文钊	男
卫宇晗	男
王　珏	女

2005 届六年（4）班
班主任：刘瑞清

校友姓名	性别
马粤琪	女
邓升安	男
王宇翔	男
王湘穗芳	女
邱惠忻	女
叶柏灵	男
叶　楠	男
朱雪婷	女
李卓楠	男
李嘉玮	男
李天衡	男
李子灏	男
李思敏	女
李振威	男
吴帅霖	男
吴佳毅	男
吴汶桄	男
陈奇欣	男
陈嘉琛	男
陈雨晴	女
陈曈曈	女
张云凯	男
张圆媛	女
苏星凯	男
罗泰斌	男
罗韵珊	女
周　全	女
周雪莹	女
赵梁信子	女
杨梦妮	女
林　昀	女
林佳昕	女
贺子键	男
施睿文	男
郭　安	男
郭静莹	女
凌上军	男
凌恺妍	女
黄冠益	男
黄　楹	女
黄俊宁	女
黄梦琪	女
崔志杰	男
梁颖君	女
梁文颖	女
曾翰辉	男
谢　昊	男
解世恒	男
蔡文琪	女
廖云鹏	男
潘庆森	女
黎　殷	女
陶　博	男
夏奕婷	女
李卢泰龙	男
高海宇	男
吴　优	男

2006 届六年（1）班
班主任：周为民

校友姓名	性别
马肇康	男
王一洁	女
王夏谣	女
王皓宇	男
邓凯元	男
刘荣镗	男
阎瑞睿	女
严育强	男
何思亮	女
何盛杰	男
杨泽平	男
沈彧嘉	女
邱治东	男
邹芊芊	女
陆伟河	男
陈伟楠	男
陈劲名	男
陈冠锟	男
陈夏粤	男
周佳茵	女
周逸龙	男
林　昊	男
林珈维	男
胡昀熙	女
胡培炜	男
胡雪然	女
赵泰然	男
钟　馨	女
莫小苇	女
崔　璨	女
梁豪彰	男
黄俊彦	男
黄　箫	女
黄静敏	女
黄慧敏	女
傅之琦	女
彭康源	男
董颖曦	女
谢　玥	女
谭嘉明	男
杨天译	男
万伟君	女
张智颖	男

2006 届六年（2）班
班主任：常春丽

校友姓名	性别
马伟琪	男
方　迪	男
方丹彤	女
叶方舟	男
申安迪	女
全奕学	女
许琳祺	女
刘佳鑫	男
刘旭宏	男
刘泽涛	男
刘　昕	男
刘靖怡	女
刘　绎	女
李嘉慧	女
李月祯	女
陈俊杰	男
陈浩明	男
陈天熠	男
陈诗琦	女
陈海明	男
陈汇丰	男
陈万宜	男
吴殊哲	男
易　尧	男
郑泓怿	女
杨婉鑫	女
杨婕妤璇	女
林　笙	女
林景欣	女
林豪达	男
林　薇	女
周思柔	女
郭嘉琪	女
施西子	女
黄昊昕	男
梁永安	男
温　馨	女
谭维隽	男
潘永锵	男
齐文沁	女
赵俊涛	男
蔡绮芊	女

2006 届六年（3）班
班主任：赵立研

校友姓名	性别
李　璐	女
刘　慧	女
文定邦	男
邓丽霞	女
邓　蓝	男
张碧青	女
李今达	男
潘韦华	女
戴　镇	男
程可昕	女
罗家珑	男
潘文键	男
金　戈	男
陈新蔚	男
肖　同	男
潘俊贤	男
雷雪莹	女
赖嘉铭	男
胡雪斐	女
郭昭然	女
朱梓阳	男
巩笑非	男
池雅雯	女
何佳缙	男
白子威	男
刘伊霓	女
丘正伦	男
李佩蓉	女
郑铭诗	女
袁　珊	女
李思颖	女
李嘉文	男
王粤刚	男
陈　鑫	男
边雅忱	女
林　叶	女
金忆雯	女
杨　嵋	女
吴千铭	男
张宗衡	男
屠　强	男
刘家齐	女
沈钻滨	男
胡　晔	男
陆天傲	男

2006 届六年（4）班
班主任：李向炜

校友姓名	性别
孔淑仪	女
方华月	女
田泽理	男
刘铭亮	男
江孚帅	男
江敏思	女
许　隽	女
许翼键	男
吴英梓	男
吴　锴	男
张家林	男
张颖悦	女
李嘉庆	男
李灏伟	男
肖　妍	女
邹　青	男
陈淑妍	女
陈　谦	男
易建明	男
范　憬	女
郑朝中	男
郑棉译	女
姚诗琪	女
封芝韵	女
柯轶骅	男
徐锡华	男
袁泽宇	女
郭润春	男
黄文敏	女
黄钰茹	女
彭玲玲	女
曾俊霖	男
谢文雯	女
雷雄文	男
潘珠峰	男
乔　泽	男
杨泽琨	女
杨晓宇	女
萧瀚然	男
李博维	男
兰梦盈	女

2007届六年（1）班
班主任：周为民

校友姓名	性别
崔璨	女
胡培炜	男
彭康源	男
陈劲名	男
周佳茵	女
傅之琦	女
陈伟楠	男
何盛杰	男
林昊	男
何思亮	女
胡昀熙	女
黄慧敏	女
莫小苇	女
陈夏粤	男
董颖曦	女
杨天译	男
杨泽平	男
周逸龙	男
钟馨	女
万伟君	女
邹芊芊	女
胡雪然	女
王夏谣	女
马肇康	男
黄俊彦	男
陈冠锟	男
阎瑞睿	女
黄箫	女
谢坍铗	女
沈彧嘉	女
谭嘉明	男
陆伟河	男
黄静敏	女
邓凯元	男
刘荣铿	男
严育强	男
张智颖	男
王皓宇	男
邱治东	男
林珈维	女
梁豪彰	男
赵泰然	男

2007届六年（2）班
班主任：梁承穗

校友姓名	性别
梁永安	男
方迪	男
易尧	男
林薇	女
李嘉慧	女
刘佳鑫	男
周思柔	女
齐文沁	男
杨婉鑫	女
施西子	女
刘靖怡	女
叶方舟	男
申安迪	女
刘绎	女
潘永锵	男
林景欣	女
陈汇丰	男
陈万宜	男
赵俊涛	男
陈诗琦	女
黄昊昕	男
李月祯	女
刘昕	男
陈海明	男
许琳祺	女
谭维隽	男
陈俊杰	男
刘旭宏	男
蔡绮芊	女
吴殊哲	男
方丹彤	女
郭嘉琪	女
刘泽涛	男
马伟琪	男
林笙	女
陈天熠	男
全奕学	女
陈浩明	男
林豪达	男
温馨	女

2007届六年（3）班
班主任：赵立研

校友姓名	性别
李思颖	女
王粤刚	男
陈新蔚	男
肖同	男
边雅忱	女
李佩蓉	女
李璐	女
胡雪斐	女
吴千铭	男
池雅雯	女
罗家珑	男
林叶	女
刘伊霓	女
袁珊	女
程可昕	女
朱梓阳	男
李嘉文	男
胡晔	男
张碧青	女
潘韡	男
邓丽霞	女
文定邦	男
巩笑非	男
邓蓝	男
陈鑫	男
丘正伦	男
何佳缙	男
沈镄滨	男
刘家齐	女
杨嵋	女
金戈	男
屠强	男
郑铭诗	女
刘慧	女
郭昭然	女
李今达	男
张宇衡	男
雷雪莹	女
潘文键	男

2007届六年（4）班
班主任：李向炜

校友姓名	性别
郭润春	男
郑棉译	女
方华月	女
兰梦盈	女
李灏伟	男
萧瀚然	男
黄文敏	女
郑朝中	男
吴英梓	男
张家林	男
彭玲玲	女
陈淑妍	女
刘铭亮	男
邹青	男
孔淑仪	女
陈谦	男
谢文雯	女
易建明	男
许隽	女
封芝韵	女
江敏思	女
曾俊霖	男
李嘉庆	男
潘珠峰	男
许翼键	男
吴铠	男
袁泽宇	女
李博维	男
杨晓宇	女
乔泽	男
田泽理	男
江孚帅	男
范憬	女
张颖悦	女
肖妍	女
黄钰茹	女
杨泽琨	男
柯轶骅	男
徐锡华	男
雷雄文	男
姚诗琪	女

2007届六年（5）班
班主任：廉晶

校友姓名	性别
曾馨仪	女
陈敬瑞	男
郑昕媚	女
肖振刚	男
梁旭鑫	男
朱逸菲	女
李俊艺	女
杨晟东	男
邓斯琪	女
郑锐锋	男
朱梓伟	男
周璠	男
何清怡	女
郭祥	男
李敏琪	男
郑婉婷	女
徐子充	男
孙伟轩	男
蔡韫昕	女
钟莹莹	女
黄逸轩	男
窦豆	女
陈超	男
黄嘉琪	女
谭英栋	男
简日明	男
陈雪仪	女
胡淞杰	男
王夏栋	男
李嘉麟	男
莫颖诗	女
凌云昊	男
周萍	女
赵春翼	男
李剑雯	女
钟鸣	女
陈泽夫	男
关雨倩	女
何东	男
罗丹	女
谢诗	女

2007届六年（6）班
班主任：贺春芳

校友姓名	性别
夏智敏	男
林道雨	男
于景	女
汤梓欣	女
徐蔚莹	女
陈伦泽	男
熊祺	男
闵皙	女
林涌钦	男
鲁立艳	女
吴泓苇	女
谢正光	男
老劲宇	男
刘佳奇	男
谢昊	男
黄宇章	男
黄稚清	女
蔡文武	男
魏怡慧	女
彭盈盈	女
林卓明	男
黄玉燕	男
陈澔	男
彭嘉成	男
苏怡丹	女
潘俊鸿	男
林嘉茵	男
袁志勇	男
朱华婧	女
曾祥妍	女
唐思思	女
黄浩	男
陈思佳	女
何迪诗	女
翁劭纬	男
王懿平	女
洪成	女
曾熙源	男
何文霄	男
陈启	男
卢一鸣	男

2008 届六年（1）班
班主任：邓冠虹

校友姓名	性别
陈俊宇	男
袁冬玥	女
王子希	男
刘　通	男
魏心怡	女
陈暖莉	女
庞　东	男
邹昊贤	男
葛涵之	女
章盛祺	男
刘敏怡	女
毛克明	男
吴俞琪	女
韩慧筠	女
贺璐洋	女
莫　然	男
覃凯泉	男
陈文婷	女
张琇媛	女
林　杨	男
刘　淼	女
孙定坤	男
梁嘉瑜	女
陈浩涛	男
许　愿	女
陈子铃	女
冯婉瑶	女
刘家华	男
刘斯毅	男
胡泽远	男
林志泰	男
杨浚承	男
铁　扬	女
夏沂菲	女
蔡　玮	女
陈婉清	女
叶心怡	女
郑敏仪	女

2008 届六年（2）班
班主任：肖靓

校友姓名	性别
董睿文	男
潘　悦	女
杨欣夷	男
王璐嘉	女
龙丹妍	女
莫亦瑕	女
冯明坤	女
黄俊杰	男
王安妮	女
孙声远	女
徐冬晓	女
纪晟亮	男
郑卓豪	男
雷　诺	男
林朝颖	女
尹国翰	男
郑瑞龙	男
李泳晴	女
刘丹彤	女
黄　阳	男
黄书华	男
李宗璟	男
沈竣宇	男
赵裕琳	女
吕育航	男
邱泰五	男
张巧嘉	女
王乐思	女
张海祺	男
魏曼浠	女
赖锐如	男
林景珊	女
何凌涛	男
康百聪	男
蔡晓虹	女
何　松	女
孙仲麟	男
蔡永行	男
黄旖琳	女
梁乐明	男

2008 届六年（3）班
班主任：陈琴

校友姓名	性别
罗禛彦	女
冯文笙	男
冯玉莲	女
曹日新	女
王瑞轩	女
周宇坤	男
曾颖琪	女
黄泽伟	男
梁贤俊	男
林敬豪	男
李骏一	男
刘晓薇	女
刘希超	男
范霁倩	女
林盈希	女
刘　川	男
蔡晓婷	女
吴欣欣	女
张雨佳	男
李杰兴	男
许耀元	男
辛浩然	男
吴悦玮	女
蔡楚衡	女
张昊元	男
郭天洋	男
黎庆璐	女
黄浩伦	男
张瀚云	女
邓宇昊	男
梁子程	女
敖穗扬	女
邹圣璞	男
李沁蓉	女
郑云珩	男
朱炜鹏	男
池灏旻	男
喻　意	男
杨启延	男

2008 届六年（4）班
班主任：周为民

校友姓名	性别
简颖思	女
张善捷	男
蔡龄仪	女
钟栩妍	女
伍雪华	女
区景滔	男
叶安仪	女
左　睿	男
黄睿泽	男
许翼钊	男
严晙阳	男
林玥飞	女
陈嘉琳	女
陈润莹	女
叶盈盈	女
曾浩然	男
李馥铨	男
吴冠平	男
纪培湘	女
吴俊良	男
李津莹	女
李南星	男
梁睿韬	男
黎嘉盈	女
何嘉铭	男
房恺筠	女
邓砚斐	女
胡庆章	男
张皓怡	女
颜　彦	男
刘逸鸿	男
关楣格	女
伍毓竣	男
李　洲	女
张　震	男
吴建鑫	男
舒一凡	男
朱博佳	女

2008 届六年（5）班
班主任：刘瑞清

校友姓名	性别
陈雨馨	女
胡晓键	男
冒旭鑫	男
钟艺恒	男
周铠猷	男
魏逸星	女
陈伯勋	男
叶昶天	女
毛健琨	男
陈夏基	男
彭美瑜	女
陈国耀	男
张　蕾	女
邓雅文	女
赵瞰翼	男
陈光毅	男
彭本强	男
徐兆锴	男
范力元	男
张倩妮	女
戴健发	男
庄志迪	男
刘俊延	女
叶曾瑜	女
郑辰彦	女
麦嘉熙	男
韦懿颖	女
王泽龙	男
李雨琪	女
郑林淳	女
王宇轩	男
冯翠涛	女
赵思琪	女
彭逸潇	男
黄恺仪	女
潘子逸	男
蓝宇宸	女

2008 届六年（6）班
班主任：孙寒梅

校友姓名	性别
庄彦斌	男
丘　晨	女
王祥昀	男
朱晴鹤	男
黄国晋	男
陈思韵	女
谢　谊	女
陆跃辉	男
张隆仪	男
黄文熙	男
郭　洋	男
何霭林	男
熊志嘉	女
曹　易	男
陈敏怡	女
刘文俊	男
罗乐瑜	女
邓宇璇	女
廖有裕	男
詹仲华	女
陈　煜	男
陈文芊	女
李宗成	男
吴晨宇	男
陈颖妃	女
龙安澜	女
蔡洁谊	女
潘振杰	男
张乐遥	女
曾　杰	男
谭　韵	女
叶曾琪	女
刘家瑶	女
房佩芸	女
梁嘉欣	女
李继宗	男
张　靖	女
郑志亮	男
蔡思华	男
苏晶菁	女

2009 届六年（1）班
班主任：石丽媛

校友姓名	性别
陈钟颖	男
齐　绩	女
谭玮瑶	女
李文昕	男
毛睿宁	男
韦子健	男
罗　律	女
杜嘉君	女
孙冰榕	女
肖　颖	女
黄梓晖	男
王雪聪	男
梁展诚	男
戴志聪	男
严育权	男
冯名立	男
张子唯	女
文定国	男
张浩维	男
李舒晴	女
王冬盈	女
吴坤宇	男
罗雅婷	女
许智睿	男
王子倩	女
崔君谊	女
杨宏东	男
刘晏菲	女
程如玥	女
傅少鹏	男
钟晓睿	女
林　冬	女
张雨霖	男
吕佩珊	女
张煜正	男
余丽彤	女
洪礼信	男
程可钧	男
张加安	男
郑晓如	女
朱楚云	女
刘若木	男
吴汉葳	男
左中凯	男
谢培卓	男

2009 届六年（2）班
班主任：张启未

校友姓名	性别
李卓艺	女
谢潇凌	女
于宇杰	男
甘宏海	男
张昱元	男
李林雨	女
李苏哲	男
李家玮	女
王简特	男
赵康怡	女
岑嘉丽	女
刘亦非	女
朱政宇	男
王昌卓	男
陈杰夫	男
车昱旻	男
招珺铧	男
陈梦雨	男
吴　哲	男
林晓晴	女
肖寓哲	男
叶　彤	女
余佳明	男
王励晴	女
朱雅芝	女
吴于蓝	女
刘美强	男
刘诚正	男
陈　晨	女
梁晁钧	男
范子木	女
吴晓君	女
梁　正	男
李　沛	男
林国照	男
林叶子	女
覃斯桦	女
张海伦	女
庞浩宇	男
薛志杰	男
郭恺宁	男
梁　锐	男
廖晨希	女

2009 届六年（3）班
班主任：陈琴

校友姓名	性别
王周晗	女
陈乐迪	女
黎雨鑫	女
陈宗林	男
袁颖珊	女
黄竑豫	男
胡冠中	男
褚邦彦	男
周皓旻	女
李冠桦	男
雷瑾嵘	女
倪子轩	男
彭紫盈	女
何忠恕	男
金　豪	男
林子君	女
张德铭	男
李瀚钧	男
吴　萱	女
陈浠婷	男
钟晓彤	女
陈霄域	男
翁铨漪	女
李　祯	女
马嘉阳	女
江贤龄	男
陈永睿	男
罗鸿威	男
廖　恺	男
孙铭贤	男
伍康玮	男
杨紫茵	女
刘安琪	女
林涌佳	男
陈稼籍	男
吴博扬	女
郭栩晖	男
周永鑫	男
祁晓恺	女
孟庆兮	男
高林铮	女
肖　广	男
汤艺舟	男
张心睿	女

2009 届六年（4）班
班主任：周为民

校友姓名	性别
董文乐	男
梁晓彤	女
曹楚翎	女
林　婷	女
陈　乔	男
王彦邦	男
梁馨雯	女
叶鎏喆	男
李树辉	男
陈佩榕	女
曾　进	男
阮诗伟	男
苏文晖	男
郑会杰	男
赵　孝	男
杨诗妮	女
袁知闻	女
张芷健	男
黄　陈	女
张龄尹	女
孙浩洋	男
黄　芃	女
池健荣	男
雷东琪	女
张林涛	男
王颖婷	女
房南希	女
陈莉雯	女
何楚盈	女
蔡杰臣	男
陈颖梅	女
余尚桦	男
钟咏琪	女
宾子辰	男
崔　毅	男
刘桂彬	男
蔡浩贤	男
许文佳	男
沙天薏	女
范家铭	男
郑淳键	男
林　梦	女

2009 届六年（5）班
班主任：刘瑞清

校友姓名	性别
左霁原	女
江轩宇	男
张荣汉	男
李楚琦	女
黄立诚	男
曾晓莹	女
许小雯	女
熊源章	男
谭梓君	女
余　健	男
黄　熙	女
周震南	男
林浩锋	男
姚祉琦	女
李国立	男
李　晨	女
何重燊	男
杨　鸿	男
李俊言	男
林嘉聪	男
陈　莹	女
蔡楚君	女
邱小芹	女
蔡熙敏	女
邓浩楠	男
陈　晖	女
陈文祺	女
唐　纵	女
周铭炜	男
吕思婷	女
郑　重	男
黄泽深	男
汤加维	男
陈昊诚	男
古　欢	女
李裕滔	男
陈泽亮	男
宋楚风	男
简浩南	男
陈丽婷	女
黄昊阳	男
蔡明祖	男
麦嘉利	女

2009 届六年（6）班
班主任：孙寒梅

校友姓名	性别
丁苇杰	女
蔡致勋	男
赖梦瑶	女
张芷盈	女
吴映虹	女
刘依玲	女
黄兆权	男
刘慧敏	女
胡文捷	男
罗健祺	男
姚棉嘉	男
王富元	男
陈夏曼	女
唐英华	女
劳卓鹏	男
陈伦宇	男
王闻笛	男
方泳恒	男
谭兰煊	男
郑思麟	男
聂乔森	男
张丽莎	女
周悦歆	女
朱传博	女
吴泽威	男
陈　莹	女
唐　潇	女
陈　杰	男
廖浩天	男
胡耕榕	男
谭炜文	男
梁晓南	女
盛家豪	男
林　樾	女
刘思齐	男
李禹慧	女
肖　典	女
徐　飞	男
胡欣然	女
简镜鹏	男
古越天	男
冯子盈	女
蔡嘉贤	男

2010 届六年（1）班
班主任：朱春华

校友姓名	性别
丁 昊	男
王占元	男
王莫乔	女
王子霖	女
甘煜堃	男
刘 盼	女
刘瑾蓉	女
李熠阳	男
李旖晴	女
李兴泰	男
纪培喜	女
陈柏志	男
陈思宇	女
陈浩林	男
陈铨彬	男
陈东君	女
陆 洲	女
邱怡彬	女
苏俊彰	男
吴晓媛	女
郑 懿	女
林 露	女
林润鑫	男
洪 亮	男
郭见微	男
钟尔瀚	男
郝东颖	女
徐 达	男
唐佳妮	女
黄文栋	男
黄杰儒	男
曹金涛	男
彭 程	女
赖怀远	男
廖乐瑶	女
黎星雨	女
韦畅灵	女
陈洋辉	男
黄晞靖	女
蔡琳佳	女

2010 届六年（2）班
班主任：向晓红

校友姓名	性别
王力纬	男
刘 聪	男
刘志航	女
刘佳音	女
刘晟宏	男
孙 诚	男
孙瑞宁	男
岑大浩	男
张百辰	男
张修安	男
李正文	男
李天舒	男
李凯政	男
杨晓琳	女
沈思妍	女
苏 婕	女
陈 洋	男
陈 唯	男
陈归一	男
陈珮珺	女
陈俏卉	女
陈美艾	女
周晓君	女
周钰颀	女
周霁虹	女
尚华为	男
林结仪	女
欧阳宏	男
俞旭泰	男
钟心怡	女
徐 然	女
钱文喆	女
黄语盈	女
黄浩伦	男
曾善美	女
蔡震宇	男
谭清怀	女
麦靖宇	男
魏浩林	男
陈一夫	男
李小睿	女

2010 届六年（3）班
班主任：邓冠虹

校友姓名	性别
方子欣	女
邓雯嘉	女
王祺曜	男
王粤昌	男
龙泰格	男
孙泽泽	男
叶博雅	女
白 芸	女
许铭志	男
李明恩	男
李国正	男
吴昂泰	男
邱东蒙	男
季 嘉	男
吴宇扬	男
张嘉枫	男
张嘉怡	女
杨丹雨	女
周成千	男
钟启森	男
赵易楠	男
胡卓伦	女
黄觉聪	男
傅一航	男
黄文禧	女
黄翊琳	女
黄紫菁	女
程钟恒	男
蒋 睿	男
董浩君	女
董千里	男
彭凯欣	男
廖晓寒	男
薛安捷	女
欧阳嘉聪	男
王子源	男
曹景明	女
罗泽钜	男
唐翠霞	女
郑棉鸿	女
侯博睿	男
石昊楠	男

2010 届六年（4）班
班主任：李红梅

校友姓名	性别
王守中	男
王韬杰	男
汪轶婷	女
龙天笑	男
朱德辉	男
李文韬	男
李致豪	男
李颂杰	男
陈夏瀚	男
陈秋燕	女
陈小庄	男
陈泽霖	男
陈宇涵	女
吴芳林	女
林莉群	女
林昌朋	男
张智丰	男
张 睿	女
郑崇铭	男
郭晨羲	女
周蕴琦	女
周凯森	男
钟栩健	男
钟咏渝	女
黄昱忻	男
黄俊龙	男
曾 姝	女
蒙见睿	男
颜婷婷	女
蔡圣峤	女
魏梦婷	女
魏洛蒙	女
房卓钧	男
谭淙怀	男
邓 星	男
钟奕彤	女
欧阳萱	女
陈芳婧	女
朱东萱	女
张海澄	男
蒋昀东	男
顾其浩	男

2010 届六年（5）班
班主任：姚霞晖

校友姓名	性别
王 尚	男
王泽润	男
龙浩荣	男
李 杰	男
李道博	男
李家汶	男
李湘香	女
许可人	女
陈君铭	男
陈维平	男
陈樵晖	男
陈颖丹	女
张锐贤	男
陆 通	男
杜京广	男
余 乐	女
杨依贝	女
吴悠然	女
吴宇祺	女
庞超鹏	男
周淄昊	男
罗怡菲	女
罗沛如	女
罗嘉迪	女
郭宇威	男
钟思廷	男
袁文杰	男
梁翔宇	男
邹佳琦	女
梁子瀛	女
黄靖怡	女
赖朗峰	男
詹 昊	男
魏锭华	男
孔 哲	男
欧阳梓涵	男
王若涵	男
龙紫妍	女
卢嘉良	男
刘嘉棋	女
陈 雨	男

2010 届六年（6）班
班主任：陈经全

校友姓名	性别
邓舒婕	女
关子杰	男
许广栋	男
刘沛麟	女
李韵涛	女
刘奕臻	女
李嘉易	女
李楷琳	女
李语芯	女
李锡尧	男
苏 醒	男
张兆同	男
张明施	女
佘煜轩	男
吴靖民	男
陈芊蔚	女
陈文昭	女
陈佳悦	女
陈予程	男
李萱璇	女
郑 洋	男
郑 钰	女
周心恺	女
周浩锴	男
林摄政	男
范玉婷	女
欧阳逸凡	男
柯鉴丰	男
赵崇声	男
郭建麟	男
黄彦婷	女
詹仲业	男
蔡裕洋	男
黎书行	男
沈 莹	女
关昊敏	男
张海洋	男
张雷霆	男
肖瑾恒	男
魏雨臻	女
沈英杰	男
张心之	女
张 星	男

2011届六年（1）班
班主任：张洁

校友姓名	性别
曾彦行	男
郑霆锋	男
杨濡乡	女
余佩珈	女
彭诗晴	女
陈勇君	男
卓一格	男
魏浩楠	男
刘　睿	男
陈舒晴	女
刘睿宁	男
黄永祯	男
连嘉灏	男
谭宇丞	男
蓝子健	女
张　彦	女
余兆一	男
蓝京力	男
范煜晖	男
陶嘉明	男
卢俊谚	男
张　逸	男
靖诗慧	女
温雅雯	女
朱惟璇	女
朱穗田	男
章雪翎	女
赖晨颖	女
吴灏欣	女
罗古天	男
李家威	男
伍永洲	男
李康乾	男
翁子倩	女
董　琴	女
林子博	男
谢　漪	女
杨惠雅	女
张　颀	女
邱　越	女
李梦恒	女
李俊霖	男
陈芷芸	女
徐厚扬	男
李文喻	女
刘威麟	男
甘昊蓝	男
陈韬宇	女
吴子龙	男
梁晓虹	女

2011届六年（2）班
班主任：张启未

校友姓名	性别
曾纪彦	男
葛　臻	女
李昱璇	女
曾子博	女
赵　原	男
周冠廷	男
胡昕旻	女
林佳音	女
温泽宇	男
沈　赟	女
余沛桦	女
冯　蕾	女
刘璋昊	男
钱友坤	男
吴怿华	女
邓小玥	女
钟天宇	女
肖　涵	女
胡　遥	男
林钊平	男
邹鹏琨	男
郑旖涵	女
钟梦丹	女
阮嘉智	男
白淑鋆	女
彭子沄	女
程佳蓓	女
林可琰	女
刘兰君	女
饶星仪	女
陈子阳	男
许梓莹	女
冯宇菲	女
廖如祺	女
黄芷霖	女
胡　越	男
刘鸿钊	男
欧阳乾弘	男
张　慧	女
张锐鹏	男
许昊燊	男
胡婧雯	女
陆诗潮	男
袁碧莹	女
区嘉霖	女
宋昱劲	男
梁钊伟	男
陈一鹏	男

2011届六年（3）班
班主任：梁承穗

校友姓名	性别
黄柏杰	男
周东霖	男
王芷薇	女
曹诗聪	男
卢嘉骏	男
邓心迪	男
何浩钧	男
陈钟宇	男
彭家兴	男
吴胜蓝	男
张　深	男
罗汉麒	男
宋荪扬子	女
黎春辰	女
余思荷	女
黄逸彤	男
潘文歆	女
黄月盈	女
王博飞	男
陈一君	女
吴婧琳	女
江子厚	男
张亦弛	男
郑津津	女
李浩霆	男
林　淇	女
张继燊	男
郭成一	男
江　怡	女
邵诗婷	女
叶凯楠	女
黄哲淳	男
谢　晟	男
陈仲孚	男
刘倩妤	女
于东冉	男
朱江源	女
张　艺	女
许诗涵	女
陈芷涵	女
邹乐颖	女
杜彩卉	女
吕信宇	男
任柏睿	男
廖可风	男
张文乐	女
周金程	男
郑　越	女

2011届六年（4）班
班主任：李红梅

校友姓名	性别
李培煜	男
区仲然	男
张瀚洋	男
曹诗琪	女
曾智诚	男
欧阳家骏	男
李童遥	女
陈异杰	男
吴宗荫	男
钟梓豪	男
李安华	女
梁少艾	女
廖天翼	男
刘懿萱	女
杨昊涛	男
谢卓良	男
潘智威	男
程士豪	男
王雅雯	女
郑博扬	男
郭佩华	女
林鉴坤	男
詹晓韵	女
蓝玉琪	女
刘雨菲	女
陈泽铭	男
吴嘉翀	男
胡晓诗	女
李东霖	男
喻凡姿	女
肖玉麟	男
张嘉锡	男
张皓雯	女
陈芯彤	女
曾雨阳	男
李雅蕙	女
米薪宇	女
黄可晨	女
赖霏颖	女
何炜怡	女
刘栩源	男
姚成俊	男
刘兆哲	男
陈中俊	男
黄卓楠	女

2011届六年（5）班
班主任：刘瑞清

校友姓名	性别
区嘉雯	女
赵行正	男
彭　昊	男
陈奕霖	男
麦晓昱	男
李芷宜	女
叶邦华	男
林圣聪	男
蒋雨欣	女
余　欣	女
徐俊鸣	男
李南山	男
张思源	女
何　睿	女
黎青霖	女
李秉哲	男
薛泽岚	女
陈金言	女
张　峣	女
刘子豪	男
庄础泽	男
严梓麒	男
陈昊隽	男
陆　遥	女
杨力轩	男
梁君瑜	女
利　盈	女
钟玮珊	女
李子钰	女
陈　果	男
招　阳	女
李　越	女
崔曼琦	女
李欣然	男
唐大元	男
蔡梓贤	男
陆　瑶	女
梁晁朗	男
黄炫瑄	女
王宁馨	女
万　谦	女
陈建熹	男
何乐思	女
曹李嫣	女
杨　昆	男
邱悦星	女
梁正臣	男
叶　多	男
叶雨石	男
赖美彤	女
郭家星	女

2011届六年（6）班
班主任：祝新

校友姓名	性别
吴秋雅	女
杨铭康	男
梁华林	男
陈青扬	男
杨瑞雪	女
周文星	男
王馨蕊	女
黄　山	男
陈炯圳	男
吴子萱	女
缪欣桐	女
熊子毅	男
林　棋	男
陈烜辉	女
周俊朗	男
董雨晴	女
胡樱遐	女
汤海捷	女
吴炫熹	男
郑洪辉	男
许琳楹	女
蔡依华	女
邢逸凡	女
丘舒茵	女
李俊曦	男
霍俊铭	男
郑婉欣	女
孙汝辰	男
陈　实	男
甘悦闻	女
杜仲文	女
陈泽枝	男
陈炜怡	女
吴晓思	女
何云帆	男
但映萱	女
蔡尚峤	男
冯迪维	男
利兆康	男
蔡超贤	男
杜仲章	男
林雅韵	女
蔡　文	女
宁振辉	男
刘承纲	男
陈芷萱	女

2012 届六年（1）班
班主任：向晓红

校友姓名	性别
刘 洋	男
刘 君	女
刘 炜	男
刘侯佐	男
张瑀莹	女
张雨琪	女
张耀光	男
张家澍	男
陈谷乔	男
陈远鸿	男
陈泓佑	男
蔡智明	男
蔡丞礼	男
蔡煜君	男
李雨涵	女
李佳潼	女
何庆安	男
何心悦	女
吴一笛	女
吴禹萱	女
肖定强	男
肖 懿	女
林家帆	男
林泳君	女
廖伟棋	男
廖彩杏	女
马妍婷	女
王可欣	女
石 岩	女
叶芳祺	女
江慧珊	女
邝苑枫	女
郑嘉明	男
罗 兰	女
曾子荃	女
洪铭佳	男
律宜君	男
盛 戈	男
贾楚琦	女
赖远平	男
黄爱东	女
常子璇	女
欧俊杰	男
褚泽勤	男
曹书瀚	男
谢慧仪	女
黎元康	男
陈若尘	男
曾铭嘉	男
冯乐嘉	女
雷冏延	男

2012 届六年（2）班
班主任：何向梅

校友姓名	性别
李 熙	女
周凡丁	女
李巧珺	女
胡晓蕾	女
朱楠楠	女
郑淯之	女
向家瑶	女
王欣蕾	女
李敏瑜	女
温 婧	女
郭昱裕	女
刘 芊	女
周语津	女
邝凯莹	女
余俊颖	女
刘影倩	女
魏云翼	女
朱詠宇	女
敖子宁	女
许晓涵	女
蔡雅荻	女
黄紫彤	女
张悦晴	女
肖钧哲	男
渠水源	女
刘 天	男
陈 辰	男
雷珺祺	男
蔡明均	男
何佳颖	男
吕文皓	男
沈 一	男
陈键恒	男
梁志睿	男
陈俊韬	男
陈晓雨	男
洪天翊	男
崔明远	男
黄栋坤	男
钟俊涛	男
曹高标	男
周 邦	男
邓子奕	男
黄 勉	男
胡泽丰	男
刘启霄	男
卢子其	男
林晓怡	女
郑翔予	男
赵梓舟	男
苏心怡	女

2012 届六年（3）班
班主任：陈容

校友姓名	性别
王君诺	女
马宋杰	男
丘炜泽	男
生广明	男
叶晓天	男
叶炫禧	男
包容嘉	男
邓淇珅	男
邓楷霖	男
邓沛雯	女
伍超立	男
庄富成	男
许靖怡	女
汪 琪	女
何昊天	男
何 婕	女
吴天宇	男
吴曜同	男
佟厚铖	男
陈 增	男
陈涤非	男
李婧雯	女
李姣瑶	女
李灿和	男
邢若轩	女
冯嘉凇	女
张宇轩	男
张文烨	男
杨智辉	男
杨婷皓	男
罗贤中	男
唐雨禾	女
梅芷晴	女
黄俊添	男
黄微宇	男
黄琳琦	女
谭皓文	男
梁淑婷	女
蔡仲礼	男
蔡健苹	男
潘宇迪	女
颜 泠	女
廖嘉锐	女
薛海坤	男
黎乐涵	女
黎禧麟	男
杨鸿基	男
马睿博	男
王子丰	男
章太初	男

2012 届六年（4）班
班主任：朱春华

校友姓名	性别
蔡和轩	男
蔡君璁	女
陈 昊	男
陈瀚尧	男
陈淑瑶	女
陈志健	男
陈子彦	女
邓耀轩	男
邓盈滢	女
董 正	男
冯佳媛	女
辜中天	男
何睿琪	女
胡心芷	女
孟 曦	男
江佳欣	男
蒋承烨	男
李嘉维	男
李泽美	女
梁馨琳	女
林永全	男
林子杰	男
凌泽楷	男
刘 畅	女
刘静远	男
刘倩源	女
马成梁	男
马于晴	女
聂千喻	女
孙弘治	男
孙立诚	男
孙铭阳	男
王诒珏	女
邢嘉楠	女
徐仁杰	男
许洁芸	女
杨紫玥	女
叶汉元	男
叶映彤	女
曾梓轩	男
张 晋	女
张健铭	男
郑冰清	女
周景煌	男
朱广南	男
卓欣涛	男
占心悦	女
王博初	男
梁少衍	女

2012 届六年（5）班
班主任：石丽媛

校友姓名	性别
万若希	女
王思颖	女
王 川	男
邓钦予	男
叶 彤	女
刘丹绚	女
刘永祺	男
刘洪智	男
李昱汶	男
李 想	男
杨世辰	男
苏俊炫	男
陈怡君	女
陈钰洁	女
陈禧扬	女
陈元开	男
陈耕宇	男
陈昶儒	男
吴泓兴	男
吴虹铭	男
何国龙	男
麦鸿红	女
邵德珅	女
张子悦	女
张若琪	女
林杰樑	男
林彬彬	男
林致彤	女
郑学思	男
郑天响	男
罗雨薇	女
段文睿	男
胡心兰	女
秦 朗	女
梁 白	男
高 隽	男
黄昊浩	男
黄亦简	女
崔颖诗	女
章龄天	女
彭田甜	女
韩童谣	女
傅 畅	女
潘长风	男
颜智亮	男
尤启哲	男
郑凯瀚	男
刘逸之	女
张家澍	男
刘 君	女
张筱乐	女
江东立	男

2012 届六年（6）班
班主任：孙寒梅

校友姓名	性别
马成栋	男
马越崴	男
方炳健	男
王正汕	男
王丽雯	女
孙弘迪	男
叶芷琦	女
羊子彬	男
许昱柽	男
伍 赛	女
李 政	男
李心怡	女
李泽锋	男
李俊桦	男
刘海华	男
何 限	男
何序金	男
何金芝	女
何茵雅	女
陈泓韬	男
陈姿羽	女
张光照	男
张心彤	女
杨思正	男
杜畅洋	男
吴俊徽	男
林嘉炜	男
周怡君	女
周 哲	女
郑铭筠	女
郑嘉慧	女
罗雨华	女
袁俊龙	男
翁洁仪	女
徐筱茵	女
曹锦辉	男
符筱莜	女
黄 天	男
黄 骞	男
黄钜熹	男
龚园馨	女
蒋士通	男
董芷彧	女
谢嘉禧	女
粟明睿	女
黎和政	男
杨 倩	女

2013届六年（1）班
班主任：张文娟

校友姓名	性别
许璟雯	女
范　憧	男
吴奕轩	女
周杨皓	男
王彦杰	男
易鼎淇	男
陈舒文	女
朱倩颐	女
常毓麟	男
梁泳宁	女
胡曦元	男
蔡宜均	女
陈俞安	女
李嘉健	男
张毅鹏	男
叶润东	男
胡泓学	男
刘泽元	男
郑邦宇	男
杨琪滢	女
蔡少玲	女
黄凯锐	男
余宁滔	男
张　丹	女
陈劲彬	男
陈庭希	男
杨智诚	男
陈可儿	女
杨官豆豆	女
刘张鑫	男
黄馨莹	女
陈玮烨	男
唐子琦	男
蒲家怡	女
鄢新妍	女
周建辉	男
赵梦蝶	女
李凯欣	女
林卓贤	男
罗中艺	男
李超潮	男
欧阳咏晴	女
李冠维	男
杨讯湄	女
关晟罡	男
徐天一	男
范子滔	男
曾奕扬	男

2013届六年（2）班
班主任：张洁

校友姓名	性别
刘夏仪	女
宋业华	男
胡浩捷	男
潘星宇	女
钟　鼎	男
李若涛	男
肖天奂	女
贾宜霖	女
黄晓铃	女
刁明宇	男
刘星彤	女
刘雅芸	女
谢毅翾	女
陈海璇	女
曹泓本	男
龙翠妍	女
洪铭佳	男
李海鸣	男
赵梦露	女
叶圣凯	男
梁渝琳	女
赖颢萱	女
黎商羽	男
谭升阳	男
陈　肯	男
郭嘉怡	女
邹园妍	女
钟　昊	男
申曾子	男
陈诗乐	女
李洋乐	男
陈筱夏	女
喻　言	女
王希如	女
毛君怡	女
刘　粤	男
梁钧炜	男
黎元韬	男
刘维文	男
邓泓晔	男
许丁帅	男
黄狄晖	男
江欣澄	女
文胜祥	男
王智龙	男
苏俊宇	男
颜维佳	男
蒋艰坚	男

2013届六年（3）班
班主任：陈经全

校友姓名	性别
焦　洋	女
毛世兴	男
邓淇珅	男
张博才	男
姜雨晴	女
吴嘉润	女
崔嘉华	女
陆宇星	男
黄微宇	男
熊梓迪	男
纪东辉	男
邓心怡	女
梁辰卓儿	女
吴劲草	女
王　羿	男
华烨龙	男
郑穗岐	女
李俊燊	男
刘峰奇	男
欧阳子茹	女
黄　深	男
姚　韵	女
黄哲文	男
许可津	女
刘之涵	女
谢丰芸	女
卢文康	男
唐凌峰	男
林晰然	女
胡　欣	女
吴延辉	男
钟子乔	女
谢元滔	男
周致远	男
郑杰文	女
肖　鸣	男
梁绮容	女
何泽元	男
徐泽宇	男
黄怡心	女
刘厚为	男
叶嘉悦	男
郑海纳	女
陈梓瑶	女
余睿深	男
沈　锋	男
吕佳慧	女
何兆誉	男
陈敏思	女
欧阳浩	男

2013届六年（4）班
班主任：顾平

校友姓名	性别
梁淳亮	男
蓝浚恒	男
管心怡	女
张　逸	男
王富祺	男
钟亦昊	男
林琪璇	女
徐子鸣	女
黄若琪	女
董瀚婕	女
吴颖妍	女
范雅铭	女
熊思力	男
雷晔如	女
郑良楠	男
周梓妍	女
李浩民	男
凌炜超	男
颜宇峰	男
郑泽满	男
罗嘉勋	男
靖予辰	男
纪培玲	女
由心怡	女
陈宇恺	男
刘诗行	女
王博文	男
李昊轩	男
张燊愉	男
熊紫竹	女
彭梓斌	男
曹弋晋	男
刘雨桐	女
王天俊	男
雷皓然	男
钱瑞苏	女
李晋豪	男
陈学睿	男
陈嘉宜	女
郑淲瑄	女
蔡琳洁	女
潘永康	男
秦书艺	女
黄子熙	男
朱昊程	男
黄钤恺	男
彭紫欣	女
陈海东	男
陈　棋	男
陈颖灵	女
邱叶青	男

2013届六年（5）班
班主任：牛嘉鑫

校友姓名	性别
霍明仪	女
陈可涵	男
周嘉瑶	女
李泽林	男
彭恺杰	男
易可欣	女
曾美琳	女
逯锦澎	男
邓驿亭	女
陈家林	男
王馨舆	女
冯杨多多	男
郑纪新	男
李芷茵	女
吴林瀚	男
范唯凌	男
蔡英健	男
何其燊	女
高子衿	女
杨紫暄	女
周曼琪	女
陈　祺	男
邝伟斌	男
梁心悦	女
蔡菲意	女
方得丞	男
吕诗滢	女
章微纳	女
陈铭锋	男
刘霆钧	男
周南圻	女
王　棋	男
黄俊恺	男
王琛蕊	女
廖阔天	男
张军扬	男
葛近文	女
曹泊奕	男
陈叶嘉	女
邱若峰	男
李芷清	女
江子琳	女
郑若楠	女
叶培东	男
邱嘉乐	男
傅奕泰	男
张昊妍	女

2013届六年（6）班
班主任：贺英

校友姓名	性别
李　灵	女
刘子昂	男
江佳桐	女
范嘉瑜	男
杨讯莹	女
叶明伟	男
唐四海	男
温乐瑶	女
谭　茜	女
黄泽培	男
吴青清	女
陈学致	男
邓杰满	女
周春滨	男
罗锴瑞	男
郑宇晴	女
焦　点	男
杨越乔	女
蓝如昕	男
王　瑶	女
张文浩	男
李瀚洋	男
袁碧添	男
黄文谦	男
刘子伦	男
陈嘉韵	女
李泽宇	男
林子钰	女
龚蔚然	男
何启凡	男
丰奕姿	女
吴国麟	男
肖瀚泽	男
李龙翔	男
伍思膛	男
南　芳	女
萧乐夫	男
严日康	男
傅冬强	男
刘力荣	男
陈　衎	男
范湘林	男
林蔚然	女
梁　彤	女
黄　璐	男
凌子瑶	女
唐佳艺	女
宋品秀	女
张心格	女

2014 届六年（1）班
班主任：端木立蓓

校友姓名	性别
卢艺	女
祁翔	男
戴蕾	女
彭夏晗	男
应佳倪	女
张雍宁	女
徐歆羽	女
陈齐	女
李信成	男
叶昕健	男
陈诚	男
张漪宁	女
何其乐	女
谢昱	男
刘兆铭	男
黄智毅	男
李锐宽	男
张骏	男
王蓓	男
梁瀛心	女
凌子慧	女
徐劭嘉	男
林昱	男
沈曜扬	男
刘纯瑶	女
江佳轩	男
陈卓	女
黄希铭	男
李翟	女
谢凯銘	男
许宸茵	女
廖若昀	女
徐昕	女
王可迪	女
沈榆可	女
黄腾达	男
陈禹熹	男
黄俊霖	男
余苑琳	女
杨素雯	女
曾子翔	男
陈马贤	男
王安龄	男
杨菁璐	女

2014 届六年（2）班
班主任：张启未

校友姓名	性别
陈奕廷	男
周舒同	男
郭健荣	男
郑稼杰	男
郑铭炜	男
刘丰铨	男
魏泽昊	男
施邦宁	男
曾泓皓	男
蓝颖涵	女
万千叶	女
张念慈	女
李旎	女
郑敖杰	女
黄琮然	男
胡若涵	男
张宇诗	女
钟彦琦	女
黄美玲	女
彭学斌	男
郭易鑫	男
陈嘉凡	男
张瑞霖	男
梁鼎轩	男
吴君豪	男
庄茗茗	女
宫沣洋	女
路钧如	女
黄乐之	男
何禄楷	男
林淇茵	女
黄芷莹	女
张靖怡	女
王泽中	男
简铭琦	女
阮澜茵	女
魏艺禾	女
曾相如	男
周思怡	女
张云汉	男
李瑞哲	男
陈晓迪	男
刘芬芬	女
王宇星	男
谢凌杰	男
张逸林	男
郭旻鑫	男
唐士杰	男
黎思恒	男

2014 届六年（3）班
班主任：祝新

校友姓名	性别
周宜宽	男
李铭信	男
吴奕涛	男
赖衍初	男
朱烨彬	男
任煦芊	女
冯嘉敏	女
周骏阳	女
黄梓峰	男
郭敏仪	女
张芷叶	女
许泳瑜	女
李妍慧	女
杨岳龙	男
刘奇正	女
梁文韶	男
黄淇睿	男
金晶	女
赖盈月	女
潘嘉婧	女
吴伯谦	男
赵宗熙	男
唐大钧	男
郑翔升	男
揭琳娜	女
陈镇	男
林华贤	男
关梓轩	男
李婉晴	女
揭智杰	男
谢凌峰	男
冯嘉卉	女
陈淳亮	男
刘灌漳	男
黄韬	男
郑海钿	女
李祺晟	男
唐楚杰	男
高致远	男
罗荐元	女
张晴川	男
彭奕	女
郭蕴豪	男
肖凯亮	男

2014 届六年（4）班
班主任：刘瑞清

校友姓名	性别
陈佩兰	女
凌宇骏	男
吴岱青	女
廖海雯	女
马伟豪	男
马浚铧	男
区盟	男
宋祖怡	女
廖馨伊	女
林鸿杰	男
杨雨欣	女
余俊名	男
何映璇	女
詹紫琴	女
张景乔	男
刘天宜	男
黄派	男
潘恺云	女
彭广	男
曹扬	女
许力恒	男
吴淇欣	女
刘思然	女
陈卓	男
张芮烨	男
张铭浩	男
张梓墨	女
黄塬琇	女
李捷瑞	男
吴楚葳	女
李将来	男
林志杰	男
黄智浩	男
罗宇庭	男
兰韬正	男
陈中垚	男
林诗宸	女
王兆坤	男
黄佳仪	女
彭梓豪	男
岑昊贤	男
宁可	女
刘昕琦	男
叶芝帆	女
何遂天	男
徐雨晴	女

2014 届六年（5）班
班主任：赵立研

校友姓名	性别
陈一诺	男
何运然	男
贺子源	男
张凯巍	男
周芷琪	女
谢安琪	女
白浩男	男
陈阳	女
黄浩林	男
施培诚	男
欧巧萍	女
谈嘉轩	女
蔡予晞	女
列校民	男
滕灵宝	男
许纪元	男
黄韵涵	女
毛炜恒	男
张国卿	男
梁致嘉	女
陈泽栋	男
成沛儒	男
张云恺	男
贺长霖	男
杨秋穗	女
林毓琇	女
李苏俊	男
张艾如	女
钟立旻	男
金祥慧	女
李嘉略	男
宋荪开文	男
高明达	男
钟嘉瑶	女
戴弘恺	男
叶成林	男
郭锦涛	男
汪毕琤	男
蔡茜炫	女
潘智擎	男
李节	女
陈振盛	男
沈榆颖	女
陈楚蓉	女
吴冕	女
廖远侨	男
彭天熙	男

2015 届六年（1）班
班主任：孙寒梅

校友姓名	性别
韦育堃	男
滕　昱	男
赖冠英	男
丁静怡	女
王　越	男
许煜阳	男
陈昊坤	男
李启隽	男
陈禹升	男
胡依瞳	女
王语童	女
DEREK PEIKAI FENG	男
丘汇晴	女
陈玺安	男
高　扬	男
严羽庭	女
李　昊	男
王昕宇	女
官慧闻	女
马　宝	男
霍子荻	女
翁梓杰	男
廖乐琦	女
吴圣浩	男
王琪琪	女
魏　颖	女
林读威	男
罗永晟	男
付常阳	男
马新原	男
陆梓晴	女
林　灵	女
黄恩婷	女
王锜深	男
王振宇	男
黄钰楠	女
龙图军	男
卢敦杰	男
赖逸心	女
尹伊文	女
郑钧文	男
阳　乐	男
殷卓凡	男
朱灵洁	女
赵靖涵	女
宋浩哲	男

2015 届六年（2）班
班主任：杨晓红

校友姓名	性别
洪泽昊	男
赖　特	男
潘　起	男
唐俊兰	女
成　果	女
孙雨欣	女
梁凯源	男
易　扬	男
袁　善	女
瞿鼎胧	男
李照青	女
岳耀华	男
肖　瞳	女
黄欣然	女
李俊轩	男
邓国炜	男
蔡尚兼	男
蔡振杰	男
徐　沅	男
雷鑫玥	女
罗淳熙	男
廖子茜	女
李泳利	女
张君蔚	女
许金芃	男
冯嘉旻	男
李政泽	男
刘可欣	女
徐游新	女
张瀹	男
范锦源	男
李智钊	男
魏　琳	女
董一辰	男
黄丰韬	男
刘昱莹	女
罗舒允	女
吴彦锋	男
叶　燊	女
周浩文	男
周行健	男
周羽彤	女
马晓娜	女
周正南	男
郑　杰	男
姚雨桐	女
翟蔚达	男

2015 届六年（3）班
班主任：朱春华

校友姓名	性别
牟楷杰	男
李　尤	女
江行舟	男
李锦坤	男
胡芷若	女
胡泽夫	男
肖景文	男
马　昕	女
谢雅晨	女
梁宸熙	男
黄钜沛	男
潘广龙	男
梁诗琪	女
蔡阳鋆	男
陈子祺	男
邓　睿	女
黄忠霖	男
陈荣熙	男
黄诗琰	女
卢雨珩	女
王嘉琪	女
陈　董	男
蔡奕妍	女
黄睿雯	女
苏佳毅	女
谌冠桦	男
邱逸飞	男
罗瑞琦	女
李健坤	男
赖中豪	男
林倩如	女
刘　昆	男
黄颖锜	女
王松雨	女
刘芷伶	女
欧阳书勤	女
陈科霖	男
蔡海洋	男
刘雨豪	男
吴邦正	男
刘梦庭	女
肖雨姗	女
梁淑怡	女
张　阳	男
钟嘉谋	男
余　琏	男
刘朵菲	女
尹美璇	女

2015 届六年（4）班
班主任：何向梅

校友姓名	性别
方翼贤	男
戴大伟	男
袁小缘	女
古御今	女
林钧涛	男
蔡嘉佳	女
乐杰宁	男
杨泽霖	男
毕　琳	女
董旻萱	女
蔡迪浩	男
潘正熙	男
苏佳怡	女
陈宗炫	男
梁嘉嘉	女
龚　瑄	女
沈语恒	男
鲁泽尚	男
李思源	男
李　舜	女
黎政珩	女
区铭康	男
白云翔	男
梁斯隽	男
陈　言	男
杨哲茹	女
王嘉远	女
彭颂元	女
梁凯超	男
李宇扬	男
何　颖	女
谭至宇	男
何东阳	女
廖霖睿	男
黄旭毅	男
田芷菡	女
段博文	男
张家宝	男
雷智丞	男
周弋湫	女
张芷婧	女
李启元	男
张璟玥	女
曾为一	男
刘　劼	男
陈子睿	男
邓　钧	男
罗玮如	女
许航宇	男
罗　策	男

2015 届六年（5）班
班主任：钟艳娟

校友姓名	性别
苏钰童	女
吕星宇	男
宁英智	男
周翔宇	男
徐达晟	男
杨　堃	男
李俊鹏	男
阮诗俊	女
华　颖	女
金佳茜	女
王　焮	女
郑竣文	男
宋笛秋	男
刁冠东	男
黄梦垛	女
陈奕来	男
陈冠佐	男
郑妍昀	女
郑　毅	男
黄馨莹	女
刘晋荣	男
宁筱儒	男
曹钰豪	男
李玥美璇	女
陈心怡	女
陆铿博	男
尚　蔚	女
王智琪	女
莫　亚	女
李泽灵	男
叶思妤	女
郑钰渟	女
甘佩璇	女
莫启昀	男
郭穗旗	男
聂康骏	男
尼燚彬	男
张菁仪	女
梁少峰	男
熊　畅	女
蔡韦权	男
陈文烜	男
薛泽杨	女
黄俊杰	男
曾语航	男

2016届六年（1）班
班主任：牛嘉鑫

校友姓名	性别
张燊民	男
李紫玄	女
熊宁致	男
胡逸阳	男
李冠绎	男
韩星雨	女
易飞扬	男
林清源	男
陈泠伶	女
郑一旻	男
陈倩蕊	女
段笑晗	女
张　丞	男
刘若乔	女
梁淑琪	女
黄　涵	男
黄煜塬	男
余浩鹏	男
宋思婕	女
钟乐龙	男
洪梓皓	男
张倚琦	女
吴睿孚	男
朱晓航	男
周果毅	男
刘人源	男
朱晟铭	男
汪宗远	男
吴若琳	女
尤嘉宁	女
黄奎霖	男
郑斯尹	女
甘韵泉	男
邓博文	女
王　尚	男
陈芊彤	女
黄可盈	女
陈仟洛	男
欧阳亿臻	女
罗雨墨	女
许嘉诚	男
林怡君	女
武毅飞	男
黄子轩	女
陆　晶	女
田沐阳	男
曾宪钰	男
饶皓元	女
黄琪雅	女

2016届六年（2）班
班主任：向晓红

校友姓名	性别
廖亿豪	男
莫嘉莉	女
雷雅婷	女
吕　乐	女
李逸帆	男
陈麓宇	女
徐立城	男
马彦晴	女
褚泽裕	男
凤嘉儿	女
望子成	男
黄　佳	女
陈世烨	男
韦卓睿	女
叶铠滔	男
李秋潼	女
李佳琦	女
叶初阳	男
郑　言	男
袁　鸣	男
龙　睿	男
胡南希	女
谭雯瑜	女
周　峤	男
刘礼畅	男
陈弘毅	男
王赞钧	男
齐治平	男
何沐川	男
王品懿	女
郑凯钧	男
傅　饶	男
陈晓彤	女
孙宪韬	男
陈雨昊	男
黄靖涵	男
梁子瑜	女
黄珮琪	女
李承翰	男
洪润楠	男
邓景文	男
涂述原	男
陈　婧	女
夏嘉慧	女
高琰蕴	女
廖若星宇	男
黄浅楚	女
卓　玥	女
周禹光	男
朱耀璋	男
张惠晴	女
伍宏洲	男

2016届六年（3）班
班主任：邓冠虹

校友姓名	性别
毕云天	男
刘钊泓	男
叶于皓	男
渠开源	男
肖梓昂	男
王佳馨	女
王定一	男
张　澈	男
王泳仪	女
廖猷乐	女
杨以达	男
杨莉笙	女
林朗祺	男
何泓锐	男
陈冠星	男
韩墨可	女
王　珏	男
陈　煊	女
招　扬	男
杨健睿	女
黄凯莹	女
蔡立宏	男
胡雨晗	女
韦佩辰	女
罗咏燕	女
陈官昊	男
彭康泰	男
黄绮蕾	女
王舜嵘	男
蔡元启	男
袁千文	女
黎桂涛	男
蒲　文	男
麦嘉峻	男
华　予	女
杨倩宇	女
罗宇钧	男
刘启恒	男
刘清源	男
江　淼	女
陈振圻	男
梁雅量	女
钟耀鸿	男
钟思颖	女
郑卓榕	女

2016届六年（4）班
班主任：李红梅

校友姓名	性别
劳宇恒	男
许一诺	女
章若凡	女
罗佳铭	女
韩坤渤	男
刘丹阳	女
史清和	女
赵钰桓	女
邢荞伊	女
闫凯伦	女
曾一函	男
余思洋	男
戴则城	男
胡西湄	女
许嘉懿	女
司徒志扬	男
唐韵尧	男
白欣民	女
岑　诺	女
苏嘉涵	男
何松林	男
白　桐	男
陈家樑	男
陈　睿	女
胡洁瑜	女
冯俊凯	男
李硕博	女
许其郅	男
王　越	女
林　澳	男
李　烨	女
张文哲	男
姚远沁	男
余越扬	男
陈子镕	男
崔珈宁	女
张　复	男
傅培政	男
李百川	男
黄宝润	女
钟祖仪	女
邝燊悦	女
彭韵霖	女
万良泽	男
胡力之	男
朱紫东	男
周　洋	男

2016届六年（5）班
班主任：李丽萍

校友姓名	性别
吴雨虹	女
郭秉杰	男
艾翔鹤	男
宁旻旻	女
彭明悦	女
李子夷	女
万佳炜	男
杨艺翎	女
黄文峰	男
姚煦立	男
邹雨珂	女
钟亦芃	女
陈彦廷	男
李芯宇	女
李恒益	男
罗淑芬	女
黄泽承	男
颜诗霖	女
徐知远	女
尹心悦	女
李家琪	男
余炫进	男
周　磊	男
岑浚熙	男
王艺霖	男
叶子涛	男
吕翰鹏	男
郑栩悦	女
金　晓	女
林语嫣	女
李芊芊	女
韩佳良	男
毛鼎文	男
曾　景	男
聂圣朗	男
赖谷妮	女
赖俊呈	男
钟尚言	男
林汶淇	女
傅廷洋	男
彭肃霜	女
陈怡霖	女
魏　炜	女
彭　程	女
易佳怡	女

2017届六年（1）班
班主任：端木立蓓

校友名字	性别
蔡恺夫	男
蔡文哲	男
陈婉钰	女
陈张泓	男
陈子曦	男
邓博艺	男
高　敏	女
关欣豫	女
何小舟	男
何永燊	男
黄奕程	男
李安祺	女
李建峰	男
李明熹	男
李双承	男
李逸凡	男
李泽成	男
梁炫智	男
梁臻宜	女
林　颀	女
林　巧	女
林绮婷	女
林泽楷	男
卢承晖	男
麦沛林	男
王　霁	女
王博源	男
王心陶	男
王荀孜	女
魏重夷	男
吴浩翔	男
吴嘉豪	男
伍　嘉	女
肖　扬	女
徐子博	男
徐自然	女
杨瑞坤	男
袁佳琪	女
赵立人	女
郑辉鹏	男
郑思志	男
郑泽邦	男
周珺安	女
周炜奇	男
周先至	女
朱莹嘉	女
庄葆翔	男
何思齐	女
金益谦	女

2017届六年（2）班
班主任：赵立研

校友名字	性别
蔡孟璇	女
蔡奕楷	男
陈　熹	男
陈芮霖	女
陈颖施	女
陈梓恒	男
仇嘉荣	男
戴尔萌	女
董昊佳	男
房子暄	女
甘路加	男
何雨恬	女
黄翰涛	男
黄睿哲	男
江　铄	男
李丛铭	男
李罗洁昊	男
李昀霖	男
梁芸嘉	女
刘晓霖	男
龙诗奕	女
孟官隽	男
宋未艾	女
孙晗珺	女
谭凯文	男
谭又铭	男
万良熙	男
王奕凡	男
邬乐飞	男
吴浩然	男
武晨阳	男
肖志成	男
谢果伊	女
徐熠妍	女
许浩天	男
许舒越	女
杨皓青	男
尹嘉炫	男
余佳慧	女
曾子芮	女
张粲欣	女
张祺浚	男
张清扬	男
章斯盛	男
郑亿鹏	男
钟林烨	男
罗子奕	女
朱冬冬	女
黄淑荣	女
钟海欣	女

2017届六年（3）班
班主任：张文娟

校友名字	性别
蔡　敏	女
陈睦宪	男
陈钰祺	男
高伟骏	男
何海扬	男
何佳俊	男
洪逸伦	男
黄子烨	男
简钰伦	男
李惠好	女
李健祺	男
李俊乐	男
林　淏	男
刘洁岚	女
刘旭枫	男
刘彦岩	女
罗佳运	男
苗新雨	男
倪乐熊	女
彭　旸	女
彭田婧	女
谭贻丹	女
王　蕾	女
王宇昕	女
翁浩霆	男
吴　悠	女
吴心瑜	女
吴宇明	男
吴培宁	男
肖怀扬	男
谢任为	男
徐新媛	女
杨博勋	男
杨皓翔	男
杨景麟	男
杨竣源	男
叶天泷	女
曾英慧	女
张　锦	男
张瑞麟	男
郑琳悦	女
郑泳韬	男
钟华鑫	男
钟沛峻	男
周至馨	女
朱　悦	女
蔡文锐	男
涂非同	女
张　欢	男
杨智清	女
蔡希睿	女

2017届六年（4）班
班主任：石丽媛

校友名字	性别
蔡旻灏	男
陈丹瑶	女
陈俊铭	男
陈俊燊	男
陈粤腾	男
崔嘉诚	男
董令达	女
方　聪	男
冯　予	女
简铭刚	男
江梓麟	男
康楚昂	男
赖　曈	男
李　婧	女
李俊霆	男
李文曦	男
李芷淳	女
梁楚欣	女
廖思翰	男
林瑞晴	女
刘思呈	男
刘天雅	女
刘欣悦	女
毛思宇	男
莫淇予	女
庞力睿	男
彭也博	男
秦颢歌	女
区文杰	男
邵宇声	男
苏墨涵	男
王天行	男
王玥仪	女
伍维新	女
杨谚蓉	女
杨蕊嘉	女
杨翼鹏	男
杨子妍	女
余　坤	男
张　宸	男
张靖涵	女
赵天毅	男
郑东旭	男
周君同	女
周为之	男
周彦彤	女
朱哲昊	男
黄一辰	女
牛　铮	男
黄涵幸	女
陈贯西	男

2017届六年（5）班
班主任：刘瑞清

校友名字	性别
岑晓敏	女
陈泳丹	女
符炜林	男
何明一	男
刘一骏	男
黄　橙	女
黄开堃	男
金裕旻	男
柯艾欣	女
李　霖	男
李铖凤	女
李佳芮	女
李家霆	男
李之乐	女
梁竣杰	男
林成志	男
林欣桐	女
刘俊薇	女
刘轩宇	男
刘雅铭	女
罗　杰	男
彭乐研	男
全品睿	男
唐文仪	女
唐浥尘	男
王敖哲	男
韦鹏奕	男
魏春晖	男
吴　谦	男
吴雨轩	女
夏子涵	女
闫祖铭	男
晏岚涓	女
杨晶迪	女
叶培祺	男
叶宗杰	男
曾英杰	男
张桐欣	女
张在桐	女
赵乐铭	男
郑依洋	女
周沁桐	女
朱品铮	男
秦　朗	男
周　庄	男
王智博	男
岑岳延	男
何书锦	男
张　扬	男

2018 届六年（1）班
班主任：何向梅

校友姓名	性别
李佳艺	女
李潮彬	男
孙嘉君	男
黄浩轩	男
黄智娴	女
张卓伦	男
张予恒	男
洪圣钧	男
李　康	男
张婉莹	女
冯艺嘉	女
郭依怡	女
邹斯逸	女
吕锦平	男
廖文钰	女
龙　泽	男
陈楚炘	男
樊星宇	女
梁心语	女
毛予衡	女
黄　熠	男
孙意杰	男
梁家鸣	男
陈筱筠	女
吴玥仪	女
何雨鑫	女
于明玥	女
刘李绽	女
王梓衡	男
刘奕灵	女
杨植森	男
邢博钧	男
周北辰	男
胡与同	男
许德彬	男
李宜峰	男
张雅琳	女
郑依霏	女
冯思宁	女
谢冠臣	男
方得源	男
杨心悦	女
周子涵	男
曹舒怡	女
俞力慈	女
周田潇	女
王平雅	女

2018 届六年（2）班
班主任：孙寒梅

校友姓名	性别
邱雨欣	女
张一帆	女
陈立群	男
傅祎莲	女
高　恺	男
赵子云	男
霍思颖	女
王衡逸	男
李佳睿	女
陈聆祎	男
杜俊浠	男
戴安昕	女
刘景尧	男
申建轩	男
何宛玲	女
朱羽晴	女
王淇铭	男
曾　晋	男
陈东黎	男
熊嘉明	男
唐若桐	女
李罗洁昊	男
吴恩远	男
朱智杰	男
龚　询	男
何沂琳	女
牛　顿	男
郑邦骏	男
李柏霆	男
朱怡苇	女
高　瑗	女
何沂琅	女
古宇彬	男
韩　琳	女
林嘉濠	男
刘子墨	男
熊筱瑜	女
张皓洋	男
潘君睿	女
黄俊淇	女
钟树正	女
钟起扬	男
钟雯熙	女
咸　有	女
郑纯青	女

2018 届六年（3）班
班主任：贺春芳

校友姓名	性别
陈柯冰	女
林昭成	男
吴皓冉	男
叶玟彤	女
游　扬	男
吴　桐	男
刘睿泽	男
瞿子翔	男
杨丛帆	女
黄雨萱	女
路逸凡	女
曾子淳	女
睢　杭	男
杜尚霏	女
詹曼冰	女
张海清	男
桂信灵	女
黄曦玥	女
张苏粤	男
曾杨恒	男
肖天仑	男
官正宇	男
刘梦伊	女
王寄傲	男
陈弈凡	女
方　圆	男
陈致一	男
郭梓怡	女
汪慧媛	女
廖嘉毅	男
余思茗	女
黄佳佑	男
张加越	男
梁国坤	男
崔紫轩	女
余楚楚	女
王品皓	男
张尊然	女
甄芷晴	女
李沛璇	女
刘子祺	女
张云飞	男
张洵睿	男
廖　轩	男
赖昱翔	男

2018 届六年（4）班
班主任：陈容

校友姓名	性别
吴咏欣	女
关骅钊	男
岳炳然	男
王曾喆	男
杨坤濡	女
卢怡瑾	女
何睿阳	男
林胤亨	男
蒋若辰	男
湛　茵	女
彭瀚瑜	男
何健铭	男
邱雨菲	女
叶梓露	女
林泳希	女
王润宁	男
黄义昊	男
高思源	女
梁程雅	女
纪静超	男
邓巧昕	女
李开尔	男
熊健洋	男
黄栩呈	女
罗子羿	男
陈思贤	女
汪骏祺	男
李宇轩	男
方以正	男
谢易芳	女
庞　羿	男
刘哲勋	男
吴秉熙	男
胡亦安	女
唐子乔	女
唐弋淳	女
许天朗	男
李茗瑄	男
王子星	男
耿　悦	女
庄汉熙	男
梁烯尹	女
林焕城	男
赵子迪	女
叶小天	女

2018 届六年（5）班
班主任：张启未

校友姓名	性别
吴可厚	男
李宇泰	男
王　斓	女
吴沂蔓	女
尤弋飞	男
王楚琦	女
吴子衿	男
黄靖雄	男
李姝昕	女
姚玥晴	女
林观镛	男
黄浩琦	男
孙一宁	男
杨斯涵	女
卢北河	男
何俊铭	男
林合熙	男
寇芳源	女
陈胤喆	男
尚峻宇	男
林俊希	女
谢文希	女
康天籁	女
马智仁	男
钱泓睿	男
何心然	女
何沛霖	男
李嘉毅	男
景　象	女
谢双蔓	女
柯思成	男
何麒谦	男
卫俊骐	男
康　凯	男
陈泽韬	男
何诗哲	女
林芊竹	女
刘宇熙	男
林琪凯	男
朱兆家	男
周敬阳	男
张子杨	女
钟雨馨	女
庄晓晴	女
谢煜航	女
余沛嘉	女

2019 届六年（1）班
班主任：韩倩

校友姓名	性别
覃　朗	男
黄丰颂	男
梁子墨	女
云小禾	女
赖千仟	女
陈晓曦	女
陈彦志	男
赖梓豪	男
邱龙杰	男
谢韫彤	女
田岱霖	男
王紫骄	女
陈书涵	女
郭润宁	女
王擎钧	男
高俊杰	男
张集虚	男
邬德亮	男
李松翰	男
刘沛雨	男
唐　果	女
张馨文	女
石洋嘉	女
杨岱敏	女
张昊颐	男
严梓洋	男
梁焯斌	男
陈昕越	女
林奕欣	女
蔡尚悦	女
高鑫蕴	女
张天力	男
黄瀚森	男
梁宁靖	女
李梓轩	男
曾一澍	男
詹锦钊	男
陈佳慧	女
周洋宇	女
张雯翔	女
张　滢	女
袁璎畅	女
卓欣彤	女
张艺瑄	女
朱天宇	男
尹宝珠	女
王雁南	男

2019 届六年（2）班
班主任：刘瑞清

校友姓名	性别
万木春	男
吴彦磊	女
王琳溪	女
蔡雨轩	女
揭智楷	男
林子涵	女
陈嘉滢	女
许顺帆	男
刘储睿	男
冯欣玥	女
廖琪儿	女
杨悦然	女
戴子钊	男
陈俐颖	女
邓　凯	男
徐海滔	男
陈美茵	女
周蕴达	男
林若灏	男
肖　畅	男
魏昭曦	男
陈键宇	男
谢林熙	男
李　豫	女
邓景和	男
陈欣镕	男
汤雨彤	男
林柳娴	女
范　典	女
黄金豪	男
方　媛	女
冯乐颐	女
董书妤	女
卢　川	男
黄浩霖	男
韩嘉喜	男
顾希蕊	女
潘政睿	男
苏文韬	男
秦　琨	女
周煦文	男
曾心悦	女
费小贲	男
曾奕骏	男
赵予杉	女
张逸涵	男
费　璠	女
余俊彦	男

2019 届六年（3）班
班主任：牛嘉鑫

校友姓名	性别
姚佳雯	女
陈俊铖	男
徐上媛	女
刘　美	女
王子墨	女
罗淞琪	女
黄雅汶	女
陈涵章	女
陈知涯	男
王佳音	女
曹羡云	女
蔡嘉羽	男
罗睿旸	男
周毓敏	女
金烜羽	女
潘永轩	男
刘亦文	女
赖彦霏	女
于　航	男
杨宗锐	男
于卓嘉	女
李俊麟	男
林宗慧	女
骆婕菲	女
孔浩宇	男
黄凌茵	女
李书源	男
邓梓欣	女
陈亦哲	男
谭欣燃	女
罗梓璇	女
刘洋睿	男
韦东泽浩	男
夏　天	男
卢思睿	女
文成月	女
龙晓州	男
何　萧	女
冯沛禾	女
余松霓	男
朱圃瑞	男
张加荣	男
周溪韵	女
喻幸南	男
李俊杰	男
谢馨莹	女

2019 届六年（4）班
班主任：祝新

校友姓名	性别
黄悦彤	女
洪浩海	男
冯婧芸	女
魏芊芊	女
黄冠维	男
洪钧城	男
黄胤硕	男
刘佳娴	女
林芷葶	女
洪钧磊	男
蔡逸可	女
邹嘉亮	男
朱继秦	男
陈喆磊	男
甘　磊	男
陈子皓	男
曾鑫睿	男
秦伟纶	男
陈子乐	男
邓维真	女
杨锐新	女
刘乐瑜	女
蔡怡欣	女
文中奇	男
杨童茵	女
吴昱恒	男
杨健恒	男
钟蕙加	女
罗雨田	男
慈英佐	男
胡镒夫	男
李亨睿	男
郭一楷	男
杨思之	男
赵子涵	女
潘奕霏	女
王映如	女
王思茹	女
李　榆	女
秦　琛	女
邹皓凌	男
彭语萱	女
刘维祺	男
郭钊宇	男
霍睿涵	女
朱远宁	男

2019 届六年（5）班
班主任：吴彩虹

校友姓名	性别
陈晓楠	女
高钱苏粤	女
刘博为	男
陶海默	女
刘子源	男
马梓原	男
林心悦	女
蔡子言	男
董昱麟	男
万山越	男
蔡麒璁	男
罗振翼	男
刘子旖	女
吴子墨	女
黄钜瀚	男
许隽玮	男
刘笑竹	男
符民捷	男
王馨宁	女
卢　宽	女
熊文心	女
韩子谦	男
林隽轩	男
曾子珊	女
黄梓宸	男
刘佳芸	女
叶蔚宗	男
李泽林	男
沈靖钧	女
陈星如	女
张卓俊	男
赵铭斐	男
黄雍皓	男
陈伯溪	男
孙芷墨	女
李昱昊	男
孙望锐	男
张正奇	男
陆睿思	女
李恒毅	男
周睿琪	女
朱宜和	女
郑晓骏	男
吴嘉宝	男
李亦豪	男
邓一诺	女

2020 届六年（1）班
班主任：钟艳娟

校友姓名	性别
邱浚桐	男
陈佳淇	女
唐泽廷	男
李欣航	男
熊奂雨	女
赖静初	女
纪安之	女
陈可忻	女
彭　涵	女
陈　琦	女
刘依宁	女
柯新锐	男
李毅铭	男
冯盛睿	男
郭正一	女
陈聃倬	男
陈　希	女
池灏信	男
刘楚粤	男
胡誉严	男
敖坚敏	女
谢阳光	女
李梓帅	男
吴心悠	女
陈贤玮	男
刘乐尧	男
保彦希	女
欧阳天予	男
吴政辰	男
江吴悠	男
黄　旭	男
杨欣玥	女
郭梓乐	女
陈金鑫	男
林子皓	男
杜　滢	女
梁砚棋	男
崔旭泰	男
孟阿芊	女
罗诗恩	女
魏嘉烨	女
张家铭	男
周炜竣	男
郑乔一	男
易想想	男
郑雨辰	女
周子鋆	男
钟昆志	男
余宇辰	男
佟月清	女

2020 届六年（2）班
班主任：孙绍雨

校友姓名	性别
陈慕歌	男
黄新尧	男
陈馨琳	女
温睿思	女
甘　露	女
欧致中	男
白雨晴	女
赖俊同	男
李伊乔	女
张振霆	男
李广宇	男
黄诗怡	女
林子和	男
李梓菲	女
谭镇译	男
欧碧怡	女
李朋翰	男
王泽睿	男
黄冠齐	男
胡欣恬	女
黄竞仪	女
沈子傲	男
潘锦江	男
肖铭浩	男
范臻熹	男
施庆璋	男
刘瑞祥	男
潘昱禾	男
潘乐轩	男
陈俏术	女
方子墨	男
刘致远	男
万玄同	男
苏　海	女
吴颖昕	女
唐丽钰	女
奉翔闻	男
黄睿杨	男
林秀潆	女
李开来	男
黄子睿	女
吕昀睿	男
方三三	女
郑子烁	男
左霁宇	男
周佳宜	女
邹予希	女
许文雅	女
刘政良	男

2020 届六年（3）班
班主任：黎艺舟

校友姓名	性别
董金锡	女
马丞禧	男
贺筱霖	女
李昊东	男
张一苇	男
胡慎之	女
邓承轩	男
林羿成	男
狄浚逸	男
杨鸿鑫	男
李弈锴	男
姚翔之	男
陈禹齐	男
朱乐阳	男
麦炜茵	女
黄飞扬	男
龙翔婷	女
张艾芸	女
田　然	女
裘蕊蕊	女
刘雨桐	女
刘梓安	男
张译文	女
坚筱柏	女
夏明仕	男
朱开允	男
高　雅	女
梁仕勤	男
陈　瀚	女
孙康如	女
王世杰	男
袁振尧	男
项浩林	男
江明燊	男
马誉天	男
陈品尚	男
陈致颖	女
曹文轩	男
肖　波	男
王路凯	男
刘　希	女
李昕桐	女
黄柏霖	男
朱诺怡	女
林俊潼	男
李昕桐	女
王钰鹏	男
邹嘉昱	女
邵煜喆	男

2020 届六年（4）班
班主任：陈容

校友姓名	性别
王艺涵	女
秦羽孜	女
黎子希	男
吴宇悦	女
刘逸东	男
林上萍	女
李子乐	男
李俊达	男
洪尚玥	女
李　想	女
吴昶成	男
蔡奕晟	男
陈予阳	男
杜慧仪	女
林亦扬	男
陈伟茵	女
吴思远	男
洪之宥	女
林浦欣	女
范江山	男
王楚菡	女
陈幸芝	女
曹若谷	男
刘铭洋	女
陈夏添	男
向佩瑶	女
黎子墨	男
陈墨希	女
林熙彦	男
黄泓尹	女
黄子桢	男
林子扬	男
李傲芸	女
刘芷君	女
李俊言	男
陈锦铭	男
吕　琰	女
黄天博	男
陈籽荧	女
郑淦升	男
于士展	女
谢沁然	女
周翰良	男
朱恒基	男
张梓夏	男
熊栩剑	男
杨　悟	男

2020 届六年（5）班
班主任：石丽媛

校友姓名	性别
陈筠富	男
胡潼予	男
宋雨岳	男
陈梓鑫	男
尹龄加	女
梁乐晴	女
蔡锴泽	男
杨雨藤	男
黄梓杰	男
李皓冰	男
刘尧玮	女
刘宇辰	男
林宸毅	男
雷任飞	女
刘雨洋	女
颜子杰	男
杨行健	男
张同鑫	男
林楚斌	男
梁礼祎	女
吴嘉楠	男
李弘毅	男
黎子维	男
沈格正	男
李奕萱	女
詹文轩	男
刘浚钊	男
王浩铭	男
温子田	女
汤楷鹏	男
邓尚东	男
邝伟杰	男
宋梓萌	女
林奕佟	女
吴思琦	女
骆浩宇	男
崔思喆	男
唐语馨	女
赵森森	女
谭敬哲	男
邹尚涵	女
赵易鑫	男
赵楚晨	女
赵彦扬	女
刘政好	男
詹尚霖	男
吴俊妤	女
徐若萌	女

2021 届六年（1）班
班主任：邹琳

校友姓名	性别
杨昱昊	男
曾佑天	男
张嘉一	女
刘苏影	女
郑芷滢	女
谢舒凡	女
韩知行	男
徐周翰	男
李梓萌	女
王　栋	男
吴　扬	男
黄杰瑞	男
董　湛	男
迟　诚	男
唐艺州	男
李宇琛	男
刘炯延	男
曾毓婕	女
王歆雅	女
杨子康	男
曹和洋	男
刘于铉	女
苏　谦	男
朱羽熙	女
陈奕田	男
黄毅申	男
姚丹晨	女
孟庆洋	男
谢梓琳	女
李信慧	女
陈心圆	女
王嘉许	女
余东霖	男
黎丽莹	女
林诗涵	女
邬乐扬	男
凌　天	男
邹逸轩	男
李楚桐	男
何锦琳	女
吴昊昇	男
林柯彤	女
黎熙宁	男
刘竞择	男
王绘乔	男

2021 届六年（2）班
班主任：邝蔚旗

校友姓名	性别
杨明浩	男
桂明澄	男
符若山	男
戴煜轩	男
甄竣迪	男
魏心韵	女
冯莫原	男
秦沐曈	女
庾致霖	男
张怀瑾	男
谭同州	男
陈　旭	男
张艺萱	女
张栋烜	男
乐轩楠	男
罗思颖	女
鲁梓越	女
姚月茗	女
黄昱涵	女
马晨彧	男
管馨晨	女
陈纬玮	男
奚振维	男
吴天泽	男
陈善楠	女
詹乔钧	男
潘琨屹	男
李忆舜	男
洪圣莺	女
李靖杨	男
刘梓琪	女
戴嘉慧	女
杜泽帆	男
钟文睿	男
萧芷恬	女
沈梓聪	男
李羿霖	男
邢嘉宸	女
童钲荃	男
罗子禄	女
张君宜	男
黄梓洋	女
张亦弛	男
杨相睿	男

2021 届六年（3）班
班主任：贺春芳

校友姓名	性别
柯以宁	男
彭子轩	男
马云琪	女
马求远	男
蒋宇翔	男
董默卡	女
徐　菁	女
李秉泰	男
马则远	男
王桴宇	女
王力辰	男
郑钰琳	女
刘锦轩	男
刘筱静	女
赵元涛	男
华　夏	男
潘睿恩	女
马家驹	男
刘鉴玲	女
左婧雯	女
欧阳春来	男
李若晗	男
李悦铭	男
胡敏慎	男
陆孟夫	男
林一诺	女
郭　毓	女
李秋逸	男
刘子山	男
钟雨铮	女
薛泽楷	男
陈洁蓉	女
陈思越	女
许　扬	男
廖国智	男
杨思彤	女
陈　瑞	男
彭本怡	女
张梓洋	男
何楚涵	女
叶墨丁	男
詹礼嘉	女
陈小宪	男
杜思齐	女
吴　渔	男

2021 届六年（4）班
班主任：吴彩虹

校友姓名	性别
张遒泽	男
肖墨非	男
肖靖怡	女
蒋佳璇	女
孙祖诒	男
黄锦心	女
王宇风	男
郭　奇	男
肖懿轩	男
陈羲霖	男
张雨菲	女
商芷豪	男
杨子安	男
廖文婷	女
闫恩泽	男
温　橦	男
陈理烨	男
李楷阅	男
郭煦桐	女
黄　涵	女
宋俊辉	男
戴克勋	男
苏江冉	女
熊冠宇	男
王铭浩	男
张雅婷	女
邓皓馨	女
张雯悦	女
杨航琨	男
陈可心	女
谢宗成	男
卢睿至	男
梁竣喜	男
陈逸飞	男
卢　亿	男
刘天程	男
张宸宇	男
黄乐融	女
芦子聿	男
冯子甄	女
刘鲁粤	女
李幸宜	女
龙潇然	女
李尚蓬	男
林学渊	男

2021 届六年（5）班
班主任：罗清

校友姓名	性别
李昕彤	女
庄汉帝	男
黄欣宜	女
肖景行	男
钟博儒	男
王文轩	男
颜浩宇	男
张梓钰	女
李铭曦	男
郭宗源	男
周见禾	男
沈家宝	男
梁　栋	男
赫禹衡	男
李梓莹	女
熊家宁	男
钟可晴	女
韩承霖	男
陆泓弛	女
卢思辰	女
沈壹心	女
沈壹意	女
孙　恬	女
许　恒	男
何茗梓	女
段君豪	男
赖书冉	女
许安蕾	女
上官会越	男
骆昊志	男
林子欣	女
骆烨桦	男
伍一菲	女
甄　理	男
黄昱钧	男
谭宇翀	男
蔡茗韬	男
欧阳嘉林	男
彭梓轩	男
姚力天	男
朱　山	男
柳天健	男
何　蔚	女
陈启昕	女
翁颢嘉	女

（若有遗漏或需修改，请联系华南师大附小教导处）